21世纪汉语言专业规划教材
专业基础教材系列

YUYANXUE
GAILUN

语言学概论

陈保亚 杜兆金 ◎著

北京大学出版社
PEKING UNIVERSITY PRESS

图书在版编目 (CIP) 数据

语言学概论 / 陈保亚，杜兆金著. —北京：北京大学出版社，2023.7
21 世纪汉语言专业规划教材. 专业基础教材系列
ISBN 978-7-301-33972-5

Ⅰ.①语… Ⅱ.①陈…②杜 Ⅲ.①语言学－高等学校－教材 Ⅳ.① H0

中国国家版本馆 CIP 数据核字 (2023) 第 078910 号

书　　名	语言学概论 YUYANXUE GAILUN
著作责任者	陈保亚　杜兆金　著
责任编辑	宋思佳
标准书号	ISBN 978-7-301-33972-5
出版发行	北京大学出版社
地　　址	北京市海淀区成府路 205 号　100871
网　　址	http://www.pup.cn　　新浪微博：@ 北京大学出版社
电子邮箱	zpup@pup.cn
电　　话	邮购部 010-62752015　发行部 010-62750672　编辑部 010-62753374
印 刷 者	天津中印联印务有限公司
经 销 者	新华书店 720 毫米 ×1020 毫米　16 开本　29.25 印张　522 千字 2023 年 7 月第 1 版　2025 年 2 月第 5 次印刷
定　　价	78.00 元

未经许可，不得以任何方式复制或抄袭本书之部分或全部内容。
版权所有，侵权必究
举报电话：010-62752024　电子邮箱：fd@pup.cn
图书如有印装质量问题，请与出版部联系，电话：010-62756370

本教材得到以下课题的资金资助：
2022年度国家社科基金重大项目，项目批准号：22&ZD218。

目 录

0 导 言 ………………………………………………………………… 1
  0.1 语言学的对象和任务 ………………………………………… 1
  0.2 语言学的价值 ………………………………………………… 2
  0.3 语言学发展历程 ……………………………………………… 3

1 语言的功能 …………………………………………………………… 12
  1.1 语言和思维 …………………………………………………… 12
    1.1.1 语言相对性 …………………………………………… 12
    1.1.2 萨丕尔-沃尔夫假说 …………………………………… 14
    1.1.3 语言是思维最重要的工具 …………………………… 17
  1.2 语言和交际 …………………………………………………… 19

2 语言能力 ……………………………………………………………… 23
  2.1 语言能力是人类特有的一种先天能力 ……………………… 23
  2.2 符号编码能力 ………………………………………………… 25
  2.3 还原生成能力 ………………………………………………… 26
  2.4 人类语言能力的发展 ………………………………………… 28
  2.5 人类语言和动物语言的差别 ………………………………… 29

3 语言系统 ……………………………………………………………… 34
  3.1 语言是符号系统 ……………………………………………… 34
    3.1.1 什么是语言符号 ……………………………………… 34
    3.1.2 人类语言符号的早期形式 …………………………… 35
    3.1.3 语言系统:人类经验的符号化 ……………………… 37
    3.1.4 语言和言语 …………………………………………… 40
  3.2 语言符号的性质 ……………………………………………… 41
    3.2.1 任意性 ………………………………………………… 41

3.2.2 线条性 …… 45
  3.2.3 两层性 …… 47
  3.2.4 生成性 …… 48

4 语音和音系 …… 52
  4.1 语音学和音系学 …… 52
    4.1.1 什么是语音 …… 52
    4.1.2 语音学 …… 53
    4.1.3 音系学 …… 56
    4.1.4 语音学和音系学的区别与联系 …… 58
  4.2 语音的生理属性 …… 59
    4.2.1 发音器官 …… 59
    4.2.2 元音和辅音 …… 64
    4.2.3 国际音标 …… 71
  4.3 语音的物理属性 …… 73
    4.3.1 语音四要素 …… 73
    4.3.2 语音传播方式——声波 …… 74
  4.4 音位的归纳 …… 80
    4.4.1 归纳音位的原则:对立和互补 …… 81
    4.4.2 音素、音段、音子和音位 …… 83
    4.4.3 语音特征和区别特征 …… 86
  4.5 音节 …… 88
    4.5.1 音节的定义 …… 88
    4.5.2 音节数量的判定 …… 91
  4.6 语流音变 …… 96
  4.7 莫拉和音步 …… 100
    4.7.1 莫拉 …… 100
    4.7.2 音步 …… 101

5 语法 …… 107
  5.1 语法单位 …… 108
    5.1.1 语素 …… 109
    5.1.2 语符 …… 114

    5.1.3　词 …………………………………………………………… 122
    5.1.4　语素、语符、词的区别与联系 …………………………… 125
  5.2　组合规则 ……………………………………………………………… 126
    5.2.1　语素的组合规则 …………………………………………… 126
    5.2.2　句法结构和句法组合规则 ………………………………… 128
    5.2.3　直接成分 …………………………………………………… 131
    5.2.4　转换 ………………………………………………………… 137
    5.2.5　变换 ………………………………………………………… 141
  5.3　聚合规则 ……………………………………………………………… 143
    5.3.1　词类 ………………………………………………………… 143
    5.3.2　构词法 ……………………………………………………… 144
    5.3.3　构形法 ……………………………………………………… 146
  5.4　语法意义和语法形式 ………………………………………………… 148
  5.5　语法范畴和语法手段 ………………………………………………… 148
    5.5.1　什么是语法范畴 …………………………………………… 148
    5.5.2　常见的语法范畴 …………………………………………… 149
    5.5.3　语法手段 …………………………………………………… 154
  5.6　语言的普遍性和特殊性 ……………………………………………… 155
    5.6.1　语言的结构类型 …………………………………………… 156
    5.6.2　语言共性和语言类型 ……………………………………… 160

6　语义和语用 ………………………………………………………………… 168
  6.1　理解符号和意义的图式:语义三角形 ……………………………… 168
  6.2　词义 …………………………………………………………………… 170
    6.2.1　词典义和具体意义 ………………………………………… 170
    6.2.2　词汇语义特征和语义场理论 ……………………………… 171
    6.2.3　词义的抽象性和模糊性 …………………………………… 175
    6.2.4　词义的系统性 ……………………………………………… 178
  6.3　语义结构 ……………………………………………………………… 180
    6.3.1　论元结构 …………………………………………………… 180
    6.3.2　语义指向 …………………………………………………… 186
  6.4　句法语义特征 ………………………………………………………… 189
  6.5　语用 …………………………………………………………………… 193

- 6.5.1 语用环境 ························· 193
- 6.5.2 语用意义 ························· 195
- 6.5.3 主题和述题 ······················· 197
- 6.5.4 焦点和预设 ······················· 200
- 6.5.5 语用的基本原则 ··················· 201

7 文 字 ································· 209
- 7.1 文字的起源和发展 ···················· 209
  - 7.1.1 文字起源于图画 ··················· 209
  - 7.1.2 文字的发展演变 ··················· 213
- 7.2 文字是最重要的书写符号系统 ············ 218
  - 7.2.1 文字是记录语言的符号 ·············· 218
  - 7.2.2 文字和语言的关系 ·················· 219
- 7.3 文字的类型 ·························· 221

8 语言演变 ······························ 226
- 8.1 语言演变的时空性 ···················· 226
  - 8.1.1 时间性 ·························· 226
  - 8.1.2 地域性 ·························· 227
- 8.2 语音演变 ···························· 228
  - 8.2.1 语音演变的体现 ··················· 228
  - 8.2.2 语音演变的规律性 ················· 230
  - 8.2.3 语音对应 ························ 233
- 8.3 语法演变 ···························· 238
  - 8.3.1 语法化 ·························· 238
  - 8.3.2 语法化的机制 ····················· 241
  - 8.3.3 词汇化 ·························· 243
- 8.4 词汇演变 ···························· 246
  - 8.4.1 词义的引申 ······················ 246
  - 8.4.2 词语的替换 ······················ 249
- 8.5 语言变体和语言分化 ·················· 249
  - 8.5.1 语言变体 ························ 250
  - 8.5.2 语言分化：亲属语言 ················ 253

8.6 谱系树和语音对应 …………………………………………… 254
　8.6.1 语言分化和谱系树 …………………………………… 254
　8.6.2 语音对应和同源关系 ………………………………… 260

9　语言接触 …………………………………………………………… 272
9.1 语言接触和社会 ……………………………………………… 272
9.2 借贷和母语干扰 ……………………………………………… 275
　9.2.1 借贷 …………………………………………………… 275
　9.2.2 母语干扰 ……………………………………………… 279
9.3 语言联盟 ……………………………………………………… 283
9.4 语言转用和方言叠置 ………………………………………… 284
　9.4.1 语言转用 ……………………………………………… 284
　9.4.2 语言转用和方言形成 ………………………………… 286
　9.4.3 方言叠置 ……………………………………………… 287
9.5 通用语和语势 ………………………………………………… 289
　9.5.1 通用语 ………………………………………………… 289
　9.5.2 世界语 ………………………………………………… 290
　9.5.3 语势 …………………………………………………… 292
9.6 混合语 ………………………………………………………… 295
9.7 语言接触有阶性和语源关系的判定 ………………………… 296
　9.7.1 语言接触的有阶性 …………………………………… 296
　9.7.2 语源关系的判定 ……………………………………… 298

10　语言学和其他学科的关系 ……………………………………… 309
10.1 语言学和计算机科学 ………………………………………… 309
　10.1.1 语言学和图灵测试 …………………………………… 309
　10.1.2 计算机和自然语言理解 ……………………………… 310
　10.1.3 语音合成和语音识别 ………………………………… 314
10.2 语言学和生物遗传学 ………………………………………… 315
10.3 语言学与认知神经科学 ……………………………………… 317
10.4 语言学和人类的起源 ………………………………………… 326
　10.4.1 人类起源的非洲假说 ………………………………… 326
　10.4.2 语言的多起源说和单起源说 ………………………… 331

11 附录 337
11.1 人名译名对照 337
11.1.1 人名译名对照（西文排序） 337
11.1.2 人名译名对照（中文排序） 345
11.2 主要概念译名对照 352
11.2.1 主要概念译名对照（西文排序） 352
11.2.2 主要概念译名对照（中文排序） 373
11.3 主要概念页码索引 394
11.4 国际音标表 408
11.5 本书及参考文献中其他常见符号说明 409
11.6 彩色插图 413

12 参考文献 415
13 后记 457

0 导 言

0.1 语言学的对象和任务

语言学是以语言作为研究对象,研究语言结构规律、演变规律和语言使用规律的一门科学。人们在日常交往中随时都会使用语言,但并非每个人都通晓语言学。比如,一个汉语说得很流利的汉语母语者,就可能不知道汉语音节的结构规则是什么,也意识不到自己说话时正在运用某些语言规则。

语言规则是从语言事实中概括和抽象出来的。例如,人们在日常生活中会说"猴子吃苹果""猴子吃香蕉""李涛买苹果""孩子看电视"等,从这些具体语言事实中,就可以概括出"名词$_1$＋动词＋名词$_2$"这条语法组合规则。然而,还有一些句子,如"*苹果吃猴子""*苹果买李涛""*电视看孩子"等,尽管符合"名词$_1$＋动词＋名词$_2$"语法规则,但都是不可接受的句子。因为这里充当"名词$_1$"的"苹果""电视"是无生命的名词,不能实施"吃""买""看"等动作。这说明,句子成分的组合不仅要符合语法规则,也要符合语义规则。语法组合规则和语义组合规则,都是从具体语言事实中抽象、概括出来的语言结构规则。

语言的使用离不开语言使用环境,如时间、地点、场合、交际对象、说话人的态度等。语言使用规律与这些语言系统外部的语境要素有关。汉语中"差一点没"可表达肯定和否定两种相反意义。请看下面的例子:

肯定意义	否定意义
差一点没买着。(买着了)	差一点没摔死。(没摔死)
差一点没考上大学。(考上了)	差一点没掉进水里。(没掉进水里)
差一点没赶上火车。(赶上了)	差一点没打碎玻璃。(没打碎玻璃)

仅仅说明"差一点没"可表达肯定和否定两种相反意义是不够的,还需要给出规则性的解释。在上面例子中,凡是说话人企望发生的,"差一点没"都表示肯定,凡是说话人不企望发生的,都表示否定。这种关系可概括如下(朱德熙 1959:55):

说话人的态度	例句	句子意义
企望发生	差一点没买着	肯定,买着了

不企望发生　　　　差一点没打碎玻璃　　　否定,没打碎玻璃

制约"差一点没"表达肯定或否定意义的根本因素,是说话人对某个事情的态度。语言交际中说话人的态度,属于语言外的语境因素。尽管朱德熙(1959)在论证这个规则时没有提"语用学"这个层面,但他所讨论的语义值是语用条件决定的。

总之,语言学以语言作为自己的研究对象,研究语言的结构规律、演变规律及语言使用规则。这些语言规律或规则潜存于人们大脑中,对人们日常的话语交际起到制约和规范作用。这些语言规则,一方面使说话人说出正确的、恰当的话语,另一方面也使语言使用者具有了识别错误句子的能力。例如,当一个外国留学生说出"*我吃饭在食堂"这句话时,汉语母语者凭直觉就知道这句话是错误的。这种语言直觉(或语感)就是母语者大脑中的语言规则或规律起作用的结果。

0.2　语言学的价值

语言的理性知识来源于实践,是对语言事实的抽象和概括,但反过来又能指导实践。语言学在社会生活、科学发展中具有重要价值。

首先,语言学知识对学习语言有指导作用。一般而言,人人都需要学习本族语,还有可能学习外语。汉语是联合国会议("联大")和联合国安理会的六种工作语言之一。国外学习汉语的人越来越多。汉语在国际交往和中国文化传播中发挥着重要作用。任何一种语言,既有人类语言的共性,也有自身特点。掌握语言学的知识,一方面能从理论上认识并了解这些共性和特点,另一方面,有助于解决学习语言中遇到的困难。单纯模仿别人说话、强化记忆训练等,固然也能学会一种语言,但往往不能很快很好地学会语言。语言学的知识,如音节的结构、单位组合的层次和语义结构规则等,可以指导人们更快更好地学习语言,并能指导人们在社会生活、工作中运用好语言。

其次,语言学既与人文社会学科密切相关,又与自然科学有密切的联系,在科学体系中居于重要地位。在"语文学"时期(参见§0.3),语言研究是为解读经书服务的,本身就属于哲学、文学或文献学的一部分。在语言学成为独立学科以后,语言学仍然离不开这些传统人文学科,同时考古学、人类学等在很大程度上也需要语言学研究成果的支持。随着社会的进步和科学的发展,语言学逐渐与自然科学建立起密切联系。19世纪的历史比较语言学在某些方面受到达尔文(Darwin)"生物进化论"的影响。20世纪的结构语言学(即结构主义语言学)则与自然科学领域"系统论"思想有关。20世纪下半叶以后,随着新

兴技术的出现和科学体系的不断完善,语言学与计算机科学、神经生理学、信息科学、认知科学等自然科学相结合,取得了引人瞩目的成果。同时,许多交叉学科也应运而生,如认知语言学(cognitive linguistics)、计算语言学(computational linguistics)、实验语言学(experimental linguistics)、神经语言学(neurolinguistics)、人工智能(artificial intelligence)等。新兴技术的出现和科学体系的不断完善,扩大了语言学应用范围(如 ChatGPT),增强了语言学实证科学的性质,使语言学在当今社会具有更大的价值。

第三,语言学在国家语言规划、语文政策制定和做好民族语言工作等方面,具有重要价值。一方面,国家语文政策法规的制定,如民族共同语的确定和规范、文字的规范等,需要顺应语言发展规律。语言学研究成果能为国家语文政策法规的制定提供重要的参考和依据。另一方面,中国民族众多,不少民族有自己的语言和文字,汉语方言之间差异很大,因而需要做好民族语文政策的制定、普通话的推广,以及濒危语言的抢救和保护等工作[①]。这些工作的顺利开展,在很大程度上也需要语言学研究成果的支持。

总之,语言学既是一门具有悠久历史的古老的学科,同时又是一门富有科学实证性、前沿性和广阔应用前景的科学。

0.3 语言学发展历程

人们很早就开始探讨语言的性质、起源和发展,语言学也因此开始萌芽,并不断发展,最终成为一门独立学科。一般认为,任何一门独立学科的形成,至少需要满足三个条件:一是具有明确的研究对象,二是具备属于本学科特有的研究方法,三是具备较为系统的学科理论。19 世纪以前,人们对语言问题的关注主要是为了解读经书典籍,较少研究语言本身,因此语言学还没有发展成为一门独立学科。语言学真正成为一门独立学科,经历了漫长发展过程。

关于语言学发展阶段的划分,当前学者们的看法尚存一些差异[②]。一般认为,语言学发展大致可划分为四个时期:语文学时期、历史比较语言学时期、

---

① 濒危语言,指的是使用者越来越少、行将灭绝的语言。不少学者对濒危语言进行记录和描写,参见徐世璇(2001)、戴庆厦(2004)、孙宏开、胡增益、黄行(2007)等。

② 参见:(1) Robins, R. H. 1967/1997. *A Short History of Linguistics (fourth edition)*. London, New York: Longman. 中译:罗宾斯著,许德宝、胡明亮、冯建明译,1997,《简明语言学史》,北京:中国社会科学出版社。(2)岑麒祥,1988,《语言学史概要》,北京:北京大学出版社。(3)刘润清,2013,《西方语言学流派》(修订版),北京:外语教学与研究出版社。(4)姚小平,2018,《西方语言学史——从苏格拉底到乔姆斯基》,北京:外语教学与研究出版社。

现代语言学时期和当代语言学时期。

语文学，也叫古代语言学或传统语言学。语文学时期的语言研究有三大传统：希腊－罗马、中国、印度。这三个地方都是具有悠久历史文化传统的文明起源地。各个文明在发展过程中大都出现了记载哲学、历史、文学等方面知识的经典著作，而要学习和继承这些文化典籍，就需要语言方面的注解和分析，这样就出现了语文学研究。大约在公元前4、5世纪，这些文明起源地不约而同地开始了语言研究。希腊－罗马、中国和印度被看做语言学的三大发源地。

古希腊－罗马的学者把语言研究和哲学研究相结合，并努力从语言研究中概括人类语言的普遍原理。公元前5世纪，古希腊哲学家展开了两场有关语言问题的论争。第一场论争的焦点是，一个词的意义和其形式之间有没有内在联系。有些学者认为，每个事物名称依其本性而属于该事物，事物名称不是人们约定俗成的，而是自然生成的，可称为"本性论"[①]；另一些学者则认为词的意义与其形式之间没有必然关系，具体事物的名称是由人们约定俗成的，可称为"约定论"。古希腊思想家柏拉图（Plato）《对话录》中的《克拉底鲁（Kratylos）篇》记录了这场论争的情况[②]。第二场论争的焦点是，人类语言是否存在规律或规则。"异常派"学者认为语言基本上是没有规律、没有规则的，而"规则派"学者则主张语言基本上是有规则的。这两场有关语言的论争持续了几个世纪，在很大程度上促进了希腊语语法学、语音学和词源学的发展。后来，特拉克斯（Thrax）编撰了希腊语的第一部语法著作《希腊语语法》。公元前3世纪，希腊被罗马帝国征服。拉丁语是古罗马的官方语言。罗马语言学家继承了古希腊语言研究传统，研究拉丁语语法，产生了一些影响较大的著作，如多纳图斯（Donatus）的《语法术》、瓦罗（Varro）的《论拉丁语》和普利西安（Priscian）的《语法原理》（又名《语法惯例》）等。《论拉丁语》内容涉及词源学、形态学和句法学，建立了拉丁语的词汇系统，较全面分析了拉丁语的语法构造。《语法原理》系统地描写了古典拉丁语文学中的语言，成为中世纪拉丁语语法和语法哲学的基础，在整个中世纪都被用作拉丁语语法教学的典范教科书。

中国传统的语文学，又叫"小学"，包括文字学、音韵学、训诂学。早在先秦时期就有了词典性质的《尔雅》，两汉时期出现的《方言》（扬雄）、《说文解字》（许慎）和《释名》（刘熙）三部著作，分别为汉语方言学、文字学和词源学奠定了基础。"小学"的一个重要目的是解读先贤的经典著作。由于汉字不直接表音，难

[①] "本性论"也可称为"自然论（naturalism）"。
[②] 参考：柏拉图著，王晓朝译，2016，《柏拉图全集》（增订版）（五），北京：人民出版社，第1－2页。

以反映汉语语音的历时变化,也难以反映汉语方言的差异,因此音韵、文字、训诂的研究一直是中国语言研究的重点,也是研究成果最突出的三个方面。受佛教传入的影响,汉末开始用反切方法来注音。魏晋时期,韵书开始出现。最早的韵书是公元3世纪李登的《声类》。影响最大的韵书是《切韵》,其编排按照声调、韵、声母等特征将汉字音节层层归类,具有相当的科学性。唐宋时期,等韵学开始兴起,以类似音节表的形式来分析语音。明清时期在语音变化和古音研究方面都有很大进展。清代的古音研究达到了一个高峰,代表人物有江永、戴震、段玉裁、王念孙、孔广森等。

古印度的文化典籍主要是宗教经典(所使用的语言是梵语)。对这些宗教经典进行注解和解读是古印度语文学的主要内容。古印度语文学很重视语言系统的研究,代表性著作是巴尼尼(Panini)的《梵语语法》(又叫《巴尼尼语法》)。该著作缘起于解释宗教经典《吠陀》,最后发展为分析整个梵语的系统构造,内容涉及语法描写、语音、音位(phoneme)[①]和语义理论等。《巴尼尼语法》是一部全面概述梵语语音、构词和语法的著作,在同时代的世界语言研究中居于领先地位。梵语、希腊语、拉丁语都是印欧语系语言,特点相接近,研究成果相互容易吸收。后来,印度传统与希腊—罗马传统逐渐靠拢,促进了统一的印欧语研究传统的产生。

语文学时期的语言研究虽然取得了丰硕研究成果,但语文学的主要任务是解读经典文献,而不是探索语言的结构规律、演变规律及语言使用规律。语文学时期的语言研究还没有成为一门独立学科。

19世纪的历史比较语言学,是希腊—罗马传统和印度传统相结合的产物。欧洲文艺复兴以后,语言研究的观念和方法有了很大发展,许多现实中活的语言和口语也成为语言研究的对象。新的语言材料(尤其是梵语)的引入驱动了历史比较语言学的诞生。1786年,英国的琼斯(W. Jones)基于梵语与拉丁语、希腊语和日耳曼诸语言的比较,在加尔各答宣读了他的著名论文,提出了这些语言同源的假说。紧接琼斯之后,历史比较语言学家们进一步明确语音对应、语音演变规律等概念,完善历史比较的理论与方法,其中著名的有拉斯克(Rask)、格里木(Grimm 1819)和博普(Bopp)等。历史比较语言学非常重视语言间的语音对应,把语音对应看做判定语言同源的一条重要标准,进而构拟(reconstruct)原始印欧语[②]。拉

---

① 音位是语言中具有区别意义作用的最短语音单位。关于音位及音位归纳的讨论,详见§4.4。

② 构拟(reconstruct/reconstruction,也译为重构)指运用历史语言学理论和方法来推测古代某一时期的语音情况。构拟出来的古音形式,是"一种没有在任何地方证实过的假定形式,是以某种证据为基础,被假定为存在于某种语言的某种早期的或原始的形式"(参见 Trask 1996:302)。

斯克(Rask)的《古代北方语即冰岛语起源研究》(1818)通过塞音的语音对应标准和同构标准，证明了拉丁语、古希腊语和冰岛语是同源关系。后来一大批印欧语比较语言学家，如博普(Bopp 1816)、格里木(Grimm 1819)、施莱歇尔(Schleicher 1862)等，依据语音对应规律对印欧语展开历史比较研究，确定印欧语言的亲属关系，并构拟原始印欧语。

19世纪中叶，施莱歇尔把生物演化的观念运用到语言历史比较研究中，提出了谱系树理论(genealogical tree theory)。谱系树理论是确定印欧语系语言亲属关系及语言分化相对顺序的一种重要理论模型。它借鉴"生物进化论"描述生物在进化族谱上远近关系的思路，确定印欧语系语言从原始印欧语分化的相对顺序，并绘制出印欧语系语言的谱系树图。19世纪后期，新语法学派(neogrammarian)提出"语音规律无例外(exception)"的口号，并以"类推"来解释音变例外。施密特(Schmidt)不同意谱系树理论和"语音规律无例外"假说，认为语言演变会受到语言横向传播的影响，并提出"波浪说"来解释语言的横向传播和变化。舒哈特(Schuchardt)提出"每一个词都有自己的历史"，否认语音演变的规律性。温克(Wenker)在莱茵河地区，席叶龙(Gillieron)在法国的方言调查结果都支持了这种观念，从而形成了方言地理学(也有人叫语言地理学)[①]。

总之，19世纪历史比较语言学取得了辉煌成就，在语言学史中居于非常重要的地位。历史比较语言学不仅明确提出了自己的研究对象，即语言分化演变的规律，还提出了自己的研究方法，并产生了许多有重要影响的理论。19世纪历史比较语言学的诞生，标志着语言学已经成为一门独立的学科。

现代语言学时期的主流是结构主义语言学。瑞士语言学家索绪尔(Saussure)是结构主义语言学的开创者，被誉为"现代语言学之父"。《普通语言学教程》(1916)集中体现了索绪尔的语言学思想，是现代语言学的奠基之作。《普通语言学教程》的出现，标志着语言研究由历史比较研究转向共时结构研究。结构主义语言学在语言观念、研究方法等方面都具有革命性意义。自19世纪初期开始，欧洲语言学研究以印欧语系的历史比较最为显著，这种研究到新语法学派时期更是成绩斐然。索绪尔最初也是新语法学派的成员。新语法学派大都采用实证主义研究方法，只注意语言要素的演变，不重视语言的系统性，被称为"原子主义"。索绪尔反对"原子主义"研究方法，重视语言结构、系统和功能(价值)，提出语言是一个抽象符号系统，语言研究应区分语言和言语、内

---

① 关于汉语方言地理学知识，可参考贺登崧(2003)，项梦冰、曹晖(2005)等。

部要素和外部要素①、共时语言学和历时语言学。共时语言学研究一种语言或多种语言在某一特定时期的状态和构成语言系统的各要素之间的关系,而不考虑语言系统或其构成要素在时间上的演变;历时语言学研究某一语言系统及系统构成要素在历史发展中的变化,而较少关注语言要素之间的关系。索绪尔认为,语言学的研究对象是语言,而不是言语,研究语言应从共时角度研究语言内部要素之间的关系,不能掺杂太多历史、民族或个人风格等外部因素②。

在索绪尔语言学思想影响下,结构主义语言学发展出三大流派:(1)布拉格学派(Prague school),以马泰修斯(Mathesius,也译为马提修斯)、特鲁别茨科依(Trubetzkoy)、雅各布逊(Jakobson,也译为雅格布逊)等为代表;(2)哥本哈根学派(Copenhagen school),以叶尔姆斯列夫(Hjlmslev)为代表;(3)美国描写语言学派,以博厄斯(Boas,也译为博爱士、鲍阿斯)、萨丕尔(Sapir)、布龙菲尔德(Bloomfield)、霍凯特(Hockett,也译为霍盖特)、哈里斯(Harris,也译为海里斯)等为代表。

结构主义语言学最重要的贡献在于认识到了语言单位的两种根本关系:对立关系、组合/聚合关系。为了处理这两种关系,结构主义语言学又提出了两种基本方法:对比和分布。通过对比和分布,就可以提取语言单位、给单位分类和说明单位组合的方式等。美国的结构主义语言学强调"发现程序",即通过替换和分布获得语言的单位和规则,类推出组合体的语类,并通过语类来解释各种功能。结构主义语言学成为其他语言学流派进行语言研究的一个重要参照系③。

当代语言学时期,包括转换生成语言学和各种语言学流派兴起两个阶段。

1957年,乔姆斯基(Chomsky)第一部专著《句法结构》出版,标志着转换生成语法(generative transformational grammar)学派的诞生,被称为"乔姆斯基革命"。转换生成语法区分语言能力(language competence)和语言运用(language performance),并把研究目标放在语言能力上,致力于研究人类普遍

---

① 语言的内部要素,指构成语言系统的语法、词汇、语音等次级系统及其组成成分;语言的外部要素指语言系统外部的、影响语言使用的因素或条件,包括语言使用者、民族、种族、文化风俗状态、语言的地理分布、语言使用环境等。

② 当然,从现代的角度来看,孤立地静止地研究语言共时状态是片面的,应当把语言的共时研究和历时研究结合起来。

③ 有关结构主义语言学的知识,可参考:博厄斯(Boas 1911a,1911b,1911c),索绪尔(1916),萨丕尔(Sapir 1921),房德里耶斯(Vendryes 1921),布龙菲尔德(Bloomfield 1933),特鲁别茨科依(Trubetzkoy 1939),哈里斯(Harris 1944,1946,1952,1957),威尔斯(Wells 1947),霍凯特(Hockett 1958),高名凯(1963),陈保亚、田祥胜(2016)等。

语法(universal grammar)。语言能力是由遗传决定的,主要表现为人类具有通过有限单位和规则生成无限句子的能力,在一定的句子中还原出规则和单位的能力,以及通过任意性原则将概念和语音形式相结合的编码能力①。语言运用不仅仅是语言能力的运用,也是特定语言系统的运用。乔姆斯基提出的原则和参数理论(principle and parameter theory)中的"参数(parameter)"②,实际上就是由语言系统决定的。乔姆斯基提出,研究语言就是要研究语言能力在人类大脑中的运作机制,探索人类普遍的语法能力,而不是仅仅描写现成的语法形式。人类普遍的语法能力表现在,人类是通过一套规则由深层结构(deep structure)向表层结构(surface structure)转换而生成句子的。语言学家的任务就是要研究和探索这种转换规则。

转换生成语法先后经历了古典理论(classic theory)、标准理论(standard theory)、扩充的标准理论(extented standard theory)、修正的扩充的标准理论(revised extented standard theory)、管辖一约束理论(government and binding theory)、最简方案(minimalist program)等几个阶段③。尽管每个阶段的理论模型尚存在不完善之处,但转换生成语法学派所主张的"语言能力是遗传决定的"观点,以及"研究语言能力在大脑中的运作机制"的理论目标,已在学界产生了相当大影响。"乔姆斯基革命"和转换生成学派的研究成果对计算机科学、数学、心理学等都有重要贡献。

在转换生成语法不断发展的同时,也出现了一些新的语言学流派,如认知语言学、系统功能语言学(system-functional linguistics)、语言类型学(linguistic typology)、社会语言学(sociolinguistics)、演化语言学(evolutionary linguistics)、计算语言学、实验语言学、神经语言学等。各个语言学流派都开始建立自己的研究范式,并相互影响。

认知语言学认为语言能力和人类的认知紧密相关,语言的创建、学习及运

---

① 需要注意的是,这里所定义的语言能力,还包括还原能力,这和乔姆斯基所说的语言能力不同。另外,以乔姆斯基为代表的转换生成语法所讨论的语言能力也包括后天习得的语言知识。这里所说的语言能力不包括后天习得的语言知识。后天习得的语言知识,不是先天遗传的。详见§2。

② 原则和参数理论是乔姆斯基等生成语法学家在20世纪80年代初提出的一种普遍语法理论。该理论认为,普遍语法由"原则"和"参数"构成;"原则"指人类语言中普遍存在的高度抽象的语法构成;"原则"不是后天习得的,而是人类大脑中先天就有的;"参数"则反映了不同语言之间的差异。例如,任何语言都有中心语与修饰语,这是普遍语法中的"原则",有些语言中心语在前、修饰语在后,而有些语言修饰语在前、中心语在后,这是不同语言的"参数"设置不同。汉语方言也存在不同的参数设置,如普通话的定中式复合词"客人、公鸡、公牛",在广州话中则分别说成"人客、鸡公、牛公",即中心语在前、修饰语在后。

③ 有关转换生成语法的知识,可参考:乔姆斯基(Chomsky 1955,1956,1957,1965,1972,1981,1995),徐烈炯(2009)等。

用基本上能通过人类的认知加以解释。一般认为,认知语言学的创立者包括莱考夫(Lakoff,也译为雷科夫、拉科夫)、约翰逊(M. Johnson)和兰盖克(Langacker)。其中,莱考夫和约翰逊主要研究语言中的隐喻及其与人类认知的关系,兰盖克的研究则涉及认知语法(cognitive grammar)、构式语法(construction grammar)等方面①。

系统功能语言学是英国语言学家韩礼德(Halliday)创立的。《功能语法导论(An introduction to functional grammar)》(1985)集中体现了韩礼德的语言学理论。系统功能语言学主要由系统和功能两部分构成,二者相辅相成、有机结合。系统是由一整套有效构建句子的语言功能选项组成的集合,功能则指与语境相联系并在系统中体现的语言意义和价值。韩礼德认为,一句话常常具有多重功能,但功能范围最终可缩减为三大纯理功能(metafunction):概念功能、交际功能和语篇功能。系统功能语言学从社会功能角度研究语言,发现和描写不同交际语境下的语言变体,以及语言变体与社会功能之间的关系。

语言类型学通过对跨语言特征的比较、分类或概括,探索人类语言的多样性差异和共性规律。较早的语言类型学研究,可追溯到19世纪初期分类学意义上的形态类型学,代表人物是德国学者施莱格尔(Von Schlegel)。现代语言类型学的开创者是格林伯格(Greenberg)。格林伯格(Greenberg 1963)通过多语言比较,概括出许多形态和词序方面的蕴涵共性(implicational universal)(见§5.6.2)。语言类型学通过对典型语言样本的研究,概括出语言共性以及制约这些共性产生的规则、规律,进而对世界语言做出解释。语言类型学紧密结合大规模语言样本库、语料库、规则库等领域技术,在研究方法上多有创新②。

练习题和思考题

一、名词解释:

1. 语言学　2. 语文学　3. 认知语言学　4. 系统功能语言学
5. 语言类型学

---

① 关于认知语言学、认知语法、构式语法的研究,可参考:Langacker(1987,1991),Goldberg(1995,2006),Croft(2001),Taylor(2002),Lakoff & M. Johnson(2003),Croft & Cruse(2004),Evans & Green(2006),张敏(1989),袁毓林(1995,2004),张伯江(1999),陆俭明(2005,2016),沈家煊(2006),王寅(2007,2011),苏丹洁、陆俭明(2010)等。

② 有关语言类型学研究方面的知识,可参考:格林伯格(Greenberg 1963),科姆里(Comrie 1989),克罗夫特(Croft 2003)等。

二、问答题：

1. 语言学的研究对象和任务是什么？
2. 语言学在社会生活、科学发展中具有哪些重要价值？
3. 古代语言学研究和现代语言学研究有哪些不同？

扩展阅读：

Bloomfield, Leonard. 1933. *Language*. New York：Henry Holt. 中译：布龙菲尔德著，袁家骅、赵世开、甘世福译，《语言论》，北京：商务印书馆，1980 年第一版。【结构主义语言学】

Chomsky, Noam. 1955. *The Logical Structure of Linguistic Theory*. New York：Plenum, 1975.【详细讨论转换规则代数和转换规则语法】

Chomsky, Noam. 1957. *Syntactic Structures*. The Hague：Mouton.【短语结构语法】

Chomsky, Noam. 1965. *Aspects of the Theory of Syntax*. Cambridge：Cambridge University Press.【转换生成语法标准理论】

Chomsky, Noam. 1972. Deep structure, surface structure and semantic interpretation, In N. Chomsky (ed.), *Studies on Semantics in Generative Grammar*. The Hague：Mouton.【扩展标准理论】

Chomsky, Noam. 1981. *Lectures on Government and Binding*. Dordrecht：Foris Publications.【讨论管辖—约束理论】

Chomsky, Noam. 1995. *The Minimalist Program*. Cambridge, MA：The MIT Press.【提出了转换生成语法的最简方案】

Comrie, Bernard. 1989. *Language Universals and Linguistic Typology* (second edition). Chicago：The University of Chicago Press. 中译：科姆里著，沈家煊等译，《语言共性和语言类型》（第二版），北京：北京大学出版社，2010 年。【把语言共性细分为四类】

Croft, William. 2003. *Typology and Universals* (second edition). Cambridge：Cambridge University Press. 中译：克罗夫特著，龚群虎译，《语言类型学与语言共性》（第二版），上海：复旦大学出版社，2009 年。

Greenberg, Joseph H. 1963. Some universals of grammar with particular reference to the order of meaningful elements. In Joseph H. Greenberg (ed.), *Universals of Language* (second edition), 1966, 73-113. Cambridge, Massachusetts：The MIT Press.【语言类型学经典文献；语言共性】

Halliday, M. A. K. 1985. *An Introduction to Functional Grammar*. London：Edward Arnold.【系统功能语法】

Langacker, Ronald W. 1987. *Foundations of Cognitive Grammar* (Volume I)：*Theoretical Prerequisites*. Stanford：Stanford University Press.【认知语法、构式语法】

Langacker, Ronald W. 1991. *Foundations of Cognitive Grammar (Volume II): Descriptive Application.* Stanford: Stanford University Press.【认知语法、构式语法】

Robins, R. H. 1967/1997. *A Short History of Linguistics (fourth edition).* London, New York: Longman. 中译:罗宾斯著,许德宝、胡明亮、冯建明译,1997,《简明语言学史》,北京:中国社会科学出版社.

岑麒祥,1988,《语言学史概要》,北京:北京大学出版社.【讲述一般语言学的发展历史,内容分为古代语言学史、历史比较语言学史和普通语言学史三个部分】

高名凯,1963,《语言论》,北京:科学出版社,初版.1995年,商务印书馆重新出版.【"第一部分 语言的社会本质":第五章 语言与言语;第六章 语言的变体】

高名凯、石安石,1963,《语言学概论》,北京:中华书局.【第二章 语言的本质】

刘润清,2013,《西方语言学流派》(修订版),北京:外语教学与研究出版社.

邢福义、吴振国,2010,《语言学概论》(第二版),武汉:华中师范大学出版社.

索绪尔,1916,《普通语言学教程》,高名凯译,北京:商务印书馆,1980年第一版.

1 语言的功能

语言是信息传递最初始、最充分的符号系统,也是思维最重要的工具。世界语言的差异性和民族性与各民族思维方式、思维模式的差异有关。语言也是人际互动的最主要工具。和动物的沟通方式相比,人类具有遗传而来的先天语言能力。下面通过考察语言和思维、语言和交际之间的关系,深入了解语言的信息传递功能、思维功能和交际功能。

1.1 语言和思维

1.1.1 语言相对性

人类的认知具有相对性。人们在观察事物时,可能会产生视觉感官上的错觉,例如下面三张图:

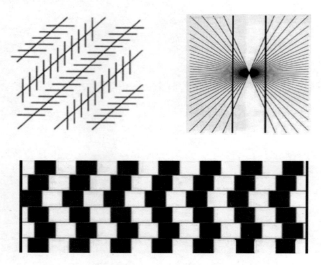

第一张图(左上)的 5 条斜线是平行的,第二张图(右上)的 2 条竖线是平行的,第三张图的 5 条横线也是平行的。但由于受周围线条或图形的影响,人们很可能会产生错觉,认为它们是不平行的。

不同的人在辨识颜色方面也可能会产生视觉差异，例如下面两张图[①]：

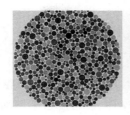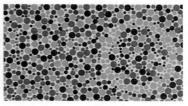

没有色觉障碍的人能看出左图的数字6，红绿色盲者、红绿色弱者可能会看成5，而全色弱者则看不出左图中的数字，也看不出右图中的正方形和圆形。

以上事实说明，人们所认识到的世界和客观世界并非总是完全一致。人们认识客观世界时不可避免会受到环境背景、个人生理条件等诸多因素的限制。人类认知的这种相对性，在很大程度上决定了语言的相对性。

语言相对性是人类认知相对性所造成的人类语言系统的差异性和多样性，进而体现出的不同语言对客观世界和经验切割方式的差别。世界上不同族群的认知方式、思维模式可能存在很大差异。思维模式是人们在思维时形成的一种相对固定的思维范式。这些认知方式、思维模式的差异，也与使用不同语言的人对世界感受、体验的差异有关，但这不是绝对的和普遍的，因而可称为语言相对性。

在语音层面，语言相对性主要表现在语音系统会影响人们对语音的感知。人类发音器官能发出的声音是无限的，但语音的数量是有限的。语音通过范畴化而形成一个个音位[②]。语音范畴化后而构成的音位系统，会影响母语者对具体语音的感知。例如，汉语不同方言[n]、[l]的分合，会引起语音感知的差异。普通话中[n]、[l]是两个不同的辅音声母，但南方有一些方言不区分[n]、[l]。受母方言音系的影响，这些方言区的人会把普通话[n]、[l]感知为一个音。汉语不同方言前鼻音[n]和后鼻音[ŋ]的分合也会引起语音感知的差异。普通话区分[n]和[ŋ]，如"天坛[tʰiɛn⁵⁵tʰan³⁵]≠天堂[tʰiɛn⁵⁵tʰɑŋ³⁵]"，而南方很多方言不区分[n]和[ŋ]。受母方言音系的影响，这些方言区的人会把普通话[n]、[ŋ]感知为一个语音。不同语言中清音、浊音的对立与否，会引起语音感知的差异。普通话塞音只有送气与否的对立，没有清浊的对立。英语则没有送气与否的对立，但有清浊的对立。汉语母语者在刚学英语时，往往会把英语浊辅音[b]、[d]分别感知为汉语清辅音[p]、[t]，如把英语"by[baɪ]"中[b]感知为汉语"白

[①] 彩色插图见第413页图1。
[②] 语音的范畴化，一般指人们从听到的语音中区分出具有辨义作用的音位。

[pai³⁵]"中的清辅音[p]。

再如,汉语普通话中有辅音 h[x],但没有辅音 h[h],比较:

普通话:hǎn[xan²¹⁴](喊)
英语:horse[hɔːs](马)

普通话 h[x]为舌根清擦音,发音时软腭上升,挡住气流的鼻腔通路,舌根隆起,与软腭之间形成一个窄缝,气流通过窄缝摩擦成声,声带不振动。英语 h[h]是声门清擦音,发音时气流在通过声门时发出轻微摩擦,声带不振动。当汉语(普通话)母语者学习英语时,受汉语(普通话)语音系统的影响,往往会把英语 h[h]感知为普通话声母 h[x]。

在语法层面,语言相对性表现为人类语言的语法系统存在明显差异,这种差异对思维模式有多大影响还不清楚。语法系统有绝对性一面,也有相对性一面。语法系统由单位和规则组成,这是绝对性的体现,例如一切语言都有名词性词语和动词性词语。不同语言有不同的单位和规则,这是语言相对性的体现。例如不同语言在如何区分名词性词语和动词性词语上就存在差异。有些语言有明显的形态标记,有些语言则没有。英语"baked sweet potato(烤红薯)"是名词性词语,而"to bake sweet potato(烤红薯)"是动词性词语,二者形态标记明显不同。汉语没有形态标记,所以"烤红薯"是一个歧义结构:既可以是述宾结构(动词性词语),也可以是偏正结构(名词性词语)。

1.1.2 萨丕尔-沃尔夫假说

语言与思维关系问题的讨论,最早可追溯到古希腊时期。近代提出该问题的是赫尔德(Herder)和洪堡特(Von Humboldt)。洪堡特是德国著名语言学家,被视为理论语言学和 19 世纪语言哲学的创始人。洪堡特发表了多部语言学著作,如《论人类语言结构的差异》(1828—1829)、《论爪哇岛上的卡维语》(1830—1835)等。一方面,洪堡特从多种语言的共性中发现语言是一种创造能力,这种能力的根本就是有限规则的无限运用;另一方面,洪堡特从多种语言的结构差异中发现语言对人类精神发展有深刻的影响。

在语言与思维的关系上,洪堡特(Von Humboldt 1836:72)认为:"……对事物的全部主观知觉都必然在语言的构造和运用上得到体现。任何客观的知觉都不可避免地混杂有主观成分……但个人更多地是通过语言而形成世界观,……而由于在同一个民族中,影响着语言的是同一类型的主观性,可见,每一种语言中都包含着一种独特的世界观。"洪堡特(Von Humboldt 1836:53)认为,人类语言的结构之所以会出现种种差异,是因为各个民族的精神特性本身有所不同,并初步论述了语言相对论。

博厄斯(Boas)是20世纪重要的人类学家和语言学家。博厄斯对美洲语言和美洲印第安文化进行了调查研究。博厄斯在《美洲印第安语手册》(Boas 1911a)中所写的序言是美国人类学家从事语言调查和研究的理论总结。博厄斯主张,未开发地区的人民有自己的语言、知识和文化。博厄斯(Boas 1911b:107)认为原始人(primitive man)基于万物有灵论(animism)思想来看待世界和构建观念,并且生活在不同社会形式中的人,往往以不同的方式来归纳经验,初步阐述了"文化相对论"思想。

受洪堡特和博厄斯的影响,美国人类学家和语言学家萨丕尔深入研究了语言和思维、文化之间的关系。萨丕尔(Sapir)对北美洲近20种印第安土著语言进行了深入的调查研究,是美国描写语言学的奠基人之一。萨丕尔的代表作《语言论——言语研究导论》(1921)对美国描写语言学具有广泛的影响。在谈到语言与大脑关系时,萨丕尔(Sapir 1921:9)强调大脑中的语音必须和人的经验中的某个或某些成分(例如视觉印象,或对外物的某种关系的感觉)联合起来,否则不可能具有言语意义。另一方面,经由与社团经验的联合,语言所反映的现实必然是一种由语言所构建出来的心理现实,并非真正的客观真实世界。萨丕尔(Sapir 1931)已经认识到语言世界与真实世界的分离现象,强调语言对个人经验具有决定作用。语音和个人经验(乃至社团经验)的联合,使得语言所构建的世界必然建立在社团经验基础之上,从而也就不可避免带上该社团特有的印记。这是萨丕尔-沃尔夫假说的最重要的认识论基础。

沃尔夫(Whorf)继承和发展了萨丕尔语言与思维关系的观点。沃尔夫对语言制约思维的认识来自经验观察。当沃尔夫做防火工程师时注意到,语言有时会误导工人从而导致意外的发生。工人们在"满汽油桶"旁小心翼翼,但在"空汽油桶"旁则漫不经心地乱扔烟蒂。事实上空桶也可能充满可爆气体,危险性更高。人们在"空汽油桶"旁乱扔烟蒂而没意识到危险性,无疑是受到了语言概念"满"和"空"的支配。另外,沃尔夫在印第安语言比较研究中观察到印第安诸语言之间结构上的巨大差异。例如,霍比语(Hopi)[①]用同一个词表示除"鸟"之外所有的飞行体,这样"蜻蜓""飞机""飞行员"等名称是一样的。而在因纽特语(Inuit)[②]中,"飘舞的雪""落地的雪""半融的雪""板结的雪"则用不同的词来表示。

沃尔夫在印第安语言比较研究中提出了一个重要概念——标准欧洲语

[①] 霍比语是一种美洲印第安语。

[②] 因纽特语(Inuit),旧称爱斯基摩语(Eskimo),早期著作用的都是爱斯基摩语。

(Standard Average European,简称 SAE),认为欧洲人具有大致相同的世界图式(picture of the universe)①,各种科学观念都是基于这个世界图式而建立的。沃尔夫注意到不同语言所蕴含的世界图式存在着差异,并认为不同语言结构对人们的思维模式、世界图式具有制约作用②:

> 没有哪个人可以毫无偏见地描述自然,即便他认为是最自由的时候,他也被迫采取了某些方式,在这些方面,最自由的人,就是那些熟习了很多差别很大的语言体系的语言学家。迄今为止,还没有一个语言学家具备这样的能力。于是,我得到一个新的相对性原理,这个原理认为:同一个物理证据,并不使所有的观察者都得到相同的宇宙图式,除非他们的语言背景相似或相同。

后来,学者们把萨丕尔、沃尔夫等的这些理论观点概括为"萨丕尔-沃尔夫假说(Sapir-Whorf hypothesis)"。该假说包括以下两方面内容:

(1)语言决定论　所有高层次的思维都依赖语言。语言的形态制约思维的形式。语言不同的民族,其思维方式完全不同。语言决定论强调语言在塑造思维方式中具有决定性作用,即语言决定思维。

(2)语言相对论　人类语言在很多方面存在不同,这体现出使用不同语言的人对世界和经验的切割方式的差异。操不同语言的人,对世界和经验的体验和感受不同,其思维方式也会存在差异。换句话说,这些不同思维方式的跨文化差异,与使用不同语言的人对世界的感受和体验的差异有关,也就是与语言结构的差异有关。显然,上述关于语言差异和思维方式差异之间相关关系的论述,与"语言决定思维"有很大不同,因而被称为语言相对论。

西方哲学经历了两次大的转向:第一次是由古代本体论(存在论)向近代认识论(知识论)的转变,第二次是 20 世纪初期开始的近代认识论向语言论(方法论)的转变。海德格尔(Heidegger)是推动语言哲学转向的重要哲学家之一。1927 年,海德格尔发表了《存在与时间》,将语言与存在问题联系起来,这为后期海德格尔确定人、语言、自然三者的关系奠定了基础。海德格尔侧重强调语言是人类认识未知世界的界限。1946 年,海德格尔在《论人类中心论的信》中提

---

① 世界图式,指人们对世界的知觉理解和思考的方式,如中国传统的世界图式以"天—人"二元结构为特征,西方传统的世界图式以"神—人—物"三元结构为特征。picture of the universe 也可译为"世界图景"。

② 参见:Whorf, Benjamin Lee. 1956. *Language, Thought and Reality: Selected Writings of Benjamin Lee Whorf*, ed. by John B. Carroll Cambridge, Massachusetts: The MIT Press, 214;中文译文引自:陈保亚,1993a,《语言文化论》,昆明:云南大学出版社,第 53 页。

出:"语言似拒绝向我们透露其本质,它是存在的真理的家园。"维特根斯坦(Wittgenstein)在《逻辑哲学论(Tractatus Logico-philosophicus)》(1921)中曾经说过:"Die Grenzen meiner Sprache bedeuten die Grenzen meiner Welt(我的语言的界限意味着我的世界的界限)"①。人类所认识的世界是语言所及的世界。换句话说,语言的界限也就是人类世界的界限。而萨丕尔(Sapir 1921)注意到的是语言对人类大脑塑造及语言与真实世界的距离问题。人类通过语言所认识的世界与真实世界并非完全一致。正是在这一点上,经过沃尔夫的进一步阐述和完善,最终形成了影响很大的萨丕尔-沃尔夫假说。

尽管萨丕尔-沃尔夫假说还存在很多不完善之处,但该假说确实存在一些合理的因素。语言相对论强调,不同语言对世界和人类经验的不同切割方式,反映出不同思维方式的跨文化差异。这种认识对正确理解语言、思维和文化差异及其相互关系具有重要价值。

1.1.3 语言是思维最重要的工具

人类既有高度发达的思维,又有便利的语言,这是人类区别于动物的两个突出特点。关于语言与思维的关系,自亚里士多德以来已经争论了几千年。有人认为思维先于语言,有人认为二者同时发生,也有人认为语言决定思维。语言与思维关系的无休止争论,源于没有对思维本身进行明晰地界定。理解思维的本质及其运作过程,是正确认识语言和思维关系的前提。

思维指人们认识客观事物的能力和动脑筋的过程。人们主要是通过语言来进行思维的。人们在进行比较、分析、综合等动脑筋的过程中,往往离不开抽象的概念、判断(或命题)和推理过程。语言中的词语,既是人们认识世界的成果,也是人们进行新的思考的材料基础。

洪堡特(Von Humboldt 1836:67)从主客体的角度详细讨论了语言与思维的内在关系,认为表象作为客体被感知并回到主体的过程中,语言是不可或缺的。萨丕尔(Sapir 1921:19)认为那些与语言无关的传达观念的非语言符号,在思维中总是直接或间接向语言符号转移,即转化为语言符号。然而,表象回到主体和非语言符号转化为语言符号都具有很大的猜测成分。在人类的思维运作中,心象、视觉符号等非语言表征是如何向语言符号转移的,目前还很难被观察到或被证实。

---

① 译文参考:维特根斯坦(Wittgenstein)著,1921,《逻辑哲学论》,郭英译,1962,北京:商务印书馆,第79页。

通过对语言与个体思维发展阶段的分析,可以发现,确实存在不借助语言的思维运作现象。语言与个体思维发展的阶段包括:前语言思维、语言思维和超语言思维。

前语言思维是客观存在的,其有力的证据来自皮亚杰(Piaget 1966)的观察资料①。皮亚杰认为儿童思维发展过程中,思维(准确地说是思维能力)可以先于语言而产生。儿童在一岁至两岁的阶段处于感知运动阶段(sensorimotor stage)。这个阶段存在着推理迹象,因为当儿童学会把毯子拉到身边以取得它上面的玩具后,他就能用拉毯子的方法取得毯子上的其他东西,并且会去拉一根绳子以取得绳子另一端的东西。皮亚杰把儿童的这类先于语言产生的思维称为象征性思维(symbolic thinking,也叫符号思维),并指出象征性思维的发展不依赖于语言。

前语言思维是个人的。在这个阶段,思维活动中没有概念的符号化,因此也没有社会化,观念得不到巩固和继承。尽管也可能有一些个人符号,但这些个人符号得不到集体的认同,也是不稳定的。因此,前语言思维没有模式,是无序的,不能组织复杂的经验活动。很多研究表明,由于某些原因没有正常习得语言的儿童,智力相对也很低,可能反映了他们智力活动的无序性。

语言思维是指通过语言进行的思维。语言思维有群体性,有模式(语言浇铸的模式),是有序的,能组织复杂的经验活动。一般的思维活动都在这个层面。通过语言进行思维,增加了思维活动的广度和深度。

超语言思维是指获得语言的人通过心理映象、动觉、视觉等符号进行的一种思维活动。例如,禅宗的"顿悟",下围棋时的思维过程,以及欣赏一幅画时的领悟等,都具有超语言思维的特点。平克(Pinker 1994:79)指出,很多学者认为自己是用心理映象来进行思维创造的。雕塑家瑟尔斯(Surls)躺在沙发上听音乐时在脑海中操纵他的雕像,在心象中观察和分析雕像的翻转、手臂的位置移动等。马克斯威尔(Maxwell)用心象的方式得出电磁场的数学公式。沃森(Watson)和克里克(Crick)发现 DNA 结构过程中,DNA 结构也是以心象方式出现在他们脑海中的。

平克(Pinker 1994:71—72)报道了认知心理学家谢泼德(Shepard)和他的学生库珀(Cooper)做过的心象旋转的经典实验。实验中,测试者给受试者看几千张幻灯片,每张幻灯片上面是一个字母但旋转成不同角度,如下图(引自

---

① 参见:Piaget, Jean & Barbel Inhelder. 1969. *The Psychology of the Child*. New York: Basic Books. Originally published in French as *La Psychologie de l'enfant* by Presses Universitaires de France,1966. 中译:皮亚杰、英海尔德著,吴福元译,1980,《儿童心理学》,北京:商务印书馆。

Pinker 1994：72）：

$$0\quad +45\quad +90\quad +135\quad 180\quad -135\quad -90\quad -45$$

如果受试者觉得幻灯片上的字母跟所学字母一致，则按一个钮；如果觉得幻灯片上的字母是个镜像，则按另一个钮。实验结果显示，左边直立的字母（即0度）是最容易判断的，因为它与记忆中的字母一样。而其他的有倾斜角度的字母，判断起来则相对困难，这是因为受试者需要做心象旋转，把这些倾斜的字母正过来，才能判断。从所用时间来看，受试者对直立的字母反应最快，接下来依次是倾斜45度、倾斜90度、倾斜135度，而对倾斜180度（即倒置）的字母，受试者反应是最慢的。谢泼德和库珀的心象旋转实验似乎说明，人类在思维时可以不借助语言。

超语言思维带有个人性，没有模式，是无序的，在一定程度上可以看做是语言思维的变异。然而，人们不借助语言就不能把超语言思维中领悟的东西符号化①，领悟就永远是个人的，无法社会化、有序化。相反，一旦借助语言把领悟的东西符号化，就可以组织高层次的经验活动。这说明，心象、动觉等符号并不能成为思维的主体，语言才是思维的主要工具。

人类也有形象思维，比如绘画等，并不需要借助语言。但是这种思维方式受到很大限制，只停留在形象的层面，比较模糊，很难用于人际沟通，常常以个人经验的方式存在。从准确性、社会性和丰富性来看，形象思维比语言思维受到更大的限制。

语言是观察人类思维活动最重要的窗口。由于思维活动的隐蔽性，思维活动无法被直接观察到。语言是人类大脑认知活动最深沉的积淀。要认识人类大脑和人类的心智，语言是最重要的切入点。当代很多前沿学科，如认知科学、心理学、人工智能、计算语言学、人类学等，从某种程度上说都需要围绕语言来展开。

1.2 语言和交际

交际工具是人们用以传递信息、交流思想的媒介或手段，如自然语言、文

---

① 关于"人类经验的符号化"，参见§3.1.3。

字、数学符号、交通灯、旗语等。和其他交际工具相比,自然语言是最重要的交际工具。

　　文字是在语言基础上产生的,是语言的书写形式。没有语言就没有文字。一般认为,现在发现的最早的成熟文字不超过6000年,而早在距今几万年前,人类语言就开始出现了。数学符号、化学符号、音乐符号、交通符号、电报代码、旗语等都属于人工符号。人工符号系统是在文字的基础上形成的,是对文字符号某些方面的抽象和精巧化,从根本上看还是在语言的基础上形成的。所有的人工符号系统都要通过自然语言来定义,但没有一种人工符号系统能够定义自然语言。

　　音乐、绘画、舞蹈也有交际功能。但这些交际形式表达的范围是有限的。这些交际形式一般属于情感、审美的交流,其内容往往不能准确地加以界定。例如,要向别人传递"自然语言的符号具有任意性""圆周率约为3.14"这些信息,就很难用音乐、绘画或舞蹈等形式来完成。

　　体态也具有交际的功能。一种眼神,一种手势,一种肢体动作等都可能传递某种特定信息。这些能传递特定信息的身势动作,可称为体态语。世界上各个民族的体态语并非总是相通的。很多族群摇头表示不同意,点头表示同意,但有的族群则正好相反。尽管体态语能在一定程度上起到交际作用,但和自然语言相比,体态语的表现内容是有限的。世界上没有任何一个民族能够单纯靠体态语组织完整的社会活动。聋哑人的手势语与体态语不同。手势语具有自然语言的性质,只不过其传递信息的载体是手势,而不是语音。

练习题和思考题

一、名词解释:

1. 语言相对性　2. 萨丕尔-沃尔夫假说　3. 语言思维　4. 超语言思维

二、问答题:

1. 举例说明语言相对性在语音、语法层面的表现。
2. 为什么说语言是人类最重要的交际工具?

三、操作题:

根据以下材料,简要回答问题:

【材料1】2016年有一部很有意思的电影上映,这部电影名为《降临》。该电影根据华裔科幻作家姜峯楠的原著小说《你一生的故事》改编,讲述了12艘神秘的外星飞船降临地球后所发生的故事。该影片中,外星生物七肢桶使用的是一种非线性的语言符号,其时间认知也是非线性的。只要学会该种语言,就能预知未来。

【材料2】沃尔夫提出了一个重要概念:标准欧洲语(Standard Average European,简称 SAE)。沃尔夫认为欧洲人都具有相同的世界图式,各种科学观念都是建立在这个世界图式基础上的。霍比语(Hopi)蕴涵了不用于标准欧洲语所蕴涵的世界图式。比如霍比语不用空间的词来表示时间(汉语可以,比如说时间很"长"),动词没有"时"的概念,因此也就没有"速度"的概念(距离跟时间的比例)。沃尔夫认为,如果在霍比语的基础上发展出科学,现代物理学就会和目前的理论很不一样。

【材料3】语言系统对世界的范畴化有不同方式。例如,在汉语中我们经常使用"上火""阴虚""痰湿体质"等,对这一类概念进行范畴化。其次,各种语言对同一事物或关系的范畴化方式不一样。例如德宏傣语中有6个表示"洗"的语素,即 sai^5(漂)洗、sak^8 洗(衣服)、$la:\eta^4$ 洗(碗)、suk^8 洗(脸、脚)、tuk^2 洗(头)、Ɂa:p^7 洗(澡),而汉语中只有一个"洗"字。再次,不同的语言对同一个概念的范畴化深度不一样。例如,汉语中用不太严格的虚词"了,着,过"来表达时间、时体等语法范畴,英语中常常用更严格的形态来表达这两个范畴。最后,在同一种语言内部,对世界范畴化的方式也会发生变化。例如在古代,我们用以下语素来区分"骒、驹、骟、骠、骝、骅、骊、䯄、骐、骓、骢、驽"等不同的马,现在就几乎只用一个语素"马",再加上别的语素,构成不同的词,如"母马""小马"等等。

【材料4】总的来说,人类认识世界有以下几个层面的相对性。第一,受生理结构等限制的生理层面的差异性(相对性),例如色盲和非色盲看到的世界是不一样的。第二,受语言文化等塑造的生理层面的差异性,例如不同母语的音位系统塑造了我们的语音感知系统。第三,受语言文化等塑造的思维方法、思维轨迹、思维模式甚至思维能力的差异性(相对性)。但与此同时,我们也有以下共性:第一,认知共性,人类在认知模式上有极大的共性,这也被认知科学所证实。第二,语言符号系统的共性,例如生成语法学家假设人类拥有"普遍语法"装置,语言类型学家致力于探索世界语言的蕴含共性。

针对上述材料,假设地球遭到外星人的攻击,你作为语言学家被邀请拯救世界,破译外星人的语言及其先进的科学系统,你认为你可能完成这项任务吗?从语言和认知的相对性和共性谈谈你的看法。(知识点提示:语言与思维的关系,语言文化相对论)

扩展阅读：

Piaget, Jean, Barbel Inhelder. 1969. *The Psychology of the Child*. New York: Basic Books. Originally published in French as *La Psychologie de l'enfant* by Presses Universitaires de France, 1966. 中译：皮亚杰、英海尔德著,吴福元译,《儿童心理学》,北京：商务印书馆,1980年出版。【观察儿童思维发展过程及特点】

Pinker, Steven. 1994. *The Language Instinct*. New York, NY: Harper Perennial Modern Classics. 中译：史蒂芬·平克著,洪兰译,《语言本能——探索人类语言进化的奥秘》,汕头：汕头大学出版社,2004年。【从语言学、心理学、生物学角度,讨论复杂的语言现象】

Sapir, Edward. 1921. *Language: An Introduction to the Study of Speech*. New York: Harcourt, Brace and Company. 中译：萨丕尔著,陆卓元译,《语言论——言语研究导论》,北京：商务印书馆,1985年重排第2版。【美国描写语言学的代表性著作；系统研究语言和思维、文化之间的关系；强调大脑中的语音必须和人的经验中的某些成分联合】

Von Humboldt, Wilhelm. 1836. *Linguistic Varibility and Intellectual Development*. (G. C. Buck & F. A. Raven, Trans.) Miami Linguistics Series 9. Coral Gables: Miami University Press,1971. 中译：洪堡特著,姚小平译,《论人类语言结构的差异及其对人类精神发展的影响》,北京：商务印书馆,1999年第一版。【论述语言相对论；语言是一种创造能力,即"有限规则的无限运用"；语言对人类精神发展有深刻的影响】

Whorf, Benjamin Lee. 1956. *Language, Thought and Reality: Selected Writings of Benjamin Lee Whorf*, ed. by John B. Carroll. Cambridge, Massachusetts: The MIT Press.【讨论语言和思想、现实之间的关系,阐述语言相对论思想；"萨丕尔-沃尔夫假说"】(中译本见"沃尔夫1956")

陈保亚,1993,《语言文化论》,昆明：云南大学出版社。【二、语言文化共相论：2.1 语言的张力】

2 语言能力

2.1 语言能力是人类特有的一种先天能力

语言能力是人类特有的与生俱来的一种先天能力。任何一个发育健全的孩子被放到任何一个语言社会中去,都能学会那个社会的语言,而动物基本不具有人类的这种语言能力。

动物交流通过身临其境的方式,或者说"在场"的方式来实现。"在场"是动物获得直接经验的主要方式,指通过亲眼目睹事件的发生而积累经验。以老鼠中计、鱼上钩为例,老鼠、鱼也可能积累经验,不再上当,但这种经验只能通过身临其境(即"在场")的方式获得。例如,一条鱼因为吃诱饵而上钩,目睹这一过程的另一条鱼,在以后看到同样的诱饵时可能不再上钩,但这种经验不能直接传递给其他的鱼。这种经验的积累以身临其境或者说"在场"为条件。人类也可通过"在场"方式获得直接经验,如触电。"一年被蛇咬,十年怕井绳"说的也是这种情况。"在场"方式也能使间接经验得到传递。例如,一条有经验不上钩的鱼,在鱼钩在场的环境下,可以传递某种信息给身边的鱼,后者获得了间接经验;有触电经验的人可以通过打手的方式,来阻止未学会语言的儿童触摸插头,儿童也可以获得间接经验。

人类通过语言传递经验和知识不一定要"在场",这和动物的"在场"传递方式有根本的区别,可称为人类获取经验的易境性(displacement)。易境性是指人们能用语言谈论不存在的事物或不在场获得的经验。语言是人类不"在场"获得经验的关键。儿童在获得语言以前,获得直接经验、间接经验的方式和动物相似。一个前语言儿童向母亲表达从楼梯上滚下去的经验,不得不依赖"在场"方式,即把母亲带到楼梯现场模仿。但人类获得大量经验的方式显然是不需要"在场"的,比如"触电"经验也可以通过语言交流,以不"在场"方式获得。人类通过传说了解和学习祖先的知识、原始部落的经验等,都需要依靠不"在场"的语言传递。孔子的思想、爱因斯坦的相对论思想、释迦牟尼的思想等,也都是通过不"在场"的语言传递获得的。

动物"在场"获取经验方式的形成与生物进化的自然淘汰有关。在生物进化过程中,能够生存下来的群体大多具有某种习惯,并由此形成了某种群体模式,例如机智而警觉的老鼠容易生存,没有该习惯的老鼠则容易被淘汰。机警的老鼠容易生存,老鼠群体小心谨慎的模式由此形成。这种"在场"获取经验的方式,不需要借助语言,和不"在场"获取经验的方式完全不同。

在基因上与人类较为接近的动物是猩猩,如黑猩猩(Chimpanzee)、矮黑猩猩(Pygmy Chimpanzee)和大猩猩(Gorilla)等。黑猩猩98.76%的基因跟人类一样。很多学者通过观察猩猩的行为表现,思考人类语言能力及其起源问题。

20世纪30年代早期,克洛格夫妇(W. Kellogg & L. Kellogg 1931)把他们的儿子和猩猩固娃(Gua)一起抚养。固娃长到16个月左右时,能理解大约100个词,但不能说出这些词。海斯夫妇(K. J. Hayes & C. Hayes 1951)训练的黑猩猩维琪(Vicki)能听懂很多句子,但只学会说 aah、mama、papa、cup 等少数几个词,并且只有海斯夫妇才能分辨出维琪所说的这些词。人们逐渐意识到,猩猩的发音器官跟人类发音器官差别太大,很难发出人类的语音。

科学家们教猩猩学习手势语、塑料片语言等,以观察猩猩的语言能力。加德纳夫妇教黑猩猩华秀(Washoe)学习手势语(B. Gardner & R. Gardner 1989;Fouts 1972)。黑猩猩华秀掌握了约250个手势语符号,还能使用已学到的手势语符号创造新词。华秀把 water(水)和 bird(鸟)组合在一起,来表示"天鹅(swan)",用 cry hurt food 来表示"小萝卜(radishes)"。还没有教它句子时,华秀就能创造出 Give me Tickle 这样的句子(Fouts & Mills. 1997)。皮里麦克夫妇(A. Premack & D. Premack)教黑猩猩莎拉(Sarah)学习塑料片语言。所谓塑料片语言,就是用不同形状和不同颜色的塑料片作为代表特定意义的符号,部分名词或动词的例子见下图(A. Premack & D. Premack 1972:93)①:

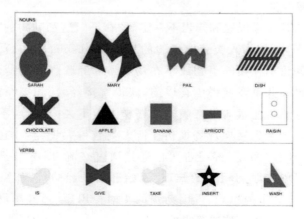

---

① 彩色插图见第413页图2。

莎拉最终学会了约130个塑料片语言的符号,包括猩猩和人的名字、食物、颜色等名词和动词、形容词、副词等。

根据Patterson & Linden(1981)的报道,大猩猩Koko学会了一千多个手势语符号和约两千个英语口语词,它还自创了好几个新符号,比如elephant baby(a Pinocchio doll,皮诺奇娃娃)、bottle match(a cigarette lighter,打火机)、finger bracelet(ring,戒指)、eye hat(a Halloween mask,面具)等。还有学者(Greenfield & Savage-Rumbaugh 1990;Lewin 1991)报道,一个叫Kanzi的黑猩猩能创造一些英语中没有的表达模式,而这些模式在聋人的语言和世界其他语言中很常见。比如,混用"词汇"和手势时,"先词汇,后手势""游戏的邀请先说,游戏中的动作后说"等。当然,也有科学家对这些行为是否都能体现猩猩的语言能力表示怀疑(Terrace et al. 1979)。尽管猩猩表现出很强的学习语言的能力,但目前来看,猩猩的语言能力与人类的语言能力相比仍然相距甚远。

人类的语言能力,主要包括符号编码能力和还原生成能力。

2.2 符号编码能力

符号编码能力指在任意性原则基础上把能指和所指结合成符号的能力,即根据任意性原则用一个语音形式(能指)去命名一个概念(所指),形成符号。动物与生俱来的交流行为,不属于符号编码行为。蜜蜂的舞蹈、母鸡下蛋的叫声、公鸡报晓声、大猩猩的捶胸等,形式和意义之间任意性成分很少。有些动物语言具有少量任意性。最近研究成果显示,西方蜜蜂和东方蜜蜂的舞蹈有明显不同。把两种蜜蜂同群饲养时,它们可以成功读懂对方的舞蹈。研究者推测,两种蜜蜂学习对方舞蹈的能力随时间推移而得到提高,这预示着蜜蜂进行着社会性学习,也再次证明蜜蜂行为的复杂性[①]。

黑猩猩Washoe、大猩猩Koko和黑猩猩Kanzi等,都是学习已经编码好的符号系统。手势语和英语口语都是已有的现成符号系统,由专家设法让猩猩们知道这些符号,并学习使用。尤为重要的是,黑猩猩Washoe和大猩猩Koko能创造新词,如用"water bird"来指天鹅,但其组成成分water和bird都是已有的符号,是人类编制好的。"water bird"这一创新只是体现了它们具有某种程度的符号组合能力或生成能力,但不是符号编码能力。

黑猩猩经过训练可以学会有限的词或句子,并能造出新句子,说明黑猩猩

---

① 参见:丁桂玲、石巍,2009,《蜜蜂舞蹈语言的研究进展》,《中国蜂业》第4期,第56页。

具有接受任意性符号的能力和生成句子的能力。但是黑猩猩不能自动编码,只有被动任意性,缺乏主动任意性。尽管大猩猩 Koko 能自创一些新的符号组合,如"bottle match(a cigarette lighter 打火机)",但这种创制主要还是建立在现有符号基础上的,还不能说大猩猩 Koko 具有基于任意性的自动编码能力。而自然语言是人类社会运用语言能力对经验或概念进行编码的结果。不同社会有不同的编码习惯,这主要是经验概括和划分方式不同。比如,英语的 brother,汉语用"哥哥""弟弟"来概括和编码。因此,虽然人类的编码能力是一样的,但编码结果可能会有很大不同。这也是造成世界上存在丰富多样语言的一个重要原因。

2.3 还原生成能力

还原生成能力指人类具有的通过有限的句子还原出有限的单位和规则,并通过这些单位和规则生成无限句子的能力。洪堡特把语言看做是一种创造性活动。乔姆斯基则把语言看做是以有限的规则和单位生成无限句子的过程。但都没有关注还原能力。还原生成能力具体包括两类:(1)单位和规则的还原能力;(2)句子生成能力。单位与规则的还原能力指人类具有的从有限句子中提取语言单位和规则的能力。以下面四句话为例:

吃鱼
吃苹果
切肉
切面包

儿童从听到的这些句子中能提取到以下单位:吃、切、鱼、肉、苹果、面包,并且还可以获得这些句子所共同遵守的组合规则:述语+宾语。人类具有这种自然地还原单位和规则的能力。所谓"自然",指只要存在一定数量的句子,不需要通过人为切分,就可以还原出有限的单位和规则。

句子生成能力指人类具有的通过有限的单位和规则生成新句子的能力。例如,根据上面已经还原出来的那些离散单位和"述语+宾语"组合规则,可以生成"吃肉""吃面包""切鱼""切苹果"等新的语言片段。

自然语言有一套有限的离散单位和一套有限的组合规则。这些离散单位和规则,是人们基于对语言事实的观察提取和还原出来的。根据这些有限单位和规则,就能生成无限的句子,而且能生成从未听说过的句子。语言的这些有限单位和规则,是作为共有知识潜存于说这种语言的人的大脑中的。因此,一个人即使听到以前从未听说过的话(如"月亮向太阳走去")也能够理解其含义。

动物也有自己的交际方式,但目前很难证实人类以外的动物具有还原生成能力,尤其是还原能力。从动物的交际行为看,多数动物的呼叫或姿态是一个整体,而不是单位的组合。生活在泰国北部的长臂猿有一种叫喊系统,至少有九种不同的叫喊方式:发现危险时是一种叫喊,在一起嬉戏时是一种叫喊,告诫其他长臂猿不要走得太远时是一种叫喊,等等。但是这种叫喊方式是有限的,只能传达有限信息。更为重要的是,长臂猿的每个叫喊都是一个定式,它们不能把这些叫喊切分成离散的单位,重新组合成新的叫喊。它们不能像人类造句一样根据一定规则造出一种新的叫喊来表达新的意义,并让同伴听懂。

黑猩猩有一定的生成能力和学习符号的能力,但没有证据显示黑猩猩具有还原能力。有些动物学家和心理学家常拿猩猩学语言的例子来证明动物有语言,实际上没有考虑到生成性和还原性。人们可以教会猩猩"吃鱼、吃苹果、切肉、切面包"这四句话,然而猩猩不可能从这四个句子里归纳出单位和规则。一些实验只能证明猩猩偶尔可以组合句子,仍无法证明猩猩能从有限的句子中归纳出语法单位和规则。人类则不同。几岁的小孩就能从这几个句子里切分出离散的单位(词),并且能归纳出聚合规则(词类规则)和组合规则(结构规则),还能根据这些离散的单位和组合规则生成新的句子。很明显,小孩经过了复杂的语言习得过程,并建立了一套词类规则和结构规则:

	结构规则	
	述语 +	宾语
词类规则	吃	鱼
	吃	苹果
	切	肉
	切	面包
	(动词)	(名词)

纵向的词之间的关系构成词类规则,横向的词之间的关系构成结构规则。纵向的"吃、切"是动词,"鱼、苹果、肉、面包"是名词。横向的"吃鱼、吃苹果、切肉、切面包"是述宾结构。还原生成性使人类的语言远远优于动物语言。人类能还原有限的单位和组合规则,并生成无限的句子,以表达无限的信息。由于没有生成能力(或生成能力有限),动物要表达无限的信息,就得记住无限的句子,这是它们的记忆不允许的。

如果语言没有还原性,人类就无法获取单位和规则。如果语言没有生成性,人类就无法组织无限的经验活动和交际活动。黑猩猩经过训练可以学会有限的词和句子,并能造出新句子。这说明黑猩猩有接受任意性符号的能力和生成句子的能力,但没有反映出它们具有根据句子提取单位的能力。黑猩猩使用的句子中常常有大量的重复,比如"eat eat eat apple apple apple eat apple",而儿童的语言很明确,要么单词句"eat"或者"apple",要么双词句"eat apple",清楚地体现出已经提取了语言的单位。因此,根据还原生成能力的强弱可以区分出由弱到强的三个层面:(1)弱能力,只能根据句子进行交际,没有语法组合;(2)较强的能力,可以根据两个符号组合成双词句;(3)强能力,能够从句子中还原出有限的单位和规则,并进一步用这些单位和规则生成新句子。黑猩猩似乎显露出第(2)层面的一些迹象,而人类则明确地达到了第(3)层面。

2.4 人类语言能力的发展

儿童学会说话的过程,体现了儿童语言能力的实现和发展。儿童从一岁半开始,平均词汇量会飞速增长。儿童语言能力的发展大大超过了任何猩猩的表现。

幼儿时期对儿童的语言能力发展非常重要。如果儿童在幼儿时期没有得到足够的语言环境,习得的语言通常是不完善的,甚至学不会语言,即使以后付出很大努力也往往难以弥补。一般认为,儿童学习语言存在习得关键期(critical period)。语言习得关键期假说,最早是彭菲尔德和罗伯茨(Penfield & Roberts 1959)提出的,由语言学家雷纳伯格(Lenneberg 1967,也译为勒纳伯格)宣传开来。该假说认为,年龄小的学习者,由于生理和心理处于发育期,大脑的可塑性强,因此比较容易学会语言,而成年人大脑逐渐失去可塑性,过了语言学习的最佳年龄,因此学习语言有很大困难。语言习得关键期假说得到"珍妮事件"的支持(Curtiss 1977)。珍妮是一个儿童虐待案的受害者,她父亲在她一出生时就认定她很笨,把她拴在椅子上,孤立起来。因此珍妮基本上与语言世界隔绝。直到13岁时,珍妮才被解救出来。后来语言学家们想方设法教珍妮学习语言,但学习效果很差,因为十多年的囚禁使珍妮错过了语言习得的关键期。语言习得关键期也可以通过儿童和成年人的第二语习得情况观察到。儿童和成人二语习得的对比研究表明,二语习得者年龄与最终习得二语的水平密切相关:10岁以前学习第二语言的儿童,其第二语言水平和第二语言母语者几乎没有差异,而年龄较大的习得者,第二语言水平参差不齐,很难达到第二语言母语者的水平[①]。

[①] 参见:Johnson, Jacqueline S. & Ellisa L. Newport. 1989. Critical period effects in second language learning: The influence of maturational state on the acquisition of English as a second language. *Cognitive Psychology*, 21: 60—99。

语言能力的发展与人的认知能力、人类大脑发展密切相关。汤姆森-希尔等(Thompson-Schill et al. 2009)研究发现,人类大脑的前额叶皮质(prefrontal cortex)的延后发展与相应的认知控制延后相关,这使得儿童能更容易习得社会和语言规约,而前额叶皮质发育成熟后,认知控制加强。因此,年龄稍大一些的孩子和成人在社会和语言规约方面的学习就比婴幼儿困难得多。

语言能力的发展除了与认知发展密切相关,还离不开语言交际环境。莫斯科维茨(Moskowitz 1978:94)提到一个与此相关的案例。有一个小男孩听力和智力都正常,他的父母都是聋哑人。父母为了让孩子习得英语,每天把电视打开,让孩子跟着电视学习英语。这个男孩不到三岁就可以使用手势语跟父母和客人沟通,但对英语却一窍不通,既听不懂,也不会说。男孩在看电视过程中是无法跟电视进行沟通和互动的。可见,语言交际环境是语言能力发展的必要条件。

儿童在交际环境中运用语言还原能力来发现语言单位和规则,并运用生成能力来尝试各种规则;在交际活动中,证实或者修正自己的各种发现,逐渐习得完备的语言。一般情况下,六七岁的儿童基本上已掌握了一种语言,之后的变化都是比较细小的调整。儿童语言的发展一般要经历"单词句阶段(one-word stage)""双词句阶段(two-word stage)",然后再开始尝试稍微复杂点的简短语句。从词汇看,儿童习得的语句先是由实词组成,后来功能词逐渐增加。在儿童习得语言的过程中,有些音总是比另一些音先发出来,比如很多说普通话的小孩都是先把哥哥发成"dēdē",而不是"gēgē";有些词类总是比其他词类先学到,比如名词总是最先说出来;有些句型总是较后阶段才会使用,比如条件句。从语言能力的发展中,不仅能看到语言能力的不同层级,也能观察到人类认知能力的不同层级。

2.5 人类语言和动物语言的差别

动物之间也需要特定沟通方式来传递信息。比如,蜜蜂要告诉同伴它在哪儿发现了花丛;蚂蚁要告诉同伴有一条大青虫,需要大家一起来抬;小鸟要警告同伴有老鹰飞过。那么,动物是否跟人类一样拥有自己的"语言"?如果它们不会"说话",它们会使用什么样的方式来相互沟通呢?

蜜蜂相互沟通的方式主要是舞蹈。一只觅食工蜂在发现花丛(蜜源)后,会飞回蜂房并通过摇摆舞告知同伴。摇摆舞图案是一个重复的"8"字形,工蜂跳舞时在"8"字形中间直线飞行,并快速摆动腹部、振动翅膀,见以下左图(引自 E. Wilson 1972:54)。工蜂直线飞行方向指示目标花丛所在方向,直线飞行持续时间则提供花丛和蜂房距离信息:持续时间越长,表示花丛越远。如果工蜂在蜂房外的水平表面上跳舞,"8"字形的中轴线指向目标花丛,并与太阳形成夹角(比如25度),表示花丛位于太阳右侧约25度的地方,见以下中间这张图(引自E. Wilson 1972:55)。其他工蜂在前往目标花丛时,会保持与太阳25度夹角的方向飞行。如果工蜂在蜂房内的垂直面上跳舞,"8"字形的中轴线也指向目标花丛,并与重力垂线形成夹角(比如20度),表示花丛位于太阳右侧约20度的地方,见以下右图(引自E. Wilson 1972:55)。其他工蜂会保持与太阳20度夹角的方向飞往目标花丛。

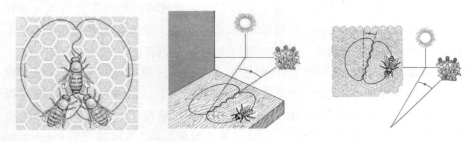

不是所有的蜜蜂都保持完全一致的沟通方式。弗里希(Von Frisch 1962:84)就发现,不同地域的蜜蜂在表达方式上有一定的变异,就如不同地域的人说不同的方言。

蚂蚁常用化学分泌物作为沟通的媒介。非洲织叶蚁(Africa weaver ants)可排出特殊气味的棕色液体来宣示自己的地盘。蚂蚁还可以利用不同的化学物质作为基本要素,通过组合来表达不同的意思。英国昆虫学家布拉德肖(Bradshaw)等人就发现,一个工蚁遇到敌人时会释放出四种化学物质,并按照不同速度在空气中弥散。第一种是己醛(hexanal),目的是引起其他工蚁的警觉,这些工蚁闻到后会开始用触角来搜索其他的气味;第二种是己醇(hexanol),目的是促使工蚁寻找危险的源头;第三种是十一烷酮(undecanone),可把其他工蚁吸引到遭遇敌人的地方,并促使它们向敌人发起攻击;第四种是丁基辛烯醇(butyloctenal),可增加工蚁们的进攻性(Hölldobler & Wilson 1994:46)。

除了化学分泌物,蚂蚁还可以通过接触等身体动作(例如用触角轻拍一下对方)来发布信息。一只蚂蚁在路上匆匆赶路,碰到一个同伴,用触角碰一下,同伴就心领神会了。这样一路下来,很快就召集了一群蚂蚁,前往一个地方去"搬运"食物(如一只虫子或者几粒米饭)。运用这些简单的方式,蚂蚁可以完成很多令人惊异的工作。织叶蚁之所以得名,是因为它们可以"召集"几十只甚至几百只蚂蚁来把几片树叶拽到一起,并通过自己的分泌物把这些叶子连缀成结实的蚁居。还有一些蚂蚁可以通过短促的声音来求救等。这些蚂蚁主要通过摩擦腹部的一个薄薄的横排刮器发出声音。当它们陷入困境时就会"大叫"。蚂蚁的这些信息传递方式,都是本能性的反应,是先天就具有的。如果我们用一根毛发去触动工蚁的下唇,它会跟收到同伴的轻拍信号一样吐出食物(Hölldobler & Wilson 1994:44—46)。

蚂蚁依赖嗅觉方面的手段传递信息,对声音的感知能力很弱。鸟类对声音的感知能力相对较强。威尔逊(Wilson 1972:55—56)发现,靛青鸦(indigo bunting)能从鸣叫声中分辨出很多细节,比如,它们知道邻近的鸟与陌生的鸟叫声上的差别。如果听到邻近的鸟的叫声,它们反应正常,如果听到陌生的鸟的叫声,它们会反应激烈,发出威吓的回应。在雌雄配对沟通时,伯劳鸟采用轮流歌唱的方式,其中一只先发出音符,然后其配偶以这些音符的变奏来回应。伯劳鸟之间的唱和非常默契,人们很多时候都听不出是两只鸟在唱和,还以为是一只鸟在独唱。有学者统计发现,尽管人类以外的动物能通过特定的沟通方式传递和共享信息,但和人类相比,动物的表达、沟通方式相对较少。

托马塞洛(Tomasello 2008)通过众多实验研究了黑猩猩的沟通方式与人类沟通方式的联系和区别,指出人类的沟通系统是从最初期的共享意图(shared intentionality)发展而来的。有了共享意图,就有了合作活动,而以手指物、比划示意等沟通手势,反过来促进了人类的彼此合作。也就是说,社会性的合作孕育了人类的沟通方式,而社会性合作也是人类沟通区别于动物沟通的本质。至于沟通符号是用肢体上的动作,还是口说的语言,只是为满足社会性合作服务的。从历史演化来看,最初的手势沟通为口说语言的发展提供了平台,最后衍生出具有任意性的符号系统[1]。这也从另一侧面解释了语言的约定俗成的本质。

很多学者把蜜蜂的舞蹈、萤火虫的闪光等称为"动物的语言"。实际上这只是一种类比的说法。蜜蜂的舞蹈、萤火虫的闪光等,只是动物天生就有的传递特定信息的代码形式。并且这些代码形式的数量也非常有限,远不如人类语言复杂和丰富。严格来说,动物传递信息的代码还不能算是语言。语言是人类所特有的,动物没有语言。在人类漫长的进化中,人类语言的产生和人类大脑生理构造的一致性,使得人类具有同等的思维能力。人类语言和动物语言的差异,为认识人类语言和思维的共同性提供了一个重要窗口[2]。

---

[1] 参看:Tomasello, Michael. 2008. *Origins of Human Communication*. Cambridge, Massachusetts: The MIT Press, 320—325。

[2] 可参考:陈保亚、余德江,2017,《符号的任意性:认知相对性的语言基础》,《贵州民族大学学报》(哲学社会科学版)第4期,83—95页。

练习题和思考题

一、名词解释：
 1.语言能力 2.易境性 3.符号编码能力 4.还原生成能力
 5.语言习得关键期

二、问答题：
 1."语言能力是人类特有的一种先天能力。"如何理解这句话的含义？
 2.语言中句子的数量是无限的，为什么儿童能在相对较短的时间内掌握语言？

三、操作题：
 阅读以下材料，简要回答问题：

  动物是否有语言？这是动物行为学家和语言学家一直比较关心的问题。在过去几十年中，黑猩猩和一些种类的猴子的交流系统得到了比较充分的研究。但是目前看起来还存在一些方法论上的难题，主要有：

  (1)单位切分问题。如何从一串叫声中切出一个叫声？如果某个叫声只在叫声序列中出现，不会单独出现，并且叫声被重新安排以表达不同的序列[例如 Robinson(1979)对 titi monkeys 的研究]，或者有的叫声单独出现的同时又出现在序列中[例如 Cleveland & Snowdon(1982)对绢毛猴的研究]，又如何切分？

  (2)单位边界问题。如何确定一个句法完整的序列的头尾？动物语言的长序列中可能没有"标点符号"，并且长序列中的叫声类型的改变可能反映出动物内部状态的渐进的、规则的变化(Morton 1982)。

  (3)单位是否有组合性的鉴别。如何判定一个信号序列是按句法规则结合起来的还是仅仅是后来者对前代动物的简单模仿？(Wiley 1975; Green & Marler 1979)

  我们认为，确定动物是否有像人类语言一样的语言，关键在于通过实验手段确定动物的交流系统是否有以下性质：1.是否有还原单位和规则的能力；2.是否有以单位为基础，按照规则生成无限的表达的能力。但由于上述困难，直接观察动物交流系统的还原性和生成性是很难的。因此，我们提出通过观察动物交流系统是否有易境性(易境性试验)来推断其是否拥有还原性和生成性。如果一个动物交流系统有较强的易境性，那么可以推测这个系统具有还原性和生成性。

你认为这样的推理是否合理？说说你的理由。（知识点提示：人类语言和动物语言的差异）

扩展阅读：

Hölldobler, Bert & Edward O. Wilson. 1994. *Journey to the Ants: A Story of Scientific Exploration*. Cambridge, Massachusetts: Harvard University Press.【探讨蚂蚁之间的沟通和交流方式】

Johnson, Jacqueline S. & Ellisa L. Newport. 1989. Critical period effects in second language learning: The influence of maturational state on the acquisition of English as a second language. *Cognitive Psychology*, 21: 60－99.【儿童和成人二语习得的对比研究，支持了语言习得关键期假说】

Lenneberg, Eric. 1967. *Biological Foundations of Language*. New York: John Wiley & Sons.【讨论了儿童学习语言关键期】

Moskowitz, Breyne Arlene. 1978. The acquisition of language. *Scientific American*, 239: 92－108. 中译：《语言的习得》，载王士元编、林幼菁译《语言涌现：发展与演化》，195－226 页，《语言暨语言学》专刊 D－1，台北："中研院"语言学研究所，2008 年。

Penfield, Wilder & Lamar Roberts. 1959. *Speech and Brain Mechanisms*. Princeton: Princeton University press.【最早提出语言习得关键期假说】

Terrace, H. S., L. A. Petitto, R. J. Sanders, & T. G. Bever. 1979. Can an ape create a sentence? *Science*, 206: 891－902.【对猩猩的某些行为是否都能体现猩猩的语言能力表示怀疑】

Tomasello, M. 2008. *Origins of Human Communication*. Cambridge, MA: MIT Press.【研究人类沟通系统与其他动物沟通系统的联系与区别；认为人类沟通系统是从最初期共享意图发展而来】

Von Frisch, Karl. 1962. Dialects in the language of the bees. *Scientific American*, 207(2): 78－89.【讨论蜜蜂的沟通方式和蜜蜂交流中的"方言"现象】

Wilson, Edward O. 1972. Animal communication. *Scientific American*, 227(3): 53－60. 中译：《动物的沟通》，载王士元编、林幼菁译《语言涌现：发展与演化》，1－19 页，《语言暨语言学》专刊 D－1，台北："中研院"语言学研究所，2008 年。【讨论动物的沟通、表达方式】

3 语言系统

3.1 语言是符号系统

3.1.1 什么是语言符号

符号是用以指称事物或表达抽象观念的有意义的记号或标记。符号包含意义和形式两个方面。符号的这两个要素密不可分,缺一不可。交通信号灯中,红灯表示"停",绿灯表示"行"。如果脱离了规范交通的"停"或"行"的内容,红灯和绿灯就失去了符号的特性。

语言符号是用以指称事物、传递信息或表达思想、情感、态度的音义结合体。语言符号包含能指(符号形式)和所指(符号意义)两个方面。就一般的语言符号而言,能指就是语音,所指就是意义。比如汉语的词"人",其能指可以用汉语拼音 rén 或国际音标[zən³⁵]来记录[①],如下图所示:

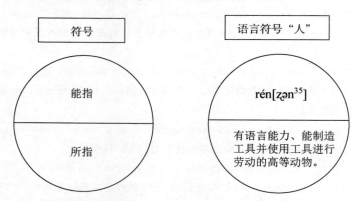

语言符号的能指和所指都是经过抽象的,并不是具体的东西。汉语"人"的

[①] 关于"人"的声母 r,在北京话中有更严格的国际音标表示形式。《语言学纲要》(修订版)提到:"北京话中大多数人'日'的起首辅音是个与卷舌擦音[ʂ]的发音部位和姿态都相同但声带振动、摩擦更小的近音[ɻ]。""近音、半元音介乎擦音和高元音之间,也即发音通道留有比擦音大但比高元音小的缝隙,所以气流通过时受到的阻碍小于擦音大于高元音,只是稍微有些摩擦。两者的区别在于,近音的舌头姿态与辅音近似,而半元音与元音近似。"(叶蜚声、徐通锵 2010:59)

语音形式不是某个人发音的完全记录,而是在语言符号系统中经过了一定的抽象,去掉了一些具体的语音细节,如个人发音的轻重等特色。汉语"人"所指是"有语言能力、能制造工具并使用工具进行劳动的高等动物"。这个意义是经过概括的,不是指具体的某个人,而是对很多具体的人所作的抽象概括。如果要指明某个具体的人,可以使用语言符号组合的方式,如"这个人""一个叫李小龙的人"。

3.1.2 人类语言符号的早期形式

人类语言符号的早期形式是声音、手势,还是其他形式?根据 Holden (2004),在探究人类语言的最早期形式方面,学界出现了两种不同的观点。一种观点认为,人类语言的最初形式不是语音形式,而是姿势或人体动作形式。新西兰奥克兰大学的心理学家科波利斯(Corballis)支持这种观点,认为距今100万年前人类早期祖先使用的语言是一个手势动作系统(manual system),而不是语音系统,语音型语言直到距今约5万年前开始的文化大爆炸时期才开始出现。另一派学者则认为,尽管语言和人体动作密不可分,但语言的最初形式是声音型的,而不是姿势或动作型的。得克萨斯州大学心理学家麦克尼尔(MacNeilage)认为,人类大脑的某块模仿区域掌管人的发音行为。人类咀嚼、吸吮、舔舌等动作,可通过某些特殊形式(如咂嘴、咂舌、磕牙等)传达特定的交际内容。下一阶段,使用喉部器官为这些行为赋予声音,促进语音系统的形成和发展。

2004 年,美国 *Science* 杂志开辟"语言演化(Evolution of Language)"专栏,刊登了探讨语言演化的系列论文。这些论文讨论了语言的产生、分化及未来发展趋势等一系列问题。根据该专栏作者之一彭尼西(Pennisi 2004a:1319—1320)的报道,基因学和语言学数据表明,人类远古祖先使用一种卡嗒语(clicking noises),即通过某些特殊形式(如咂嘴、咂舌、磕牙等)传达特定的交际内容。

今天世界上还有 30 多个部族使用类似这种卡嗒语的形式进行人际交流。这些部族大部分分布在南部非洲、纳米比亚、博茨瓦纳等地区。目前发现的唯一一个非洲以外的卡嗒语是达民语(Damin,一种澳大利亚土著语),该语言只在男子成年仪式上使用。在非洲卡嗒语使用者之间,日常交际以卡嗒语为主,有时则完全不用语词形式。斯坦福大学脊椎动物系统学家奈特(Knight)研究发现,非洲只有那些尚保持古老的狩猎生活风格的部落,才继续使用卡嗒语,而其他的卡嗒语在早期狩猎部落迁徙到新的环境时就已经消亡了。这种观察得到

来自坦桑尼亚中北部哈扎比人(Hadzabe)的证据的支持。哈扎比人在狩猎时不用语词性话语,而用卡嗒语①。按前述"声音型"派学者的观点,非洲部分狩猎部族还在使用的卡嗒语,很可能是人类语言最初级形式在当今社会狩猎生活环境中的遗留。目前"国际音标表"中有记录卡嗒音(clicks)的专门符号,如"双唇音[ʘ]""齿音[|]"等(参见§11.4)。

自古希腊开始,就有不少学者提出语言源于模仿的假说。随着现代脑成像技术的发展,学者们发现在人类大脑中存在一个运动区域(motor area)。该区域掌管人类的手势动作、面部表情等。既然人类语言的发音涉及喉部、舌头、嘴唇等各发音器官的协调运动,人类语言的产生很可能和人类大脑中的这一运动区域有关。随着学者们(Gallese et al. 1996)在猴子大脑中发现了镜像神经元系统(mirror neuron system),这种"语言—动作"相连的观点引起学者们越来越多的关注。

口和手:黑猩猩用手势和面部表情来辅助表达
(图片引自 Holden 2004:1317)

镜像神经元与语言有关,关键在于模仿。人类习得母语的第一个单词就是通过模仿。加利福尼亚大学神经科学家 Iacoboni 通过对比猕猴(macaques)和人类大脑中的镜像神经元,确定了人类大脑中和模仿密切相关的神经元所在区域,如下图所示(引自 Holden 2004:1318)②:

---

① Pennisi, Elizabeth. 2004a. The first language. *Science*,303:1319—1320.
② 彩色插图见第414页图3。

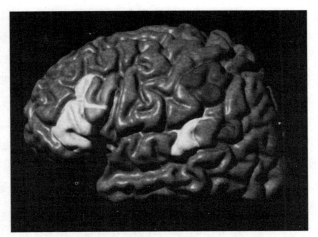

Wired for imitation? Classic language areas—Broca's and Wernicke's (yellow)—overlap (orange) with areas critical for imitation (red).

图中黄色区域代表布洛卡区(Broca's area)和韦尔尼克区(Wernicke's area)①。红色区域代表镜像神经元区,橙色区域代表镜像神经元区与布洛卡区、韦尔尼克区重叠的部分。和模仿密切相关的神经元区与布洛卡区、韦尔尼克区的重叠,表明动作认知、模仿和语言三者之间具有演化连续性。

镜像神经元理论为研究人类语言产生提供了重要理论基础和观察基点。Studdert-Kennedy & Goldstein(2003:240)指出,儿童习得母语之初,依靠的是语音的姿态特征(gestural feature),即发音时的口型动作,而不是依靠语音的听觉特征。一个经典的例证是被称为"麦格克效应(McGurk Effect)"(McGurk & MacDonald 1976)的心理学实验:当音频刺激为"ba、ba、ba",而同时呈现发"ga、ga、ga"的口型作为视觉刺激时,被试可能听到一串"da、da、da"的声音。这个心理学实验说明,在特定条件下,人类大脑会把接收到的两种互相冲突的信息中和起来(比较:辅音[b]是发音部位靠前的双唇音,辅音[g]是发音部位靠后的舌根音,而辅音[d]是舌尖中音)。

3.1.3 语言系统:人类经验的符号化

镜像神经元研究在一定程度上为揭示人类语言能力的产生提供了神经学证据。然而,从镜像神经元到人类语言还有很大的距离。人类大脑的镜像神经元系统不是语言产生的充分条件。

---

① 关于"布洛卡区"和"韦尔尼克区"的讨论,详见§10.3。

语言的最初级形式,不管是手势动作还是声音,都必须和一定意义相结合,否则就不可能产生语言。非洲某些狩猎部族发出的"咂舌、咂嘴、磕牙"等声音,尽管和通常所说的语言存在很大差别,但它们同样能够传递信息和经验,并在一定社团内部使用,这也是很多学者把它看做是一种语言(即卡嗒语)的原因。黑猩猩、鹦鹉、海豚等动物也都可以进行一定程度的声音或动作的模仿,但动物在进行模仿时并不一定知道自己所模仿的声音或动作本身的意义。

语言必须要通过某种形式来表达和传递经验。蜜蜂的舞蹈动作、萤火虫的闪光、猿猴的报警啼叫等,在一定程度上都是表达和传递信息经验的代码形式。语词本质上也是人类用以组织和传递经验的一种代码形式。正是在这个意义上,瑞士语言学家索绪尔(1916)把语言看做是一个符号系统。

索绪尔(1857—1913)是20世纪影响深远的语言学家之一。1906年—1911年期间,索绪尔连续三次讲授普通语言学课程。索绪尔去世后,他的两个学生根据同学们的笔记、索绪尔的一些手稿及其他材料,编辑整理成《普通语言学教程》(*Cours de Linguistique Generale*)①。

索绪尔认为构成语言符号的要素都是心理的,指出"语言符号连结的不是事物和名称,而是概念和音响形象(索绪尔 1916:101)"。音响形象指的是声音的抽象形式。索绪尔把概念和音响形象的结合叫做符号,并用能指(signifier)和所指(reference)分别代表音响形象和概念,如下图所示(索绪尔 1916:101—102):

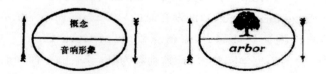

拉丁语用 arbor 这一语音形式(能指)表达"树"的概念(所指)。语言符号的"能指"和"所指"紧密结合、互相依存,而且这种连结是相对具体语言而言的。比如,表达"马"的概念(所指),各个语言使用不同的语音(能指):拉丁语用 equos,汉语用[ma²¹⁴],英语用 horse,维吾尔语用[ɑt]等。

---

① 20世纪50年代,法国学者先后发现了索绪尔手稿、讲课笔记、索绪尔给他学生梅耶(Meillet,也译为梅耶儿)的7封信等原始资料;1968年,哈佛霍顿专藏室收藏了另一批索绪尔手稿;1996年,日内瓦索绪尔家族宅第在翻修过程中又发现一批索绪尔手稿。这些索绪尔手稿,对补充或完善《普通语言学教程》内容、帮助读者理解《普通语言学教程》和了解索绪尔语言学思想的发展过程,具有重要价值。索绪尔的这些手稿被发现后,学者们或者对其进行整理、介绍或引述,或者将之与《普通语言学教程》进行比较研究,取得了很多重要研究成果(例如,Godel 1957;Jakobson 1969;任小波 1983;Saussure, Bouquet, Engler, et al. 2002;屠友祥 2007, 2011a, 2011b, 2019;索绪尔、屠友祥 2011;等等)。

索绪尔从共时研究的角度把语言定义为符号系统。每一个语言符号的能指和所指，也只有在和其他符号的能指与所指的共存中才体现出价值来。索绪尔在讨论语言符号系统时非常重视符号的价值，并强调这种价值是在系统中体现出来的，所以语言是符号系统。索绪尔把语言系统比喻为国际象棋规则，在下国际象棋过程中，用木头的棋子还是用象牙的棋子，对整个国际象棋规则无关紧要，但如果减少或增加了棋子的数目，则会影响国际象棋规则。

语言符号的价值不仅体现在它与该语言中其他符号的概念（即所指）的差别或对立上，也体现在其音响形象（即能指）的差别或对立上。"电话"是日本人创造的汉字词，用来意译英文的 telephone；后传入中国，当时又被音译为"德律风"。只要语言使用者能将之与汉语中其他词区别开，并得到大家的普遍认可，采用音译词还是意译词对汉语系统本身不会造成本质的影响。当然，由于"电话"和"德律风"的所指没有差别，基于语言的经济原则，二者必然会产生竞争。竞争的结果是意译形式（"电话"）逐渐占优势并最终胜出。

语素是人类经验符号化后在语言中的最直接反映。例如，汉语、英语中"烹调"类语素都很多，分工也很细致。这从一个侧面反映出汉语人和英语人丰富多彩的饮食文化。汉语、英语中"烹调"类语素，见下表：

汉语	英语	汉语	英语
炒	stir fry	煨	simmer
煮	cook	煎（鱼）	shallow fry
炖	braise, stew	（水）煮	poach
烤	broil, toast	烘	roast, bake
炸	deep fry	烧	braise
煲（汤）	stew	烧烤	broil, grill

再如，傣族自古以来大多居住在水边，因此傣语中"洗"类语素也较多。以德宏傣语为例：

德宏傣语	汉语	德宏傣语	汉语
sai^5	洗（漂洗）	suk^8	洗（脸、脚）
sak^8	洗（衣服）	tuk^7	洗（头）
$la:\eta^4$	洗（碗）	$ʔa:p^7$	洗（澡）

可以看出，人们在认识世界的过程中，必然会通过符号编码把认识成果固化下来。这是人类经验的符号化过程，也是语言系统与系统外界进行信息交换、保持系统自身活力和发展的重要途径。

3.1.4 语言和言语

语言是由特定的语音、词汇、语法构成的符号系统。语言本质上是言语社团全体成员在言语交际中所共同遵守的规则。语言是有规则、有系统的社会现象。首先,语言和社会有联系,语言表达的是社会文化内涵;其次,从社会学意义上说,语言是一种集体意识或集体行为,即言语社团中全体成员的意识中共同承认和遵守的规则。言语是对语言规则的运用和实现,包括口语形式和书面语形式。口语指人们在日常生活中面对面交流或通过电话、视频等方式进行即时交流时使用的语言形式。书面语指人们在正式场合交流或通过文字进行交流时使用的语言形式。在语言运用过程中,由于个人的口音以及选词、选择语法规则的方式可能各不一样,就会形成个人说话的风格和变体。语言和言语的关系,如下图所示:

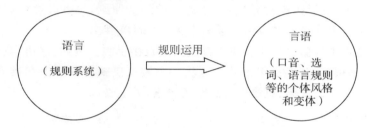

以北京话合口呼零声母 w 为例,汉语零声母 w,有的人读[w],有人读[ʋ],有人的读音介于[w]和[ʋ]之间。读哪一种音,涉及个人习惯。从听话人角度看,听成[w]还是听成[ʋ],也涉及个人的习惯。言语活动是带有个人变异的过程,是异质的。言语活动中跟集体意识、集体规则无关的东西,都是异质因素。尽管 w 声母的发音涉及各种复杂的因素,因人而异,但合口呼零声母必须发成[w]、[ʋ],或介于二者之间的某个音,不能发成[p]、[pʰ]或[m],这是群体必须遵守的规则。这种集体规则是认识语言内部结构的基础。为了获得言语活动中的集体规则,有时候就需要忽略跟言语活动有千丝万缕联系的物理、生理、个人习惯等异质因素,否则人们就无法认识存在于群体意识中的语言规则。语言是集体成员大脑中共同的东西,是言语的共同部分,而不是言语的汇集。

言语变异也是有规律的,变异往往和社会因素相关。北京话合口呼零声母[w]/[ʋ]变异,受发音人年龄和性别等因素的制约。一般来说,发音人年龄越小,变异成[ʋ]的比例越高;女性发音人发成[ʋ]的比例往往也比男性发音人高[①]。研

[①] 参见:陈保亚,1990,《语言演变的结构基础》,载严家炎、袁行霈主编《缀玉集》,441—478 页,北京:北京大学出版社。

究言语变异规律有助于认识语言演变的微观机制,也有助于认识语言和社会的关系。

再考虑一个语法的例子。现代汉语中表达一般疑问通常用两种方式,如"你去不去大理?""你去大理吗?"一般来说,汉语母语者大都能使用和理解这两种表达一般疑问的句式。但对于个体来说,有的人较多地使用第一种,有的人则较多地使用第二种。这就是言语差异,也是个人言语风格差异。

"你去不去大理"通常被看成是一般疑问句中的一种类型,即是非疑问句。是非疑问句本身也是有变异的,例如:

你去不去大理?
你去大理不去?
你去大理不去大理?
你去大理不?

汉语母语者大都能意识到这是一种句式的不同变异,背后有共同的规则:这些是非疑问句的回答,要么是"去",要么是"不去"。语言使用者对是非疑问句这些变异的不同偏好,会形成不同的言语风格。但言语层面上的各种风格变异,不能违背是非疑问句的共同规则。

3.2 语言符号的性质

3.2.1 任意性

语言符号有形式和意义两个方面。语言符号的任意性,是指语言符号的形式和意义结合是通过言语社团成员的共同约定确立下来的,二者之间没有因果联系或必然联系,不能相互论证,即不可能从形式推断出意义,也不可能从意义推断出形式。例如汉语把"手"读成 shǒu[ʂəu^{214}],英语则读成 hand[hænd],这些语音和意义的结合都是任意的、约定俗成的。语言符号任意性的涵义包括:

(1)任意性是人类语言的一种普遍性原则,不是指个别语言中能指和所指的关系。

(2)任意性是就语言符号的最初产生而言的,人们在使用语言符号时必须遵守强制性,即必须遵守语音和意义的既定结合关系。

(3)任意性是符号的形式和意义之间的关系,不是符号和符号之间的组合关系。

语言符号不同于天然信号或象征。天然信号是自然形成的现象，信号和信号所代表的事物有必然联系，具有可论证性。例如，呻吟和痛苦有必然联系，听到呻吟会联想到痛苦；炊烟和人家也有必然联系，看到炊烟会联想到人家。象征是人为的，也有可论证性。例如，商品包装上的雨伞图案和防潮有因果联系，从雨伞图案可以联想到防潮的警告；商品包装上的玻璃杯图案和小心轻放也有因果联系，从玻璃杯图案可以联想到小心轻放的警告。人类可以通过编码创制各种符号系统，但语言符号的编码主要是约定俗成的。语言符号的形式和意义之间没有必然联系，是不可论证的。

古希腊哲学家从公元前5世纪起就开始探讨语言符号性质，并对语言形式与意义之间的关系展开讨论。古希腊思想家柏拉图《对话录》中的《克拉底鲁篇》记录了当时关于"约定论"与"本性论"的争辩。"约定论"认为一个词的读音和其意义之间没有内在联系，"本性论"则主张二者之间存在因果联系。几乎在同时，中国的春秋战国也在"百家争鸣"，其中一个重要议题就是名实关系问题。孔子、老子、墨子、荀子等都就此提出了自己的见解。荀子在《正名篇》中提出"约定俗成"的观点："名无固宜，约之以命，约定俗成谓之宜，异于约则谓之不宜。名无固实，约之以命实，约定俗成谓之实名。名有固善，径易而不拂，谓之善名。"

不少学者反对语言符号的任意性，认为语音和意义之间是有因果关系的，是可论证的。较有代表性的主要有右文说、象征说和拟声说。

中国古代学者提出的右文说，是从汉字（词）的语音形式推断出汉字（词）的意义，主张汉字（词）的语音形式和意义之间存在因果联系。宋人沈括（1031—1095）在《梦溪笔谈》卷十四中说：

> 王圣美治字学，演其义以为"右文"。古之字书，皆从"左文"。凡字，其类在左，其义在右。如木类，其左皆从木。所谓右文者，如戋，小也。水之小者曰浅，金之小者曰钱，歹而小者曰残，贝之小者曰贱。如此类推，皆以戋为义也。

即从"戋"的声音可以推导出"小"的意义。具体来看，"戋"的意义是"小"，由于汉字"浅""钱""残""贱"的声符都是"戋"，因此这些汉字的意义都与"小"有关。因"戋"这类可推断字义的声符都在汉字的右边，故该学说被称为"右文说"。右文说就是根据右边的声符推断字义的学说。类似的例子如"张""涨""帐""胀"等汉字的声符都是"长"，它们意义也都跟"长"的意义有关。

右文说与西方的象征说存在相似之处。莱布尼茨（Leibniz）曾经列举一个象征说的典型例子。莱布尼茨（Leibniz 1765：302—303）指出，似乎出于一种自然的本能，古代的日耳曼人、凯尔特人以及和他们有血缘关系的其他民族，都曾用"R"这个字母来指一种剧烈运动，例如：

rinnen	流、淌	rauben	抢夺
rüren	流	Radt	滚
rutir	流溢	radere	剃除
le Rhine	莱茵河	rekken	用力张开
Rhône	罗讷河		

字母"L"则指一种较柔和的运动，例如：

leben	生活	lieben	爱
laben	使活	lauffen	像流水般迅速溜走
lind	柔软的	labi	溜滑
lenis	柔软、光滑	legen	轻轻放下
lentus	缓慢		

实际上，右文说和象征说的本质是词义引申或语音演变的结果。右文说和象征说不是指符号最初产生时音义之间的关系，而是指语言系统发展演化过程中新旧符号之间的引申关系，如由"长"引申出"张""帐"等。语音和意义之间的这种因果联系只是发生在同一语言符号系统内部，在人类语言中并没有普适性。因此，右文说和象征说都不能成为否定语言符号任意性的理由或依据。

拟声说是古希腊斯多葛学派提出的，也称为临摹理论。拟声说认为，事物的名称是按本质产生的，最初的语音是对事物的模仿。这是承认语义和自然界声音有一种因果关系。从现有观察材料看，自然语言的初始编码确实存在临摹或拟声过程。陈保亚（1993a：22—23）对儿童学习词的拟声形式和非拟声形式进行了测试，测试对象是 6 名 11 个月左右的幼儿（3 男 3 女），测试所用材料如下：

词例	标准读音（非拟声形式）	拟声词读音（拟声形式）
汽车	$tɕ^{h}i^{51}tʂ^{h}ɤ^{55}$	嘟嘟：$tu^{55}tu^{55}$
鸡	$tɕi^{55}$	咯咯：$ko^{55}ko^{55}$
水龙头	$ʂui^{214}luŋ^{35}t^{h}əu^{35}$	哗哗：$xua^{55}xua^{55}$
猫	$mɑu^{55}$	喵喵：$miɑu^{55}miɑu^{55}$
狗	$kəu^{214}$	汪汪：$uaŋ^{55}uaŋ^{55}$
铃	$liŋ^{35}$	当啷：$taŋ^{55}laŋ^{55}$

实验中,上表的两组读音形式以同样的次数和刺激方式让儿童建立条件反射。实验结果显示,一周以后,读标准读音形式能使幼儿意识到相应意义的比例是 0.43,读拟声形式能使儿童意识到相应意义的比例是 0.77;两周以后,标准形式和拟声词的比例都接近 0.83。以"汽车"一词为例(见下图),其标准读音形式[tɕʰi⁵¹tʂʰɤ⁵⁵]和意义建立关系的过程,明显比拟声形式[tu⁵⁵tu⁵⁵]要慢很多。这一测试结果说明,拟声形式确实更容易让幼儿建立音义联系,同时也说明,非拟声形式可以取代拟声形式完成编码。

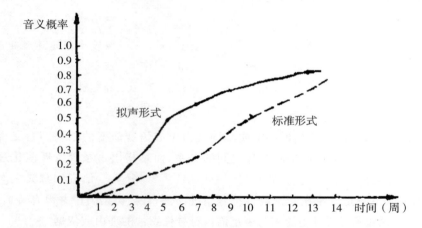

从语言符号的编码功能看,拟声词对符号起源的解释是不完备的。语言符号需要对人类经验内容进行编码。人类的经验内容包括大量的抽象概念,如"爱、恨、活动、有、无、前、后"等。抽象概念不可能通过拟声形式来编码,必须借助任意性原则。另外,编码后的语言符号需要分成各类范畴,需要一定的结构关系来组织。这些范畴和结构关系的编码更不可能通过拟声的形式,也必须借助任意性原则。

拟声说是真正和任意性原则对立的一种学说,例如汉语词"猫[mɑu⁵⁵]/喵[miɑu⁵⁵]""妈[mA⁵⁵]"等就是符合拟声说的例子。虽然索绪尔说过,拟声词数量少,不是语言的有机部分,但依然有不少人猜测早期人类语言中拟声词是有机的、大量存在的。目前这方面还没有考古证据,因而也就无法证实或证伪。但有一点是清楚的,拟声词对语言符号起源的解释不具有完备性,因为语言中的大量抽象的词(如汉语虚词、抽象名词等)和语法标记是不能拟声的。或许动物正是因为限于拟声词阶段,不能用任意性原则对经验活动进行编码或符号化,所以没有发展出类似人类语言的符号系统。

所有拟声说的论据都是建立在临摹基础上的。在自然语言的口语中,只有两种临摹方式:声音临摹和语序临摹。而这两种临摹方式都是有限的,不是构成自然语言符号系统的必要条件,即拟声不是自然语言的必要条件。从人类经验的符号化过程看,任意性是一个语言系统存在的必要条件。把各种层次的经验活动和思维活动符号化是自然语言的基本要求。没有任意性就不能满足这种要求。通过声音临摹来命名的过程或获得词语的过程在整个语言符号系统中都是局部的、有限的。仅仅建立在临摹原则上的语言也不可能组织高度抽象的观念,因为高度抽象的观念难以临摹或无法临摹,如"宇宙、无限、思考"等概念。通过语序临摹,语法也只能获得很少的语法规则,因为只有在时间或空间上可以确定下来的事件,才是在语序上可以临摹的,如汉语连谓式词组"去图书馆借一本书",去图书馆是先发生的,借书是后发生的。一般来说,述宾关系和偏正关系等是无法进行语序临摹的。

语音的象征性和拟声词的存在都不能否认任意性原则是语言符号的根本属性。索振羽(1995)认为,一个语言的共时系统既有任意性语言符号,也有相对可论证的语言符号(如派生词、复合词),而任意性符号最终决定语言符号的性质:"尽管相对可论证的语言符号占多数,但它们的构成要素是不可论证的,而这不可论证的要素中最典型、最重要的是词根和根词。由于语言中相对可论证的语言符号(虽说占多数)其构成要素不可论证的,所以,归根到底语言符号是任意性的。"任意性原则可以从语言编码的机制得到比较充分的解释。自然语言中可以没有拟声词,但如果没有任意性原则,语言就无法运转。因为抽象概念、语法范畴、语义范畴、语法结构关系、语义结构关系、层次、语义指向等高层次的概念编码,不可能通过拟声方式完成。任意性原则是自然语言的必要条件,是人类语言的根本原则之一。

语言符号的任意性要和语言符号组合的理据性区别开。语言符号的任意性,指的是一个语言符号最初产生时的音义结合是任意的、没有理据的。语言符号产生后,符号和符号根据一定的规则组合成词或数量无限的词组等,要受到交际需要和特定语言规则的制约。语言符号结合体(如复合词)具有理据性,如汉语中由语素"电"构成的"电灯""电影""电脑"等就是有理据的。

3.2.2 线条性

线条性是指语言符号按照时间顺序按从前往后的方向一个个连接起来,这是就符号的最终表达而言的。语言符号的能指是语音,这就决定了能指只能在时间维度上按照从前往后的方向展开。索绪尔(1916:106)指出线条性是"能指的线条性",具体表现为:(a)它体现一个长度;(b)这长度只能在一个向度上测定。无论符号在概念组合上是按照何种顺序,但在能指表现上只能前后相继,例如"我吃饭"这句话,"我""吃""饭"三个词必须按时间顺序出现。制约语流的因素也会涉及语义、语用、语法等层面,但这些层面的规则必须相互整合以形成线条性语流。

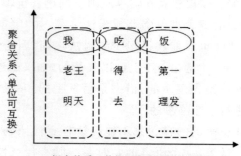

语言符号的线条性规定了语言符号的单向性,也决定了语法组合手段只能是线性组合、线性替换或线性移动。通过更换组合链条上的语言单位,就可以形成不同的概念组合表达,可以造出丰富的句子。例如,"吃饭"是由两个单位"吃""饭"组合构成的述宾结构。这两个语言单位前后相继。通过语言单位的替换,可以创造出一系列表达特定概念或意义的组合结构,如"吃鱼""买饭"等。通过变换,还可以生成"饭吃了""把饭吃了"等形式[①]。替换和变换等都是对语言线条性所做的操作。

语言符号的线条性是语言符号组合层次性的前提和基础。尽管语言符号的能指是按时间先后顺次出现的,但语言单位的组合顺序并不一定与能指顺序完全一致。语言符号的组合有先后之分,体现出语言符号组合的层次性,例如:

[猴子][吃[苹果]]

"猴子""吃""苹果"这三个单位在线性语流中是前后相继顺次出现的,但从组合层次看,"吃"和"苹果"首先组合成"吃苹果",然后"猴子"和"吃苹果"作为两个直接成分(immediate constituent)再进行组合[②]。

---

① "变换"是分析句子的一种方法。关于"变换""变换分析"的讨论,见§5.2.5。
② "直接成分""层次"这两个概念的定义和讨论,见§5.2.3。

3.2.3 两层性

两层性是指自然语言有两种最基本的单位,一种是只能区别意义单位(如音位),另一种是表达意义的单位(如语素、词等),由此分别构成区别意义层和表达意义层。普通话 p[pʰ]是区别意义单位,单独发 p[pʰ]不代表任何意义,但 p[pʰ]能够与 t[tʰ]产生对立而区别意义,如"盘[pʰan³⁵]≠谈[tʰan³⁵]",因此 p[pʰ]和 t[tʰ]是普通话中的两个不同音位。普通话 pán[pʰan³⁵]是表达意义单位,可表达"盘、磐、蟠"等意义。

区别意义单位本质上是区别语言符号的能指。通过区别能指把不同的符号区别开,也就区别了意义。正是由于[pʰ]和[tʰ]区别了"盘[pʰan³⁵]"和"谈[tʰan³⁵]"的语音形式,从而区别了这两个符号,同时也就区别了意义。

人类自然语言由低到高有音位层、音节层、语素层、词汇层、词组层、句子层。几十个音位组成上千个音节,上千个音节实现为几千个语素,几千个语素构成数万个词,数万个词组成无穷的词组,又实现为无穷的句子。在这些层次中,最重要的是区别意义层和表达意义层。音位系统是区别意义层,语素系统、词汇系统等是表达意义层。这就是自然语言的两层性。

两层性的存在为自然语言提供了足够多的表达意义单位。为帮助理解这一点,可以考虑一个用颜色作能指的例子。如果有"红、黄、绿"三种颜色的灯,每一种颜色的灯表达一个信息,这三种颜色的灯就只能表达三种信息:禁止通行、警告、准许通行。这样的系统只有表达意义层,没有区别意义层。如果要用这三种颜色来表达六种信息:小雨、大雨、阴天、晴天、小雪、大雪,可以分别用六种方式表达:红黄、红绿、黄红、黄绿、绿红、绿黄。在这个系统中,"黄、红、绿"各自只区别意义,不表达意义,"黄、红、绿"是区别意义单位,"红黄、红绿、黄红、黄绿、绿红、绿黄"才是表达意义单位,如下所示:

能指	所指
红黄	小雨
红绿	大雨
黄红	阴天
黄绿	晴天
绿红	小雪
绿黄	大雪

两层性为自然语言提供了大量的能指形式。一般认为,普通话有 22 个辅音音位和 5 个单元音音位。这些音位通过不同排列组合就可以构成大量的音

节。但实际上汉语只用了其中很少一部分,大部分音节只作为潜在单位贮存于人脑中。例如,[fo^{35}](佛)是普通话中存在的音节,而[fo^{55}]、[fo^{214}]、[fo^{51}]则只是潜在的音节。如果语言符号没有两层性,这 27 个音位只能表达 27 个词。这样,即便加上声调,普通话也是相当贫乏的语言。

任何符号系统都有表达意义单位,但不一定有区别意义单位。区别意义单位的存在,使符号形式或能指能够充分地有序化,只需要很少的音位,通过音位的组合就可以生成大量的符号形式。人们在学习一种语言时,并不需要记住语言中存在的所有语音形式,只需要记住该语言中存在的这些数量有限的区别意义单位(即几十个音位)和有限的音位组合规则。

两层性也存在于说话人的言语活动中。这从方言区的人说普通话可以看出来。方言区的人说普通话并不是死记每一个音,而是通过音位来记的。比如西南官话区的人,在建立了声调对应规则"阳平(31)—阳平(35)"(前为西南官话声调,后者为普通话声调)后,可以通过声调的类推学习普通话的声调。

3.2.4 生成性

生成性指自然语言有一套有限的离散单位和一套有限的组合规则,通过这些有限的离散单位和组合规则,就能生成无限的、从未听说过的句子。生成性主要体现为语言单位间的组合关系和聚合关系。组合关系指两个语言单位根据一定的规则前后相连,组合成更大的语言单位。聚合关系指在某个语流位置上的语言单位可以相互替换。线条性规定了语言单位只能前后相继单向展开以构成语流。在语流中,前后相连的语言单位如果能构成一个更大的语言单位,它们之间就构成组合关系。以普通话为例,声母在前,韵母在后,就可以构成音节,那么声母和韵母就有组合关系,如下所示:

声母	韵母	音节
b	an	ban
p	an	pan
m	an	man
f	an	fan

声母 b、p、m、f 都跟韵母 an 有组合关系。从另一个角度看,在 an 之前的位置上,声母 b、p、m、f 是可以相互替换的,因此,声母 b、p、m、f 是聚合关系。

不仅区别意义单位之间存在组合关系和聚合关系,表达意义单位之间也存在这两种关系,例如:

词	词	词组
吃	苹果	吃苹果
吃	花生	吃花生
买	花生	买花生
买	苹果	买苹果

"吃、买"和"苹果、花生"之间是组合关系,"吃、买"之间是聚合关系,"苹果、花生"之间也是聚合关系。

组合关系和聚合关系是互为因果的。组合关系从根本上说是线条中可以相互替换的聚合类所形成的组合关系,聚合关系从根本上说是具有相同组合能力的替换关系。组合关系和聚合关系是一个语言系统运转的最基本法则。语言研究的一个重要内容,就是分析语言各个层面的组合关系、聚合关系及其制约规律。

语言的生成性体现的是语言从有限到无限的生成过程。语言中词的数量是有限的,组合规则的数量也是有限的。通过这些有限的单位和规则,就能生成无限的词组和句子。例如"买书"是由动词、名词构成的述宾词组,如果用"英语书"替换"书",会生成"买英语书",用"有趣的英语书"替换"英语书",会生成"买有趣的英语书",用"一本有趣的英语书"替换"有趣的英语书",会生成"买一本有趣的英语书"……从理论上说,中心语"书"前面的定语可以无限增加,这样会生成出无限多的词组或句子。当然,还可以用其他一些动词(如"读""卖")来替换"买书"中的"买",并且都能进行谓语部分的替换,得到无限的词组或句子。总之,语言中的词组和句子是由有限的词和规则生成出来的,在数量上是无限的。这是语言从有限到无限的生成过程。

生成性和两层性扩展信息的方式不同。两层性使语言系统能产生大量的单位,语言信息因子通过这些单位长期潜存于人类大脑中。生成性主要通过组合规则、聚合规则从已有单位中产生许许多多的词组、句子等。对于自然语言来说,两层性意味着能从已经有的音位中产生新的符号形式,而生成性意味着通过旧符号产生新词组、新句子。前面讲的用三种颜色表达六种天气信息的系统有两层性,但无生成性。一般动物的语言不仅没有生成性,也没有两层性,因而表达信息的手段很有限。

练习题和思考题

一、名词解释：

1. 符号 2. 语言符号 3. 任意性 4. 线条性 5. 两层性 6. 生成性
7. 组合关系 8. 聚合关系

二、问答题：

1. 举例说明什么是符号，符号的构成因素有哪些？
2. 为什么说语言是一种符号系统。
3. 结合具体实例，说明语言和言语之间的关系。
4. 同样表达"马"，拉丁语用"equos"表示，汉语用"mǎ"，英语用"horse"。为什么会有这样的差别呢？
5. 简述自然语言两层性的重要价值。
6. 举例说明什么是组合关系，什么是聚合关系？

三、操作题：

1. 不少学者认为音义之间的关系并不是绝对任意的，如汉语不少声符实际上是有意义的；又如英语中意义相近的两类词：chop（砍）、drop（大水滴）、top（顶部）、knob（球形突起物）和 chip（削）、drip（小水滴）、tip（尖端）、nib（笔尖），其意义似乎跟主元音开口大小相关；再如汉语"去银行取钱"的语序，实际上反映了现实中动作的时间顺序。对此，你的看法是什么？你认为任意性对于自然语言的形成，有哪些意义？

2. 在一次关于任意性问题的学术会议上，有学者给出了很多材料，反对索绪尔提出的"任意性"原则。反对的理由主要有以下几个方面：

（1）语音。有学者通过统计检验发现，在世界语言中，把舌放在高和前的位置发出的元音和"小"的意义似乎存在着某种联系，特别是 wee（极小的）和 teeny（极小的）中的那个元音；而那些由舌处在低的位置发出的元音总是表示"大"的意义。口腔的大小跟它表达的意义是相称的。切一块小东西时，我们用 chip（切削）这个词；而切一块大的东西时则改用 chop（剁）。

（2）词汇。有人说，有一部分语言符号具有一定的可论证性。这主要涉及词汇层面的隐喻或转喻构词，例如"头→山头""眼→泉眼""茅台（镇）→茅台（酒）""新面孔→新面孔（人）"等。通过隐喻或者转喻产生的语言符号不一定能找到规则，但是可以找到理据。

（3）句法。有人提出句法的象似性原理。例如使用"时间顺序原则"（principle of temporal sequence）来解释汉语的语序问题，认为汉语语序很大程度上遵循时间顺序原则,即语言符号编码层面的语序是对自然层面的时间顺序的临摹,例如"我吃完饭去图书馆",句子中两个 VP 的排列是先"吃饭",再"去图书馆",这和事件发生的时间顺序是一致的。

(4) 汉字。有人说,汉字的造字是非任意的,例如:水之小者曰"浅",金之小者曰"钱",歹而小者曰"残",贝之小者曰"贱"。如此之类,皆以"戋"为义也。

我们认为,任意性原则仍然是成立的。请阅读以上材料,提出你的看法。(知识点提示:语言符号编码的任意性原理)。

扩展阅读

Wang, William S-Y. ed. 1991. *The Emergence of Language: Development and Evolution*. San Francisco: W. H. Freeman & Company. 中译:王士元编、林幼菁译,《语言涌现:发展与演化》,语言暨语言学专刊 D—1,台北:"中研院"语言学研究所,2008 年。【演化语言学研究,讨论语言、大脑与演化的关系】

Wilson, Edward O. 1972. Animal communication. *Scientific American*, 227(3): 53—60. 中译:《动物的沟通》,载王士元编、林幼菁译《语言涌现:发展与演化》,1—19 页,《语言暨语言学》专刊 D—1,台北:"中研院"语言学研究所,2008 年。【详细讨论动物的沟通、表达方式】

陈保亚,1993,《语言文化论》,云南:云南大学出版社。【"四、语言本体论":4.1 自组织过程】

陈保亚,2009,《当代语言学》,北京:高等教育出版社。【1. 线性序列的生成;11. 结构的阶与递归】

陈保亚、余德江,2017,《符号的任意性:认知相对性的语言基础》,《贵州民族大学学报》(哲学社会科学版)第 4 期,83—95 页。【从语言系统的可行性方面论证任意性的必要性,具体而言,能指和所指的匹配关系具有任意性,语言符号编码过程中能指范畴化具有相对任意性,所指范畴化也有相对任意性。能指范畴化的相对性和所指范畴化的相对任意性是语言相对性的基石。任意性原则也是认知相对性的必要基石】

莱布尼茨(G. W. Leibniz)著,1765,《人类理智新论》(原著名:Nouveaux Essais Sur L'Entendement Humain),陈修斋译,北京:商务印书馆,1982 年。

索绪尔,1916,《普通语言学教程》,高名凯译,北京:商务印书馆,1980 年。【讨论了语言符号、所指、能指等概念,区分了语言/言语、共时/历时、外部语言与内部语言,以研究同质性的共时语言系统;提出"语言是一种符号系统"】

4 语音和音系

4.1 语音学和音系学

4.1.1 什么是语音

自然语言的语音是由人的发音器官发出的有意义的声音。人可以发出很多种声音,如喘气声、打鼾声、磨牙声、尖叫等。但由于这些声音没有与意义相结合,所以都不是语音。

语音是语言符号的物质载体,在交际中起桥梁作用。说话人(speaker)把要表达的信息进行编码,然后通过发音器官以语音方式发出,听话人(listener)通过听觉器官接收语音并进行解码。这一过程可用言语链(speech chain)展示出来,如下图所示①:

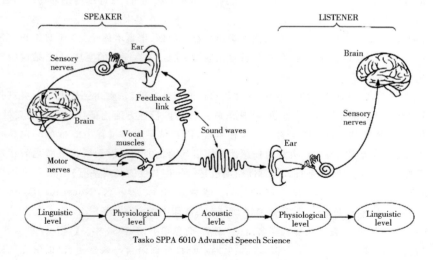

---

① 参见:邓斯(Denes)、平森(Pinson),1983,《言语链——说和听的科学》,曹剑芬、任宏谟译,第7页,北京:中国社会科学出版社。英文原文:Denes, Peter B. & Elliot N. Pinson. 1973. *The Speech Chain: The Physics and Biology of Spoken Language*, New York: Anchor Press, 5。

言语链包括两个部分，一是说话人的语音向自身的反馈，二是说话人的语音向听话人的传递。具体来说，说话人首先在大脑中对想要表达的信息进行编码，然后通过运动神经(motor nerves)调动声带肌(vocal muscles)发出语音。语音发出后，一方面以声波(sound waves)的形式传入听话人耳中，再通过知觉神经(sensory nerves)传导到听话人大脑，然后听话人对之进行解码，理解其蕴含的信息；另一方面，说话人发出的语音也通过反馈环节(feedback link)传入说话人自己耳中，再通过知觉神经传导到说话人大脑。

言语链展示了语音的"发音—传递—感知"三个环节。"发音"涉及语音的生理属性，"传递"涉及语音的物理属性，而"感知"则与语音的心理属性有关。生理属性、物理属性和心理属性都是语音的自然属性。此外，语音还有社会属性(或称功能属性)，也就是语音作为语言的物质载体的作用和功能。

语音在很多情况下能十分方便地传播和使用。比如，交际双方可以在黑暗的环境中用语音交谈，也可以在一堵墙的两边说话聊天，说话人在双手拿着东西时也不耽误通过语音来传递信息。语音的这种方便传播和使用的特点，使其在语言演化中战胜了其他物质形式(如手势)成为语言符号的物质载体。

4.1.2 语音学

语音学(phonetics)从语音的自然属性出发研究语音的发音、传播和感知机理。音素(phone)是语音学研究的对象和重要单位，是可感知的、最短的线性语音单位。语音的"发音—传递—感知"三个环节分别对应语音的生理属性、物理属性、心理属性。而对语音这三方面自然属性的专门研究，则分别形成现代语音学的三个分支：(1)发音语音学(articulatory phonetics)，研究发音器官及其在言语声音产生过程中的作用；(2)声学语音学(acoustic phonetics)，研究说话时产生的声音的物理性质；(3)听觉语音学(auditory phonetics)，研究人耳、神经系统及大脑对言语声的处理和解释[①]。

发音语音学，也叫传统语音学，往往基于语音生理属性的描写来解释语音的发音机制，例如从舌位高低、前后及唇形圆展等方面来描写元音，从发音部位和发

---

① 参见：特拉斯克(Trask),1996,《语音学和音系学词典》,《语音学和音系学词典》编译组译,北京：语文出版社,2000年。英文原文参见：Trask, Robert Lawrence. 1996. *A Dictionary of Phonetics and Phonology*, London and New York: Routledge, 270。根据特拉斯克(Trask 1996：270),语音学除了发音语音学、声学语音学和听觉语音学外,还有仪器语音学(instrumental phonetics)——通过仪器的手段测量、记录或分析数据,进行上述任何一种语音学研究。另外,林焘、王理嘉(2013：2)根据语音"发音—传递—感知"三个阶段,把现代语音学分为生理语音学、声学语音学和感知语音学(perceptual phonetics)三个主要分支。

音方法两个方面来描写辅音。根据舌位高低、前后等，可以很清晰地把一种语言的元音系统展示出来，如下图所示①：

```
           前           央           后
   闭    i • y ——— i • ʉ ——— ɯ • u
              ɪ  ʏ         ʊ
   半闭      e • ø ——— ɘ • ɵ ——— ɤ • o
                       ə
   半开       ɛ • œ ——— ɜ • ɞ ——— ʌ • ɔ
                æ     ɐ
   开               a • ɶ         ɑ • ɒ
```

从 20 世纪 70 年代开始，学者们开始关注语音发声类型的研究。语音发声类型是声带以不同的方式振动所形成的具有不同表现功能的语音类型。常见的发声类型有正常嗓音（modal voice）、气嗓音（breathy voice）、紧喉嗓音（creaky voice，也叫嘎裂声）等。从语音发声类型角度来研究语音产生的机理，称为发声语音学（phonation phonetics）。

传统的语音学是口耳之学。随着现代科学技术的发展，语音学开始更多地采用自然科学研究方法和借助实验仪器、现代科技手段来研究语音，例如目前声学语音学借助仪器来分析语音的物理属性（如声波的频率、振幅等）。通过借助现代仪器和语音实验的手段来测量、记录或分析数据，进行发音语音学、声学语音学和听觉语音学研究，就是实验语音学（experimental phonetics）。

语音的实验研究兴起于 20 世纪初期。早期的实验语音学，也叫仪器语音学，使用的仪器有浪纹计和假腭。刘复《四声实验录》(1924)就是利用浪纹计来研究汉语的声调。浪纹计能把语音的声波记录和显示出来，可用以测算声调的音高频率和判断辅音清浊、送气等声学特征。根据浪纹计所画出的浪纹能直观地看出音高频率的高低，以下图为例（刘复 1924：28）：

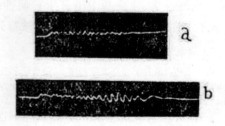

————————

① 元音舌位图，引自《方言》2007 年第 1 期，第 1 页。

图中 a 和 b 是两条浪线。a 线先疏后密,其音高必然是先低后高,即音高曲线是上升的;b 线先密后疏,其音高必然是先高后低,即音高曲线是下降的。刘复(1924)借助浪纹计的记录和一定的对数转换、公式计算等,画出北京话声调格局图,如下图所示(引自刘复 1924:56)①:

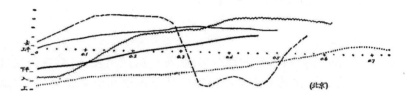

发明于二战期间用于分析雷达波的声谱仪,战后开始用于语音的声学分析。经过适当改进而用于语音的声学分析的声谱仪,称为语图仪。语图仪可以把语音的声波频谱等声学特性,扫描成语图。

声学语音学研究越来越多地借助仪器设备和使用语音实验的方法。声学语音学使用浪纹计、假腭、语图仪、电子腭、肌电仪、喉头仪等仪器设备,以及语音分析软件(如 praat),广泛采用数字信号处理、语音合成和语音识别等技术。目前,声学语音学已进入现代科学的很多领域,如信息技术、言语病理与语音康复、声乐教学、司法声纹鉴定、公共安全等。

听觉语音学研究语音的感知过程。语音由说话人说出,以波的形式通过空气传到听话人耳中,再经过听觉机制、神经系统而使听话人理解。然而人们感知到的语音特征和语音的声学特征往往是不吻合的。需要通过听觉测验来弄清哪些音的感知特征和实际声学参量相符,哪些音不相符。例如元音[i]、[e]、[ɛ]、[a]按舌位高低连续渐变,从音质来讲,元音[i]、[a]之间的元音是无限的,但在特定语言中这些无限的语音会归纳为有限的几个音位,即音位范畴是有限的,因而产生了各范畴之间的音位界限。Liberman(1957)、Liberman et al. (1957)证明了浊塞音[b]、[d]、[g]之间是范畴感知(categorical perception),即这些塞音之间存在明确的感知边界。Fry et al.(1962)认为,元音音位之间没有明确的感知分界,属于非范畴感知(non-categorical perception),也叫做连续感知。不同语言的音系不同,范畴的界限也不相同(Wang & Peng 2007),如英语中[i]和[ɛ]是两个不同音位,而在西班牙语中[i]和[ɛ]则属于同一个音位。从

---

① 图中有五个声调(包括了入声),其中"上平"代表阴平调,"下平"代表阳平调。图中部由实心圆点组成的虚线(大致水平的中轴线),是附加的一个标准线,其画法是:先就五个声调中,比较出一个最高点(即入声之尾)和一个最低点(即上声之头)来,然后在两点取中点,画成了这条线。

声调方面来看,调值 35 和 55 看做是不同起点(3、5)到共同终点(5)的两个连线,起点由 3 到 5 之间可以有无限取值,这时就会得到无限的连线,即调值 35 和 55 之间是连续渐变的。但普通话阳平调(35)和阴平调(55)是两个不同的范畴。它们之间的界限在哪里?听觉语音学需要利用语音合成、听觉测验等方法对汉语声调的非范畴感知问题进行研究。

4.1.3 音系学

音系学(phonology)从语音的社会属性、符号属性出发,研究音位或区别特征(distinctive feature)在某种语言中运作的抽象规则和语音系统,研究语音系统的单位、性质和结构,涉及音位的确定、音位的组合规则和韵律等内容。音系学从根本上说是在研究语音的区别功能。

音系学研究有两个维度,一是从历时角度研究特定语言语音系统的历时变化,二是从共时角度研究特定语言的语音系统。汉语音韵学主要研究历史上不同时期的汉语语音共时系统及其历时变化①,属于传统"小学"。隋朝陆法言《切韵》是中国最早研究语音系统的著作,也是世界上最早专门对语音系统做出全面分析归纳的专著之一。到了宋代,受印度声明学的影响,开始出现了韵图一类的著作。韵图按韵分图,每图分列声母和声调。韵图根据发音部位(唇、舌、牙、齿、喉)和发音方法(清、浊、次清、次浊)的不同对声母进行描写和分类;根据舌位和唇形的不同,把韵母分为"四等"和"四呼"(开口呼、齐齿呼、合口呼、撮口呼)。韵图通过对声母、韵母、声调的排列和描写,能较清晰地展现出中古汉语的语音系统面貌。

现代音系学研究始于 19 世纪末期。波兰语言学家库尔德内(Courtenay)和克鲁舍夫斯基(Krosevsky)首先提出了音位概念。欧洲的其他一些语音学家,如斯维特(Sweet)、帕西(Passy)、谢尔巴(Sherba)等,都在音系学领域进行了开拓性研究。20 世纪 30 年代,布拉格学派(Prague school)代表人物、俄国语言学家特鲁别茨科依(Trubetzkoy)发展了音位理论,使音位成为音系学中的一个重要概念。特鲁别茨科依的代表作《音位学原理》(*Priniciples of Phonology* 1939)是布拉格学派最具影响力的著作。

音位概念的形成和发展,使语音研究能够从共时角度描写语音系统的一般规律,现代音系学逐渐形成。特鲁别茨科依通过对立关系来研究语音单位

---

① 关于音韵学的知识,可参考:高本汉(Bernhard Karlgren 1915—1926),张世禄(1938),唐作藩(1958,1987),王力(1980,2003),丁声树、李荣(1981),杨耐思(1981),郑张尚芳(1981,2003),罗杰瑞(Norman 1988),王理嘉(1991),郭锡良等(1999),耿振生(2001),郭锡良(2010)等。

的各种功能，主要是辨义功能。凡能区别词义的语音对立叫作辨义性对立，如英语"pig(猪)""big(大)"中的/p/和/b/。这就从根本上区别了语音学和音系学。音位包括音质音位(quality phoneme)和非音质音位(non-quality phoneme)(见§4.4.2)。非音质音位是由音质以外的语音要素构成的对立，如音高、音长、音强等。由于语音的音高、音长、音强的对立而形成的音位，分别称为调位(toneme)、时位(chroneme)和重位(stroneme)。调位、时位和重位都是非音质音位(见§4.4.2)。另外，发声类型的不同也可以产生辨义性对立。由发声类型对立而形成的音位，其性质需要进一步研究。

随着现代科学技术的发展，语音学和声学、生理学、医学等学科逐步结合起来。雅各布逊(Jakobson)、方特(Fant)和哈勒(Halle)(1952：40)系统提出区别特征的概念，并基于语音的声学特性(同时参考生理特性)，归纳出12对区别特征，如"元音性/非元音性""鼻音性/口音性"等[①]。

随着乔姆斯基(Chomsky)和哈勒(Halle)*The Sound Pattern of English*(1968)的出版，生成音系学开始兴起。生成音系学认为语音序列是由基本语音单位有规则地组合和变化而形成的。乔姆斯基等人把区别特征扩充为30多对，每对特征用±号来表示("+"表示具有该特征，"−"表示不具有)，如"+高/−高""+圆唇/−圆唇""+鼻音/−鼻音""+浊音/−浊音"等。除了发展区别特征理论外，生成音系学还着重解释语音转换的规则。语音转换规则的公式是：

A→B / X __ Y

其中，A、B分别代表转换前、后的语音项目；"→"表示"变为"；斜杠后的"X __ Y"表示发生转换的条件。这个公式表示，A处在X和Y之间(即满足条件"X __ Y")时变为B。

发生语音转换的项目，可以是音质层面的语音特征，也可以是一个音位或超音段层面的语音特征(如重音等)。例如，在俄语一个词的内部，浊音前清音会变为浊音，如{*pr'os,b+a}→[pr'oz,bə]"request"(要求、请求)，即处在浊辅音[b]前的清音[s]，变成了浊辅音[z](Halle 1959：64)。俄语里的这种清音浊化现象，用转换公式可表示为"[s]→[z] / __ [b]"或"[清]→[浊] / __ [浊]"。普通话音位/a/，如果出现在[ŋ]或[u]的前面则读为[ɑ]，用转换公式可表示为：/a/→[ɑ] / __ ŋ 或 __ u。再如，英语名词"blackboard(黑板)"和词组"black board(黑色的板子)"的主重音(primary stress)位置是不一样的。名词

[①] Jakobson, Roman, Gunnar Fant & Morris Halle. 1952. *Preliminaries to Speech Analysis: The Distinctive Features and Their Correlates*. Cambridge, Massachusetts: The MIT Press.

"blackboard"的主重音落在第一个音节,而词组"black board"主重音则落在第二个词上。这是因为,词组"black board"主重音位置受到"核心重音规则(nuclear stress rule)"的制约(Chomsky & Halle 1968:17—19)。"核心重音规则"规定,当词组中两个词的元音都读重音时,主重音通常落在第二个词的元音上。根据核心重音原则,"black board"的主重音落在第二个词(board)的元音上,第一个词(black)的元音重音削弱,成为次级重音(secondary stress)。词组"black board"的重音转换,可用公式表示为①:

$$\overset{1}{\text{black}} \rightarrow \overset{2}{\text{black}} / \underline{\quad} \overset{1}{\text{board}}$$

从20世纪70年代开始,出现很多新的音系描写模型,如自主音段音系学(autosegmental phonology)、节律音系学(metrical phonology)、词汇音系学(lexical phonology)、特征几何理论(feature geometry)、优选论(optimality theory)等。西方学者逐渐意识到语音序列是多层面的,包括重音、声调等。这些不同的层面都有自己的独立性,相互之间又有联系。单位也不是简单的线性排列,而是有层阶的组合。除了音段(segment)的组合②,莫拉(mora,也译为摩拉)、音节、音步(foot)等在音链组合中也有重要地位③。学界通常把20世纪70年代以后建立在这种认识基础上的音系研究称为非线性音系学(non-linear phonology)。非线性不是一个很好的概括术语。生成音系学就有非线性的观念,即不认为表层语音形式是单位的线性排列,而是底层形式经过语音规则派生出来的。多线性(multilinear)也不能准确概括20世纪70年代以后音系理论的本质,因为这些理论证明每个层面的音链不总是线性的。总之,20世纪70年代以后的"非线性音系学"对语音性质的认识包括两个方面:(1)音链的多层面性;(2)每个层面上单位及单位组合的非线性特征。20世纪70年代以后的音系研究,可称为多层面非线性音系学。

4.1.4 语音学和音系学的区别与联系

语音学和音系学有联系,但二者也存在较明显的区别。语音学和音系学都是对语音的研究,都是语言科学的分支学科,二者在研究对象、研究方法、研究任务方面存在明显差异。

---

① 数字"1"代表主重音,数字"2"代表次级重音。
② 音段是在物理或感知上可切分出的最小线性语音单位。在语音学上,音段也可指最短的可感知的线性语音单位,即音素。音段、音素等概念的讨论,详见§4.4.2。
③ 莫拉、音节、音步等概念的讨论,详见§4.7。

(1) 从研究对象看,语音学研究人类所有语言的语音,研究语音的生理、物理和心理属性,即语音的自然属性。音系学研究某一特定语言的语音系统,研究语音在语言系统中的结构和功能,即语音的社会属性或系统属性。

(2) 从研究的基本单位看,语音学的基本单位是音素。音素是从语音角度划分出来的最小单位,是说话者发出的、听话者听到的具体的语音。音系学的基本单位是具有区别意义作用的音位,是一个抽象的单位。例如汉语和英语都有[p]、[b]、[pʰ]这三个音素。英语中"送气/不送气"不是区别特征,所以英语中/p/、/b/是音位,音素[pʰ]是/p/的音位变体。汉语中"清/浊"不是区别特征,所以汉语中/p/、/pʰ/是音位,音素[b]是/p/的音位变体。

(3) 从研究任务看,语音学主要是对人类语言的语音进行如实记录和描写,而音系学是基于特定语言的语音事实归纳音位,并构建该语言的音位系统,进而总结语音系统的规律性和探寻人类语音系统中的普遍原则。音系学主要关心语音和语法、语义、语用的关系。以普通话"蓝[lan³⁵]"和"狼[lɑŋ³⁵]"中的[a]和[ɑ]为例,从语音学角度来说,[a]和[ɑ]是人们日常交际中具体存在的音质不同的语音。语音学需要对这些具体的语音进行如实记录和描写。从音系学角度来说,[a]和[ɑ]是互补分布的,出现在相同位置,但不能区别意义,应归入同一个音位/a/。音素[a]和[ɑ]是音位/a/的两个条件变体。

当然,语音学和音系学的最大区别在于,语音学研究语音的自然属性,音系学研究语音的社会属性。以上把语音学和音系学的不同细分为三点,只是为了便于理解。

4.2 语音的生理属性

4.2.1 发音器官

语音是由人类的发音器官发出的。人的发音器官主要包括以下几个部分:

1. 肺(lung)　肺是呼吸的主要器官。发音所需的气流主要来自肺部的伸缩。人发音利用的气流主要是肺叶张开造成的呼气。人在吸气时说话是很困难的,所以世界上利用吸气音的语言很少,主要包括非洲的科伊桑语系(Khoisan)和班图语(Bantu)。

2. 声带(vocal folds)　声带是位于喉内的一对肌肉,前连甲状软骨,后接杓状软骨,处在气流的交通要道上,如下图(引自鲍怀翘、林茂灿 2014:38—40):

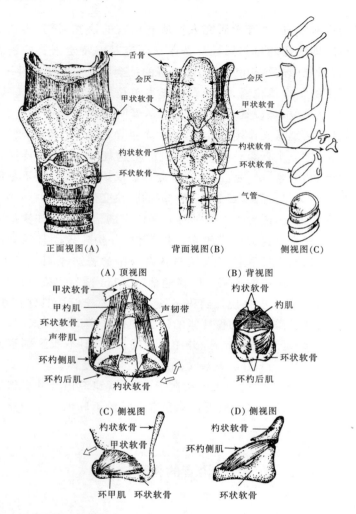

正面视图(A) 　背面视图(B) 　侧视图(C)

(A) 顶视图 　(B) 背视图

(C) 侧视图 　(D) 侧视图

　　声带的自然状态是打开的,呼吸时气流可以从中间的缝隙自由通过。发声时,喉内肌(如环甲肌、声带肌等)的相互协同作用,造成声带松紧、声门开合的变化。如果声带闭合,气流经过时就会冲击声带,造成振动,否则,就不会造成振动。声带振动与否会造成浊音和清音的区别。声带振动的快慢会造成音高的变化,通常表现为声调的变化。声门开合的不同状态和方式,会造成不同的发声类型,如正常嗓音、紧喉嗓音、气嗓音等。喉内肌的相互协同和声带松紧、声门状态情况,如下图所示(引自鲍怀翘、林茂灿 2014:40):

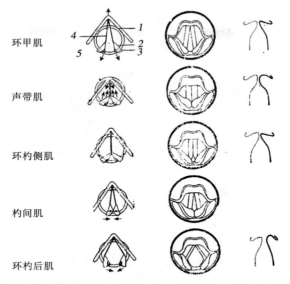

1.甲状软骨;2.环状软骨;3.杓状软骨;4.声带;5.环杓后肌
（箭头指示喉内肌、软骨受力的方向）

3.声道(vocal tract) 气流经过声带后,往上要通过喉,经过口或鼻流出。声道可分为咽腔、口腔和鼻腔三部分,见以下两图(左图引自 Fitch 1994:17):

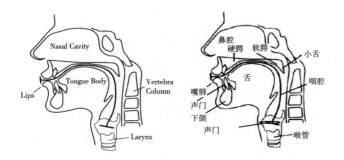

声道对声源部分发出的信号进行共鸣调节,造成语音上的变化。声道的三个部分中,咽腔造成不同语音的情况不太常见,主要见于阿拉伯语,发音时主要收缩点在咽腔。口腔和鼻腔的作用则非常普遍,尤以口腔造成的语音更为多样。

从发音部位上看,人的发音器官分主动发音器官(active articulator)和被动发音器官(passive articulator)。主动发音器官指发音过程中可移动的发音器官,包括双唇、舌尖、舌叶、舌体、舌根、声门等。被动发音器官指发音过程中不可移动的发音器官,是发音过程中主动发音器官移动的目的区域,包括齿龈、硬腭、软腭、喉等。人类发音器官在声道中的大体位置,见以下两图(引自 Ladefoged & Maddieson 1996:12—13):

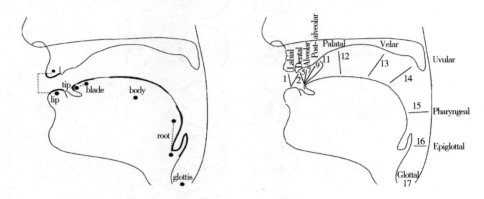

图中概念术语的中英文对照表

英语	汉语	英语	汉语	英语	汉语
lip	唇	labial	唇	uvular	小舌
tip	舌尖	dental	齿	pharyngeal	咽
blade	舌叶	alveolar	齿龈	epiglottal	会厌
body	舌体	post-alveolar	齿龈后	glottal	喉
root	舌根	palatal	硬腭		
glottis	声门	velar	软腭		

主动发音器官和被动发音器官可构成不同的组合,形成不同的共鸣腔,对气流造成不同的阻碍,从而发出各种各样的音。例如发普通话的 d[t]、t[tʰ]、n[n] 时,舌尖向上齿龈靠近以阻碍气流,其中舌尖就是主动发音器官,上齿龈则是被动发音器官。如果软腭下降,全部气流从鼻腔出来,造成鼻腔共鸣,发出的音是鼻音。如果只有一部分气流从鼻腔流出,另一部分从口腔流出,发出的音是鼻化音。

赖福吉(Ladefoged,也译为拉德福奇德)和麦迪森(Maddieson)总结出主动发音器官和被动发音器官的 17 种可能的配合关系,并基于主动发音器官把 17 种配合关系归属于 5 个更大的语音特征群:唇音(labial)、舌冠音(coronal)、舌体音(dorsal)、舌根音(radical)和喉音(laryngeal)。17 种配合关系及 5 个语音特征群的分类,如下表所示(Ladefoged & Maddieson 1996:15,44):

Place of articulation 发音部位			Articulatory target region 发音目的区	Moving articulator 活动器官	普通话辅音
Labial 唇音		1. Bilabial 双唇	Labial 唇	Lower lip 下唇	p, pʰ, m
		2. Labiodental 唇齿	Dental 齿	Lower lip 下唇	f
Coronal 舌冠音	1. Laminal 舌叶音	3. Linguo-labial 舌面前—唇	Labial 唇	Tongue blade 舌叶	
		4. Interdental 齿间	Dental 齿	Tongue blade 舌叶	
		5. Laminal dental 舌叶—齿	Dental and alveolar 齿和齿龈	Tongue blade 舌叶	
		6. Laminal alveolar 舌叶—齿龈	Alveolar 齿龈	Tongue blade 舌叶	
		7. Laminal post-alveolar 舌叶—龈后	Post-alveolar 龈后	Tongue blade 舌叶	tɕ, tɕʰ, ɕ
	2. Apical 舌尖音	8. Apical dental 舌尖—齿	Dental 齿	Tongue tip 舌尖	ts, tsʰ, s
		9. Apical alveolar 舌尖—齿龈	Alveolar 齿龈	Tongue tip 舌尖	t, tʰ, n, l
		10. Apical post-alveolar 舌尖—龈后	Post-alveolar 龈后	Tongue tip 舌尖	
	3. Sub-apical 舌尖后音	11. Sub-apical palatal (retroflex) 舌尖后—硬腭(卷舌)	Palatal 硬腭	Tongue underblade 下舌叶	tʂ, tʂʰ, ʂ, ʐ
Dorsal 舌体音		12. Palatal 硬腭	Palatal 硬腭	Front of tongue 舌面前	
		13. Velar 软腭	Velar 软腭	Back of tongue 舌面后	k, kʰ, x, ŋ
		14. Uvular 小舌	Uvular 小舌	Back of tongue 舌面后	

续表

Place of articulation 发音部位		Articulatory target region 发音目的区	Moving articulator 活动器官	普通话辅音
Radical 舌根音	15. Pharyngeal 咽	Pharyngeal 咽	Root of tongue 舌根	
	16. Epiglottal 会厌	Epiglottal 会厌	Epiglottis 会厌	
Laryngeal 喉音	17. Glottal 喉	Glottal 喉	Vocal folds 声带	

4.2.2 元音和辅音

根据发音时气流在声道中是否受到阻碍,可以把音素分为元音和辅音两大类。

4.2.2.1 元音及元音分类

元音指气流在声道中没有受到阻碍而发出的音。根据元音发音时发音器官节制气流的方式不同,元音一般可分为舌面元音、舌尖元音、鼻化元音、紧元音以及清化元音等。人类语言中较常见的元音是舌面元音。

舌面元音 由舌面节制气流所形成的元音,叫舌面元音。

舌面元音的不同是由共鸣腔形状的不同造成的,与舌位高低、前后和唇的圆展有关。元音的发音方法与辅音有很大不同。发辅音时气流在发音部位受到阻碍,气流往往较强,发出的大多是噪音。发元音时气流在口腔中不受阻碍、自然平缓,发出的是乐音①。

依据口腔开闭或舌位高低,舌面元音可分为:(1)高元音;(2)次高元音;(3)次低元音;(4)低元音。以普通话为例,试着比较发[i]和[a]时舌头的不同位置,会发现发[i]时舌头离口腔上壁最近,发[a]时,距离最远。发[i]时嘴巴张开的幅度最小,发[a]时最大。可见,舌位越高、开口度越小,舌位越低、开口度越大。舌位从高到低是一个连续的过程,从高元音[i]开始,保持其他位置不变,开口度不断增大,依次就会听到普通话"背[pei⁵¹]"中的次高元音[e]和"学[ɕyɛ³⁵]"中的次低元音[ɛ],直到低元音[a]。

依据舌位前后,舌面元音可分为:(1)前元音,如[i]、[e]、[ɛ]、[a]、[ø]、[œ]

---

① 一般认为,元音是乐音,清辅音是噪音,浊辅音则兼有乐音和噪音性质。

等;(2)后元音,如[u]、[o]、[ɔ]、[ɑ]、[ɯ]、[ʌ]等;(3)央元音,比较常见的是[ə]、[ɐ]、[ɞ],如北京话"的[tə]"和侗语的"水[nɐm³¹]"(马学良 1981:32)。舌位的前后可以通过比较[y]和[u]来体会,发这两个音时能明显感觉到舌的前移和后缩。舌位从前到后的变化也是一个连续的过程,[y]和[u]之间的一些音(如高、央元音[ɨ]和[ʉ])在普通话中没有用到,但在其他语言中存在。

唇形的变化也会造成元音的不同。依据唇的圆展,舌面元音可分为:(1)圆唇元音,如[u]、[y]、[ø]、[œ]、[o]、[ɔ]、[ɒ]等;(2)不圆唇元音,如[i]、[e]、[ɛ]、[a]、[ɯ]、[ɤ]、[ʌ]、[ɑ]、[ʌ]等。试着比较发[i]和[y]时的嘴唇变化,会感觉到发[i]时双唇是扁的,而发[y]时嘴唇是向前撮圆的。

舌面元音中的[i]、[e]、[ɛ]、[a]、[u]、[o]、[ɔ]、[ɑ],习惯上叫基本元音(basic vowel)。以下是基本元音的舌位图①:

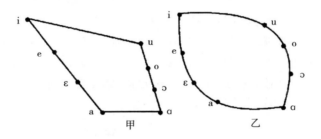

为便于描写元音发音时舌头在口腔中的位置,琼斯(D. Jones 1917)提出定位元音(cardinal vowel)概念。人在发元音时,舌头的纵向活动区域分为四度:高、半高、半低、低,前元音系列和后元音系列各分为四度,这样可确定八个点。处在这八个点的元音,是人类语言中最常见的元音。这八个元音确定了发所有元音时的舌头活动区域的边界和范围。有了这个元音发音边界和范围,就方便确定和描写其他元音的舌位。X 光照相得出的八个基本元音发音的舌位图像见下页②。

舌尖元音 由舌尖节制气流而形成的元音叫舌尖元音。舌尖元音很少,常见的有四个:(1)[ɿ]是舌尖前展唇元音;(2)[ʅ]是舌尖后展唇元音;(3)[ɥ]是舌尖前圆唇元音;(4)[ʮ]是舌尖后圆唇元音。舌尖展唇元音[ɿ]和[ʅ]的例子,如普通话"自[tsɿ⁵¹]"中的[ɿ]和"知[tʂʅ⁵⁵]"中的[ʅ]。舌尖圆唇元音的例子,如汉语苏州话"书[sɥ⁴⁴]"中的[ɥ],湖北应山话"树[ʂʮ⁵⁵]"中的[ʮ](马学良 1981:33)。

---

① 甲乙两图引自罗常培、王均(2002:70),其中甲图是基本元音的舌位近似图;乙图是根据 X 光所拍摄的各元音舌头顶点连成的图形。

② 舌位图像引自叶蜚声、徐通锵(2010:56)。

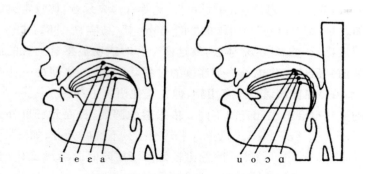

鼻化元音 发音时软腭下降，堵住鼻腔的通道，气流同时从口腔和鼻腔流出来，这样发出的元音就是鼻化元音。标记鼻化元音的方法是在元音上面加"~"，例如拉萨话"是[jĩ¹³]""药[mɛ̃⁵⁵]""平原[tʰã⁵⁵]""跟前[tỹ¹³]""挂住[kø̃⁵⁵]"中的[ĩ]、[ɛ̃]、[ã]、[ỹ]、[ø̃]（马学良 1981：33）。

紧元音 发音时喉头肌肉紧缩，发出的元音是紧元音。发音时喉头肌肉松弛，发出的元音是松元音。彝语、哈尼语、景颇语、白语、佤语等语言中都有松紧元音的对立，例如哈尼语有 20 个元音，松元音、紧元音的对应非常整齐，见下表（马学良 1981：33—34）①：

松元音			紧元音		
i	bi³¹	溢	i̱	bi̱³¹	给
e	de³¹	推	e̱	de̱³¹	活
a	ba³¹	薄	a̱	ba̱³¹	抬
ø	bø³³ lø³³	锣	ø̱	bø̱³³ lø̱³³	爆裂
u	zu³¹	走	u̱	zu̱³¹	揉
o	mo³¹	马	o̱	mo̱³¹	想要
ɔ	dɔ³³	穿（衣）	ɔ̱	dɔ̱³³	很（好）
ɯ	lɯ³³	绕（线）	ɯ̱	lɯ̱³³	卷（袖）
ɤ	xɤ³³	捞（鱼）	ɤ̱	xɤ̱³³	到
ɿ	dzɿ³¹	骑	ɿ̱	dzɿ̱³¹	织

清化元音 在发某个元音时，只做出发该元音的舌位和口形，而声带不振动，这样发出来的元音就是清化元音。标记清化元音的方法，是在该元音下面加上小圆圈"。"。维吾尔语中，高元音[i]、[u]、[y]处在词首且其后接清辅音

---

① 马学良（1981）在元音下面加短横"_"表示紧元音。

时,就读作清化元音,如"热[issiqʰ]""弟弟[ukʰa]""第三[ytʃʰyntʃʰi]";撒拉语中两个清辅音之间的元音是清化元音,如"晴朗[atʃʰuχ]",傣语西双版纳话轻读音节的元音也是清化元音,如"海[sămut⁵⁵]"(马学良 1981:34)。

4.2.2.2 辅音及辅音分类

发音时气流在声道中某个部位受到阻碍而发出的音是辅音。从发音方法上看,辅音特征包括塞音、塞擦音、擦音、鼻音、颤音、边音、半元音、清音、浊音等,其中塞音、塞擦音又有送气和不送气的区分。气流在声道中形成阻碍的部位就是发音部位。根据发音部位的不同,可以把辅音进一步细分为不同类别。常见的发音部位如下:

1. 双唇

发音时,上下唇一起阻碍气流,这样发出的音是双唇音,例如普通话的 b[p]、p[pʰ]、m[m]。试着发"波、坡、摸",会感觉到双唇阻碍气流的情况。

2. 唇齿

发音时,上齿和下唇配合形成阻碍,这样发出的音是唇齿音,例如普通话的 f[f]。试着发"佛、凡",会感觉到上齿和下唇的配合。再如苗语摆省话"鱼 [ɱpflɦa⁴²]""光滑[ɱpfʰlɛ³¹]"中的[pf]、[pfʰ]、[ɱ](马学良 1981:38)。

3. 舌尖前—齿

发音时,舌尖向前,与上齿龈前部靠近以阻碍气流,这样发出的音通常也叫舌尖前音,例如普通话的 z[ts]、c[tsʰ]、s[s]。试着发"资、刺、思",会感觉到舌尖与上齿龈前部的配合。

4. 舌尖中—齿龈

发音时,舌尖向前,与上齿龈靠近以阻碍气流,这样发出的音通常也叫舌尖中音,例如普通话的 d[t]、t[tʰ]、n[n]。试着发"大、踏、那",会感觉到舌尖与上齿龈的配合。

5. 舌尖后—齿龈—硬腭

发音时,舌尖后翘,靠近上齿龈和硬腭,以阻碍气流,这样发出的音通常也叫舌尖后音、翘舌音或卷舌音(retroflex),例如普通话的 zh[tʂ]、ch[tʂʰ]、sh[ʂ]、r[ʐ]。试着发"知、吃、师、日",感受舌尖和上齿龈、硬腭的配合。卷舌音是以前的叫法,实际上并没有到"卷"的程度。

6. 舌面前—齿龈—硬腭

发音时舌面向上靠近上齿龈和硬腭,气流从间隙通过,这样发出的音通常也叫舌面前音,例如普通话 j[tɕ]、q[tɕʰ]、x[ɕ]。试着发"鸡、欺、西",可以感受到舌面的运动。再如,独龙语"酒罐[tɕa⁵⁵]""法律[dʑi³¹lam⁵³]""柏树[ɕu⁵⁵pa⁵⁵]""恳求

[ɑ³¹nʐɑ⁵⁵ɕɯ³¹]"中的[tɕ]、[dʐ]、[ɕ]、[ɲ](孙宏开 1982：4—6)。

7. 舌面后－软腭

发音时,舌面后向后上方运动靠近软腭,气流从中间缝隙通过,这样发出的音通常也叫舌面后音或舌根音,例如普通话的 g[k]、k[kʰ]、h[x]。试着发"嘎、咖、哈",会感觉到这一发音动作中器官的配合。

在其他语言中,还有一些较常用的发音部位,如下：

8. 小舌

发音时,舌根与小舌向后收缩,这样发出的音称为小舌音,例如白语妥洛方言的"角[qo⁴²]""苦[qʰo³³]"。再如,撒拉语"鞭子[qamtʃu]""挤压[qʰəs]""白[aχ]""消息[ʁur]"中的[q]、[qʰ]、[χ]、[ʁ](马学良 1981：39)。

9. 喉

发音时,气流在声门处受到阻碍而发出的音,称为喉音,例如普通话的零声母开口韵变体,试着发"安、袄",可以体会到声门处的气流阻碍。再如,云南玉溪话"公开[ʔoŋ³³ʔʰai³³]"中的[ʔ]、[ʔʰ],上海话"鞋[ɦɛ¹³]"中的[ɦ]和英语"hope[həup](希望)"中的[h],都是声门音。发音时喉头肌肉紧缩,舌根后部靠近喉壁使气流发生摩擦而发出的音,是喉壁音,如朝鲜语"天[ħanɯl]"中的[ħ]和阿拉伯语"眼[ʕain]"中的[ʕ]。

除了发音部位外,与辅音性质密切相关的还有发音方法。发音方法和发音部位结合才能发出不同的辅音。根据发音方法的不同,可以把辅音分为不同类别：

1. 塞音(stop)

塞音,也叫爆破音(plosive),发音时,气流在声道的某个部位受到完全阻塞,经过短暂保持,阻塞部位突然松开,气流冲出口腔,例如普通话的 b[p]、d[t]、g[k]。试着发"八、搭、嘎",能感受气流成阻、持阻和除阻的过程。汉藏语系一些语言的塞音,位于音节末尾时并不破裂,即没有除阻,例如壮语"肝[tap⁵⁵]"里的[p],"八[pet⁵⁵]"里的[t],"嘴[pa:k³⁵]"里的[k](马学良 1981：35)。

2. 擦音(fricative)

发音时,气流在声道某个部位受到不完全阻塞,只是通道变窄,气流犹如摩擦而过,例如普通话的 f[f]、h[x]、s[s]。试着发"法、哈、洒",能感受这类音气流的成阻、持阻和除阻与塞音的不同。

3. 塞擦音(affricate)

发音时,气流在声道某个部位先完全阻塞,随即打开一条缝隙,让气流摩擦而过,例如普通话的 z[ts]、zh[tʂ]。试着发"资、知",体会先塞后擦的过程。再如水语"筷子[tsu⁵⁵]"里的[ts],锡伯语"媒人[tʂal]"里的[tʂ],藏语拉萨话"拜访

[tɕa:⁵⁵]"里的[tɕ]（马学良 1981:35—36）。

4. 鼻音(nasal)

发音时，气流到达口腔时，软腭下降，气流从鼻腔流出，例如普通话的 m[m]、n[n]。试着发"马、拿"，体会鼻腔共鸣的情况。再如水语"舌[ma³¹]"里的[m]，达斡尔语"太阳[nar]"里的[n]，鄂伦春语"手[ŋa:la]"中的[ŋ]（马学良 1981:35）。如果鼻音发音过程是作为发其他音的伴随动作，则会造成鼻化音。比如，试着发普通话的"星儿、瓶儿"等儿化音，可以体会到鼻化。

5. 近音(approximant)

发音时阻碍较小，不足以形成摩擦噪声，但发音阻碍比元音要大，这样发出的音就是近音，也叫通音，比较常见的近音是[j]、[w]、[ʋ]、[l]、[r]，例如发普通话"易、物"能感受到发音时的摩擦和阻碍。北京地区，有些年轻人常把"晚上[wan²¹ ʂɑŋ⁴]"读做"晚上[ʋan²¹ ʂɑŋ⁴]"。北京话合口呼零声母[w]的变异形式[ʋ]，也是近音。流音指所有不属于半元音的近音，包括边音流音[l]和非边音流音[r]。

6. 边音(lateral)

边音，也叫边近音，发边音时，舌尖轻轻抵住上齿龈，形成阻塞，气流从阻塞处的一边或两边流出，例如普通话的 l[l]。试着发"辣、力"，可以感受气流从舌边流出。

7. 送气音(aspirate)

有些音在发出时会伴随一股呼出的气流，造成送气音，例如普通话的 p[pʰ]、t[tʰ]、k[kʰ]，试着发"啪、他、咖"，能感受伴随气流的呼出。比较汉语"八"和"啪"，在发音时，嘴前几厘米处放一张白纸，可以感受到后者会造成纸张的摆动，而前者不会。汉语存在送气音和不送气音的对立，如普通话声母 b[p]与 p[pʰ]，j[tɕ]与 q[tɕʰ]，zh[tʂ]与 ch[tʂʰ]，g[k]与 k[kʰ]，都是通过"送气/不送气"的对立构成的不同声母。而英语中"送气/不送气"不是区别特征，不构成辅音音位的对立。这是汉语与英语在辅音音系上的一个重要的差别。

8. 浊音(voiced)

发音时，气流经过声带时，声带闭合造成振动，这样发出的音就是浊音，例如普通话的[m]、[n]。英语中清音和浊音是能造成意义对立的区别特征，例如"din[dɪn]（喧闹声）"和"tin[tɪn]（罐头）"的意义不同，就是由浊音[d]和清音[t]的对立造成的。尽管普通话中也有浊辅音，但清音和浊音不是普通话中的区别特征。

各个语言辅音清浊的情况不完全一样。普通话的塞音、塞擦音都是清音，没有同部位的浊音，鼻音、边音则只有浊音，没有清音。英语、俄语中，既有清塞音，也有浊塞音。维吾尔语和哈萨克语中，塞音、塞擦音都分清浊两类。彝语喜德话除塞音、塞擦音区分清浊外，鼻音、边音和擦音也都分成清浊两类，见下表（马学良 1981:36－37）：

清音			浊音		
p	pu̠³³	回来	b	bu̠³³	写
t	tu̠³³	千	d	du̠³³	出来
k	kɯ³³	使听见	g	gɯ³³	听见
ts	tsʅ³³	使骑	dz	dzʅ³³	骑
tɕ	tɕi³³	条（牛）	dʑ	dʑi³³	知道
n	na³³	问	n	na³³	病
ɬ	ɬu³³	炒	l	lu³³	龙
ɕ	ɕi³³	到达	z	zi³³	烟

还有一些辅音的发音方法，在汉语中不常见，例如下面两类辅音：

颤音(trill)

发音时，具有弹性的发音器官常常是舌头或者小舌，连续不断地快速碰触另一个发音器官，这样发出的音就是颤音，例如汉语湖北潜江话"兔子[tʰur⁵⁵]"中的[r]，法语"rose[Rozː]（玫瑰）"中的[R]（马学良 1981:36）。

闪音(flap)

发音时，一个主动发音器官很快地碰触一下另外一个发音器官，然后回到原位，这样发出的音是闪音，如藏语"我[ŋa¹³ɾaŋ⁵⁵]"中的[ɾ]（马学良 1981:36）。

发音方法常常可以组合，常见的有"清/浊"与"塞/擦/塞擦"的组合，造成清塞音、浊塞音等；以及"送气/不送气"与"塞/塞擦"的组合，造成送气塞音、不送气塞音等。普通话塞音、塞擦音有送气和不送气的区分。维吾尔语、哈萨克语的清塞音、清塞擦音都是送气音，浊塞音、浊塞擦音都是不送气音。壮语北部方言和布依语大部分地区只有不送气音，没有送气音。独龙语和珞巴语也没有送气音。俄语、英语一般只有清浊对立，没有送气和不送气的对立。佤语布饶方言除了塞音和塞擦音有送气和不送气对立外，浊鼻音、边音、颤音、擦音也有送气和不送气的对立，例如（马学良 1981:37－38）：

送气			不送气		
mʰ	mʰa	箄	m	ma̠	地
nʰ	nʰaŋ	藤	n	naŋ	姑娘
ɲʰ	ɲʰak	眼屎	ɲ	ɲak	嘴里脏物

续表

送气			不送气		
ŋʰ	ŋʰa	雄	ŋ	ŋa	（象）牙
lʰ	lʰaŋ	驮子	l	laŋ	长
rʰ	rʰaŋ	牙齿	r	ra̠ŋ	岩石
vʰ	vʰaŋ	稗子	v	va̠ŋ	追
ʒʰ	ʒʰa	生小孩	ʒ	ʒa̠	饿

描写辅音的发音特征应包括发音方法和发音部位两方面信息。例如普通话辅音 d[t]，发音部位是"舌尖中"，发音方法是"清音、塞音"，故可把普通话辅音 d[t]描写为"舌尖中清塞音"。同理，普通话辅音 m[m]描写为"双唇浊鼻音"。

4.2.3 国际音标

国际音标（international phonetic alphabet，即 IPA），是国际语音学协会（International Phonetic Association）制定的，用来记录人类语言语音的符号。国际语音学协会的前身是"语音教师协会"，由法国语音学家帕西（Passy）和本国一批英语教师于 1886 年初创立，出版会刊《语音教师》。丹麦语音学家叶斯伯森（Jesperson，也译为叶斯泊森、杰斯帕森）在 1886 年建议建立国际语音协会。1888 年，法国的帕西，英国的琼斯、斯维特等人合作创制了国际音标表，并发表在《语音教师》上。

通过国际音标可以比较精确地记录人类语言的语音。国际音标的制定遵循"一符一音"原则，即音素和国际音标符号是一一对应的。一个语言中同一字母在不同词中可能有几种读法，如英语"knife（刀子）"和"it（它）"中的"i"读音不同，用国际音标注音分别为[ai]和[ɪ]；普通话"盘（pán）"和"旁（páng）"中的"a"读音也有细微差异，分别为[a]和[ɑ]。相同的语音在不同语言中可能会有不同拼法，如英语的 sh、法语的 ch 和德语的 sch 拼法不同，实际上都是国际音标中的[ʃ]。不同语言中的相同拼法也可能是不同的读音，如英语"show（展示）"中"sh"[ʃ]，和普通话词"上（shàng）"中"sh"[ʂ]就是不同的读音。国际音标在语音教学、语言（方言）调查记音、语言史研究、比较语言学等方面得到广泛应用，是语音教学和语言（方言）研究强有力的工具。

国际音标表是英法两国学者创定的，最初主要适用于印欧语言，音标数量不是很多，所用字母以拉丁字母为基础。后来世界各国语言学工作者纷纷加入，带来了许多不同于印欧语言的语音。拉丁字母不够用，就通过改变字形或借用别的语言字母来补充新符号，如采用拉丁字母倒置（如 e 的倒置[ə]）或拉丁字母的"手写体（或草体）"（如[a]的手写体[ɑ],[v]的草体[ʋ]），而国际音标中的[ɛ]、[θ]分别借自希腊语的第五个、第八个字母的小写形式。

国际音标主要分为两个表——辅音表和元音表，还有一些附加符号。修订至 2005 年的国际音标辅音表和元音表（中文版）如下①：

	双唇	唇齿	齿	龈	龈后	卷舌	硬腭	软腭	小舌	咽	喉
爆发音	p b			t d		ʈ ɖ	c ɟ	k g	q ɢ		ʔ
鼻音	m	ɱ		n		ɳ	ɲ	ŋ	ɴ		
颤音	ʙ			r					ʀ		
拍音或闪音		ⱱ		ɾ		ɽ					
擦音	ɸ β	f v	θ ð	s z	ʃ ʒ	ʂ ʐ	ç ʝ	x ɣ	χ ʁ	ħ ʕ	h ɦ
边擦音				ɬ ɮ							
近音		ʋ		ɹ		ɻ	j	ɰ			
边近音				l		ɭ	ʎ	ʟ			

国际音标－辅音表

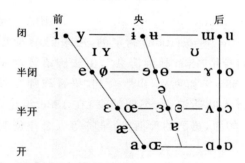

国际音标－元音表

国际音标的排列，辅音表以发音部位、发音方法作为横坐标和纵坐标，每个辅音根据其发音部位、发音方法就可以确定在辅音表中的位置；元音则根据口型的开(open)、闭(close)和舌位的前、后来确定位置②。

用国际音标标记语音的方法叫标音法，可分为严式标音法和宽式标音法两种。严式标音，也叫音素标音，是按音素来记录语音，也就是出现什么音素就记录什么音素。严式标音能最忠实、最细致地记录语音原貌。严式标音通常以方

---

① 本小节的国际音标辅音表、元音表，引自《方言》2007 年第 1 期；元音表中，成对出现的音标，右边的为圆唇元音。元音表已在前文(p. 54)出现过，为和辅音表相对照，在此也和辅音表一并列出。

② 元音表中"开(open)""半开(open-mid)""半闭(close-mid)""闭(close)"是舌面元音口型方面的语音特征。一般来说，发舌面元音时口型张开越大，舌位越低，反之，则舌位越高。"开""半开""半闭""闭"大致分别对应舌位方面的"低""半低""半高""高"四个特征。本书根据最新版国际音标表（英文版修订至 2015 年）对国际音标表进行了升级，并在元音表中增加了舌面央低元音[A]（参见§11.4）。

括号"[ ]"标记,例如普通话的舌面低元音,用严式标音则必须分别标为[ɛ]、[ʌ]、[a]、[ɑ]等。严式标音的特点是,对一种语言或方言中实际存在的每一个音素,不管它们是否属于同一个音位,也不管音素间的细微差别有没有区别词义作用,都用特定的国际音标符号如实记录下来。

宽式标音,也叫音位标音,是按音位来记录语音,也就是只记音位,不记音位变体,也不记没有辨义作用的伴随语音特征。宽式标音通常以双斜线"/ /"标记,例如普通话舌面低元音有[ɛ]、[ʌ]、[a]、[ɑ]等多个音素,用宽式标音法则只把它们标记为一个音位,即/a/。宽式标音能用相对较少的音标符号简明地反映出一种语言或方言的音位系统面貌。

4.3 语音的物理属性

4.3.1 语音四要素

语音具有音高、音强、音长和音质四个物理属性。这四个属性,被称为语音四要素。

音高(pitch) 音高就是声音的高低,它取决于声音的频率。人耳能够听到的频率范围在 16—20000 赫兹之间(Ladefoged 1962:21)。语音高低和说话人声带的长短、厚薄有关。一般说来,妇女和儿童的声带短而薄,所以说话时声音高一些(妇女 150—300 赫兹,儿童 200—350 赫兹),男子的声带长而厚,所以说话的声音低一些(60—200 赫兹)[①]。语音的高低还和声带的松紧有关。声带松弛时发出的语音音高就低,声带绷紧时发出的语音音高就高。人们可以通过有意识地控制声带松紧发出高低不同的语音。在汉语及某些声调区别意义的侗台语中,一个音节的音高是十分重要的语音特征。普通话的四个调类,就是通过音节的音高来区别意义的。

音强(intensity) 音强就是声音的强弱,它取决于声音的振幅。语音的强弱跟发音是否用力和呼出的气流量大小有关。人们在说话发音时用力越大,气流量也越大,则语音就越强,反之语音就越弱。音强对于大多数汉语词和语素来说并不是重要的特征。普通话的轻声词后一个音节轻一些。普通话的有些双音节词,后一个音节是否读轻声会有区别意义的作用,例如"对头"后一个音

[①] 参见:叶蜚声、徐通锵著,2010,《语言学纲要》(修订版),王洪君、李娟修订,北京:北京大学出版社,第 46 页。

节读轻声,就是名词(意指"对手"),不读轻声,就是形容词(意指"正确、合适")。

音长(duration)　　音长就是声音的长短,它取决于发音体振动持续时间的长短。发音体振动持续时间长,声音就长,持续的时间短,声音就短。普通话中,音长不用来区别意义。

音质(quality)　　音质,也叫音色,是一个声音区别于其他声音的个性特点。对任何语言来说,音质都是非常重要的物理属性,元音的不同主要体现在元音音质的不同。发舌面元音时,需要保持舌位的高低、前后或嘴唇的圆展,即保持共鸣腔形状不变,如果舌位的高低、前后或嘴唇的圆展三者中有一个发生了改变,就会改变共鸣腔形状,就可能发成了其他元音。例如发普通话[i]时,慢慢把嘴唇拢圆,就会发成[y]音。音质也是体现不同辅音的重要物理特征。辅音音质的不同,是由不同的发音部位和发音方法共同造成的。发不同辅音时气流在不同发音部位造成阻碍,形成的口腔共鸣腔形状也会不同。除了发音方法,不同口腔共鸣腔形状,也是造成辅音之间音质差别的一个重要原因。

4.3.2　语音传播方式——声波

语音是通过声波形式传播的。声波是指发音体振动时不断挤压空气粒子(或称质点),造成空气粒子的疏密交替变化,空气粒子这种疏密变化,好像波浪一样被传送出去,所以可称为"声波"。空气中存在许多肉眼很难看见的粒子。在不受外力的情况下,这些空气粒子处于无序的极速运动状态,但每个粒子大体都处于相对平衡的稳定位置。空气中某个粒子在受到外力作用后,会挤压临近的空气粒子,从而改变了空气粒子原先相对平衡的稳定状态,如下图所示①:

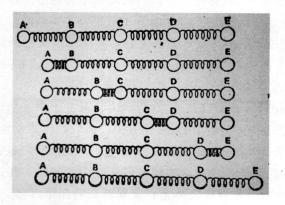

---

① 参见:Denes, Peter B. & Elliot N. Pinson. 1973. *The Speech Chain: The Physics and Biology of Spoken Language*, New York: Anchor Press, 28。

图中弹簧连起来的 A、B、C、D、E 五个点，代表空气中的五个粒子。假定发音人的声带振动对粒子 A 产生了挤压，使粒子 A 离开常态位置向粒子 B 靠拢，推动粒子 B 离开常态位置，向粒子 C 挤压（这时粒子 A 回归常态位置），以此类推。这样从粒子 A 到 D 就完成了一次疏密变化。说话人的声带振动，连续不断地对空气粒子产生一次次挤压，从而造成了空气粒子连续不断的疏密交替变化。

空气粒子的疏密交替变化，传播到听话人耳中引起了耳膜振动，再经过大脑神经元的感知，使听话人感知到语音。例如当敲打或弹拨音叉（tuning fork）时，音叉就会振动，这种振动又影响到它周围的空气粒子之间距离的疏密变化，形成一种与声音传播方向一致的疏波、密波的交替，如下图所示（引自 Ladefoged 1962：4）：

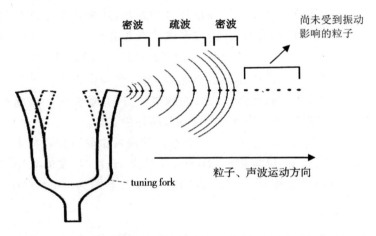

以空气粒子为介质的声波，与水波不同。声波中空气粒子的运动是粒子间的疏密变化和交替，因此空气粒子的运动方向与声波的传播方向是一致的。水的表面波中，质点的运动方式是连续的上下位移，因此水的质点运动方向与水波传播方向不是一致的，而是垂直的。水波运动方向示意图，如下（引自林焘、王理嘉 2013：9）：

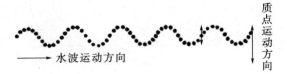

每个声波都包括振幅（amplitude）、周期和频率（frequency，简写为 F）。声波的波形可以用波长、周期、波峰、波谷等来定义和描述，以下图两个正弦波为例（引自 Ladefoged 1962：16）：

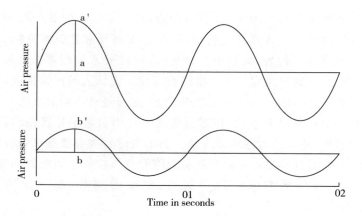

空气粒子受到挤压,离开相对静止位置的距离,叫做该粒子的位移。空气粒子最大的位移就是它振动的幅度,即振幅。在正弦波图形中,振幅体现为波峰或波谷到正弦波中轴线的垂直距离,如上图中的"a—a'"是第一个正弦波的振幅,"b—b'"是第二个正弦波的振幅。很明显,第一个音的振幅大约是第二个音的两倍。振幅越大,声音就越强,反之,振幅越小,声音就越弱。振幅与声音的音强直接相关。音强的单位是分贝(decibel,简写为 dB)。

声带振动的快慢不同,造成空气粒子振动的快慢也就不同。频率是声带在一秒钟内振动的次数,单位是赫兹(Hertz,简写为 Hz)。声波的频率与周期成倒数关系。周期是声带振动一次所需的时间。以下图为例(引自 Ladefoged 1962:19):

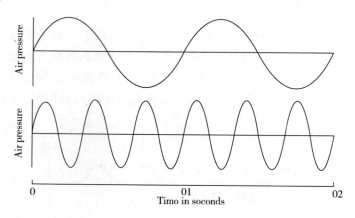

图中这两个声波的振幅相同,但它们的周期和频率都不同。第一个声波的周期是 1/100 秒(即 0.01 秒),频率是 1/0.01＝100Hz;第二个声波的周期是

1/300秒,频率是 300Hz(即 1/300 的倒数)。

人耳能察觉到的最低声音频率大约是 16Hz—20Hz,能听到的最高声音频率大约是 2 万 Hz(Ladefoged 1962：21)。一般把低于 20Hz 的声波称为次声波(infrasonic wave),高于 2 万 Hz 的声波称为超声波(ultrasonic wave)。蝙蝠能发出 2 万 Hz—10 万 Hz 的超声波。蝙蝠正是利用这种超声波来判断飞行前方是昆虫还是障碍物。次声波传播距离远,频率低于 1Hz 的次声波,可以传到几千以至上万千米以外的地方。次声波有极强的穿透力,可以穿透大气、海水、土壤、建筑物等。

听觉范畴的音高是由声音的频率决定的。音高的赫兹值,可以通过一定的公式分别转换为美值(Mels)或巴尔克值(Bark)。美和巴尔克也是用来度量音高的单位。和赫兹值相比,用美值和巴尔克值做出的曲线图更接近人的听感。下表是赫兹值和换算后的美值、巴尔克值之间的对应关系(引自 Ladefoged 1962：81):

Table 6.1　The Relation between Frequencies in hertz, mels, and bark

Frequency in Hz	Pitch in Mels	Frequency in Hz	Pitch in Bark
20	0	20	0
160	250	100	1
394	500	200	2
670	750	300	3
1,000	1,000	400	4
1,420	1,250	510	5
1,900	1,500	630	6
2,450	1,750	770	7
3,120	2,000	920	8
4,000	2,250	1,080	9
		1,270	10
		1,480	11
		1,720	12
		2,000	13
		2,320	14
		2,700	15
		3,150	16
		3,700	17
		4,400	18

从上表频率值和美值的对应可以看出,当频率值等于 1000Hz 时,其对应的

音高美值等于1000Mels；当频率值大于1000Hz时，频率值总是大于其所对应的音高美值，并且频率值越大，频率值与其所对应的音高美值之间的差距也就越大。物理范畴的频率与听觉范畴的音高之间，呈现出非线性的正相关关系，如下图（引自 Stevens et al. 1937：188）：

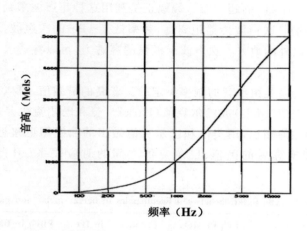

声音的频率与音强也有关系，如下图所示（引自 Ladefoged 1962：88）：

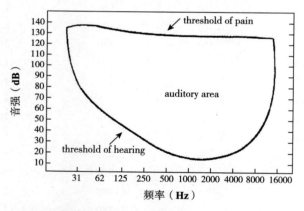

上图中，下面箭头所指的曲线是听阈（threshold of hearing），上面箭头所指的线是痛阈（threshold of pain）。听阈曲线以上是人耳可以听到的音高范围，听阈曲线以下的音高，人耳就听不到了；痛阈线以上的音高，人耳承受不了，会造成疼痛。听阈是指刚好能引起听觉的最小振动强度。上图的听阈曲线显示了适用于正常听力年轻人的听阈值范围，如125赫兹的声音需要有40分贝的强度才刚可听到，而2000赫兹的声音需要有10分贝的强度才刚可听到。不过2000赫兹的声音，其音强一旦超过130分贝，人耳就会产生痛感。

音质是语音的一个重要物理属性。语音的音质不同,其声波形状也不同。前面讨论的音是纯音波(pure wave),从波形上看是正弦波。如果两个大小不同的音叉同时发音,那么人们听到的就是一个复合音,从波形上看就是一个复合波(complex wave)。以下面的三个声波图为例(引自 Ladefoged 1962:30—31):

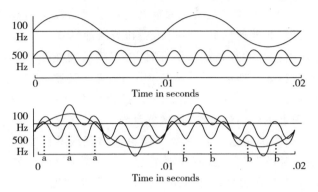

前两个声波图分别是大音叉和小音叉发出的纯音波波形(频率分别为 100Hz、500Hz)。第三个声波图是这两个音叉同时发音时,由这两个纯音波构成的复合波。

人耳所听到的大部分自然界的声音和语音都不是纯音波,而是由很多个纯音波综合而成的复合波。语音音质的差异是由发语音时不同的共鸣腔形状造成的。共鸣腔和气流方式的变化,会造成不同的共振效果。不同语音的共振存在差异,在声学上则表现为产生共振的声波频率不同,从而会形成不同的语音。例如普通话[i]和[y]的差别在于后者圆唇,从而形成了与前者不同的共鸣腔。发音时保持声带振动的方式和快慢不变,改变语音的发音部位或发音方法,也会造成产生共振的声波频率的变化,从而都会造成语音音质的变化,如普通话的[m]和[l]。

从物理角度研究语音的学科叫声学语音学。声学语音学声学分析的基本内容就是分析语音的声学要素。常见的方式是通过一定的计算转换,将语音变成可以看见的图形。由于电脑技术的推广,现代声学分析比以前绘制语音声谱图更为便捷,也更为准确。声谱图(spectrogram)就是运用语图仪将语音转换成图谱。通过声谱图,可以观察和分析元音、辅音和声调的很多声学特征。例如,基频和共振峰是分析元音常用的两个声学参项,二者是相互独立的。声带振动产生的频率称为基频(F_0)。基频的改变与声调的改变密切相关。但基频并不等同于声调,在耳语的时候,声带并不振动,也就没有基频,但仍能听出普通话四个声调的区别,这是因为音强对声调的感知也有贡献。发音器官的谐振会造成共振峰(formant)。共振峰在语图上表现为一条条弯曲程度不同的横杠,自下而上大致有五个共振峰,分别用 F_1、F_2、F_3、F_4、F_5 表示。基频和共振峰的提取有不同方法,现在很多软件(如 Praat 等)都具有这些功能。

辅音的语图中包含三种最基本纹样:浊横杠(voiced bar)、冲直条(spike)和乱纹(noise pattern)。浊横杠是指发浊辅音时由于声带振动造成的语图上出现一条比较宽的横杠,如普通话鼻音[m]、[n]和英语浊塞音[b]、[d]等,语图上都有较明显的浊音横杠。冲直条是指发音时,由于嘴唇突然张开,声音爆发,在语图上出现一条直线,如普通话[p]、[pʰ]、[t]、[tʰ]等。乱纹体现的是起源于口腔某个部位的噪声,如普通话[f]、[s]、[x]等。擦音在语图上主要体现为乱纹。另外,送气辅音语图上也会出现乱纹,即送气乱纹。

任何辅音的语图都是这三种基本纹样单独出现或共同出现组合而成。塞擦音是"冲直条+乱纹"组合,浊擦音则是"乱纹+横杠"组合,如普通话送气塞擦音 ch[tʂʰ]语图中存在明显的冲直条、送气乱纹和摩擦乱纹。一些常见辅音的语图模式,见下图(引自吴宗济、林茂灿 1989:118):

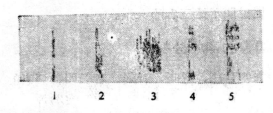

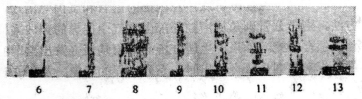

1.不送气清塞音;2.送气清塞音;3.清擦音;4.不送气清塞擦音;5.送气清塞擦音;6.不送气浊塞音;7.送气浊塞音;8.浊擦音;9.不送气浊塞擦音;10.送气浊塞擦音;11.鼻音;12.边音;13.半元音

4.4 音位的归纳

语音的生理属性和物理属性,属于语音的自然属性。语音的功能属性指语音在语言系统中所具有的价值或作用。语音的功能属性体现为语音的表义性与别义性。

语音的表义性，是指语音与所指直接相连，如普通话"人[ʐən³⁵]"的语音与"有语言能力、能制造工具并使用工具进行劳动的高等动物"直接相连，并用来表达这个意义。语言一般通过组合性的语音形式来表达意义，如"人[ʐən³⁵]"的语音形式就是由声母 r[ʐ]、韵母en[ən]和声调（阳平调35）构成。

语音的别义性，是指语音不直接与所指（意义）相连，但是能起到区别意义的作用，如普通话[n]和[m]的不同，造成"拿[na³⁵]"和"麻[ma³⁵]"二者意义的不同。因此，[n]和[m]在普通话中具有别义性。语言系统中的语音，至少要承担表义性和别义性这两种功能中的一种功能。不承担表义性功能或别义性功能的语音，在语言系统中是没有地位的。

语音的功能属性是社会约定俗成的。比如，汉语声调主要是基于音高改变的一种超音段成分，在普通话中起很大作用，而在英语中则没有什么作用。普通话的清音声母念成送气与不送气可以区分不同的意义，而英语中的清音声母不送气念作送气听起来比较别扭，但并不影响意义的表达。英语中的声带振动与否很重要，清浊音分得很清楚，但普通话中把清声母念成浊声母却问题并不大。语音提供了足够的区别性要素以供各个语言系统选择。各个语言系统由于社会习惯的不同，选择不同的语音要素来作为语言符号的材料。

从自然属性角度探讨语音的性质是语音学研究的内容，从功能属性角度讨论语音在语言系统中的价值和组织规则是音系学研究的内容。

4.4.1 归纳音位的原则：对立和互补

音节由音素组合而成。一个音节中某个位置上的音素改变了，会构成不同的音节。如果两个音素在构成不同音节的同时还具有辨别词的意义的作用，那么这两个不同音素之间就是对立关系。在一种语言或方言中，具有对立关系的两个音素要归纳为两个不同的音位。比如普通话"大[ta⁵¹]"和"地[ti⁵¹]"是两个不同的音节，代表不同的意义。二者的声母、声调都相同，只是韵母不同，前者为[a]，后者为[i]。换句话说，"大[ta⁵¹]"和"地[ti⁵¹]"的语音在音素[a]和[i]上有对立，从而形成一个最小对立体（minimal pair）。语言学上，把普通话中具有对立关系的音素[a]和[i]，看做是两个不同音位，记为/a/和/i/。但只有"大[ta⁵¹]"和"地[ti⁵¹]"这一最小对立体，还不能说[t]也是一个音位，因为它没有与其他音素有对立。只有再加上"踏[tʰa⁵¹]"后，"踏[tʰa⁵¹]"和"大[ta⁵¹]"构成了最小对立体，[t]和[tʰ]产生了对立，这时它们才可被确定为普通话的两个不同音位，记为/t/和/tʰ/。

对立原则(principle of opposition)是归纳音位的基本原则①。凡是能构成最小对立的具有别义功能的两个音素,必须归纳为两个不同的音位。如果两个语素的语音有对立但不是最小对立,就不能归纳为不同的音位,如普通话"孤[ku⁵⁵]"和"煮[tʂu²¹⁴]"意义不同,但其语音的对立不是最小对立,而是包含两个对立:(1)声母[k]和[tʂ]对立;(2)声调阴平和上声对立。这时就不能根据对立原则归纳音位。有时同一个语素的两个变体可用不同的音位表达出来,例如普通话"亚洲"有两种读音:[ia⁵¹tʂəu⁵⁵]和[ia²¹tʂəu⁵⁵],"亚"的调值形成了语音上的最小对立,构成了同一个语素"亚"的两种变体[ia⁵¹]和[ia²¹],但从音位层面看,/51/和/214/仍然是两个不同的音位。

对立原则在归纳语言的音位系统中具有重要的地位。对立原则的理论基础在于它能体现出语言的系统功能价值。索绪尔(1916:169)指出:"语言是形式而不是实质。"也就是说,语言单位的价值在于其区别功能(即不在于它是什么,而在于它不是什么)。具有区别意义功能的最小对立的音素,自然就具有了系统的价值,因而需要被确定为不同的音位。

最小对立需要在相同的语音环境下才能确定。但在一个特定的语言系统中,有些语音从来不在相同的语音环境下出现,无法形成对立。除了对立原则,归纳音位还需要遵循互补原则和语音相似原则。互补是在一个特定的语言系统中,语音 A 出现的位置,语音 B 不出现,B 出现的位置 A 也不出现,例如:

子[tsɿ²¹⁴]	指[tʂʅ²¹⁴]	挤[tɕi²¹⁴]
此[tsʰɿ²¹⁴]	齿[tʂʰʅ²¹⁴]	起[tɕʰi²¹⁴]
死[sɿ²¹⁴]	使[ʂʅ²¹⁴]	洗[ɕi²¹⁴]

普通话[ɿ]只出现在齿龈塞擦音、擦音后,[ʅ]只出现在卷舌塞擦音、擦音后,而[i]出现在其他辅音后,它们就是互补分布(complementary distribution)的关系②。互补分布的音素是否可以归纳为一个音位,还得看这几个音素的音值是否相似。如果互补分布的几个音的音值是相似的,就可以归纳为一个音位;如果互补分布的几个音的音值不相似,就不能归纳为一个音位。例如,由于互补分布的[ɿ]、[ʅ]、[i]听起来相似,所以可以将它们归为一个音位/i/。[ɿ]、[ʅ]、[i]就是同一音位/i/在不同环境下的音位变体(allophone)。这就是归纳音位的互

---

① 这里的 opposition(对立)和 contrast(对比)的含义有相同之处(参见 Trask 1996:249),所以音位归纳中的对立原则,也可以叫对比原则(principle of contrast)。但需注意的是,结构主义语言学所说的对比,通常指的是一种分析方法。

② 互补分布,也叫对比分布(contrastive distribution),参见 Trask(1996:93)。

补原则和语音相似原则。再如普通话中 a 有三个不同的读音：出现在[i]、[n]之前的（如 ai、an）是[a]，单独做韵母时是[A]，出现在[u]、[ŋ]之前的是[ɑ]，即[a]、[A]、[ɑ]的出现环境互补，且三者听起来很相似，因此可以把这三个音素归纳为一个音位/a/。[a]、[A]、[ɑ]就是音位/a/的三个变体。音位/i/、/a/的这些变体，出现的环境均受一定条件的限制，可叫做音位的条件变体。音位和音位变体分析一直是结构语言学音系调查和分析的主要内容。音位分析的主要思路是线性分析，即音位组合具体体现为音位变体的线性排列。

音值的相似根据的是语音的物理或生理性质，这和索绪尔所谓的"实质""外部因素"相关。音值相似还涉及语言使用者的听感和个人判断，这又和"个人言语"相关。所以，当人们对一个语言的音位进行归纳时，归纳出的结果可能不止一种（赵元任 1934）。

4.4.2 音素、音段、音子和音位

音子（phone）是线性语流中最短的语音单位。一个音子通常对应一个发音动作，也就是发音器官保持一个持续不变的状态而发出的音。音子、音素和音段，都是最短的语音单位。音素是相对国际音标来说的人类语言中最短的线性语音单位，音子通常又称为音素，特指一个语音系统中的音素。音段即音子，是转换生成语法使用的一个概念。有些人把音素和音素的组合，也叫做音段。

音位指在特定语言中具有区别意义作用的最短语音单位，例如在下列对比中，辅音起到了区别意义的作用，是普通话的不同音位：

意义	语音	音位
组	[tsu^{214}]	/ts/
古	[ku^{214}]	/k/
苦	[k^{h}u^{214}]	/k^h/
虎	[xu^{214}]	/x/
煮	[tʂu^{214}]	/tʂ/
处	[tʂ^{h}u^{214}]	/tʂ^h/
数	[ʂu^{214}]	/ʂ/

归纳音位时，先进行严式标音，找出音子，根据对立原则确定对立的音，然后再考虑互补原则、相似原则等归纳音位。从上表可以看出，这些辅音都有共同的语音环境"_u^{214}"，音节的对立都落在辅音上。上面任何两个语素意义都不同，语音方面只在一个位置上有对立，而其他位置上都相同，这样就构成了最小对立体。承担最小对立的音子就是不同的音位，这就是对立原则。对立原则是

提取音位的充分条件,即只要音子有对立,就要处理为不同的音位。通过最小对立体提取音位是最便捷的方法。音子对立的描写必须充分。在一个语言系统中,两个音子只要有一处对立,就必须确立为两个不同的音位。比如成都话中,开口呼、合口呼前[l]和[n]不对立,但在齐齿呼和撮口呼前有对立,[l]和[n]需要确立为两个不同的音位。

对立是相对于特定语言系统来说的。一个语言中有对立的音,在其他语言中不一定有对立。对立可分为三种情况:本语有对立,他语有对立,无语有对立(端木三 2009)。就普通话而言,[n]和[l]是对立的,"南[nan³⁵]"和"蓝[lan³⁵]"不同音,这就是"本语有对立"。但就湖北应山方言而言,[n]和[l]是不对立的,"南"和"蓝"同音,这是"本语无对立"。由于普通话存在[n]和[l]的对立,因此对湖北应山方言来说,[n]和[l]就是"他语有对立"。一个人在疲惫的时候的发音和在精神抖擞的时候发音会存在差别,但没有任何语言会用这种语音的差别来区分词义。有的人说话速度快,有的人说话速度慢,也没有语言用这种语音的差别来区分词义。这种没有任何语言会形成对立的情况,就是"无语有对立"。对立的三种区分,为描写语音系统提供了基础。一般来说,描写语音系统的原则是:本语有对立的一定要说明,他语有对立的可以说明,无语有对立的不必说明。

音位变体可分条件变体和自由变体。音位的条件变体,指一个音位的各个变体出现在不同的语音环境中,从不在相同语音环境中出现,处于互补分布状态,如普通话[a]、[A]、[ɑ]各有自己的分布环境,因而它们是同一个音位/a/的条件变体。同样,在英语里,[p]、[t]、[k]可出现在[s]和一个元音中间,而[pʰ]、[tʰ]、[kʰ]则不能出现在上述环境里,例如(高名凯、石安石 1963:75—76):

送气的		不送气的	
pin[pʰɪn]	饰针	spin[spɪn]	纺织
tone[tʰoun]	声调	stone[stoun]	石头
kin[kʰɪn]	亲属	skin[skɪn]	皮肤

在这三对音素中,每一对音素都没有构成最小对立,如[pʰ]和[p]在 pin[pʰɪn]和 spin[spɪn]中分布环境不一样。这三对音素的差别都没有用来区别意义,在英语中分别归纳为/p/、/t/、/k/三个音位。相应地,这三对音素分别是音位/p/、/t/、/k/的条件变体,如[pʰ]和[p]这对音素是音位/p/的条件变体。

音位的自由变体,指那些在相同的语音环境中可以无条件自由替换而不会造成意义改变的音位变体。自由变体又分为完全自由变体和部分自由变体。

在所有语音环境里都能自由替换而不区别意义的叫完全自由变体。例如俄语中[g]和[ɣ]在发音时往往可以互相替换，如"богатый（富有）"既可发成[bʌˈgatij]，也可发成[bʌˈɣatij]，[g]和[ɣ]是俄语音位/g/的完全自由变体（高名凯、石安石 1963：75）。在一些语音环境里能自由替换，在另一些语音环境里不能自由替换的叫部分自由变体。例如汉语重庆话中，[n]和[l]做声母时是可以自由替换而不区别意义，如"罗"既可以读成[lo²¹]，也可以读成[no²¹]；"辣"既可以读成[la²¹]，也可以读成[na²¹]。但做韵尾时[n]不能自由变读为[l]，如"三"只读成[san⁵⁵]，不读成[sal⁵⁵]（马学良 1981：72）。

音位可分为音质音位和非音质音位。音质音位，也叫音段音位（segmental phoneme）①，是从音质角度归纳出来的具有区别意义作用的最短语音单位，如前述的/a/、/i/、/t/、/tʰ/等。语音除音质特性外，还有音高、音强、音长等特性。音高、音强、音长有时也具有区别意义的功能，因此也能构成音位。一个语言中通过音高、音强、音长区别语音形式和意义所构成的音位，称为非音质音位，也叫超音段音位（suprasegmental phoneme）。非音质音位包括调位、重位和时位等。

在非音质音位中，比较常见的是由音高构成的音位。汉语声调是由音节的不同音高变化曲线表现出来，具有区别词的语音形式的作用。同一个音节，声调不同，词或语素的语音形式就不同，因而意义也不同。这种有区别词的语音形式的音高变化，叫做调位。普通话有阴平、阳平、上声、去声四个调位；上海话有阴平、阳平、去声、阴入、阳入五个调位；广州话有阴平、阳平、阴上、阳上、阴去、阳去、阴入、中入、阳入九个调位。藏语、苗语、壮语、布衣语等也都是有声调的语言，例如布衣语"厚[na³⁵]""田[na¹¹]""脸[na¹³]"这三个词就是由不同的音高来区别的（马学良 1981：26）。一般认为，最早提出调位概念的是美国学者比奇（Beach 1923；1938：124—147）。实际上中国传统音韵学早已经把声调提取出来了，即平上去入，并且按照声调给韵书分卷。五四运动前后出现的"注音字母"也是把声调作为独立单位对待的，即在字的拼写的左下方、左上方、右上方、右下方标调，分别表示阳平、上声、去声和入声，不标调的表示阴平。刘复《四声实验录》（1924）通过十几个方言点的声调实验和比较，区分了调类和调值。赵元任《汉语的字调和语调》（1933）确认了声调的自主地位，明确阐释了调位概

---

① 音质音位（qualitative phoneme）和非音质音位（non-qualitative phoneme）是国内汉语学界在讨论音位问题时经常使用的一对术语，它们分别对应西方音系学所使用的音段音位（segmental phoneme）和超音段音位（suprasegmental phoneme）。*A Dictionary of Linguistics and Phonetics*（Trask 1996）中有"segmental phoneme（音段音位，p. 319）""suprasegmental phoneme（超音段音位，p. 343）""quality（音质，p. 298）"这三个术语，但没有"音质音位"和"非音质音位"。为保持术语的连贯性，本书仍采用汉语学界通常使用的"音质音位"和"非音质音位"这两个术语，并给出对应的两个英文术语。

念。斯瓦迪士（Swadesh 1934）把调位作为三种基本音位的一种。徐世荣（1957，1958）明确区分了北京话的声调音位和音素音位。

在有些语言里，重音和轻音可以区别词的语音形式从而区别意义，这样归纳出的音位叫重位。英语可通过重音位置的不同来区别词的语音形式和意义，例如 recórd[rɪˈkɔːd]（动词，记录）和 récord[ˈrekɔːd]（名词，档案），contént[kənˈtent]（形容词，满足）和 cóntent[ˈkɑːnten]（名词，内容）。俄语中重音位置的不同也能够区别词的意义，如 átлас[ˈatləs]（名词，地图册）和 атлác[ʌtˈlas]（名词，缎子）（高名凯、石安石 1963：68）。

元音的长短也可以区别词的语音形式进而区别意义，这样归纳出的音位叫时位。世界上许多语言中有长短音的对立，如藏语拉萨话"肉[ɕa⁵⁵]"和"东[ɕaː⁵⁵]"，蒙古语"雪[tʃʰas]"和"纸[tʃʰaːs]"，勉语"织[dat⁵⁵]"和"翅膀[daːt⁵⁵]"，都是用长短音来区别意义的（马学良 1981：26）。在很多情况下，长短元音的性质和分布，各语言并不完全一样。马学良（1991：5）指出，汉语、壮侗语族、苗瑶语族长短元音对立大多出现在带韵尾的主要元音上，如广州话"鸡[kai⁵⁵]"和"街[kaːi⁵⁵]"，水语"肝[tap⁵⁵]"和"挑（水）[taːp⁵⁵]"，勉语大坪江"舅父[nau²³¹]"和"老鼠[naːu²³¹]"。主要元音长，韵尾则短，主要元音短，韵尾则长，所以就整个音节来说，长元音韵母和短元音韵母的音节长短大致相等。元音单独做韵母时，长短不对立，大多念长音。藏缅语族不带韵尾的单元音韵母也分长短，如珞巴语米林话"五[oŋo]"和"鱼[oŋoː]"。在长短音分布上，有的语言配对整齐，如黎语保定话有[a]、[e]、[i]、[o]、[u]、[ɯ]六个元音，带韵尾时各分长短，而有些语言长短对立只出现在个别元音上，如水语三洞话有[a]、[e]、[i]、[o]、[u]、[ə]、[ɿ]七个元音，单独做韵母时只有长音，带韵尾时只有[a]分长短音，其余都读长音（马学良 1991：5）。

4.4.3 语音特征和区别特征

语音特征指不同音素之间相互区别的发音特征，如普通话辅音 d[t]的发音特征包括"舌尖中""不送气""清音""塞音"等，无论替换其中的哪一个特征，都会得到另一个辅音，例如把"不送气"换成"送气"就会得到 t[tʰ]。语音特征既包括音质层面的发音特征，也包括超音段层面的韵律特征，如音高、重音、语调、节奏变化等。

区别特征，也叫对立特征，是特定语言系统中起区分音位作用的语音特征。区别特征使语言里的音位彼此对立，区别了词的语音形式，从而区别意义。音质音位是时间维向上线性切分的最小音系单位。如果不限于线性切分，音位还可以进一步分析为一个或几个发音特征的区别。

对立原则是区别特征提取的基本原则。两个音位,在其他特征都相同的条件下,唯一不同的特征就是它们的区别特征。不同语言用到的区别特征不一样。普通话辅音区别特征举例,见下表:

辅音	区别特征	区别特征	举例
/p/	双唇	不送气	办[pan^{51}]
/p^h/	双唇	送气	盼[p^{h}an^{51}]
/t/	舌尖中	不送气	但[tan^{51}]
/k/	舌面后	不送气	干[kan^{51}]

按照发音方法和发音部位方面区别特征的不同,可以把一个语言的辅音音位排列为一个矩阵。普通话声母矩阵如下(含零声母)①:

p	p^h	m	f	□	○	○
t	t^h	n	○	○	l	○
ts	ts^h	○	s	○	○	○
tʂ	tʂ^h	□	ʂ	ʐ	□	○
tɕ	tɕ^h	□	□	ɕ	□	○
k	k^h	□	x	□	□	○
○	○	○	○	○	○	∅

每一行音位在发音部位上具有相同区别特征,每一列音位在发音方法上具有相同区别特征②。如果某一音位在发音部位和发音方法上都有其他音位与之并列,则它处于双向聚合之中,如普通话声母/p/,在发音部位上与/p^h/、/m/、/f/聚合在一起,在发音方法上与/t/、/ts/、/tʂ/等聚合在一起。如果某一音位只在发音部位或发音方法上与其他音位并列,则它处于单向聚合,如上图中的/l/在发音部位上与/t/、/t^h/等聚合在一起,但在发音方法上却没有与它相同的音位,所以音位/l/处于单向聚合中。

音位系统中大部分音位处于双向聚合之中。平行、对称也就成为音位系统的一个重要的特点。元音音位系统和辅音音位系统都具有平行、对称特点。处于双向聚合的音位是音位系统中相对稳定的成分。处于单向聚合的音位一般不稳定,

---

① 声母矩阵中,"□"表示从人的生理上可以出现的声母,"○"表示从人的生理上不可能出现的声母,∅代表零声母。

② 从发音方法上看,自左向右各列音位分别是不送气音、送气音、鼻音、清擦音、浊擦音、边音。

相对较容易发生变化。以北京话和南昌话的声母系统（均不包含零声母）为例：

p	pʰ	m	f	□	○		p	pʰ	m	f
t	tʰ	n	○	○	l		p	pʰ	m	f
ts	tsʰ	○	s	□	○		t	tʰ	l(n)	○
tʂ	tʂʰ	□	ʂ	ʐ	○		ts	tsʰ	○	s
tɕ	tɕʰ	□	ɕ	□	○		tɕ	tɕʰ	○	ɕ
k	kʰ	□	x	□	□		k	kʰ	ŋ	x

　　　　北京话声母矩阵　　　　　　　　南昌话声母矩阵

由于北京话声母矩阵存在九个"□"，可以用"不协合"来形容这种语音系统的组织性不规整、不完善的现象。而南昌话中不存在"□"，说明在南昌话中所有的区别特征的组合都充分利用上了。和北京话声母系统相比，南昌话的声母系统要协合得多[①]。

处于单向聚合的音位，可以合并进其他音位，或者增加一个新同伴以构成双向聚合。这两种情况都会引起音位系统的变化，增强语音的系统性。马尔丁内（Martinet 1952，也译为马尔丁纳、马丁纳）提出音系整合的概念，认为语言音变原因和结构有关。尽管语音系统有追求整齐划一、协和性增强的内在要求，但从历时发展的角度看，由于语法、词汇、语言接触（language contact）[②]等影响，新的单向聚合的音位也会出现，语音系统总是处在"不协和—协和—不协和"这种动态调整和发展过程中。

4.5　音节

4.5.1　音节的定义

音节是语言音响链条中的最自然的语音结构单位，是母语者最容易感知的两个语音单位之一，另一个是韵（rhyme）。从形式上看，音节由音素构成，最常见的是辅音音素和元音音素的组合。但从本质上说，音节是音位和音位的组合。比如英语"hand(手)[hænd]"这个词，词形上由四个字母组成，但只有一个音节，该音节由辅音音位/h/、/n/、/d/和元音音位/æ/组合而成。

---

① 关于"协合""协合度"概念，参见：陈保亚，1990，《语言演变的结构基础》，载严家炎、袁行霈主编《缀玉集》，441—478 页，北京：北京大学出版社。

② 关于语言接触的讨论，详见§9。

人类语言音节结构的一般模式为$C_l+V_m+C_n$,其中"C、V"分别指辅音、元音,"l、m、n"指数量,"l、m、n"均大于或等于零,但不能同时为零。不同语言中,"l、m、n"的具体取值不同,这就造成了人类语言音节结构类型的差异,例如普通话音节结构类型有十种:V、CV、VC、CVC、VV、VVV、CVV、CVVV、VVC、CVVC,其中前四种是基本类型。普通话音节中,最多可以有三个元音相连,必须有韵腹,不允许有两个辅音相连,因而在普通话中"m"最大取值可以是3,但不能取值为0(即1≤m≤3),"l、n"只能取值为0或1。英语音节允许出现两个或两个以上辅音构成的辅音丛(如CVCC、CCCV等),所以在英语中"l、n"也可以取值为2或3。维吾尔语音节不允许有两个或两个以上的元音相连,所以维吾尔语中"m"只能取值为1或0。

普通话中一个汉字通常就是一个音节,只有一些儿化词(如"花儿"等)是两个汉字构成一个音节。普通话音节由声母、韵母和声调三部分组成。音位与音位组合成音节,是有一定的层次性的。音节在结构上可先分出声调,再分出声母和韵母,韵母又分成韵头(也叫介音)和韵,韵再分成韵腹和韵尾。汉语音节结构的层次,如下图所示①:

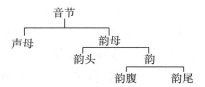

这种音节结构的划分,是把韵头划归韵母。汉语音节结构的层次划分,还有另外一种方法,即把韵头和声母放在一起,如下图所示:

根据音节末尾音素的不同,可以把音节分为开音节和闭音节。以元音结尾的音节叫开音节,如普通话的"好(hǎo)[xɑu²¹⁴]",英语的"boy[bɔi](男孩)",维吾尔语的"اچا[aʧʰa](姐姐)"和"ئالته[altɛ](六)"。以辅音结尾的音节,叫闭音节,如普通话的"难(nán)[nan³⁵]",英语的"cat[kæt](猫)",维吾尔语的"بىز[biz](我们)"和"ئات[atʰ](马)"。俄语的例子,如"книга[kniɡə](书)"是开音节,"свет[svet](光亮)"是闭音节(高名凯、石安石 1963:59)。

---

① 这里所说的汉语音节结构,只包括声母和韵母组合结构,不包括声调。

复元音 一个音节内两个或两个以上元音组合在一起,构成复元音。由两个元音组合而成的叫二合元音,如普通话[ia]、[ei]、[ɑu]等;由三个元音组合而成的叫三合元音,如普通话[iɑu]、[uei]、[iou]等。复元音在各个语言中的地位不一样。英语的复元音数量相对较多,普通话只有[ia]、[ei]、[iɑu]、[uei]等复元音,而俄语、法语、维吾尔语等都没有复元音。

复辅音 一个音节内两个或两个以上辅音组合在一起,构成复辅音。最常见的是两个辅音组成的复辅音,如英语"stand"[stænd](站立)中的[st],俄语"книга[knigə](书)"中的[kn]。三个或三个以上辅音也可以构成复辅音,如英语"spread[spred](展开)"中的[spr],俄语"встреча[fstreiʃə](遇见)"中的[fstr]。复辅音是指处在一个音节内部的辅音的组合。发复辅音时,发音器官往往有一个紧张增强或减弱的过程。如果两个邻接的辅音分属前后两个音节,则不能叫做复辅音。例如俄语"активный[ʌktivnij](积极的)"中的[v]和[n]就不是复辅音,因为[v]处在这个词第二个音节紧张减弱的阶段上,[n]则处在这个词第三个音节紧张增强的阶段上(高名凯、石安石 1963:61—62)。

复辅音在各语言中的地位也是不一样的。英语、俄语、维吾尔语等都存在复辅音。普通话没有复辅音。普通话塞擦音 z[ts]、zh[tʂ]、j[tɕ]等,尽管都是由两个辅音音素构成,但这两个辅音在发音时结合很紧密,实际上只是一个发音过程,一般不把它们看做是复辅音。汉藏语系藏缅语族和南亚语系的语言都有较丰富的复辅音,主要有以下三种类型(马学良 1981:48):

(1) 鼻音加同部位的塞音或塞擦音,例如苗语石门坎话:

mp	mpʰ	mb	mbʰ
nts	ntsʰ	ndz	ndzʰ
nt	ntʰ	nd	ndʰ
ntl̩	ntl̩ʰ	ndl	ndlʰ
ɳt	ɳtʰ	ɳɖ	ɳɖʰ
ɳtʂ	ɳtʂʰ	ɳdʐ	ɳdʐʰ
ȵtɕ	ȵtɕʰ	ȵdʑ	ȵdʑʰ
ŋk	ŋkʰ	ŋg	ŋgʰ
Nq	Nqʰ	NG	NGʰ

(2) 喉塞音加其他辅音,例如水语:

ʔb	ʔd	ʔɣ	ʔbj	ʔdj	ʔj
ʔm	ʔn	ʔŋ	ʔȵ	ʔnj	ʔŋw
ʔw	ʔdw				

(3) 塞音加边音或其他流音,例如佤语:

pl	pʰl	bl	bʰl
kl	kʰl	gl	gʰl
pr	pʰr	br	bʰr
kr	kʰr	gr	gʰr

汉藏语系语言中也存在三个辅音结合的,如嘉戎语"skra(细筛子)"中的[skr]。汉藏语系复辅音一般只出现在音节开头,也有出现在音节末尾的,如嘉戎语"mpʰrəks(氆氇)"里的[ks](马学良 1981:48)。

汉语中的很多语言现象都跟音节有关,例如:

VNN	VNN	NVN
碎纸机	*粉碎纸张机	纸张粉碎机
修车厂	*修理汽车厂	汽车修理厂

"碎纸机"和"纸张粉碎机"在汉语中都是可接受的,但"*粉碎纸张机"不可接受。这里语序转换的机制是什么,曾引起了广泛的讨论。仔细分析会发现,其转换的规则是明确的,即音节的数量在起作用。"碎、纸"都是单音节,复合词"碎纸/机"是不受句法、语义影响的自然音步,在构词中采取了 VNN 形式,而"粉碎、纸张"都是双音节,"纸张/粉碎/机"组合结构则受到音节、重音规则、语法结构的制约,属于非自然音步,在组合中采取了 NVN 形式(冯胜利 1996,1998)。

汉语中,有些姓氏的前面可加"老"或"小",而有些姓氏则不能加。例如人们通常会说"老陈、老张、小李、小王……",但一般不说"*老端木、*老欧阳、*老诸葛、*小端木、*小欧阳……"。一般情况下,只有单音节姓氏才能进入"老 X"或"小 X"结构,而双音节姓氏则不能进入①。"老 X"和"小 X"这两条规则,很明显受汉语姓氏音节数量的制约。

以上例子说明,音节是语言中非常重要的一个语音单位。很多语言规则都依赖于对音节的判定。

4.5.2 音节数量的判定

学界出现过很多判定音节数量的理论或方法,如元音说、搏动理论、肌肉

---

① 需注意的是,"小诸葛"是个例外。原因在于,人们在心理上把双音节姓氏"诸葛"和历史人物"诸葛亮"联系在一起了。这里的"诸葛"不再是单纯的双音节姓氏,而是成为一个带有"智慧、聪明"义的语素。

紧张理论、响度理论等。这些理论或方法大都是从音段序列(segmental sequence)的强弱上来考虑音节问题的①。

元音说

元音说是古希腊和古印度语法学家提出的,认为一个元音代表一个音节。然而元音说在处理元音丛(vowel plexus)②时会存在问题。因为两个或两个以上元音相接,可以是一个音节,也可以是两个以上音节。比如汉语例子:

实例	元音数量	音节数
爱	2个(a、i)	1个(ai)
阿姨	2个(a、i)	2个(a 和 i)

另外,有些汉语方言中,边音[l]和鼻音[m]、[n]、[ŋ]等可以独自构成一个音节,例如上海话的"呒[m̩]""五[ŋ̍]"和崇明话的"你[n̩]"等(罗常培、王均 2002:69)。能够独自构成一个音节的辅音,可称为"韵化辅音"③。这些辅音自成音节的例子,是元音说没有办法解释的。

搏动理论

斯泰森(Stetson 1924)提出了音节搏动理论,认为每个音节对应一次胸肌搏动(a pulse of chest muscle activity)。但搏动理论无法判定类似 meal、middle 的音节数量,因为这两个音段序列似乎都有两次胸肌搏动。按照搏动理论,meal、middle 都是包含两个音节的词。但英语母语者通常认为,meal 是一个音节,middle 是两个音节。如果坚持说 meal 只有一次搏动,就需要严格定义胸肌搏动和制定严格的判定标准。

肌肉紧张理论

20世纪50年代,苏联学者谢尔巴把肌肉紧张理论介绍到中国,对中国语言学界有比较大的影响。该理论认为,发音器官肌肉的一次紧张和一次松弛成一个音节;紧张点叫音峰,是音节的中心,通常是元音;松弛点叫音谷,是音节分界点。然而肌肉紧张理论有不完善之处。首先,一个音段序列有多少个紧张点有时不容易判定。如普通话的"有",在慢速中不好确定有一个紧张点还是有两个紧张点。其次,紧张理论也很难确定音核(nucleus)部位,比如重庆话的"局[tɕiu]",不好确定紧张点是 i 还是 u。

---

① 音段序列,指由音段和音段的线性组合而形成的语音片段。
② 元音丛指由两个或两个以上的元音构成的音段序列。
③ 参见:罗常培、王均,2002,《普通语音学纲要》(修订版),北京:商务印书馆,第131页。

响度理论

响度是人耳所能感觉到的声音的强弱。响度的大小跟发声体的振幅大小和距离发声体的远近有关。距离发声体越近,响度越大;发声体振幅越大,响度也越大。响度的单位是分贝(decibel,简写为dB)。声音一旦超过100分贝,就是人们常说的"噪音"。语音包括音调(音高变化)、响度(音强)和音色(音质)等几个要素。从听感上,音节中每一个音素的响度是不同的。一般来说,元音响度较大,辅音响度较小。叶斯伯森(Jesperson 1913:191)把语言中的音素按响度分成了8个等级,如下所示(数字越大,其对应的音素响度也越大):

(1)	不带声	(a)爆发音	p, t, k
		(b)摩擦音	f, s, ʃ, x
(2)	带声爆发音		b, d, g
(3)	带声摩擦音		v, z, ʒ, ɣ
(4)	带声	(a)鼻音	m, n, ŋ
		(b)边音	l
(5)	带声各种 r 音		
(6)	带声闭元音		y, u, i
(7)	带声半开元音		ø, o, e
(8)	带声开元音		ɔ, æ, a, ɑ

响度理论的基本思想是,语音被分成等级;一个音段序列中,有几个响度峰(sonority peak)就有几个音节。帕默尔(Palmer 1936:27)把音节定义为"代表响度的峰的就是音节的音"。根据这一定义,帕默尔断定英语单词"animal [ænɪməl](动物)"有三个音节,因为该词有三个响度峰(Palmer 1936:27):

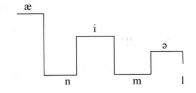

然而帕默尔也注意到,[m]、[n]、[r]、[l]这几个音很奇怪,有时候不能构成音节(如英语 animal 中的[n]),有时候却可以构成音节,例如英语"button[ˈbʌtn̩](纽扣)"这个词就有两个音节①,其响度曲线如下所示:

---

① n 中的附加符号,是成音节符号,表示辅音 n 自成一个音节。

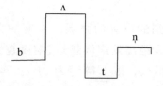

button 中,[n]的响度比前面相邻的[t]响度高,所以可以构成一个音节,而 animal 中的[n]的响度比前后的元音音素[a]和[i]的响度都低,所以不能自成一个音节。基于此,帕默尔(Palmer 1936:27)认为,一个音如果出现在响度比它低的环境里,就构成一个音节。

叶斯伯森和帕默尔的工作基本上奠定了音节响度理论的基础。后来的学者把音节响度理论更细化了,尤其是区别了核心音节和边际音节,这方面讨论最深入的是响度顺序原则(sonority sequencing principle)。响度顺序原则最早是由希尔克(Selkirk 1984)讨论的。希尔克认为音节核心的响度最高,往音节两端的响度依次降低。一般来说,在一个音节内部,处于音节中心位置的音素(一般为元音)响度最高,位于中心位置两侧的音素,响度依次递减,如英语"find [faind](发现)"中,响度最高的是[a],[n]的响度较低,[d]最低。

音节响度理论认为音段的响度是不一样的,音段是有响度阶(sonority scale)的;每一个响度峰决定一个音节;每一个音节中只有一个音段构成响度峰。响度峰前后的音段,离响度峰越远,响度越低,从而形成一个响度顺序。

响度顺序原则在一定程度上揭示了一个音节内部音段的分布规律,在大多数情况下也能解决音节数量的判定问题。响度顺序原则的问题在于不容易对音素的响度进行量化。克莱门茨(Clements 1990)提出了更细的确定音素响度的标准,但仍然面临同样的问题。另外,响度理论在判定一个音段序列有几个音节,尤其是判定由几个元音构成的音段序列有多少个音节的时候,也会遇到一些问题,如汉语音段[ɕian],可以有两个音核,也可以只有一个音核。人们在听到[ɕian]时,就无法判定是一个音节(如"先[ɕian^{55}]"),还是两个音节(如"西安[ɕi^{55}an^{55}]")。

英语词 excuse[ikskju:z]中,[ksk]形成一个响度弧形,[s]是一个响度峰。根据响度理论应该有一个音节,即 excuse 有三个音节。但英语母语者通常认为 excuse 只有两个音节。可见,响度理论在确认[m]、[n]、[r]、[l]的响音(sonants)地位后,尽管解释了类似 button 中[n]的音节判定问题,但难以统一地贯彻到类似[s]这样的非响音音素上。

延展原则

语言调查中发现,发音人通常能够判定两个序列的音节是否相同,在诵读中每个音节有且只有一个音可以延长。音节是可以延展的,可延展的音是音节的核心。音节是包含且仅包含一个可延展音子的音系学单位。可延展音子就是在话语中可延长读音的音子。音节判定的"延展原则"可表述为[1]:

> 每个音节有一个且只有一个音段的口形是可延展的。口形可延展的音段是这个音节的音核。有几个可延展音段就有几个音节。

所谓口形可延展,是指在话语中(包括耳语时)可以延长读音。比如普通话的"爱[ai^{51}]",口形可延展的音段是[a]而不是[i],即只有[a]可延长读音,"阿姨[a^{55}i^{35}]"中,[a]和[i]都是可延展的:

实例	延展序列1	延展序列2
爱	ai	
阿姨	a	i

所以"爱"是一个音节,其中[a]是可延展的,是音节的音核。"阿姨"是两个音节,[a]和[i]都是可延展的音子。

在实际语流中,有时候两个音节快读时听起来像一个音节。比较:

> 西安去了两次
> 先去了两次

"西安"快读听起来像"先"。但这并不能阻碍延展原则对这两个序列有多少音节的判定。在延展测试中,"先"只有一个可延展音段,即[a],是一个音节。"西安"有两个可延续的音段[i]和[a],是两个音节。

再看英语的实例。doing 有两个延展音段,所以是两个音节。同理,meal 是一个音节,middle 是两个音节。这里的延展情况可归纳如下:

实例	延展序列1	延展序列2
meal	meal	
middle	mi	-ddle
doing	do	-ing

通常每一个音节都有一个响度峰,落在可延展的音子上。这个响度峰就是这个音节的音核。音节内部成分的响度以音核为中心向两边递减。

根据延展原则,前述两个元音相连的[ia](如[ɕian]是先,还是西安)、耳

---

[1] 音节判定延展原则的详细讨论,可参见:陈保亚,2009,《当代语言学》(第六章第10小节"可延展性与音节的判定"),北京:高等教育出版社。

语、英语辅音丛 pst 和 excuse[ikskjuːz]等音节的判定问题,都可在很大程度上得到解决。音节的可延展和音节长短是不同的概念。根据田野调查,即使是那些音长很短的闭音节,比如傣语的"十[ɕip³⁵]",辅音韵尾也有一个停顿时间的延展。

需要说明的是,这里的可延展是指自然话语中因表达需要可以出现的语音延长,不包括故意延长声音的情况。例如 rice 中,可以故意把[s]发得很长,以显示擦音的性质,但在自然话语表达中,rice 中的[s]是不可延展的。

延展原则的认识论基础是,音节的音核在语音上最显著的特点是音长,而不是音强。延展原则是从音长角度来讨论音节的判定问题,可称之为音长音节观念。元音说、搏动理论、肌肉紧张理论、响度理论等,大都从音段序列的强弱上来考虑音节,可称之为音强音节观念。音强音节观念和方法不能成功处理类似汉语轻声音节和耳语的音节判定问题。延展原则能相对较完善地处理肌肉紧张理论、响度理论等所面临的问题,能相对更有效地判定音节数量。这也从一个侧面证明,音节本质上很可能是音长问题,而不是音强问题。

4.6 语流音变

语流音变(sandhi)是音位和音位组合时发生的比较常见的共时语音变化。音位和音位组合时,由于受说话时快慢、强弱的不同或受邻音的影响,某个语音发生了临时性的变化。这种共时性的语音变化,叫做语流音变。

语流音变与音位变体在某些音理机制上存在一些共同之处,比如二者都具有共时性特点,都存在受邻音影响而发生同化的现象。然而,语流音变与音位变体存在显著差别,主要表现在:音位变体的分布条件一般只限于一个语素音形的内部,语流音变则是在语素音形之间发生。

常见的语流音变,有以下五种:

1. 同化(assimilation)

同化是语流音变较常见的类型,指原本不同或不相近的两个音,在语流中其中一个音受另一个音的影响而变得跟它相同或相近。在这两个音中,自身不变、引起相邻音变化的音叫同化音,被影响而发生变化的音叫被同化音。元音、辅音和声调在语流中都可能会出现同化现象。

同化包括顺同化和逆同化。顺同化指后面的音向前面的音趋同,即"前音同化后音",如英语名词复数形式[-s],如果前面是浊音,那么就变成[-z],如 dogs, flowers, beds 等词中的[s]在语流中都读做[z]。逆同化指前面的音向后面的音趋同,即"后音同化前音",如普通话"前面[tɕʰiæn³⁵miæn⁵¹]"在语流中常常变为[tɕʰiæm³⁵miæn⁵¹],即"前"韵尾[n]受"面"声母[m]影响而被同化为[m]。一般来说,逆同化的例子比顺同化例子更多一些。

语音的同化,可能发生在一个词的内部,也可能发生在词和词之间。阿尔泰语系语言和汉藏语系的一些语言中存在元音和谐现象。元音和谐是指多音节词里的各个音节的元音具有共同的特征(包括元音的舌位、唇形等),即多音节词各音节的元音都是前元音或都是后元音,都是圆唇元音或都是不圆唇元音,都是松元音或都是紧元音等。发生在多音节词内部的元音和谐是一种同化现象。高名凯、石安石(1963:80—81)以土耳其语和藏语为例讨论了发生在词内部的元音同化现象。根据土耳其语"元音和谐律"要求,词中元音的舌位必须相同或相近。例如土耳其语"ip-ler"(线,复数)和"baba-lar"(父亲,复数)中,"-ler""-lar"都表示"复数",但元音不同。这和它们前面词根音节中的元音有关:"ip-ler"中的"i"是前元音,"baba-lar"前两个音节中的"a"是后元音。具体来说,"ip-ler"中词根音节"ip"的前元音"i",同化了附加成分音节的元音,即附加成分采用"-ler"形式;"baba-lar"中词根音节"baba"的后元音"a",同化了附加成分音节的元音,即附加成分采用"-lar"形式。土耳其语"ip-ler""baba-lar"是顺同化的例子,即附加成分的元音随词根元音舌位前后的不同而采用"e"或"a"形式。词内部元音的同化在藏语中也能看到。藏语双音节词中,如果一个音节的元音是舌位高的[i]、[u]、[y],那么另一个音节中舌位较低的元音会被同化而升高舌位,例如把"太阳[ȵi¹³ma¹³]"发成[ȵi¹³mə⁵⁵],把"历史[lo¹³ʈy¹³⁵]"发成[lu¹³ʈy⁵¹](高名凯、石安石 1963:81)。

汉藏语系一些语言的元音和谐现象,主要表现为附加成分的元音随词根而变。羌语北部方言表示"过去时"的元音就与词根相似或相同,例如(马学良 1981:83):

tʰi	喝	detʰi	已喝	e、i 相似
kara	询问	dakara	已询问	a、a 相同
nɑ	好	dɑnɑ	已好	ɑ、ɑ 相同
qu	害怕	doqu	已害怕	o、u 相似
tsʰy	倒	døtsʰy	已倒	ø、y 相似

有些汉藏语系的语言,附加成分的元音与词根元音完全相同,例如苗语高坡话"野猫[qi¹³pli⁴³]""舌头[qe¹³mple⁵⁵]""鼻子[qɯ¹³mplɯ²²]""老鼠[qu¹³plu²²]""头[qo¹³ho¹³]""腿[qɑ¹³pɑ²⁴]"等(马学良 1981:83)。

2. 异化(dissimilation)

异化指原本相同或者相近的两个音,其中一个音受另一个音的影响而变得与它不相同或不相近。在这两个音中,没有发生变化的音叫异化音,起变化的音叫被异化音。和同化一样,异化也表现在元音、辅音和声调三个方面,可能发生在一个词的内部,也可能发生在词和词之间。语言中的异化现象比同化现象要少见得多。辅音的异化可以举俄语中的例子。常常听到有人把俄语"доктор(博士)"发成['doxtər],即把"кто(谁)"发成[xtə],即塞音"к[k]"被塞音"т[t]"异化为擦音[x](参见高名凯、石安石 1963:81)。

普通话的一些变调现象是声调的异化。两个去声调连读(如"破坏""下降"),前一个去声字调值[51]就被异化为[53];两个上声调连读(如"美好""雨伞"),前一个上声字调值[214]就被异化为[35],如"美好[mei²¹⁴xɑu²¹⁴]"在语流中读作[mei³⁵xɑu²¹⁴],前一个音节读阳平调(35)。普通话"一"在单念或在词句末尾时读本调(55),在去声前读阳平调(35),在阴平、阳平、上声前读去声调(51)。不过也存在很多反例,如"一等奖""一级工""同一律""单一结构"等,这些例子里"一"没有发生声调的异化,都读本调(55)。事实上,普通话"一"的变调是有条件的,会受到语法规则的影响①。

3. 弱化(reduction)

弱化是指语音没有充分发出,在时间长度、强度等方面都不够。普通话的轻声(也叫轻音节)就是弱化的一种表现。辅音、元音和声调均存在弱化情况。

普通话中处于轻声音节中的不送气清音,常被弱化为浊音,例如"爸爸[pʌ⁵¹bə¹]"第二个音节的不送气清塞音 b[p]被发成浊塞音[b],"哥哥[kɤ⁵⁵gə²]"第二个音节的不送气清塞音 g[k]被发成浊塞音[g]。辅音的弱化表现为发音阻力的减小。例如浊音的发音阻力小于清音,擦音的发音阻力小于塞音,清音变为浊音或塞音变为擦音,都是辅音弱化的表现(高名凯、石安石 1963:83)。

元音的弱化总是出现在弱化音节(如普通话的轻声音节)和一些词重音语言(如俄语)的非重读音节中。在弱化音节中,复元音可能会变成单元音,如普通话"木头[mu⁵¹tʰo¹]"第二个音节的双元音 ou[əu]被发成单元音[o]。弱化音节的单元音,除了[i]、[y]等元音外,通常会向央元音靠拢,如"妈妈[mʌ⁵⁵mə²]"第二个音节的单元音[ʌ]被弱化为央元音[ə]。英语非重读音节中不少元音都变成了[ə],例如"but[bʌt](但)"的弱读为[bət],"for[fɔ:](为)"的弱读为[fə]。

---

① 关于普通话"一"变调的详细讨论,可参考:宋作艳,2005,《控制"一"变调的相关因素分析》,《汉语学习》第 1 期,45—50 页。

普通话轻声音节最显著的变化是声调的弱化。普通话双音节词,后一个音节声调的弱化会形成一个"前重后轻"的音节组合结构[①]。由轻读、重读音节构成的双音节结构和不包含轻读的双音节结构存在明显差别。马提索夫(Matisoff 1973a)最先提出和讨论了"一个半音节(sesquisyllable)"这个概念[②]。"一个半音节"是指由一个没有元音的非重读音节和一个重读音节构成的韵律词。例如,普通话中把"豆腐[təu⁵¹fu]"发成[təu⁵¹f],就变成了"一个半音节"。当然,也有学者仍把"一个半音节"称为双音节(disyllables)(参见 Ferlus 1990)。

普通话中,根据轻声音节前面那个音节调值的不同,轻声音节的声调呈现出有规律的变化。如果前一音节是阴平调,那么轻声音节的字,不管本来是哪个声调,调值一律变为半低调[2]。如果前一音节是阳平调、上声调和去声调,那么轻声音节调值分别变为中调[3]、半高调[4]、低调[1],如下表所示:

前音节	后音节	轻声字调值	举例
阴平字	轻声字	半低[2]	跟头、桌子
阳平字	轻声字	中调[3]	石头、盘子
上声字	轻声字	半高[4]	里头、椅子
去声字	轻声字	低调[1]	看头、凳子

4. 脱落(deletion)

脱落是指在语流中把音节的某个音直接省略掉了,如把"豆腐[təu⁵¹fu]"发成[təu⁵¹f],"腐"韵母[u]脱落了。脱落跟弱化有密切的关系。"豆腐[təu⁵¹fu]"中"腐"韵母[u]脱落会先经历一个元音弱化的过程,即[u]先弱化为央元音[ə],后来央元音[ə]也消失了,"腐"的韵母完全脱落。

5. 增音(insertion)

增音是指在语流中插入一个音。如普通话"好啊[xɑu²¹⁴a⁴]",在语流中常读作"好哇[xɑu²¹wa⁴]",增加了一个半元音[w];"难啊[nan³⁵a³]"常常读作"难哪[nan³⁵na³]",增加了一个辅音[n]。

[①] 轻声音节,也有轻重的区别。林茂灿和颜景柱(1980)、林焘(1983)发现轻声的声学性质是音长缩短、音强减弱、音色含混、没有固定的音高。当一个音节轻读时,声调的性质是什么,是值得深究的一个问题。

[②] 关于"sesquisyllable(一个半音节)"的定义及相关问题的讨论,可参考:(1) Pittayaporn, Pittayawat. 2009. *Phonology of Proto-Tai*. New York: Cornell University PhD dissertation. (2) Matisoff, James A. 1973a. Tonogenesis in Southeast Asia. In L. M. Hyman (ed.), *Consonant Types & Tones*, 71—95. Los Angeles: The Linguistic Program, University of Southern California.

4.7 莫拉和音步

除了音节外,语言中还存在许多超音质韵律成分,如轻重、长短或松紧等。这些超音质韵律成分的周期性交替形成的小的有序整体,称为节律(metre),也叫节奏(rhythm)。韵律(prosody)则是由超音质韵律成分周期性交替而构成的整体的节奏规律。语言中存在大大小小的与节奏有关的韵律单位,其中比较重要的是莫拉和音步。

4.7.1 莫拉

莫拉是音节内部和时长有关系的、比音节短的节律段①。一个非轻音音节通常由两个莫拉构成,一个轻音音节通常由一个莫拉构成,例如汉语"椅子","椅"由两个莫拉构成,"子"由一个莫拉构成。莫拉是在研究声调特征和音段的关系时提出的。格德斯密斯(Goldsmith 1976)研究了声调和音质音段的关系,认为声调的音高变化有独立于音质音段序列的线性结构,声调是由更小的线性单位音高通过组合形成的调型。音高等级通常可以分成高、中、低三级。这三个特征按照线性组合可以有高高、高中、高低、中高、中中、中低、低高、低中、低低等调型。调型中的音高和莫拉有一定的连接规律。在音链中,从左到右一个声调特征对应一个莫拉。两个不同的声调特征不能和同一个莫拉连接,只有末尾的莫拉可以延长成两个莫拉。

描写汉语声调常用的是赵元任的五度标调法。五度标调法中的每个数字相当于一个单音高值的声调特征。单音高值的不同组合(如35、51、214等)就构成声调高低升降的调型。调型的几个声调特征(即音高)按照线性顺序一对一地连接到莫拉上。例如普通话"椅"是上声调(214),声调特征2和1按照线性顺序一对一地连接到该音节的两个莫拉上,4则剩余下来,成为浮游调(floating tone)。浮游调指在声调特征匹配莫拉时剩余下来的、在组合中常常被删除或移动到另一个元音或莫拉上的声调特征。浮游调在单念或多音词的末位音节通常会体现出来,在前字音节时通常被删除,在后面有空位时漂流到后面的空位上。

用音高-莫拉连接原则可以解释普通话的上声变调问题。普通话中,上声调(214)中的4是浮游调,单念时得到体现,在其他调前4被删除;在轻声前由于轻声没有自己的声调,是空位,所以4漂流到轻声空位上,例如:

---

① "莫拉"是 mora 的音译,也有人把 mora 意译为"韵素"。

	实例	本调	变调
上声＋阴平	我说	214＋55	21－55
上声＋阳平	我来	214＋35	21－35
上声＋上声	我走	214＋214	35－214
上声＋去声	我去	214＋51	21－51
上声＋轻声	我的	214＋0	21－4

有些汉语方言中也存在类似普通话上声(214)连读的现象,不过还无法用音高－莫拉连接原则来解释,例如成都话去声(214)连读时就不发生变调,比较:

	实例	本调	变调
北京话:上声＋上声	买马	214＋214	35－214
成都话:去声＋去声	卖肉	214＋214	214－214

这说明,变调不仅受到语音普遍规则的制约,还可能会受特定语言或方言中语音系统或音系规则的制约。

汉语声调的本质特征在于,音高变化是在音节内部发生的。与汉语声调不同,非洲语言声调的音高变化是在音节之间发生的。有时为了便于区分,汉语声调可称为单音节声调,非洲语言声调可称为跨音节声调。认识汉语声调的性质及其活动规律是汉语音系研究的重要问题,对普通语言学音系理论也有重要的价值[①]。

4.7.2 音步

音步在节律中是一个重要的层级,指以音节为节律成分的节律段。在汉语或英语的语流中,大致每隔两个音节就有一次小的轻重、高低、长短或松紧的交替变化,形成大致等距离出现的节奏单元,这种节奏单元就叫音步。通常所说的音步,都是以音节来计算节拍的,是最小的音节轻重交替片段。一个音步可以由两个音节构成,也可以由一个音节或三个音节构成,但多数情况下由两个

---

① 关于声调、声调特征等的研究,可参考:Beach(1923,1938),刘复(1924),Swadesh(1934),Haudricourt(1954)、徐世荣(1957,1958)、王士元(1967),Matisoff(1970,1973a),Goldsmith(1976),Leung(1978)、Chiang(1979)、Yip(1980,1995,2002),赵元任(Chao 1930,1948,1980),瞿霭堂(1981,1985),罗美珍(1988),吴宗济、林茂灿(1989),徐世璇(1989),李小凡(1990),包智明(Bao 1990,1999),端木三(Duanmu 1994),王福堂(1994),王洪君(1999,2008),陈渊泉(Chen 2000),朱晓农(2005,2010),张树铮(2005),孔江平(2001,2007,2015),石锋(2008,2009),鲍怀翘、林茂灿(2014)等。

音节构成。在语流中,由一个音节构成的音步往往伴有音节时长的延长,由三个音节构成的音步往往伴有音节时长的缩短。以下面这个普通话的句子为例(这里"|"表示音步界限):

　　　　昨天|去一|王府井|大街,买了|两双|鞋一。

这句话中,单音节音步"去""鞋",三音节音步"王府井"和双音节音步"昨天""大街"等,从音步时长上大致倾向于等长。因此在语流中,就需要适当延长单音节音步(如"去""鞋")的音节时长和缩短三音节音步中各音节的时长,以保持单音节音步、三音节音步的时长和双音节音步大致相等。

汉语音步大多数是两音节的(标准音步),一部分是三音节的(超音步),少数是单音节的(需延长韵母)。王洪君(2001)把这种构成成分的音节数目限制概括为"二常规、三可容、一四受限"。这里"四"的情况主要指"峨眉山路"等2+1+1类型,节律上似可以与2+2式有所不同,但快读时也可以与2+2式混同。

音步和音节数、重音、语法结构层次之间存在密切关系。不少学者发现,音步、节奏等节律层次和句法层次间存在内在的制约。冯胜利(1998:41)提出了自然音步概念及其判定标准,把汉语中不受句法、语义影响的纯韵律的音步称为自然音步,如"布尔什/维克"这样的音节组合。与此不同,"纸张/粉碎/机"这样的音节组合,由于受到语法结构、语义的影响,属于非自然音步。汉语中的非自然音步体现出音步和音节数量之间的内在制约和关联。尽管节律层次和句法层次之间通常是相关的、一致的,但音步界限和句法层次界限不一致的情况也会经常遇到,例如:

　　音步界限：　小魏|也很|高兴　　　　想买|雨伞
　　层次界限：　[小魏][也[很高兴]]　　[想[买[雨伞]]]

可见,节律层阶和句法层阶的关系不是简单的相关关系,更不是两个层阶单元的一一对应关系,可能会有更复杂的机制。目前,国内外学者对莫拉、音节、音步、重音、韵律等,以及节律层阶和句法层阶的关系,已展开较深入研究,并取得了很多研究成果[①]。

[①] 关于音步、莫拉、重音、韵律等及其与句法层面关系的讨论,可参考:Chomsky & Halle (1968), Goldsmith (1976), 陈渊泉 (Chen 1979), Wright (1983), 石基琳 (Shih 1986, 1991), Yip (1989), 端木三 (Duanmu 1990, 1994, 1995, 1997, 1999, 2000), 冯胜利 (1996, 1998, 2000, 2009, 2013), Tao (1996), 王洪君 (1999, 2001, 2005), 董秀芳 (2003) 等。

练习题和思考题

一、名词解释：

1. 语音   2. 音素   3. 被动发音器官   4. 元音
5. 辅音   6. 鼻化元音   7. 紧元音   8. 清化元音
9. 国际音标   10. 声波   11. 音子   12. 音位
13. 音质音位   14. 非音质音位   15. 区别特征   16. 音节
17. 语流音变   18. 莫拉   19. 音步

二、问答题：

1. 什么是语音学，什么是音系学？简述语音学和音系学的区别和联系。
2. 举例说明什么是主动发音器官，什么是被动发音器官？
3. 举例说明什么是对立，什么是互补？
4. "语言单位的价值不在于它是什么，而在于它不是什么。"结合实例谈谈你对这句话的理解。
5. 举例说明常见的语流音变包括哪些？

三、操作题：

1. 写出下列音素的发音特点：

[i]   [A]   [ɑ]   [y]   [e]   [ɤ]   [ɿ]
[p]   [kʰ]   [d]   [t]   [tʂ]   [tɕ]   [x]

2. 根据音素的发音特点描写，写出相应的音素：

(1) 舌面前、半低、不圆唇元音　　[　　]

(2) 舌面后、半高、圆唇元音　　[　　]

(3) 舌面前、低、不圆唇元音　　[　　]

(4) 双唇、送气、清、塞音　　[　　]

(5) 双唇、浊、塞音　　[　　]

(6) 舌面前、送气、清、塞擦音　　[　　]

(7) 舌根、不送气、清、塞音　　[　　]

(8) 舌根、浊、塞音　　[　　]

3. 指出汉语普通话下列音位的区别特征：

(1) /i/ —— /y/ （　　　）　　(2) /y/ —— /u/ （　　　）

(3) /p/ —— /pʰ/ （　　　）　　(4) /x/ —— /ɕ/ （　　　）

(5) /n/ —— /l/ （　　　）　　(6) /m/ —— /ŋ/ （　　　）

4. 根据下表吐鲁番汉语读音的材料，归纳元音、辅音音位和调位：

例字	吐鲁番汉语	例字	吐鲁番汉语	例字	吐鲁番汉语
新	ɕin^{214}	宾	pin^{214}	金	tɕin^{214}
徐	ɕy^{214}	近	tɕin^{33}	军	tɕyuŋ^{214}
心	ɕin^{214}	举	tɕy^{51}	迅	ɕyuŋ^{33}
猪	tʂu^{214}	品	pʰin^{51}	粉	fɤŋ^{51}
嘴	tsuei^{51}	知	tʂɿ^{214}	腿	tʰuei^{51}
女	ȵy^{51}	岁	suei^{33}	分	fɤŋ^{214}

扩展阅读：

Chao，Yuen Ren（赵元任）. 1934. The Non-uniqueness of Phonemic Solution of Phonetic system. *Bulletin of the Institute of History and Philology Academia Sinica*，4(4)：363—398. 中译：《音位标音法的多能性》，见叶蜚声译，伍铁平校《赵元任语言学论文选》，第1—48页，北京：中国社会科学出版社，1985。【从汉语方言和古音中的一些现象阐释音位的应用和理论；一方面系统说明了音位系统的相对性，同时又肯定了严式记音的重要性。】

Chen，Matthew Y（陈渊泉）. 1979. Metrical structure：Evidence from Chinese poetry. *Linguistic Inquiry*，10(3)：371—420.【认为汉语一般是双音节一音步，三音节为超音步】

Chen，Matthew Y（陈渊泉）. 2000. *Tone Sandhi：Patterns across Chinese Dialects*. Cambridge：Cambridge University Press.【研究汉语方言连读变调模式】

Duanmu，San（端木三）. 1990. *A Formal Study of Syllable，Tone，Stress and Domain in Chinese Language*. Cambridge，Massachusetts：Massachusetts Institute of Technology PhD dissertation.【提出辅重理论，认为在大于词的结构中，辅助成分比核心成分重；汉语每个音节有三个时间格，声母、韵腹、韵尾各占一个时间格；汉语的普通音节是双莫拉，是两节拍，也有重音；轻音节是单莫拉，没有重音】

Duanmu，San（端木三）. 1994. Against contour tone units. *Linguistic Inquiry*，25(4)：555—608.【论证了汉语的载调单位是莫拉音段】

Jakobson，Roman，Gunnar Fant，& Morris Halle. 1952. *Preliminaries to Speech Analysis：The Distinctive Features and Their Correlates*. Cambridge，Massachusetts：The MIT Press.【提出区别特征概念；从语音的声学特性出发，归纳出12对区别特征】

Ladefoged，Peter & Zongji Wu. 1984. Places of articulation：An investigation of Pekingese fricatives and affricates. *Journal of Phonetics*，12(3)：267—278.【讨论北京话塞音、塞

擦音的发音部位】

Ladefoged，Peter & Ian Maddieson. 1996. *The Sound of the World's Languages*. Oxford：Blackwell. 中译:《世界语音》,赖福吉、麦迪森著,张维佳、田飞洋译,北京:商务印书馆,2015年。【系统讨论世界语言的语音,是语音类型学的重要文献;主动发音器官和被动发音器官有17种配合关系】

Ladefoged，Peter & Keith Johnson. 2015. *A Course in Phonetics*（seventh edition）. Stamford：Cengage. 中译:《语音学教程》,彼得·赖福吉、凯斯·约翰逊著,张维佳、田飞洋译,朱晓农、衣莉审校,北京:北京大学出版社,2018年。【语音学的入门教材,术语概念的界定相对较为完备和清晰,重点突出】

Ladefoged，Peter. 1962. *Elements of Acoustic Phonetics*. Chicago：University of Chicago Press.【讨论声学语音学的一些基本概念,如声波、频率、振幅、声学元音图等】

Trask，Robert Lawrence. 1996. *A Dictionary of Phonetics and Phonology*. London and New York：Routledge.【介绍语言学和音系学的一些重要概念,如节律音系学(p. 223)、自主音段音系学(p. 43—44)、词汇音系学(p. 204—205)、特征几何理论(p. 141)、优选论(p. 249)等】(中译本见"特拉斯克1996")

Wright，M. S. 1983. *A Metrical Approach to Tone Sandhi in Chinese Dialects*. Massachusetts，Amherst：University of Massachusetts Amherst PhD dissertation.【认为汉语方言有双音节重音音步和三音节重音音步,每个重音音步都有一个强音节;提出了汉语中的莫拉概念,强音节为两个莫拉】

Yip，Moira. 1980. *The Tonal Phonology of Chinese*. Massachusetts，Amherst：University of Massachusetts Amherst PhD dissertation. Published in 1990. New York：Garland Publishing.【提出调域概念;调域不同于音高,区分阴域和阳域】

Yip，Moira. 1989. Contour tones. *Phonology*，6(1)：149—174.【和汉语声调相配的是音节而不是莫拉,声调的曲折是在音节内部发生的】

鲍怀翘、林茂灿,2014,《实验语音学概要》(增订版),北京:北京大学出版社。【介绍语音声学实验分析的基本知识,给出了元音、辅音基本模式图】

陈保亚,2009,《当代语言学》,北京:高等教育出版社。【6.10 可延展性与音节判定】

陈保亚,2015,《20世纪中国语言学方法论研究》,北京:商务印书馆。【2.2 音系理论】

端木三,1999,《重音理论和汉语的词长选择》,《中国语文》第4期,246—254页。【汉语的普通音节是双莫拉,是两节拍,因此也有重音;轻音节是单莫拉,没有重音】

端木三,2009,《对立、特征和发音动作》,《语言学论丛》第40辑,120—153页,北京:商务印书馆。

冯胜利,1996,《论汉语的"韵律词"》,《中国社会科学》第1期,161—176页。【提出"汉语韵律词"概念】

冯胜利,1998,《论汉语的"自然音步"》,《中国语文》第1期,40—47页。【提出了自然音步、非自然音步概念及判断自然音步的标准】

孔江平,2015,《实验语音学基础教程》,北京:北京大学出版社。【主要涉及现代语音学的相关领域、实验语音学的基本概念和研究方法】

林茂灿、颜景助,1980,《北京话轻声的声学性质》,《方言》第 3 期,166—178 页。【讨论北京话轻声的声学性质;北京话轻声音长缩短,音强减弱,音色含混,没有固定的音高】

林焘,1983,《探讨北京话轻音性质的初步实验》,《语言学论丛》第 10 辑,16—37 页,北京:商务印书馆。【北京话轻音音长缩短,音强减弱,音色含混,没有固定的音高】

林焘,2010,《中国语音学史》,北京:语文出版社。【第九章第五节"汉语音系研究的新发展",546—595】

王洪君,2001,《普通话中节律边界与节律模式、语法、语用的关联》,2001 年 10 月在 IBM 公司所做的报告,载《语言学论丛》第 26 辑,279—300 页,北京:商务印书馆,2002 年。【把普通话音步构成成分的音节数目限制,概括为"二常规、三可容、一四受限"】

王士元,1967,《声调的音系特征》,载石锋编著《语音学探微》,203—224 页,北京:北京大学出版社,1990 年。【声调特征独立于音段特征】

5 语　法

　　语法是词的构成规则、变化规则和由词构成词组或句子的规则的总和。语法包括词法和句法两个部分。二者以"词"为界,"词"以下的规则叫词法,"词"以上的规则叫句法。

　　词法指词的构成规则以及词的形态变化的规则。例如汉语"铁路"由两个词根"铁"和"路"复合构成,"椅子"则由词根"椅"和词缀"子"通过派生方式构成①。再如英语"high-speed(高速)"由两个词根构成,"hopeful(充满希望的)""irregular(无规则的)"等由词根和词缀通过派生方式构成。在有些语言中,一个词在具体运用中可能有几种不同的变化形式,每种变化形式都表达某种特定语法意义,如英语"eat(吃)"有 ate、eats 等变化形式,它们表达一定的时、人称等语法意义。在语言运用中,说话人需要用"ate"这一特定变化形式来表达"过去时"语法意义,而不能选择其他变化形式。这些不同意义是通过同一个词的不同变化形式表现出来的。词形变化也有一定的规则。例如,维吾尔语的动词词根,如 bɑr-(去)、kʰɛl-(来),加上-di(-dɨ、-du)表示"过去时",再加上-m、-ŋ 等表示不同的人称(马学良 1981:142－143):

bɑrdɨm	我去了	kʰɛldɨm	我来了
bɑrdiŋ	你去了	kʰɛldiŋ	你来了
bɑrdi	他(他们)去了	kʰɛldi	他(他们)来了
bɑrduqʰ	我们去了	kʰɛldi	我们来了
bɑrdiŋlɑr	你们去了	kʰɛldiŋlɑr	你们来了

　　句法规则指由词构成词组或句子的规则。一个词可以构成一句话。词和词可以按一定规则构成词组或句子,例如词组"看电视""读小说"都是由动词和名词有规则地组合而成的。"我""看""电视"这三个词可以组合成"我看电视",但不能组合成"＊电视看我""＊我电视看"等。

　　词法和句法之间存在密切的联系。首先,词总是以特定的语法形式进入句子中。英语"buy"在"He bought a book yesterday(昨天他买了一本书)"中以

---

　①　关于"词根""词缀"的定义及相关知识,见§5.2.1。

"bought"形式出现,而在"He is buying a book in the bookstore(他正在书店买书)"中以"buying"形式出现。其次,同一种语法结构关系,词和词组合时可以有不同的语法表现形式。例如英语"I'm hungry(我饿了)""He is hungry(他饿了)""You are hungry(你饿了)",这三个句子结构关系都一样,但英语系动词"be"有不同的变化形式。第三,从人类语言总体来看,词法和句法是相互补充的。语言表达语法意义,可以以词法和句法中的一种作为主要语法手段,另一种作为必要补充。在英语、俄语等语言中,词在句中的作用往往以词的不同变化形式表现出来,所以英语、俄语等语言的句法对词法具有很强的依赖性(当然,词的先后顺序也起到表现语法意义的作用)。相比较而言,汉语主要是用词序和虚词来表达语法意义,所以汉语中句法对词法的依赖性不强,具有很大的独立性。

人们在日常言语交际中总会使用大大小小的句子。句子是由有限的单位和有限的规则生成出来的。从理论上讲,一种语言的句子数量是无限的。人们在学习一种语言时,不需要学习该语言中所有的句子,只需掌握该语言的有限单位和规则,并在言语交际中根据表达的需要,运用这些单位和规则生成各种各样的句子。语法研究的根本任务,就是找出这些单位和规则。

5.1 语法单位

句子是由大大小小的语言片段根据特定语法规则构成的线性组合结构。语法单位指在线性组合结构的某个位置上能被其他语言片段替换的有意义(或功能)的、内部不规则的语言片段。语法单位包括语素、语符(symbol)、词。语素是构成词的单位,语素和语素之间无规则的组合构成了词,即词都是无法用规则来类推的,如"近视、远视"等。词是造句的单位,词和词之间按规则生成数量无限的词组和句子。自由运用是词的一个重要性质。由于词组、句子是由词和词(词组)有规则生成的,所以词组、句子都不是语法单位。当然一些缩略语(如"政协""家电")和一些固定词组(如"四面楚歌""开倒车"和专有名词"北京大学"等)也可以归入词汇。因为它们不是由规则生成的,并且结构相对固定、组成成分不能任意增删或替换,功能上大致相当于一个词。

语符是语言中最小的规则活动的单位[①]。词是语符的一种,是自由运用的那类语符。语言中还有一些单位,在参与规则活动中是不自由的,如汉语"第

[①] "语符"的定义及相关知识,见§5.1.2.2。

一""老李"中的"第一""老一",英语"worked""apples"中的"-ed(过去时)""-s(复数)"等,在组合中位置是固定的、不自由的。汉语"第一""老一"和英语"-ed(过去时)""-s(复数)"这类规则活动的单位,也都是语符。

语法单位具有离散性。离散性是指语法单位之间的界限是清晰的、可以分割的。正是因为语法单位具有离散性,我们才能够分辨出词和语素,例如能从"老师分析句子"分辨出"老师""分析""句子"这三个词和"老""析""句"等语素。正是因为词具有离散性,词才可以从组合链条上拆卸替换下来重复使用,并与其他语法单位进行组合、替换,实现语言从有限到无限的生成过程。

根据在组合结构中语法功能的不同,语法单位可分为两类。一类是体词性单位,包括名词、名词性语素等,如"铁路"中"铁"和"路"是名词性语素。另一类是谓词性单位,包括动词、形容词、动词性语素、形容词性语素等,如"白菜"中"白"是形容词性语素,"拖鞋"中"拖"是动词性语素。

世界上各个语言对语法单位归类的标准或方法不完全相同。印欧语系语言形态丰富,且形态变化较规整,对语法单位的归类主要依据的是形态标准(如名词的性数格、动词的时态体等)。汉语由于缺少形态变化,对语法单位的归类主要依据的是分布标准(也叫功能标准)①。

5.1.1 语素

5.1.1.1 语素的定义

语素(morpheme)是语言中音义结合的最小的语言单位。语素是音系、词法和句法研究的基础。一个言语片段必须同时满足以下三个条件,才能称之为语素:

(1) 有一定的语音形式

(2) 有意义

(3) 是最小的语言单位

例如汉语"葡萄"里的"葡",只有读音形式但没有意义,因此它不是一个语素,而只是一个音节。"铁路"有读音,也是有意义的言语片段,但它不是最小的语言单位,所以"铁路"也不是语素。"铁路"中的"铁"和"路",均同时满足上面三个条件,所以"铁"和"路"都是语素。

语素和音节(或音段)的对应情况,不同语言有很大的差别。汉语中多数情况是一个语素对应一个音节,即"1个语素·1个音节",但也存在一个语素对应

---

① "分布"的定义及相关知识,见§5.3.1。

两个或两个以上音节的情况,例如"葡萄(1个语素·2个音节)""沙琪玛(1个语素·3个音节)"等。英语中一个语素可以是一个音节,如"good""dis-"(前缀,表否定)等;也可以大于一个音节,如"sister""inter-"(前缀,表"相互、之间")等;还可以是不足一个音节的音段,如"trees"中"-s"(表示"名词复数")和加在动词后面表示"第三人称单数"的语素"-s"等。

5.1.1.2 语素的提取和归并

提取语素所采用的方法是音义最小同一性对比。博厄斯(Boas 1911c)和索绪尔(1916)各自独立地提出了对比的方法。在音位平面,结构语言学通过对比和分布来确定不同的单位。音位分析的对比是指,在相同的语音条件下,比较不同的音子,能够区别意义或音形的是不同的音位,不区别意义或音形的是同一音位的自由变体。在语素平面,也要通过对比和分布确定不同的单位。语素的提取,就是通过最小有意义的对比替换把语素提取出来。以"人民"为例:

人民　　　　人民
人体　　　　农民
人头　　　　村民
人脑　　　　难民

通过最小同一性对比发现,能找到与"人民"进行对比的片段"人体""人头""人脑",也能找到与"人民"进行对比的片段"农民""村民""难民"。通过同一性对比,可以把"人民"切分为不能再继续对比切分的、有意义的两个片段"人""民"。这样就可以确定"人民"是由两个语素构成的。

结构语言学的对比本质上是同一性对比。同一性对比是比较一个言语片段的两个部分,每个部分都可以找到可对比的有意义片段,例如:

$san^{55}kɤ^{51}$　　　三个　　　$san^{55}kɤ^{51}$　　　三个
$san^{55}tuəi^{51}$　　　三对　　　$sɿ^{51}kɤ^{51}$　　　四个
$san^{55}tɕian^{51}$　　　三件　　　$u^{214}kɤ^{51}$　　　五个

这就是说,[san^{55}]和[$kɤ^{51}$]都可以分布在不同的环境中,并且始终保持音义上的同一性。同一性对比得到的是有意义的片段。最小的同一性对比就是不断对语言材料作部分相同的对比,直到这种对比无法进行下去为止。不能再进行对比的片段就是语素,所以语素可以定义为最小的、有意义的言语片段。

语素的最小同一性对比首先要碰到在什么地方切分开的问题。由于汉字的存在,汉语中利用最小同一性对比提取语素时,困难没有凸显出来。比如:

老李	老虎	老板
老张	老鹰	老手
老刘	老鼠	老实

通过最小同一性对比可以提取以下语素：老、李、张、刘、虎、鹰、鼠、板、手、实。可能由于一个汉字通常对应一个语素，汉语语素的切分没有遇到很大困难，因此也就没有追问切分语素的方法。汉语研究中讨论词和词组的区分很多，讨论语素的提取比较少。但在调查方言或民族语言中，语素对比的方法是必不可少的。

最小同一性对比有时也不能贯彻到底，例如"苹果树苗"可以进行如下对比[①]：

苹果树苗	苹果树苗
苹果皮儿	芒果树苗
苹果核	李子树苗
……	……

"苹果"和"树苗"这两部分都可以找到对比的材料，它们是有意义的成分，但还不是最小的。"树苗"还可以对比：

树苗	树苗
树枝	秧苗
树干	菜苗
……	……

"树"和"苗"这两个部分不能再往下对比，它们是语素。"苹果"也可以再对比，但情况比较复杂：

苹果	苹果
?	芒果
?	水果
……	……

只有"果"能够找到对比的材料，"苹"找不到对比材料。人们通常把"苹"看成剩余语素，它的语素地位是通过"剩余法"确定的。所谓剩余法，是指把一个言语片段可对比的部分提取出来以后，把剩下的不可对比的部分作为剩余语素

[①] 当然也可以用替换来说明这个对比过程。对比和替换这两个方法是等价的。

处理。在"苹果"一词中,"果"是可对比的,提取出来以后,剩下的"苹"尽管找不到可对比的材料,仍然看成是语素,即剩余语素。剩余语素是指把一个言语片段可对比的部分提取出来后,剩下的不可对比的部分。所谓对比,实质是找到在语音和语义上都有聚合关系的成分。比如"苹果、芒果、水果"在语音上以"[kuo²¹⁴]"构成聚合,在语义上以"果子"构成聚合,所以"果"是可对比的。

用最小对比法提取语素,是博厄斯(Boas 1911c)和索绪尔(1916)独立提出来的。布龙菲尔德(Bloomfield 1933:195)进一步发展了这种方法,并给出了更为严格的定义:"跟别的任何一个形式在语音—语义上没有任何部分相似的语言形式是一个简单形式(simple form)或者叫作语素(morpheme)。"布龙菲尔德(Bloomfield 1933)最早提出用音义部分相似原则来提取语素。以"John ran"和"John fell"为例,由于这两句话有音义相似的部分 John,所以 John 是有意义的言语片段,而 ran、fell 也是有意义的言语片段,又由于没有其他片段和 John、ran、fell 这些片段音义部分相似,所以 John、ran、fell 是最小的有意义的言语片段,是语素。

用剩余对比法提取语素是布龙菲尔德提出的。布龙菲尔德(Bloomfield 1933:195)认为,cranberry(一种酸莓)可以作以下对比:

cranberry	cranberry(一种酸莓)
?	blackberry(黑莓)
	strawberry(草莓)
	blueberry(蓝莓)

布龙菲尔德认为 cran 作为对比后的剩余部分也是语素。不过布龙菲尔德没有用"剩余对比法"或"剩余语素"这样的名称,他把 cran-这样的成分称为独一无二的成分(unique constituent)。后来人们习惯把这种切分方法称为剩余法。

音义同一性对比可以分为双项对比和单项对比[①]。双项对比,也叫双向音义同一性对比,指一个言语片段的两部分都可以进行音义同一性对比。前面讨论的"树苗"就属于双项对比。双项对比是音义同一性对比中最常见的情况。单项对比,也叫单项音义同一性对比,指一个言语片段只有一部分能做音义同一性对比。"苹果"属于单项对比,因为只有"果"可以找到对比的材料。通过剩余法提取剩余语素,是以单项音义同一性对比为基础的。

引入双项对比与单项对比后,可以从操作上给出剩余语素切分的双项对比

[①] 可参考:陈保亚,1997a,《对剩余语素提取方法的限制》,《汉语学习》第 3 期,12—13 页。

原则:如果 A 是一个剩余语素,与 A 组合的另一个片段必须有资格出现在其他可以进行双项对比的言语片段中。对"苹果"中的"果"来说,总可以找到有"果"出现的其他言语片段,并且这个言语片段是可以进行双项对比的。比如:

水果　　　水果
水车　　　鲜果
水壶　　　酸果
……　　　……

据此可以确定,"苹果"中的"苹"是剩余语素。

语素也存在变体和变体的归并问题。从话语中切分下来的最小的有意义片段只是一个语子(morph)。一般情况下,一个语子也就是一个语素。但并非每一个语子都是一个语素,例如:

亚洲[ia^{21}tʂəu^{55}]　　　亚洲[ia^{51}tʂəu^{55}]

"亚[ia^{21}]"和"亚[ia^{51}]"这两个语子的语音形式不同,但在相同的环境下表达的意义是相同的(可能风格上有变异)。这时"亚[ia^{21}]"和"亚[ia^{51}]"就不能看做是两个语素,而应归并为一个语素。

语素归并,指把语音形式或意义相似的几个语子归纳为一个语素。语子和语素之间的关系,类似于音素(音子)和音位之间关系。语素是一个抽象单位,语子则是语素在语言中的具体表现形式。语素的变体可分为语音变体和语义变体两类[①]。几个语音形式相似的语子,可归并为同一个语素(也叫语素音位)[②],这些语音形式相似的语子就是语素的语音变体,例如"亚[ia^{21}]"和"亚[ia^{51}]"是语素"亚"在语言中的具体表现形式,即语素"亚"的语音变体。由于"亚[ia^{21}]"和"亚[ia^{51}]"在相同语言环境中可自由替换而不改变意义,因此它们是语素的自由变体。

还有些语子的声音或意义是相似的,且分布在不同环境中形成互补分布,这些语子可称为语素的条件变体。和音位的条件变体的归并一样,语素的条件变体也需要依据互补原则归并成一个语素,例如普通话"一""不"的分布如下:

[①] 可参考:王红旗,2008,《语言学概论》(修订版),北京:北京大学出版社,94—96 页。

[②] Trubetzkoy(1929)首先提出了语素音位(morphophoneme)术语。语素音位的不同形式代表了一个特定语素的变体。比如俄语 luk(牧场),luga(牧场的),luk 和 lug一代表了"牧场"这一语素的两个变体。又比如英语复数语素的变体有/-s, -z, -iz, -en, -0/,分别代表 books, dogs, horses, oxen, sheep 中的复数语素的读音。语素音位是语素音形的抽象形式,而语素变体是语素音形抽象形式在具体语境下的具体读音。区分语素音位和语素变体的思路跟区分音位和音位变体的思路是一致的(参见陈保亚 2009:162—163)。

语素	阴平前	阳平前	上声前	去声前	单用	其他语子后
一 i⁵⁵	一张 i⁵¹tʂaŋ⁵⁵	一瓶 i⁵¹pʰiŋ³⁵	一两 i⁵¹liaŋ²¹⁴	一个 i³⁵kɤ⁵¹	一 i⁵⁵	第一 ti⁵¹i⁵⁵
不 pu⁵¹	不歪 pu⁵¹uai⁵⁵	不斜 pu⁵¹ɕiɛ³⁵	不好 pu⁵¹xɑu²¹⁴	不大 pu³⁵ta⁵¹	不 pu⁵¹	

依据互补原则,"一"和"不"的各个语素变体可分别归并为语素"一"和语素"不"。这样,语素"一"有三个条件变体,单说或在句尾词末读阴平[i⁵⁵],在去声前为阳平[i³⁵],在其他声调前为去声[i⁵¹];语素"不"有两个条件变体,在去声前为阳平[pu³⁵],单说或在其他声调前为去声[pu⁵¹]。

几个意义相近的语子可以归并成同一个语素,这些意义相近的语子就是语素的语义变体。比如"白车"的"白"和"白卷"的"白",可以归并成一个语素。但是语义的相似是一个相对概念,有时候不好把握。关键问题是"相似"是一个程度问题,是模糊语言学要研究的问题。但模糊语言学目前还没有在这方面提出一个有效的解释。这是结构语言学面临的最大难题之一。比如"背(背面)"和"背(脊背)"是一个语素还是两个语素?实际上,在这方面的判断上,汉字起到很重要的作用,通常把同一个汉字下音义相近的语子看成一个语素。

在汉语中,语素归并还可能会遇到一些特殊情况。有时候一个汉字代表了不同的语素,例如"音乐""快乐"中的"乐",是不同的语素;"开会""不会"中的"会",也是不同的语素。还有些汉字,单独来看,一般认为是没有意义的,如"葡、橄、榄、蜻、垃"等。总体来看,上述这些特殊情况数量相对较少,可以通过例外来解释。

5.1.2 语符

5.1.2.1 平行周遍对比

提取语法单位和规则是语法研究的根本任务。提取语法单位和规则,应该遵守如下原则:

(1) 有限原则:提取出来的语法单位和规则,数量应该是有限的。

(2) 最优原则:在语法单位数量已确定的情况下,规则的数量越少越好;在规则数量已确定的情况下,语法单位的数量越少越好。

语素组合包括两类:一类是有规则的语素组合,如"吃饭""老张""铁桶",可称为规则组合;另一类是无规则的语素组合,如"重视""老板""铁路"等,可称为不规则组合。提取语法单位和规则,首先需要区分出哪些是规则组合,哪些是不规则组合。

区分规则组合和不规则组合可使用平行周遍对比方法。平行周遍对比,可做如下定义:

> 如果一个言语片段至少有一个直接成分可以进行无限或穷尽的平行对比,那么这个言语片段就满足平行周遍对比。

先看下面"鸭肉"的对比情况:

鸭肉	鸭肉
虎肉	鸭脚
兔肉	鸭翅
豹肉	鸭头
……	……

从形式上看,这里的对比和前面提取语素时提到的双项对比相类似,即两个成分可以找到对比的材料。但这里的对比和语素对比有两个根本区别:(1)参加对比的言语片段在构造上是平行的,并且它们的意义都是成分的意义加组合关系的意义;(2)对比的言语片段是周遍的,即所有同类的字都可以参加对比。左栏中,不仅"虎肉、兔肉、豹肉"可以参加对比,只要语义上允许,其他某些动物也可以参加对比,这是平行性对比的含义;只要语义上允许,任何动物语素都可以参加对比,这是周遍性对比的含义。同理,右栏中不仅"鸭脚、鸭翅、鸭头"可以参加对比,只要语义上允许,动物身上其他部位(如"鸭舌""鸭背"等)也可以参加对比,这是平行性对比;只要语义上允许,动物身体的任何部位都可以参加对比,这是周遍性对比。满足上面两点的对比,称为平行周遍对比。

理解平行和周遍的含义,是运用平行周遍对比的关键。平行需要同时满足三个条件[1]:

(1) 被替换部分的特征要平行。这种平行特征可能隐藏在语法、语音、语义等多个层面中,比如"老 X"中 X 既有语音层面特征(单音节),也有语义层面特征(姓氏)。平行特征的满足还需要考虑周遍性。以"X 鞋"为例,下面以语类为平行特征的语素组就不满足周遍性[2]:

---

[1] 参考:陈保亚,2006,《论平行周遍原则与规则语素组的判定》,《中国语文》第 2 期,99—108+191 页。
[2] 字母 N、V、D 代表不同的语类:N 指名词,V 指动词,D 指通常所说的区别词。

N＋鞋：皮鞋、铜鞋、球鞋、冰鞋、*气鞋……
V＋鞋：跳鞋、跑鞋、拖鞋、*走鞋、*登鞋……
D＋鞋：金鞋、银鞋、男鞋、女鞋、童鞋、*公鞋、*母鞋……

以上每一类都有一定的平行实例，但并不周遍，如"N＋鞋"格式中，不能说"气鞋"，并且将来也很难出现（比较：皮鞋——质料＋鞋；球鞋——运动项目＋鞋）。如果考虑语义条件，把 X 的平行特征限制为质料，就可以满足周遍性①：

质料类语素＋鞋：布鞋、棉鞋、草鞋、皮鞋、铜鞋、银鞋……

（2）组合关系要平行。这种平行的组合关系，包括组合体的组合方式及其所表达的组合含义。有些组合体的组合关系表面看是平行的。例如"北京大学、南京大学、昆明大学"的组合方式好像是平行的，前一个成分是"城市"，后一个成分是"大学"，两者有限定关系，但它们组合关系含义并不明确，实际上是不平行的。"北京大学"的含义既不是指北京所属的大学，也不是指在北京的大学。"昆明大学"却是昆明市管辖的一所大学。至少现在还不能明确找出"X 大学"组合关系的含义（X 表示地名）。因此，类似"北京大学"这样的片段，都应看做不规则组合。

（3）组合体的语类要平行②。以"X 视"为例：

语素组合体实例	被替换项	组合关系	组合体的语类
远视	远	偏正	N
弱视	弱	偏正	N
正视	正	偏正	V
平视	平	偏正	V
轻视	轻	偏正	V
重视	重	偏正	V
近视	近	偏正	N, A
斜视	斜	偏正	N, V

---

① 这里的"质料"指物品的质地和材料。质料类语素的周遍性是说，尽管目前有些言语片段不存在或不常说（如铜鞋、银鞋），但从理论上说，它们是可以被制造出来的。

② 这里所说的"语类"，指通过组合体分布差异而区分出来的功能类别，包括体词性组合体、谓词性组合体。

"X视"的实例都满足平行的前两个条件,但组合体的分布并不相同,语类也不相同。因此这些实例都是不规则组合①。

周遍指满足平行三个条件的实例可以周遍类推。周遍和平行实例的数量没有必然联系。有些言语片段存在很多平行实例,例如"腿儿""门儿""本儿"等。指称性语素加"儿"后(或者说儿化后)仍然是指称性语素,有小称含义。但这种对比并不周遍,并非所有的指称性语素都可以加"儿",比如"笔、布"等后面就不能加"儿"。从下面两组材料,可以进一步理解周遍的本质:

(1) 白纸、白墙、白鞋、……、♯白菜、♯白金、♯白铁……
(2) 腿儿、门儿、本儿、……、*笔儿、*布儿、*衣儿……

这两组似乎都有不平行的实例,但有根本的区别。第(1)组不平行的实例"白菜、白金、白铁",是可以说的(前面加♯号表示可以说)。这些实例最初出现时和"白纸、白墙、白鞋"可能有平行关系,只是后来转义了。除了这些转义的实例,对于任何一个指称语素,只要语义上允许其指称内容有某种颜色,都可以放在语素"白"的后面,和"白纸、白墙、白鞋"保持平行,比如"白布、白顶、白灯"等。也就是说,"白纸、白墙"是平行周遍的。尽管在语言的发展过程中有转义实例出现,但平行周遍集合中减去转义的实例,仍然是平行周遍的。与此不同,第(2)组的实例"腿儿、门儿、本儿"和"*笔儿、*布儿、*衣儿"是平行的,但后面三个不可以说,即"腿儿、门儿、本儿"尽管满足平行,但不满足周遍。

由于"鸭肉"的两项都满足平行周遍对比,可以称为双项平行周遍对比。满足双项平行周遍对比的语素组合,都是规则组合。"鸭肉"就是一个规则组合。同样,只要X是表示动物的字,"X肉"都是规则组合。所以"虎肉、兔肉、豹肉、羊肉、鸡肉、猪肉、狗肉、鱼肉"等,也都是规则组合②。

平行周遍对比也包括单项平行周遍对比,即言语片段的两个部分,只有一部分可进行平行对比,例如:

老李　　　　　老李
?　　　　　　老张

---

① 平行性第三个条件也是考虑了周遍性的。如果不考虑周遍性,"远视、弱视"的分布也可以说是平行的,"轻视、重视"的分布也是平行的。如果考虑周遍性,"远视、弱视"和"轻视、重视"都是不平行的。

② 当然,细分起来,"鸭、虎、兔、豹"和"羊、鸡、猪、狗、鱼"的语法性质并不一样。"羊"类字可以作主语和宾语,可以单说,可以和无限的言语片段组合,"鸭"类字不能。但是这种差别就像"铜、铁、锡"和"金、银"的差别一样,是分布功能上的差别。用平行周遍对比确定"鸭肉"为规则组合,同时也就揭示"鸭肉"可以通过其组成成分和结构关系推导出来。

?　　　　　　　　老赵
……　　　　　　……

只有右栏满足平行周遍对比,即所有单音节姓氏都可以进行平行周遍对比替换,但左边却不能进行平行替换。

再看一个无限单项平行周遍对比的例子：

买的　　　　　　　买的
昨天买|的　　　　　?
昨天他哥哥买|的　　?
……　　　　　　……

从理论上说,左栏的对比替换是无限的。"买的"就是无限单项平行周遍对比,也是规则组合,这可看成是平行周遍对比的一种特殊情况。

不管是双项平行周遍对比,还是单项平行周遍对比,都是平行周遍对比。凡是满足平行周遍对比的语素组合,都是规则组合。显然,前述"鸭肉"满足双项平行周遍对比,是规则组合;"老李""买的"满足单项平行周遍对比,也是规则组合。"第一"也必须看成是规则组合。因为数字或数字组合 X 从理论上说是无限的,"第 X"能够生成出的言语片段也是无限的。

凡是不满足平行周遍对比的,都是不规则组合。语素组 XY 不满足平行周遍对比,包括以下三种情况：

(1) X、Y 都不能进行平行对比,也不满足周遍性,例如"老板""老手"等。

(2) X、Y 都能找到平行对比的实例,但都不满足周遍性,例如：

近视　　　　　　　近视
远视　　　　　　　近看
斜视　　　　　　　近闻
直视　　　　　　＊近听
轻视　　　　　　＊近问
重视　　　　　　＊近望
＊高视　　　　　　＊近摸
＊曲视　　　　　　＊近跑
＊缓视　　　　　　＊近跳

左栏"近、远、高、斜、直、曲、轻、重、缓……"都是表示事物的性状的语素,但左栏对比不能周遍到所有语素,如一般不说"＊高视""＊曲视"等,即这些语素组在语义上是不允许的。右栏"视、看、闻、听、问、望、摸、跑、跳……"都是表示行为动作的语素,但右栏对比也不能周遍到所有语素,如不说"*近听""*近望"等。"近视"两个成分"近""视"都能找到平行对比实例,但都是不周遍的。

(3) X、Y 中的一项能进行平行对比,但也不满足周遍性,例如:

盖儿	盖儿
吃儿	?
画儿	?
滚儿	?
*看儿	
*读儿	

左栏的对比是平行的,但并不是所有动词都可以进行这种平行对比,例如一般不说"看儿""读儿"。所以"盖儿"只能是不规则组合。同理,"一儿""一子""一头"等构成的指称性语素组,也都是不规则组合。

用规则来表达的言语片段是无限的,但在实际语言中,只有很少一部分实现了,比如人们常说"布鞋、皮鞋、草鞋"等,但可能从没说过"钢鞋""石鞋""铝鞋"等。这些从没说过的言语片段,并不等于将来不说,也不等于它们不满足平行周遍。这就需要区分已经出现的片段和可能出现的片段。不能因为有些实例尚未出现,就把相关格式当作不规则组合格式。和"X儿"相比,"X鞋"没有遇到例外。只要没有遇到例外,就可以看成平行周遍格式。一旦遇到例外,如果例外属于转义的情况,"X鞋"仍然是有规则的。如果例外满足平行但不可以说(如"*笔儿"),就要承认该组合格式(如"X儿")是不周遍的。

提取语法单位的根本目的之一是要说明语言的生成过程。平行周遍对比反映了语言的生成能力。考察字的组合指数,可以更明确地看出这一点。字的组合指数是指一个字能和多少字组合。一般来说,一个语法形式如果能和 n 个语法形式组合,那么它的组合指数就是 n。n 可以是有限的,也可以是无限的。汉语的"一子、一儿、一头"等字的组合指数都是有限的。有些语素的组合指数是无限的。"一的"的组合指数是无限的,因为它前面的直接成分可以是无限的。还有一类字的组合指数是有限的,却是周遍的。比如加在单音节姓氏语素前的"老一",由于汉语姓氏有限,"老一"的组合指数也是有限的,但这种平行替换可以周遍到所有单音节姓氏语素。

满足平行周遍对比的二字组言语片段,必然至少有一个字的组合指数是周遍的。"鸭肉"满足双项周遍平行对比,"鸭""肉"组合指数都是周遍的。"第一"满足单项周遍平行对比,"第"组合指数是周遍的。规则组合"白车"的意义,可以通过语素和组合关系推导出来。这里的"推导""规则"只是一种不严格的说法,并不是严格的操作程序。"近视、远视、弱视"是否可以推导就不容易断定。再如"心儿、门儿"这类儿化现象,从成分和组合关系应该可以推导出整体的意义,似乎应该是规则组合。因此仅仅靠"推导""规则"的定义,还不容易确定它们是规则语素组合,还是不规则语素组合。

平行周遍对比区分了规则语素组和不规则语素组,同时也为可类推或可推导提供了一种严格的形式化方法或操作程序。观察下面语素组:

（1）	（2）	（3）	（4）
老来	老李	老虎	老板
老去	老张	老鹰	老手
老睡	老刘	老鼠	老实

上面第(1)(2)(3)列语素组满足前面所说的"平行"三个条件,都是平行对比,第(4)列的"板、手、实"很难找到共同特征,所以说第(4)列的对比关系是不平行的。尽管第(1)(2)(3)列都满足平行对比的条件,但有很大的区别,第(1)列的平行关系可以周遍到每一个单音节行为动词语素,第(2)列的平行关系可以周遍到每一个单音节姓氏语素,第(3)列的对比关系却不能周遍到每一个单音节的动物类语素,例如"老鸡"就不能说。可见,第(1)(2)列对比不仅平行,而且周遍,而第(3)列对比只满足平行,但不周遍。

"老虎、老鹰、老鼠"的意义可以从字面上推导出来,但这种平行关系不具有周遍性。语言使用者无法预测哪些单音节动物语素可以和"老"组合,哪些不能组合。因此这类组合方式不能无限制地类推,不能说"﹡老兔、﹡老鱼"。而"老来、老去、老睡"和"老李、老张、老刘"这样的平行关系则是周遍的,可以无限制地类推,生成"老哭、老吃……"和"老王、老贾……"等新的语素组。

从"老X"的分析看,可以把语素组分成三种类型:

Ⅰ类:不规则语素组,如"老板、老手、老实"等。这类语素组既不平行,也不周遍,其意义不能从成分和组合关系上得到解释。

Ⅱ类:理解性规则语素组,如"老虎、老鹰、老鼠"等。理解性规则,和生成性规则不同,指的是不具有生成性、不可周遍类推的词内部的语素构成词的规则。理解性规则语素组平行但不周遍,其意义可以从成分和组合方式上得到解释,但不能根据这种组合方式无限制地生成新的平行语素组,例如不能说"﹡老兔、﹡老鱼、﹡老鸭"等。理解性规则语素组,从生成过程看是不规则语素组。

Ⅲ类:生成性规则语素组,如"老李、老张、老刘"和"老来、老去、老睡"等。生成性规则,指具有生成性、可周遍类推的规则。这类语素组平行且周遍,其意义不仅可以从成分和组合方式上得到解释,还可以根据这种组合方式无限制地生成新的平行语素组。

语言的理解过程和生成过程是不一样的。理解过程只需要平行条件,生成过程不仅需要平行条件,还需要周遍条件。以上三类语素组的语言行为机制并不一样:

语素组类型	理解过程	生成过程	实例	判定原则	分类
Ⅰ类:不规则语素组	记忆	记忆	老板	不平行	不可解释语符
Ⅱ类:理解性规则语素组	规则	记忆	老虎	平行不周遍	可解释语符
Ⅲ类:生成性规则语素组	规则	规则	老李	平行周遍	语符的组合

在语言习得中,发现生成规则比发现解释规则要困难得多。要听懂言语片段,只需要满足平行条件的解释规则,而要说出正确的话语,需要满足平行周遍条件的生成规则。从理解的过程看,理解性规则语素组和生成性规则语素组是一类,都不需要记忆;不规则语素组是另一类,需要记忆。从生成的过程看,生成性规则语素组是一类,不需要记忆;不规则语素组和理解性规则语素组是另一类,都需要记忆。能否满足周遍性,是区分规则语素组和不规则语素组的关键。

5.1.2.2 语符的定义和提取

满足平行周遍对比的语素组合是规则组合。语符是最小的规则活动的单位。这里的"最小"指不能再进一步切分出更小的规则活动的单位。例如,根据平行周遍对比,从"第一""铁桶"等组合中可以提取出"第""一""铁"等规则活动的单位,从"重视""铁路"等不规则组合中,则不能提取出规则活动的单位。不过,不规则组合还可以与其他言语片段一起构成规则组合,例如"重视教育""重视国防"等。不规则组合"重视"也是最小的规则活动的单位,即语符。

提取语符主要依据的是平行周遍对比。通过平行周遍对比提取出规则组合中的语符,也就提取出了组合规则。有时候两个语素的组合是否有规则,跟是否已经找到规则有关系。当两个语素的组合规则被找到时,就是规则组合,否则就是不规则组合。例如"X鞋"这种组合中,当"X表示质料"这个平行条件被找到后,"X鞋"就是满足平行周遍的,是规则组合。但是在这个平行周遍条件被找到前,"皮鞋、布鞋、草鞋"等语素组都应该看做是不规则组合,即语符。语符的提取和组合规则的提取是同一项工作的两个方面。

有些语符可以自由运用,有些语符是不能自由运用的。根据是否可自由运用,语符分为自由语符和不自由语符。这里的"自由运用"指可以单说或可以单独回答问题。例如"吃饭""铁桶"中的语符"吃""饭""铁""桶"都是能自由运用的,是自由语符。"第一""初三""金表""吃的""从北京"中的语符"第一""初一""金一""的""从"都不能自由运用,是不自由语符。英语"books""worked""doing"中表示形态变化的语符"-s(复数)""-ed(过去时)""-ing(进行时)"等,也不能自由运用,都是不自由语符。相比较而言,语言中不自由语符的数量相对较少。不自由语符也是语言中的规则活动单位,对认识语言由有限到无限生成过程具有重要价值。

5.1.3 词

5.1.3.1 词的定义

词是语言中能够自由运用的最小且有意义的规则活动单位。换句话说,词是语符中的一个次类,即自由语符。很多教材中把一些不自由的语符也作为词来处理。比如把"金表"中的不自由语符"金"看做是区别词,把"从北京"中的语符"从"看做介词,把"吃的"中的语符"的"看做是结构助词等。这种处理面临的一个首要问题是如何提取这些词。基于自由运用的"单说论"(见§5.1.3.2)和"扩展法"(见§5.2.3.2)都无法把这些虚词提取出来。"的"和"从"都不能单说。"扩展法"能够提取"吃的"中的结构助词"的",但无法提取"从北京"中的介词"从"。目前学界在词的提取上所面临的困难,主要也是在处理这些不自由语符时遇到了问题。实际上,自由运用是词的最重要的一个性质。把"的""从"这类不自由语符不看做是实词,而看做虚词,一方面能避免词的提取所遇到的理论困难,另一方面,也体现词的"自由运用"这一根本性质。

根据词的定义,汉语"老张""第一"中的"老—""第—",英语-s(复数)、-ed(过去时)等,都是不自由语符,都不是词。有些教材把"老张""第一"中的"老—""第—"等不自由语符也看做是词缀[①]。实际上,它们和汉语词缀"老—(老鼠)""阿—(阿哥)""—子(椅子)""—头(石头)"等是不一样的。"老—(老张)""第—(第一)"是从规则组合提取出来的单位,是不自由语符。不自由语符仍然是规则活动的单位,不应看做是词缀。不规则组合"老鼠""阿哥"中的"老—""阿—"是不规则活动的单位,才是词缀。同样,英语-s(复数)、-ed(过去时)等不自由语符都是规则活动的单位,也不应看做词缀。它们和英语词缀 ir-(否定)、-able(有能力的)等也是不同的,因为后者不是规则活动的单位。可见,规则活动的语素是不自由语符,都不是词缀,不规则活动的语素才是词缀,可列表总结如下:

[①] 一般所说的词缀,主要指派生语素,详见§5.2.1。

语素实例	是否规则活动	是否语符	是否词缀
老—(老张)；第—(第一)； -s(表复数)；-ed(表过去时)	规则活动	是不自由语符	不是词缀
老—(老鼠)、阿—(阿哥)； —子(椅子)；—头(石头)； ir-(表否定)、-able(有能力的)	不规则活动	不是语符	是词缀

词是最重要的一级语法单位，是句法分析的基本单位。语法研究通常以"词"为界，分为词法和句法两部分。区分词法和句法的前提是建立两种单位：语素和词。如何判定词，是区分句法和词法的关键。从语法的描写目标看，由于造句过程是从有限的词和规则造出无限的句子，提取词是语法描写的主要目标之一。提取词、给词分类、识别词的组合关系，也是语言学的核心目标和根本任务之一。

相比较而言，汉语中提取词比印欧语提取词要相对困难一些。印欧语言中的词比较好区分，因为印欧语的词在语音或语法上大都有一定的形式标记。例如，从语音上看，捷克语中词的重音在第一个音节；波兰语中词的重音在倒数第二个音节。固定重音本身就给词划出了界限。英语和俄语中，尽管没有固定重音，但除了虚词，每个词都有一个重音。重音的位置一般是有规则的，而根据重音规则就可以确定词的界限。英语带后缀"-tion"的名词，词重音都在倒数第二个音节，如 production、information 等。从语法上看，绝大部分实词都有形态变化，派生词都有构词词缀，因此词的提取相对来说也比较容易。

5.1.3.2 词的自由运用特点

词是语言中能够自由运用的最小且有意义的规则活动单位。理解词的定义，关键要把握"自由运用""最小且有意义"这两点。"自由运用"指的是可单说或可独立成句，即可以直接加上语调构成句子，并可在言语交际中单独使用。比如"椅子""漂亮""打"等，在言语交际中都可以单说或可独立成句，并承担特定的交际功能，因此它们都是词。言语交际中能"自由运用"的语言单位很多，大小不一。例如"学英语""懂汉语"都是可以单说或独立成句的，但它们都不是词。所以词的定义中必须包含"最小且有意义"。

从一定程度上来说，"自由运用"把词和语素区分开，"最小且有意义"把词和词组区分开。以"懂汉语"为例，"汉"是音义结合的最小言语片段(语素)，但不能自由运用，因此不是词；"语"是音义结合的最小言语片段(语素)，但不能自由运用，因此也不是词；"懂"和"汉语"是能自由运用的最小的有意义的言语片

段,因此是词;"懂汉语"是能自由运用的、有意义的言语片段,但不是最小的,因此是词组。以上分析情况可列表如下:

言语片段	是否"自由运用"	是否"最小且有意义"	判别结果
汉	否	是	是语素,不是词
语	否	是	是语素,不是词
懂	是	是	词
汉语	是	是	词
懂汉语	是	有意义但不是最小	是词组,不是词

比较发现,"汉""语"都是语素,"懂""汉语"都是词,词和语素的一个重要区别在于是否"自由运用",而词和词组的一个重要区别在于是否"最小的且有意义"(比较"汉语"和"懂汉语")。

自由运用是词的一个重要性质,也是最容易观察到的。在学界影响较大的"单说论"就与词的这个性质有关。斯维特(Sweet)在 *Word, Logic and Grammar* (1876)中最早给出了词的提取方法,根据的就是词的自由运用的性质。20世纪20年代,对提取词的方法有较大贡献的有叶斯伯森(Jesperson 1924)和布龙菲尔德(Bloomfield 1926)。布龙菲尔德(Bloomfield 1926:155)把能够独立构成话语的片段称为自由形式(free form),把最小的自由形式称为词(word)。布龙菲尔德(Bloomfield 1926)所说的自由形式是指能单独成句,即能单独构成一句话(utterance)。布龙菲尔德(Bloomfield)在《语言论》(1933:217—218)中明确指出,能够作为句子出现的形式,就是自由形式;词就是一个最小的自由形式(minimum free form)。通常把斯维特和布龙菲尔德提取词的方法,称为单说论。

单说论具有简单性和可操作性,是关于词的最有分量的形式化定义。然而,单说论在判定或提取词方面还存在不少问题,例如:

  金表　　　　　第一
  金镯子　　　　第二
  金耳环　　　　第三
  金项链　　　　第四
  ……　　　　　……

按照单说论标准,语素"金""第"不能自由运用,因此都不是词。但"金""第"的活动是有规则的。上面"金表""金镯子""第一""第二"等,是通过一定的组合规则而产生的规则组合①。如果把"金表""第一"这些规则组合也看做是词,那么语言中词的数量将会无限增多。这违背了提取语法单位应遵循的"有限原则"(即提取的语法单位的数量应该是有限的)。

布龙菲尔德的单说论确实揭示了词所具有的自由运用的特点。很多汉语语法书把词定义成"最小的能够自由运用的有意义的语法单位",基本上根据的是布龙菲尔德对词的定义。后来也有学者使用扩展法(见§5.2.3.2)来判定词,进一步放宽了对自由的要求。

5.1.4 语素、语符、词的区别与联系

语素、语符和词三者之间既有联系也有区别。语素、语符和词都是语法分析的单位,但它们在语法研究中的地位不完全相同。通常认为,语法分析的基本单位是语素和词,其中语素是词法分析的基本单位,词是句法分析的基本单位,也叫句法单位。语素是构成语符或词的最基本单位。词是语符的一种。语符是最小的规则活动的单位,包括自由语符和不自由语符两类。自由语符指能自由运用的语符,如"铁桶"中的"铁"。自由语符也就是词。不自由语符指不能自由运用的语符,如"老张"中的"老"等。不自由语符属于语素的一种。

语符 { 自由语符:铁(铁桶)、汉语 ⟹ 词
       不自由语符:老(老张) ⟹ 语素

语素除了不自由语符这一类,还包括那些不规则活动的最小有意义单位,如"白菜"中的"白"和"汉语"中的"汉""语"都是最小的不规则活动的单位,都是语素。

规则组合中的语素,都是语符。这些语符可能是词,也可能不是词。例如规则组合"白车""铁桶"中的语素"白""车""铁""桶"都是语符,也都能够自由运用,因而都是词。规则组合"第一"中的语素"第""一"也都是语符,其中"第"是不自由语符,不是词。

不规则组合中的语素都不是语符,如"汉语""近视""盖儿"中的"汉""近""盖"等。但不规则组合可以作为一个单位构成一个语符。例如"汉语""近视"

---

① 这里所说的"第一"指的是与"第二、第三、第四……"相对应的语素组合。需要注意的是,"第一"这个语素组合比较特殊,在有些情况下已凝固为一个词。在《现代汉语词典》(第7版,289页)中,"第一"词条包括两个义项:①排在最前面的:他考了第一名;②指最重要的:百年大计,质量第一。然而,"排在最前面的""最重要的"这两个义项与这里所讨论的"第一"的意义,还是存在一定差别。排除这个特殊情况,"第一、第二、第三……"都可看做是通过一定的组合规则而产生的规则组合。

"盖儿",都是可以自由运用的语符,即自由语符,也都是词。

5.2 组合规则

语法的组合规则可分为三类:(1)语素组合成词的规则①;(2)词的形态变化的规则;(3)词构成词组或句子的规则。语素组合成词的规则以及词的形态变化规则,属于词法。词构成词组或句子的规则,属于句法。根据形态变化规则而生成的组合,有些也是规则组合,如英语 books 就是规则组合,"book""-s"都是规则活动的单位。词与词根据组合规则构成的线性组合结构,具有层次性,需要运用层次分析来确定其直接成分和层次。另外,组合规则的重复使用使语法单位的组合具有递归性与开放性。本小节将对上述相关内容展开论述。

5.2.1 语素的组合规则

词是由语素构成的。有些词由一个语素构成,如"天""水"等,有些词由两个或两个以上语素构成,如汉语"白菜""铁路"和英语"worker"都是由两个语素构成,英语"returner"是由三个语素构成。下面通过分析语素的分类,来考察语素的组合规则。

根据语素在构词/变词方面的不同作用,语素分为词根、派生语素和屈折语素。词根是词的核心,也是词的意义的主要承载者。词根可以单独成词,如"水"由一个词根构成。词根也可以组合成词,如"人民"由词根"人"和"民"构成。词根还可以与派生语素一起构成词,如汉语"桌子"和英语"reader(读者)"的构成方式是"词根+派生语素"。汉语中绝大多数词是由词根构成的。

派生语素指那些不能单独成词、只能加在词根上构成新词的语素。一般所说的词缀主要指派生语素。根据词缀与词根的位置关系,词缀分为前缀(prefix)、中缀(infix)和后缀(suffix)。黏附在词根前面的词缀叫前缀,例如汉语"老鼠"中的"老—",英语"irregular(不规则的)"中的"ir-(表否定)"都是前缀。插入到词根中间的词缀,叫中缀。人类语言中,中缀比较少见,例如马来语"guruh(雷)—gemuruh(雷声隆隆)""gigi(牙齿)—gerigi(锯齿形的)","-em-""-er-"就是插入到词根中间的中缀(高名凯、石安石 1963:150)。黏附在词根后面的词缀叫后缀,例如汉语"椅子"中"—子"和英语"beautify(美化)"中的"-fy

---

① 语素组合成词的规则是理解性规则,和词构成词组或句子的生成性规则不同。"理解性规则""生成性规则"的区分和讨论,详见§5.1.2.1。

(使……化)"。

屈折语素指不能单独成词,也不能与其他语素一起构成新词,只能改变词的形式的语素,如英语"worked"中的"-ed"。屈折语素通常也叫构形语素。构形语素是指表示词的不同形态的语素。一般所说的词尾主要指屈折语素。

派生语素和屈折语素的区别主要体现在三个方面。第一,与词根(或词干)组合后,是否能构成新词。派生语素黏附在词根上构成新词,即增加了新的词汇意义或改变了词性。如英语"speak"加上派生语素"-er"构成新词"speaker",增加了"表……的人"的词义,词类也由动词变成名词。屈折语素与词根(或词干)组合后,没有构成新词,只是改变了词的形式。例如英语"tree"加上屈折语素"-s"变成"trees",没有增加词汇意义,也没有改变词性。第二,和词根(或词干)的组合,是否有语法条件或词形变化规则。派生语素跟词根的组合,无规律可循,也找不到语法条件。例如普通话有"筷子""桌子""椅子""凳子"这些词,但并非普通话中所有的单音节名词性词根都可以加"—子"构成新词(例如,没有"*碗子""*床子"等)。屈折语素跟词根(或词干)的组合,则基本可以找到语法条件来说明。例如英语中,在"主语是第三人称单数""现在时"的条件下,动词后面要加上屈折语素"-s",至于有哪些动词需要加"-s",不需要一一列举出来,只需要在词法规则表中列出这条词形变化规则即可。第三,派生语素和屈折语素出现的顺序不同。英语中,如果一个词同时包含派生语素和屈折语素,屈折语素一般出现在派生语素外层。例如"classified(把……分类)",词根"class"后面先出现派生语素"-fy",再出现表示过去时的屈折语素"-ed"。

词根和派生语素,可称为构词语素。屈折语素只能改变一个词的形式,可称为变词语素。构词语素构成了一个词的词干。一个词去掉变词语素就是词干。例如英语"speakers"中,去掉变词语素"-s"后的"speaker"才是词干。汉语中的语素绝大部分是词根,汉语中存在少量的派生语素,没有屈折语素。

根据是否能单独成词,可以把构词语素分为自由语素和黏着语素。能单独成词的语素是自由语素,如汉语"水""手"和英语"hot""speak"等。不能单独成词、需要与其他语素一起构成新词的语素,叫黏着语素。黏着语素包括不能单独成词的词根和派生语素,如汉语词根"民""师"和派生语素"—子",英语词根"-tain(retain)"和派生语素"re-""-fy"等。根据语素位置是否固定,黏着语素又可分为定位黏着语素和不定位黏着语素。定位黏着语素指那些只能固定出现在词根前、词根后或词根中间的黏着语素,如汉语的"—子",英语的"re-""-fy"等。不定位黏着语素是指那些既可以出现在词根前也可出现在词根后的黏着语素,如汉语词根"民""师"等。

5.2.2 句法结构和句法组合规则

词与词组合在一起构成词组或句子。进入词组或句子的词,不再是孤立个体,词和词之间会构成各种各样的句法关系。这些句法关系具有特定的语法形式和语法结构意义,并具有词之上的组织规则。句法结构是通过词与词组合而产生的、能体现词与词之间结构关系的格式。句法结构是句法关系的形式表现。从整体功能来看,句法结构包括体词性结构、谓词性结构、副词性结构等。

句法结构也可以从结构关系进行分类。语言中常见的基本句法结构类型主要有五种:主谓结构、述宾结构、偏正结构、联合结构、述补结构。除了以上五种基本结构以外,句法结构还包括介宾结构、附加结构等。附加结构内部关系比较复杂,比如"的"字结构、"第X"结构等。

句法结构也可以从直接成分的功能和结构整体的功能的关系进行分类,如向心结构、离心结构。向心结构指至少有一个直接成分的功能与结构的整体功能相同。比如,"好茶"这一结构中,直接成分"茶"的功能和整个结构的功能相同,都是名词性的。联合结构、偏正结构、述补结构都可以看做向心结构。离心结构指的是没有一个直接成分的功能与结构的整体功能相同。比如"从北京","从"是介词,"北京"是名词,但"从北京"是副词性的,这就是离心结构。主谓结构、述宾结构是向心结构还是离心结构,有不同的看法,这取决于对"功能相同"如何理解[①]。尽管如此,向心结构和离心结构仍然是相当重要的概念。

一般来说,形态变化丰富的语言中,结构关系可根据形态标记直观看出来。汉语由于缺乏形态标记,结构关系的判定往往会面临很大困难。例如汉语的主谓关系没有形态标记,"今天有课"是主谓关系,还是偏正关系?很难直观判定出来。目前唯一能够找到的比较强的形式标记是推导式(朱德熙 1962)。朱德熙(1962)首先提出可根据推导式的异同来确定结构关系的异同。下面的两个言语片段具有相同的推导式:

    A 写信   B 买票
    A_1 写一封信 B_1 买两张票
    A_2 写完信 B_2 买好票
    A_3 写不写信 B_3 买不买票

A_1、A_2、A_3是A的推导式,B_1、B_2、B_3是B的推导式。更具体地说,上述实例构

[①] "向心结构"相关问题的讨论,可参考:朱德熙等(1961),施关淦(1981),朱德熙(1984),项梦冰(1991)等。

成一个矩阵,横行之间两个言语片段所有层次都相同,并且所有成分的功能都分别相同,纵列之间两个言语片段的功能以及它们的直接成分的功能都分别相同。由此可以断定,"写信"和"买票"的结构关系相同。这个原则被称为推导式平行性原则。根据这一原则,助动词"会、能、敢、肯、应该、可以"等跟后面的动词之间是述宾关系而不是偏正关系,因为它们的推导式和典型的述宾关系(如"赞成去")相近,而不是和典型的偏正关系(如"马上去")相近,比较:

AB	A不B	A不AB	AB不A	不A不B
会去	会不去	会不会去	会去不会	不会不去
能去	能不去	能不能去	能去不能	不能不去
敢去	敢不去	敢不敢去	敢去不敢	不敢不去
肯去	肯不去	肯不肯去	肯去不肯	不肯不去
应该去	应该不去	应该不应该去	应该去不应该	不应该不去
可以去	可以不去	可以不可以去	可以去不可以	不可以不去
喜欢去	喜欢不去①	喜欢不喜欢去	喜欢去不喜欢	不喜欢不去
赞成去	赞成不去	赞成不赞成去	赞成去不赞成	不赞成不去
买票	—	买不买票	买票不买	—
也去	也不去	—	—	—
马上去	—	—	—	—
好好儿地说	—	—	—	—

推导式为鉴定结构关系提供了一种准形式化的手段。比如谓语前的时间名词和处所名词是主语还是状语?通过推导式可以确定它们是主语:

谓语前时间名词	谓语前处所名词	典型主谓结构	典型偏正结构
今天有课	这个教室有课	我们有课	马上有课
今天有没有课	这个教室有没有课	我们有没有课	*马上有没有课
今天有课没有课	这个教室有课没有课	我们有课没有课	*马上有课没有课
今天是不是有课	这个教室是不是有课	我们是不是有课	*马上是不是有课
今天没有课	这个教室没有课	我们没有课	*马上没有课

---

① 朱德熙原来认为"喜欢不去"不可以说,实际上是可以说的,至少现在可以说。

这个结论还可以得到其他事实的支持。比如主谓结构如果加上"的"字构成定中结构，主语和动词之间可以插入"所"字，偏正结构加上"的"字后，就不能再插入"所"字。时间名词和处所名词加上谓语所构成的结构在这一点上也和主谓结构相同：

谓语前时间名词	谓语前处所名词	典型主谓结构	典型偏正结构
昨天挂的地图	墙上挂的地图	他挂的地图	刚才挂的地图
昨天所挂的地图	墙上所挂的地图	他所挂的地图	*刚才所挂的地图

语言中绝大多数句子是通过短语结构规则生成出来的。短语结构规则指通过一套符号链来说明词通过线性组合生成词组或句子的规则。短语结构规则的基本形式是：X→YZ，其特点是，箭头左边只有一个单位，例如下面是一套短语结构规则：

① S→NP+VP
② NP→N
③ VP→PP+VP
④ PP→P+NP
⑤ VP→V+NP
⑥ N→{他，李涛，图书馆，书，英语，苹果，……}
⑦ P→{在，从，……}
⑧ V→{看，学习，吃，……}

使用这些规则，就能生成类似"他在图书馆看书""李涛学习英语"这样的句子。"他在图书馆看书"生成过程中的规则使用情况及句法树形图，如下所示（数字为规则编号）：

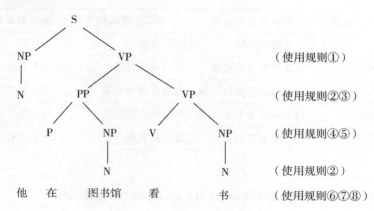

5.2.3 直接成分

通过短语结构规则生成出来的词组或句子,都是线性的规则组合,大都可以用层次分析来确定其直接成分及层次。凡是能够进行层次分析的组合,都是通过线性的组合程序生成的。

5.2.3.1 直接成分和层次

层次是直接成分组合关系的体现,是指不同直接成分线性组合时的先后顺序。比如"他喜欢音乐"的层次是:

[他][[喜欢][音乐]]

"喜欢"和"音乐"两个直接成分先组合,然后"他"和"喜欢音乐"作为两个直接成分再进行组合。

层次是建立在直接成分理论上的。直接成分理论是布龙菲尔德(Bloomfield 1933)提出来的。直接成分是直接组成句法结构的成分。直接成分可以是一个词、词组,也可以是一个句子或复句。层次是直接成分线性组合的一个属性。组合结构的线条性,不是组合单位的由左向右的线性组合,而是直接成分之间有层次的线性组合。例如"一张圆桌"中,直接成分"一""张"组合成"一张",但"一张"并不是按由左向右顺序跟"圆"组合,因为"一张圆"是不成立的。事实是,直接成分"圆"和"桌"先组合成"圆桌",然后"一张"和"圆桌"再组合。

层次是语法结构的初始概念。霍凯特在《语法描写的两种模型》(1954)中就已经指出这一点,并进行了较深入讨论。层次不仅仅是自然语言的初始概念,所有具有生成能力的符号系统,都是有层次的,比如数学符号系统、计算机语言等等。然而,自然语言和数学符号系统、计算机语言等其他符号系统,在层次的标记方面存在一定的差异。说话者在自然会话中说出的句子,不管是说话者本人,还是听话者,对其内部层次关系都是很清楚的,但在句子组合过程中,不一定有明显的标记。比如上面的几个汉语例子,不管是用于口语对话还是用于书面语,都没有标志层次关系的显性标记。与自然语言不同,数学符号系统中的层次是有标记的,即通过括号来表示,不加标记则默认"先乘除、后加减"的层次关系,比如"2×3+4"和"2×(3+4)"的层次就不同,计算结果也不同。

不同自然语言的层次标记性是不一样的,有的是隐性的,有的是显性的。汉语的层次标记主要表现为隐性。汉语中的有些组合结构,由于没有层次标记,可能会有两种或两种以上的层次或结构关系,从而造成了歧义结构,例如:

(1) 我们三个一组

(2) 烤地瓜
(3) 拜访的是老师
(4) 咬死了猎人的狗

以上组合结构都是有歧义的,但它们产生歧义的原因存在差别。(1)的歧义是层次不同造成的。"我们三个一组"的层次可能是"[我们三个][一组]",也可能是"[我们][三个一组]",但它们的语法结构关系相同,都是主谓关系。(2)的歧义是语法结构关系不同造成的。"烤地瓜"的层次只有一种,即"[烤][地瓜]",但其结构关系可能不同,既可以是述宾关系,也可以是偏正关系。(3)的歧义是语义结构关系不同造成的。"拜访的是老师"的层次只有一种,即"[拜访的][是老师]",但语义结构关系可能不同,"老师"既可以是施事,也可以是受事①。(4)的歧义则是由层次不同、语法结构关系不同、语义结构关系不同共同造成的。具体来看,"咬死了猎人的狗"的层次可能不同,可以是"[咬死了][猎人的狗]",也可以是"[咬死了猎人]的[狗]",前者是述宾关系,后者是偏正关系。"咬死了猎人的狗"语义结构关系也可能不同,"狗"既可以是施事,也可以是受事(比较:"咬死了猎人的鸡"就没有歧义,其层次也只有一种,"[咬死了][猎人的鸡]")。汉语层次标记的隐性特点,是导致汉语中存在很多类似歧义结构的重要原因。

与汉语相比,有些语言的层次标记是显性的。在印欧语言中,很多层次关系可以通过形态变化确定下来。修饰名词的形容词有性、数、格的变化,说明形容词和与之同性、数、格的名词是直接组合的,例如下面两个法语句子:

    Je vois cet ouvrier.   (我看见了这个男工人)
    Je vois cette Française.   (我看见了这个法国女人)

第一句中,"ouvrier(男工人)"是阳性名词,"cet(这个)"是阳性指示形容词,二者同为阳性,直接组合成"cet ouvrier(这个男工人)";第二句中,"Française(法国女人)"是阴性名词,"cette(这个)"是阴性指示形容词,二者直接组合成"cette Française(这个法国女人)"。

层次能体现语言的递归性。递归性是由语言线性链条上可出现在某个位置的语言单位间的替换造成的。递归本质上是扩展替换,即用长的语言片段替换短的语言片段。在语义允许条件下,这种扩展替换可以无限制进行,形成递归,例如:

---

① "施事""受事"指的是两种语义格,具体讲解见§6.3.1。

父亲
父亲的父亲
父亲的父亲的父亲
……

这里的扩展规律是"父亲"可以不断被"父亲的父亲"替换,可以概括成公式:NP → NP 的 NP。更一般地说,递归的本质是:X → XY,即 X 可以被一个更长的包含 X 的片段替换。

递归性包括两层含义。第一层含义是,同样的结构规则可以重复使用。例如"喜欢[小说]"的宾语"小说",可以用其他名词性成分来替换,即重复使用"动词＋宾语"这条结构规则:

喜欢[武侠小说]
喜欢[金庸写的武侠小说]
喜欢[金庸 20 世纪中期写的武侠小说]
……

递归性的第二层含义是,同样的结构可以是层层嵌套的,例如:

民族的[习俗]
民族的[独特的习俗]
民族的[独特的[有保留价值的习俗]]
民族的[独特的[有保留价值的[有待深入研究的习俗]]]

上述几个例句,实际上是同样的结构嵌套在"民族的[习俗]"的核心成分"习俗"上,可称之为核心成分的递归(陈保亚 2009:481)。递归也可发生在修饰语上,可称为边际成分的递归,例如对"习俗"的修饰语进行如下的替换:

[民族]的习俗
[山区民族]的习俗
[[高寒山区]民族]的习俗

不管是核心成分递归还是边际成分递归,发生替换后,用以替换的语言单位(如"武侠小说")必须保持被替换单位(如"小说")在线性链条上原有位置不变。正是因为语言结构具有递归性质,所以语言可以通过有限的单位和有限的规则,生成数量上无限多、长度上不受限制的句子(当然,现实句子的长度跟人们表情达意需要有关,并受到人的感知心理、发音生理等条件的限制)。递归性体现出语言的生成性。可以说,如果没有递归性,语言也就无法成为人类最重要的交际工具。

通过扩展替换而产生的组合结构一定是有层次的。组合结构中替换发生的位置，就是层次切分的地方，例如汉语中可以有如下的递归运用：

［李教授］［［研究］［语音］］
→［李教授］［［研究］［民族语言语音］］
→［李教授］［［用科学仪器］［研究民族语言语音］］

在第一次递归中用"民族语言语音"替换"语音"，在第二次递归中以"用科学仪器研究民族语言语音"替换"研究民族语言语音"。按照这样的替换，句子自然就有了层次性。

语言的单位是按照层次组合起来的，从说话者一方看，这个问题是清楚的。但是语言单位组合的层次，不一定总是有标记的。从听话者一方看，需要找出说话者心目中的组合层次，这就需要进行层次分析。

层次分析，也叫直接成分分析，指通过层层二分依次确定线性组合结构的直接成分及直接成分之间的关系。层次分析的具体操作程序是，首先把待分析的句子一分为二，切分为两个直接成分，并确定二者之间的结构关系；然后，再对每一个直接成分继续一分为二，再分别切分出各自的直接成分及其结构关系。这样通过层层二分，最终把句子切分到不能再切分的言语片段为止。一般来说，如果切分出的直接成分是词，就不需要再继续切分了，例如：

［猴子］［［吃］［苹果］］

首先把"猴子吃苹果"一分为二，切分出"猴子"和"吃苹果"两个直接成分，这两个直接成分之间是主谓关系。其中，"猴子"是词，不能再切分，但言语片段"吃苹果"还可以继续切分出"吃"和"苹果"两个直接成分，二者之间是述宾关系。"吃"和"苹果"都是词，不能再继续切分。通过层次分析，一方面能很清晰看出"猴子吃苹果"这个句子各组成成分间的层次和结构关系，另一方面也能揭示"猴子吃苹果"的产生过程："吃"和"苹果"首先组合成述宾词组"吃苹果"，然后"猴子"和"吃苹果"作为两个直接成分再进行组合。

从外部表现形式来看，"猴子吃苹果"一句的层次标记是隐性的。分析层次的结果是找出了这种潜在的层次标记。不同的自然语言层次标记不一样，有些是显性的，有些是隐性的。和词类等所碰到的问题一样，汉语的层次的显性标记也很少。很多层次关系，在印欧语言中可以通过形态变化确定下来，在汉语中不能。比如在形态丰富的印欧语言中，主语和谓语有一致关系，这本身就反映了主语和谓语是直接组合的。修饰名词的形容词有性、数、格的变化，说明了形容词和与之同性、数、格的名词是直接组合的。汉语就不能利用这样的标记确定层次。但说话人在说汉语的时候,听话人能理解各种层次,这说明有一种潜在的标记在起作用。层次分析就是为了找到这种潜在的标记。

5.2.3.2 层次分析的原则

层次分析是通过层层二分依次找出句法结构的直接成分的分析程序。在层次分析时,必须遵循三个原则:

(1) 每次切分出的直接成分,都应是有意义的,且意义是完整的;
(2) 两个直接成分要有组合关系,即合乎语法;
(3) 两个直接成分意义相加,是整个言语片段的意义。

考虑下面几个例子:

正确的切分	结构关系	错误的切分	违背原则情况
一个|大萝卜	(定中)	*一个大|萝卜	[违背了(1)(2)(3)]
烧|火车票	(述宾)	*烧火|车票	[违背了(2)(3)]
我看见的|人	(定中)	*我|看见的人	[违背(3)]
大红|色	(定中)	*大|红色	[违背(3)]

"*一个大\|萝卜"切分出了不完整、无意义的成分,两个成分没有组合关系,且二者相加也不是整体的意义,即这种切分违背了上面的所有原则;"*烧火\|车票"的切分,尽管"烧火"和"车票"均有完整的意义,但二者没有组合关系,二者相加也不是整体的意义,故违背了原则(2)(3);"*我\|看见的人"这种切分,两个直接成分"我"和"看见的人"均有意义,二者也可以组合,但组合后的意义不是原结构(定中结构)的整体意义,即违背了原则(3)。可见,正确划分层次还必须考虑直接成分的意义和结构整体意义的内在关联。

切分直接成分暗含了一个标准:切分出来的直接成分需具有可替换性,即能够被其他同功能成分替换而保持结构的不变。换句话说,层次分析的基本操作就是同功能的直接成分替换。这种替换也可称为扩展,看下面的例子:

(1)	我们中文系的业余剧团	召开重要会议
(2)	业余剧团	召开会议
(3)	猴子	吃苹果
(4)	我	走

上例中,(1)是(2)的扩展,(2)是(3)的扩展,(3)是(4)的扩展。"业余剧团"属于

"我们中文系的业余剧团"的一部分,"我"不属于"业余剧团"的一部分,但这不是扩展的实质。扩展的实质是功能要相同。严格地说,扩展法是要在长的言语片段和短的言语片段之间建立一种功能上的平行关系[①],上面第二列、第三列中,(1)(2)(3)(4)的功能都是相同的。通过这种平行关系的建立,就能实现给长句子划分直接成分的目的。

扩展法的根本原则是,如果切分出来的言语片段和语言中某个词类的功能大致相同,这种切分就是合理的。扩展法是一种比较严谨而科学的方法,可以解决层次切分中遇到的很多问题。比如下列语言片段,第一层次的两种切分似乎都可以:

A:他哥哥|写了一封信
B:他哥哥写了|一封信

使用扩展法,就可以确定上面两种切分的正误:

A   B
他哥哥|写了一封信   他哥哥写了|一封信
哥哥|来   ?|信

如果按照 A 来切分,切分出来的两部分都容易归类,"他哥哥"和"哥哥"同类,"写了一封信"和"来"同类。而如果按照 B 来切分,"一封信"和"信"是同功能的,但是"他哥哥写了"却不容易找到同功能的词。所以,上述两种切分中,A 的切分是正确的。

层次分析对于揭示和辨析歧义有重要的作用。层次分析能够揭示句法结构直接成分所处的层次,可以分化很多歧义结构,例如:

我们三个一组   [我们三个][一组]   [我们][三个一组]
三个英语班的学生 [三个][英语班的学生]   [三个英语班]的[学生]
找到了他的老师   [找到了][他的老师]   [找到了他]的[老师]

在传统上还有一种中心词分析法。中心词分析法注重找出直接成分的中心,有利于找出支配关系的主干,可以很清楚表明句子的结构关系。中心词分析法把句子主干看做句型,这对于理解句子,尤其那些很长的句子,是有帮助的。例如"有些生活在美国的华人经常看中国举办的春节晚会"这句话,用中心词分析法就很容易抓住其主干"华人看晚会"。主干之外的成分也很容易确定

[①] 关于扩展法,可参考:陆志韦,1957,《汉语的构词法》,北京:科学出版社。

结构关系。

中心词分析法也讲层次,是抓住层次的中心,只是层次的观念不明确。因此,运用中心词分析法也会面临不少问题,例如下句:

  于福的老婆是小芹的娘。

运用中心词分析法,该句的主干会成为"老婆是娘",这与原句意义不符。

有时,在句子中作为一个成分起作用的不是单个词,而是词组。在这种情况下,中心词分析法很难确定句子谓语的中心,例如:

  这张桌子我砍了腿。
  这个苹果我削了皮。
  这个道理大家都明白。

总之,中心词分析法强调了结构关系,但弱于分析层次。句法分析中应把层次分析和中心词分析法相结合,以更清晰、简洁地分析语言结构的层次和结构关系。在层次分析中,同时标注语类和结构关系。目前语类标注和层次标注已经比较成熟。由于判定结构关系分歧很大,结构关系标注还不成熟。但基本的结构关系(如偏正、并列等)可以标注,例如"她喜欢朗诵唐诗"可做如下标注:

  [s[n 她][vp[v 喜欢][vp[v 朗诵][n 唐诗]]]]

左括号下方标注的是语类。标注了语类,同时也就基本知道了结构关系,如动词"朗诵"和名词"唐诗"组成动词性词组"朗诵唐诗","朗诵"和"唐诗"是述宾关系,动词"喜欢"再和"朗诵唐诗"组成述宾关系的动词性词组,等等。

5.2.4 转换

短语结构规则是建立在线性基础上的,其实质就是连续直接成分的形式化。正因为如此,凡是根据短语结构规则生成的线性组合结构或句子,都可以使用层次分析法来分析。然而,语言中有些组合结构是不能使用层次分析的,如汉语"将他的军"。可见,语言中的句子不完全是线性的。语言中存在的非线性结构或句子,不是通过短语结构规则生成的,而是通过转换规则生成的。

转换,是和短语结构规则不同的另一种语言生成规则,指通过插入、删除、融合、移位等手段,从深层结构生成可观察的非线性的表层结构(即词组或句子)。转换的基本形式包括:XY→XZY,XY→Z,XY→YX,其特点是,箭头左边有两个单位,右边可以有一个或多个单位。例如根据 XY→XZY 这条转换规则,可以生成"将他的军"(即在"将军"中间移入"他",并插入"的");根据 XY→

YX，能从"洗澡了"转换出"洗了澡"（即"了"移到"澡"前面）。根据转换规则生成的词组或句子，都是非线性结构，不能使用层次分析。把"将他的军"的层次划分为"[将][他的军]""[将他]的[军]"都是错误的，因为这两种切分都违背层次分析的原则。同样，"洗了澡"也不能进行层次分析。

类似"将……军"这样的结构，有学者称为不连续直接成分（discontinuous immediate constituent）①。语言中很多非线性结构都涉及不连续直接成分，例如：

（1）理一次发、洗了澡、毕了业
（2）将他的军

上述这些例子，都是在不连续直接成分中插入或移动其他成分而生成的非线性结构。(1)组实例是在不连续直接成分"理……发""洗……澡""毕……业"中通过其他成分的移位而生成的②。(2)实例是在不连续直接成分"将……军"中通过移位、插入其他成分而生成的。深层结构可以和语言中的句子相同，也可以是语言中抽象的组合结构。(1)组实例，语言中有与之对应的句子，如"理发一次""洗澡了""毕业了"。因此(1)组例子可以看做是在语言中已有组合结构基础上通过语言成分移位而生成出来的。(2)中"将他的军"，语言中没有与之对应的句子，是在深层结构中经过语言成分的移位、插入而生成的。具体来说，深层结构"[将……军][他]"，先通过移位把"他"移入"[将……军]"，然后再插入"的"，从而生成表层结构"将他的军"。由于(1)(2)中的实例都是通过转换而生成的非线性结构，所以不能使用层次分析法。

再如以下两句：

（1）掀起来你的盖头
（2）掀起你的盖头来

第(1)句是线性组合结构，而第(2)句是一个非线性结构，不能进行层次分析。如果把第(2)句分析成"[掀起][你的盖头来]"，"你的盖头来"没有完整的意义，是不可接受的组合结构；如果分析成"[掀起你的盖头][来]"，尽管两部分可以组合成连谓结构，但组合后的意思和原句意思不同。所以，第(2)句不能用

---

① "不连续直接成分"是派克（Pike 1943）、哈里斯（Harris 1944）、威尔斯（Wells 1947）等在讨论转换时提出并使用的一个概念，指两个直接成分因其他成分的插入而被隔开，从而形成非线性结构，如非线性结构"道一个歉"可看做是"一个"插入"道……歉"而生成的，"道……歉"就是不连续成分或结构。

② 有学者把类似"理发""洗澡"等中间可以插入其他成分的词，称之为离合词，即没有插入其他成分前是词，插入其他成分后是词组。

线性程序生成,而应该分析成:

掀起来[你的盖头] → 掀起[你的盖头]$_i$ 来[t$_i$]

即"掀起……来"是不连续直接成分,"你的盖头"移动到"掀起……来"之间,并在"来"后面留下了语迹(trace,记为 t$_i$)。

语言中,有些句子还存在语素删除或语素融合的情况,例如:

表层结构	深层结构	转换手段
(1) 是个教师	是一个教师	语素"一"删除
(2) 找他来	找他他来	语素"他"融合
(3) 我知道他去过上海了	我知道他去过上海了了	语素"了"融合
(4) 他在家看电视	他在在家看电视	语素"在"融合

例(1)深层结构"是一个教师",省略语素"一"后产生了表层结构"是个教师"。该省略结构就是一个非线性的结构,不能进行层次分析。例(2)深层结构"找他他来"的两个相邻语素"他"发生融合,生成了表层结构"找他来",并且"他"融合前后的意义是相同的。语素融合后得到的表层结构"找他来",也是一个非线性结构,不能进行层次分析。例(3)表层结构"我知道他去过上海了"可以有三种理解:

[我][[知道][他去过上海了]]　　（他去过上海了,我知道）
[我][[知道他去过上海]了]　　（他去过上海了,我知道了）
[我][[[知道][他去过上海了]]了]（他去过上海了,我知道了）

第一、第二种情况的句子不存在语素融合,而第三种情况是两个"了"遭遇在一起,在表层融合成一个"了",并且"了"融合前、后的意义也是相同的。第三种情况中的表层结构"我知道他去过上海了",是一个非线性结构,不能进行层次分析。例(4)深层结构"他在在家看电视"的两个"在"融合后产生了表层结构"他在家看电视"。深层结构的两个"在",一个是介词("他在家"),另一个是副词("他在看电视")。表层结构中的"在"则是一个介词。语素"在"融合前、融合后的意义发生了某些变化。这时表层结构"他在家看电视"优先看做是一个线性结构。一般地说,对于语素融合而产生的结构,如果语素融合前、融合后的意义保持不变,那么语素融合后产生的表层结构就是一个非线性结构,不能进行层次分析,例(2)和例(3)就是这种情况;如果语素融合前、融合后的意义发生了某些变化,那么表层结构优先看做是一个线性结构,能够进行层次分析,如例(4)"他在家看电视"。

转换规则对人们认识语言性质及语言生成过程具有重要价值。语言中的句子实际包括两大类。一类句子是通过短语结构规则产生的，如"猴子吃苹果""墙上挂着画"等。结构主义的分布和替换的发现程序，主要也是处理线性组合规则而产生的句子。层次分析能有效分析这类通过线性组合规则而产生的句子。另一类句子则是通过转换规则产生的，如"将他的军""说我坏话""找我茬儿"等。通过转换规则产生的词组或句子，无法进行层次分析。

语法规则不仅仅指主谓关系、述宾关系、偏正关系等这些线性组合规则，还包括插入、移位、融合等非线性转换规则。结构主义的分布和替换的发现程序，无法有效处理"将他的军"这类非线性组合结构。只有通过转换规则，才能进行充分描写和解释语言中存在的这些非线性组合结构。转换生成语法既包含短语结构规则，也包含转换规则。乔姆斯基的短语结构语法是建立在直接成分理论或层次的基础上的。短语结构规则是语言中的句子线性组合的规则。凡是能够进行层次分析的组合结构，都是线性程序生成的。然而语言中有的组合是不能进行层次分析的。这说明语言中有的组合不是线性程序生成的，必须要引入转换规则。

总体来看，汉语中类似"将他的军"这类非线性组合并不多，英语中非线性句子比较多。英语被动句就是一种非线性组合结构，比较下面的实例：

The work is done by John.

The work has been done by John.

The work was done by John.

The work will be done by John.

这些被动句是不能进行层次分析的，例如要切分"The work has been done by John"的直接成分，会切分出"been done by John"这样不合语法的片段。也就是说，done 前面的 has、been 是作为一个整体在变化，并不是直接跟 done 线性组合。由于这些被动句不能进行层次分析，说明它们不是通过线性程序生成的，而是通过转换规则生成的非线性结构。

英语中的一些疑问句，也是通过转换规则生成的非线性结构，如"Does he speak English？""Is he speaking English？"。从层次分析角度看，如果对"Does she speak English"进行直接成分分析，就会切分出"﹡she speak English"这样不合语法的片段，因为主语 she 是第三人称单数，而动词 speak 没有使用第三人称单数形式。

5.2.5 变换

变换和转换不同。转换是一种语言生成规则,而变换是分析句子的一种方法。变换是结构主义语言学中的概念,转换是生成语法中的概念。变换是我国学者在汉语研究中经常使用的一个术语。在我国,变换分析是在结构主义的框架中展开的,基本思路和哈里斯(Harris 1952,1957)的思路一致。我国学者在变换分析方面做了很多重要的工作,对变换分析的方法、目的、原则和程序等都有较深入的讨论[①]。

变换是指在保持句子施事、受事、与事等不变的前提下,通过对句子的某些句法成分进行添加、移位、替换、删除等,从而产生句式之间有规则变化的句子,例如:

变换手段	形式化表述	原句		变换句
添加	X→XY	狗被找到了	→	人们找到了狗
		狗被找到了	→	*狗找到了食物
移位	XY→YX	我去过天安门了	→	天安门我去过了
替换	X→Y	墙上挂着画	→	墙上挂了画
		墙上挂着画	→	*墙上挂着葫芦
删除	XY→X	他用钥匙打开了门	→	钥匙打开了门

变换分析中,变换前后句子间的论元关系应保持不变。例如,原句"狗被找到了"和变换句"人们找到了狗"中,"狗"都是受事,即两个句子的论元关系相同。但从原句"狗被找到了"变换为"*狗找到了食物"则是错误的变换,因为原句"狗"是受事,但变换句"狗"是施事,即句子论元关系发生了改变。另外,变换一般也不能改变原句中的实词,否则也会造成原句和变换句论元关系发生变化,如"墙上挂着画"不能变换为"*墙上挂着葫芦"。

通过变换分析,能看出论元关系不变情况下各个句式的异同,例如通过变换可以看出汉语主动句、被动句、把字句等句式的差异。同一个句子会变换出很多变换句。由于原句和变换句论元关系相同,它们会构成一个同义句聚合群。不同句子的变换句会形成不同的同义句聚合群。例如,从"鸡吃米""张三打了李四"这两句话,可以有如下的变换,并各自构成同义句聚合群:

[①] 我国学者在变换分析方面的讨论,可参考:吕叔湘(1942),朱德熙(1962,1978b,1979,1980a,1980b,1986),马庆株(1981,1992),袁毓林(1989),方经民(1998),陆俭明(1990),黄伯荣、廖序东(2017)等。

鸡吃米　　　　　　　　　张三打了李四
→ 鸡把米吃了　　　　　→ 张三把李四打了
→ 鸡把米吃光了　　　　→ 张三把李四打了一顿
→ 米被鸡吃了　　　　　→ 李四昨天被张三打了
→ 米被鸡吃光了　　　　→ 李四昨天被打了一顿

　　通过变换分析,能够分化出层次分析所无法解决的某些歧义结构。例如,"狗找到了""拜访的是老师"是语义结构关系不同而引起的歧义结构。这两个结构的层次都只有一个,因此无法用层次分析分化歧义。但通过变换分析就能分化出这些歧义结构。变换分化歧义的基本过程,可形式化描述为:一个句子 A(即原句),通过添加、移位、替换、删除等变换出两个不同的句子 B 和 C(B 和 C 的论元关系不同),变换句 B、C 再分别作为原句进行变换,变换出一系列新的变换句,从而形成两个不同的同义句聚合群 M 和 N(聚合群 M 和 N 之间句子论元关系不同)。由于句式 A 既属于聚合群 M,又属于聚合群 N,所以句式 A 是一个歧义结构。以"狗找到了"为例,使用变换来分化歧义的过程如下所示:

歧义句		变换句		新的变换句	同义句聚合群
A:狗找到了。	→	B:人们找到狗。	→	狗被人们找到了。	聚合群 M
			→	人们在山上找到狗。	
			→	……	
	→	C:狗找到食物。	→	狗找到碗里的食物。	聚合群 N
			→	狗终于找到食物。	
			→	……	

　　通过变换分析,还能观察到变换句在不同句式间的分布差异,甚至可以据此对某些词类划分出次类,例如下面三个句子的变换句,在①和②两种句式中的分布存在差异:

N_1 上＋V 着＋N_2　　　①N_2＋V 在＋N_1 上　　②N_1 上＋正在 V＋N_2
台上坐着主席团。　→　主席团坐在台上。　　＊台上正在坐主席团。
台上唱着戏。　　　→　＊戏唱在台上。　　　台上正在唱戏。
台上摆着酒席。　　→　酒席摆在台上。　　　台上正在摆酒席。

　　"台上坐着主席团"可进行第①种句式的变换,不能进行第②种的变换;"台上唱着戏"不能进行第①种的变换,但能进行第②种的变换;"台上摆着酒席"则第①种、第②种的变换都可以。这三句话变换句的分布差异,说明它们的句法意义存在细微差别。显然,三个句子句法意义的细微差别是由句子不同的动词造成的。进一步分析会发现,根据"静态/动态""持续/非持续",就可以把"坐""唱""摆"分别划归为动词的不同语法小类:"坐"属于"静态、非持续"类动词,"唱"属于"动态、持续"类动词,"摆"属于"静态、持续"类动词。

5.3 聚合规则

5.3.1 词类

词类是词的句法分类,是为了揭示单位在组合上的规律所进行的分类。单位的组合规律主要体现为词在分布上的异同,所以词的分类必须根据词在组合上的特定分布。根据意义是无法说明分布特点的,比较下面几个组合实例:

突然走了	很突然
忽然走了	*很忽然
干脆走了	很干脆
索性走了	*很索性

根据意义,大多数人可能感觉"突然"和"忽然"意义相同,但是这种相同并不能完全揭示"突然"和"忽然"在组合上的差异。"突然"和"忽然"都可以在"走了"前面出现,但"突然"还可以在"很"后面出现,"忽然"不能。"干脆"和"索性"的关系与"突然"和"忽然"类似。根据分布的差异,"突然、干脆"可以归为一类,"忽然、索性"可以归为另一类。

词类是词的语法分类而不是语义分类。在自然语言中,有些词从语义类型上看可以归纳成一类,但在语法分布上并不相同。比如,下面的几个有关金属的词在分布上显然不同:

金	银	铜	铁	锡
*金是金属	*银是金属	铜是金属	铁是金属	锡是金属
*一块金	*一块银	一块铜	一块铁	一块锡
*买金	*买银	买铜	买铁	买锡

如果根据"金属"这个意义共同点把"金、银"也归为名词(如"铜、铁、锡"),就不

能说明为什么"金、银"在组合上受到限制,而"铜、铁、锡"不受限制①。

从根本上看,词的语法分类要根据词的分布,看词在哪些语法位置出现。词的分布也就是词的语法功能的实现。不过,语言中每个词的语法环境不完全一样。选择哪些分布特征来给词分类,存在一定的相对性②。划分词类需遵循的一个基本原则是,不同的词类应该在分布上体现出差异,相同的词类应该在分布上有共性,并且能够合理地解释语法规则。通常情况下,可以把能够独立成句的词归为实词,把不能独立成句的词归为虚词。有的实词可以用于陈述,比如"来、写、好、高兴、喜欢",这类词都有肯定和否定的区别,通常称为谓词。有些词可以用于指称,比如"水、山",这类词没有肯定和否定的区别,通常称为体词。

有些语言中,词有丰富的形态变化。词的形态变化通常能够反映词的组合规律。因此在这些语言中根据形态给词分类是有价值的。比如英语名词有数的变化,girl 是单数,girls 是复数,动词有过去分词和现在分词的变化,looked 是 look 的过去分词,looking 是现在分词。印欧语有丰富的形态,基本上可以根据形态来给词分类。但形态标准没有普适性,因为有些语言形态不丰富。即使形态丰富的语言,也有一部分词没有形态变化,如介词。形态实际上是分布的一种特殊情况。说英语 girl 有单数和复数的变化,也可以说成 girl 分布在单数标记和复数标记的前面。

汉语缺少形态变化,表达语法意义的手段主要是语序和虚词。汉语与形态变化丰富的印欧语系语言之间,在词类划分方面存在很大不同。印欧语系语言形态丰富,且形态变化较规整,词类划分的主要依据是形态标准(如名词的性数格、动词的时态体等)。汉语由于缺少形态变化,词类划分的主要依据是分布标准。

5.3.2 构词法

根据构词语素数量的不同,词可分为单纯词和合成词。单纯词指由一个词根构成的词。构成单纯词的词根只能是构词语素中的自由语素,如汉语"水"和英语"book"等。合成词指由两个或两个以上的构词语素按一定规则组合起来构成的词③。根据构词方式的不同,合成词又分为复合词和派生词。复合词是

---

① 在汉语学界,"金、银"被称为区别词。区别词是汉语中比较特殊的一个词类,是指只能在名词或助词"的"前边出现的粘着词(参见朱德熙 1982:52)。

② 汉语中形容词可以分为性质形容词和状态形容词。状态形容词是汉语中比较特殊的一个词类,指带有明显的描写性、可自由修饰名词的形容词,例如"小小的、干干净净(的)、冰凉、绿油油、灰不溜秋、挺好的"等(参见朱德熙 1982:73—75)。

③ 这里的"规则"不是生成性规则,而是理解性规则。关于"理解性规则""生成性规则"的区分和讨论,详见§5.1.2.1。

由两个或两个以上词根按一定规则组合起来构成的词,也叫复合式合成词,如汉语"人民""火柴",英语"railway(铁路)""bookstore(书店)"等。派生词是由词根和词缀按一定规则组合起来构成的词,也叫派生式合成词,如汉语"筷子""石头",英语"reader(读者)""unhappy(不高兴)"等。

构词法指构词语素按照一定的规则组合起来构成合成词的方法。前面§5.2.1已经部分讨论。按照构词语素的组合方式的不同,构词法主要包括:

(1) 附加构词法 附加法,既可以是构形的方法,也可以是构词的方法。附加构词法,是指通过给词根添加派生语素而构成新词,如汉语"椅子""作者""老虎",英语"worker(工人)""dislike(不喜欢)"等,都是由词根和词缀构成的。用附加法构成的词是派生词。

从词根和词缀位置关系看,派生词主要有三种派生方式。第一种是前加式派生,如汉语"老虎""阿姨",英语"disappear(消失)""reconsider(重新考虑)"等。第二种是后加式派生,如汉语"椅子""学者",英语"worker(工人)""comfortable(舒适的)"等。第三种是插入中缀式派生,如前文提到的马来语"gemuruh(雷声隆隆)""gerigi(锯齿形的)",就是分别在词根中间添加了中缀"-em-""-er-"。有些词使用了不止一种派生方式,如英语"unreasonable(不合理的)""irregularly(无规则地)"就使用了前加式、后加式两种派生方式。

(2) 复合构词法 复合构词法,也叫复合法,是指用两个或两个以上词根按一定规则组合起来构成新词的方法,如汉语"国家""铁路",英语"playground(操场)""breakthrough(突破)"等。用复合法构成的词叫复合词。

从复合词内部构成看,复合词都是按照一定的规则组织起来的。汉语中,复合词内部组合规则和语法组合规则有类似之处,因此很多汉语语法著作用主谓式、动宾式、动补式、并列式、限定式等来表示汉语复合词构词语素间的组合关系和对复合词进行分类,如"月亮""海啸"是主谓式复合词,"关心""吃香"是动宾式复合词,"放开""说明"是动补式复合词,"休息""教学"是并列式复合词,"马路""胡闹"是限定式复合词。

相比较而言,汉语主要使用复合构词法,附加构词法较少使用,而英语、法语、俄语等语言,除了使用复合构词法外,还大量使用附加构词法。

(3) 内部屈折构词法 内部屈折也叫语音交替。内部屈折构词法是通过词根内部的语音变化来构成新词的方法。例如,汉语(北京话)"好[xɑu²¹⁴](美好的,形容词)—好[xɑu⁵¹](喜欢,动词)""买[mai²¹⁴]—卖[mai⁵¹]",通过声调变化构成新词。英语"full(满的,形容词)—to fill(装满,动词)",通过元音变化构成新词。佤语"[tʃiat](舀,动词)—[dʒiat](勺子,名词)""[bruŋ](马,名词)—

[bruk](骑,动词)"，通过辅音变化构成新词(马学良1981：147)。

在有些语言中，词的重音位置的改变也能构成新词，如英语"récord[ˈrekɔːd](记录,名词)—recórd[rɪˈkɔːd](记录,动词)""tránsport[ˈtrænspɔːt](运输,名词)—transpórt[trænˈspɔːt](运送,动词)"。这种构词法在现代语言中能产性不高。另外，古代汉语中也存在变调构词的情况(参见孙玉文2007)。一般来说，通过改变重音位置、变调等产生的词，数量相对较少。

5.3.3 构形法

构形法是构成同一个词的表示不同语法意义的形式的方法。在有些语言中，词与词组合来表达某种语法意义时要发生变化，同一个词和不同的词组合要有不同的变化。这种表达一定语法意义的词的不同的变化形式，叫词形变化，例如英语"trees(树)"是表达复数语法意义的词的变化形式。

构形法一般包括下面几种(与构形法有关的语素及语素组合的知识见§5.2.1)：

(1) 附加构形法 附加构形法是指在词的前面或后面加上某些变词语素，以表达特定的语法意义。例如英语动词"work"加上变词语素"-ed"变为"worked"，表示动词过去时，名词"book"加上"-s"变为"books"，表示名词复数。

(2) 内部屈折构形法 内部屈折构形法，指通过词根内部的语音变化来构成词形变化，以表示特定语法意义。比较常见的是元音交替和辅音交替。元音交替的例子，如英语"man[mæn](男人,单数)—men[men](男人,复数)""tooth[tuːθ](牙齿,单数)—teeth[tiːθ](牙齿,复数)"。辅音交替的例子，如阿昌语陇川话"[tsap³⁵](粘)—[tsʰap³⁵](使粘)""[ŋau⁵⁵](哭)—[ŋ̊au⁵⁵](使哭)"。有些声调语言中，可通过声调变化表示某种语法意义，如现代藏语拉萨话"[laŋ¹³](起来)—[laŋ⁵⁵](使起来)""[ɲɛː¹³](睡)—[ɲɛː⁵⁵](使睡)"(马学良1981：147—148)。

(3) 重音移动法 重音移动法指通过移动词的重音位置构成词形变化，以表示某种特定语法意义，如俄语"рукú(手,单数,属格)—рýки(复数,主格)""гóрода(城市,单数,属格)—городá(复数,主格)""бóка(侧面,单数,属格)—бокá(复数,主格)"(高名凯、石安石1963：153)。

(4) 异根法 异根法是指用词汇意义相同的不同词根来表示同一个词不同的语法意义。例如英语中用"went"表示动词"go"的"过去时"语法意义，用"us"表示"we"的"宾格"语法意义，用"better""best"分别表示"good"的"比较级""最高级"语法意义等。

(5) 重叠法 重叠法指通过词根或整个词的重叠构成词形变化，以表示特定语法意义。藏语疑问代词重叠可表示复数，例如"[su⁵⁵](谁,单数)—[su⁵⁵

su^{55}](谁们,复数)""[kʰa^{13}re^{55}](什么,单数)—[kʰa^{13}re^{55}kʰa^{13}re^{55}](什么,复数)"。独龙语疑问代词词根重叠可表示复数,例如"[a^{31}mi^{55}](谁)—[a^{31}mi^{55}mi^{55}](那些人)"(马学良 1981:148)。

(6) 外部形态法　外部形态法指在一个词的外部添加一些起辅助作用的词(如助动词、冠词),以帮助表达某种语法意义①。英语用助动词表示动词将来时,如"He will read the book.(他将读这本书)"。英语、法语中,名词前的冠词可表示确定性或不确定性语法意义,例如英语"There is a car(有一辆车)"中,"车"是不确定的,"There is the car(车在那里)"中,"车"是确定的。

(7) 零形式　没有发生词形变化的词的原形形式,也表达词的某种语法意义,这时原形可看做是一种词形变化,称为零形式,即一个缺位的语法形式。英语中动词现在时、名词单数等语法意义,就是由缺位的语法形式表示出来的,例如"work(零形式,现在时)—worked(过去时)","book(零形式,单数)—books(复数)。有时还会出现词的形态变化形式和原词形式相同的情况,这时零形式同时表达两种语法意义,如"sheep(羊,单数)—sheep(复数)""hit(打,现在时)—hit(过去时)"等。

构形和构词不同。构形是通过一个词的不同变化形式来表达不同语法意义,较常见的是在原词上附加一些变词语素,如"-ed(过去时)""-s(名词复数)"等。一个词发生词形变化后,能表达特定的语法意义,但原词的词汇意义没有发生变化,没有变成其他的词,例如"work—worked"词形变化前后都是动词,词汇意义没有发生改变。一般来说,通过构形法而得到的组合结构,满足平行周遍对比,是规则组合。"worked""books"等都满足平行周遍对比,是规则组合。通过构形法而得到的组合结构,也有不满足平行周遍对比的,例如通过内部屈折构词法而构成的"teeth""men"等,就不满足平行周遍对比,是不规则组合。通过构形法而得到的组合结构,不满足平行周遍对比的例子相对较少。构词则是通过复合构词或派生构词产生了新词,如派生构词通过在词根上添加派生语素(如"-er""dis-"等),改变了原词词性或词汇意义,构成了新词,如英语"work—worker""appear—disappear"等。通过构词法得到的组合结构,都不满足平行周遍对比,是不规则组合,例如通过附加构词法而产生"reader",就不满足平行周遍对比,因为并不是所有单音节动词都能替换该词中的"read",如不能说"＊goer""＊doer"等。

---

① 冠词和助动词等虚词在语法上所起的作用和只包含语法意义的变词语素所起的作用完全一样,所以我们把这一类虚词叫外部形态;相应地,词内部的语法形式就是内部形态(参见高名凯、石安石 1963:154—155)。

5.4 语法意义和语法形式

语法成分包含内容和形式两个方面,是语法意义和语法形式的统一体。语法意义(grammatical meaning)是语法成分的内容,指词进入语法组合后由语法结构所赋予的词汇意义之外的意义,例如"黑头发"是偏正结构,"黑"修饰"头发","头发黑"是主谓结构,"黑"陈述"头发"怎么样。这里的"修饰""陈述"就是语法意义。语法形式(grammatical form)是相对语法意义而言的,指一种语言中表达语法意义的具体形式,例如英语"trees(树)""tables(桌子)"中的语法形式"-s",表达名词复数语法意义,汉语"吃苹果""看书",用语法形式"述语+宾语"表达"支配与被支配"语法意义。语法意义和语法形式的关系,如下所示:

	语法形式	语法意义
英语"trees"	-s	名词复数
汉语"看书"	述语+宾语	支配与被支配关系

语法意义通常会通过特定语法形式表达出来。不同语法形式的结合会表达多重语法意义。以蒙古语名词的"单数和复数""主格和领格"的词形变化为例,见下表(马学良 1981:145):

	哥哥	教师	妹妹
单数主格	ax	pakʃ	ektʃʰ
单数领格	ax—i:n	pakʃ—i:n	ektʃʰ—i:n
复数主格	ax—nar	pakʃ—nar	ektʃʰ—nar
复数领格	ax—nar—i:n	pakʃ—nar—i:n	ektʃʰ—nar—i:n

第一行的三个词,词汇意义各不相同,但它们具有相同的语法意义和语法形式(都是零形式)。而"哥哥""教师""妹妹"所在的三列,分别是这些词的不同变化形式。词的变化形式不同,表达的语法意义也不同。

5.5 语法范畴和语法手段

5.5.1 什么是语法范畴

语法范畴是对词的语法形式所表示的语法意义的概括,是语言中需要强制表达和区分的语法意义概括的范畴。比如,英语中的可数名词区分单数和复数,把单数、复数概括起来就形成了数的语法范畴。"单数"与"复数"的区分对英语来说特别重要,需要通过强制形式来表达。英语中表达"他买书",一定得说明"书"(book)是单数还是复数,要么说"He bought a book",要么说"He bought books",不能说"＊He bought book"。汉语可以说"他买书",不必表明是一本书(单数),还是很多本书(复数)。因此,就"数"语法范畴而言,英语是严式范畴,汉语是宽式范畴。区分严式范畴和宽式范畴的标准在于标记选择的强制性和非强制性①。英语中"数"范畴是强制性的,比如"买书"一定要说明是单数还是复数,并且有严格的区分"单数"和"复数"的形式标记,形式标记一般也不可省略。汉语中"数"范畴则不是强制性的。汉语中可通过词汇手段来表达单数与复数的区分,比如,"一本书"与"许多书"。因此,汉语中的"数"范畴是宽式范畴。通常所说的语法范畴都是指严式范畴。

语法范畴是在语言发展中逐渐形成的。由于社会文化习惯的不同,不同语言会对不同的语法范畴有强制表达的要求,就形成不同的语法范畴系统。不同语言也可能形成类似的语法范畴,比如"数"的范畴不仅在英语中有,在俄语、景颇语、佤语等语言中都有。相同的语法范畴,构成要素和表达这些要素的形式可能因语言而异。就要素而言,"数"范畴有"单数/复数"二分系统(如英语),也有"单数/双数/复数"三分系统(如景颇语、佤语等)。就表达形式而言,英语中表示复数的是"-s",俄语中表示复数的是"-ы"。

5.5.2 常见的语法范畴

1. 数(number)

数范畴是对现实世界实体的数进行强制性的区分,一般是二分系统,即单数和复数的对立。三分系统(单数/双数/复数)要少一些。数范畴一般表现为名词的词形变化,如英语中的单复数对立(cat/cats;book/books)。古印欧语大多有双数,现在只有单数和复数的区分了。古教会斯拉夫语的"女人"区分单数、双数、复数,分别是[ženɑ],[ženě]和[ženy]。藏缅语族的佤语区分单数、双数和复数,其中双数和复数用[ɛ]和[i],或[a]和[e]交替来表示,如人称代词:我[ɣ²],我俩[ʒɛ²],我们[ʒi²],你[mai²],你俩[pa²],你们[pe²],他[nɔh],他俩[kɛ²],他们[ki²]。景颇语人称代词也有单数、双数和复数的区别。单数:我[ŋai³³],你[naŋ³³],他[kjʰi³³];双数:我俩[an⁵⁵],你俩[nan⁵⁵],他俩[kʰan⁵⁵];复数是在双数后加"-tʰe³³"组成:我们[an⁵⁵tʰe³³],你们[nan⁵⁵tʰe³³],他们[kʰan⁵⁵tʰe³³]

---

① 可参考:陈保亚,2015,《20世纪中国语言学方法论研究》,北京:商务印书馆,第369页。

(引自马学良 1981:153)。

数范畴也可表现在动词上,即动词根据相关名词或代词的数有相应的变化。例如,英语现在时的句子中,当主语是第三人称单数时,动词要加上"-s"。古教会斯拉夫语的数范畴,涉及的相关代词、形容词和动词,都要做相应的一致性变化。

2. 性(gender)

性范畴是按照性别对名词进行的区分,一般是二分系统,即阴性和阳性的对立,如法语就采用二分系统。性范畴也有三分系统,即阴性、阳性和中性,如德语、俄语等。作为语法范畴的"性"有时与自然的性别对应,如法语词"coq(公鸡)"是阳性,"poule(母鸡)"是阴性。但语法范畴的"性"常常与自然的性别没有对应关系,比如法语的"vélo(自行车)"是阳性,"table(桌子)"是阴性。性的区别还可以扩展到跟名词相关的冠词和形容词,如法语中阴性名词要用阴性冠词"la/une",而阳性名词要用阳性的"le/un"。法语形容词的阴性形式一般是在阳性形容词后面加上"e",比如"un petit garcon(一个小男孩)"和"une petite fille(一个小女孩)"中,"petit"是阳性的"小","petite"是阴性的"小"。需要注意的是,现代英语中"she/he"的区分是自然的性别区分,而且也没有扩展到一般名词,这与法语的性范畴系统不同,因此不算是性范畴。

所有语言都有性的概念,但并不是所有语言都有性范畴。一般认为,汉藏语系语言没有性范畴。但汉藏语系语言可通过其他方法(如词汇手段)来区分性别,如汉语用"男/女""公/母""雌/雄"等来区分性别。壮语用"-tak[33]"表示雄性,用"-ta[33]"表示雌性,例如,弟弟[tak[33] nuːŋ[42]]—妹妹[ta[33] nuːŋ[42]],公水牛[vaːi[31] tak[33]]—母水牛[vaːi[31] ta[33]]。傈僳语用后缀"-pʰɑ[31]、-pʰu[44]、-pɑ[55]"表示雄性,用"-mɑ[44]"表示雌性,例如男教师[mɑ[55] pʰɑ[31]]—女教师[mɑ[55] mɑ[44]],公鸭[ɛ̃[35] pʰu[44]]—母鸭[ɛ̃[35] mɑ[44]],公猪[ɑ[55] wɛ[42] pɑ[55]]—母猪[ɑ[55] wɛ[42] mɑ[44]]。(马学良 1981:154)

3. 格(case)

格范畴用来标记名词或代词与其他词句法组合上的关系。同样的词在不同组合位置上有不同的词形变化。常见的有主格(nominative)、宾格(accusative)(也叫受格)、与格(dative)、领属格(genetive)、工具格(instrumental)、处所格(locative)等。主格是指名词或代词等充当主语时的形式,而宾格是充当动词宾语时的形式;与格一般指做间接宾语时的形式;属格是表达领有关系的形式;工具格指行为动作发生的工具或手段;处所格指实体或者动作行为的处所。古教会斯拉夫语的"女人"就要区分以上各种格,其单数形式的各种格变化分别是:[ženɑ](主格)、[ženǫ](受格)、[ženě](与格)、[ženy](领格)、[ženojǫ](工具格)、[ženě](处所格)。蒙古语名词有七个格,例如名词"枪[pɷ:]"的变化形式为:[pɷ:](主格)、[pɷ:kin](所有格)、[pɷ:t](方位格)、[pɷ:k](客体格)、[pɷ:kas](从格)、[pɷ:kar](造格)、[pɷ:tʰai](共同格)(马学良 1981:154)。

　　汉藏语系很多语言没有格范畴,但可以通过语序和虚词来表达词组或句子中名词、代词跟其他词的关系。在有格范畴的语言中,格的数量和每种格的意义并不完全一样,例如德语有四个格,俄语有六个格,芬兰语有多达十六种格。古英语的格标记系统非常复杂,但到现代英语中,格标记系统已大大简化,只在代词上有零星的表现,如第一人称单数区分主格(I)、宾格(me)和领属格(my)。维吾尔语有六个格:主格、领格、宾格、与格、位格、从格;锡伯语有七个格:主格、领格、宾格、与格、位格、方向格、造格。

　　格范畴所说的"格"和菲尔墨(Fillmore)格语法中的"格"[①],含义有很大差别。格语法的"格"是语义格,用以表示句子成分间深层的语义关系。因此,要注意区分"格"术语使用时的实际内涵。

4. 时(tense)

　　时范畴是说明动作行为发生的时间,主要与动词相关。英语要区分三种时间:过去、现在、将来,并以动词的三种不同形式来分别表达。时间的参照点一般是说话时间,例如"James spoke Chinese.""James speaks Chinese.""James will speak Chinese."这三句话分别表示"James"在说话时间以前、现在和将来"说汉语"。有些语言对时范畴的划分比英语更粗略,只区分过去(past)和非过去(non-past)。也有些语言对时范畴的划分比英语更细致,例如日旺语(一种藏缅语)对过去时区分要求非常细,有四个过去时,分别是:a. 过去约两个小时以内;b. 当天内但过去多于约两个小时;c. 昨天到去年的一段时间内;d. 一年以前。日旺语四个过去时的例子如下(引自 LaPolla 2003:133—134):

　　　　a.　àng　　dī　　á:m-i.
　　　　　　3SG　　go　　DIR-INTRANS. PAST
　　　　　　'S/he left, went away (within the last 2 hours).'
　　　　b.　àng　　dī　　dár-ì.
　　　　　　3SG　　go　　TMHRS-INTRANS. PAST
　　　　　　'S/he went (within today, but more than two hours ago).'

[①] "格语法"是菲尔墨在1968年提出的,参见:Fillmore, Charles J. 1968. The case for case. In E. Bach & E. Harms (eds.), *Universals in Linguistic Theory*, 1—90. New York: Holt, Rinehart & Winston. 关于"格语法"的知识,详见§6.3.1。

c. àng   dī   ap-mì.
   3SG   go   TMDYS-INTRANS. PAST
   'S/he went (within the last year).'

d. àng   dī   yàng-ì.
   3SG   go   TMYRS-INTRANS. PAST
   'S/he went (some time a year or more ago).'

5. 体(aspect)

体范畴是说明动作行为发生的过程或状态，主要与动词相关。常见的是完成体（perfective）和未完成体（imperfective），例如俄语中要区分未完成体（несовершенныйвид）和完成体（совершенныйвид）。未完成体强调动作本身，表示说话时正在、已经或将要进行的动作，或经常的反复的动作等。完成体强调动作的结果，表示说话前已经完成、终止或达到某种结果的动作，或说话后将要完成、终止或达到某种结果的动作等。英语中要区分进行体（progressive）、一般体和完成体，如"write（写）"的进行体用现在分词形式 writing，一般体用动词原形 write，完成体用过去分词形式 written。高山语百宛话动词有进行体、完成体、未完成体，例如[səqasəqasən]（砍，进行体）、[paʔsəqasən]（砍，完成体）、[səqasən]（砍，未完成体）。锡伯语中体的附加成分只有一个"-matɕʰi-"，表示就要开始，例如：[soŋum]（哭），[soŋu-matɕʰi-m]（就要哭）；[javəm]（走），[javə-matɕʰi-m]（就要走）（马学良 1981：156）。汉语中跟在动词后面的"着、了、过"也能表达进行、完成等语法意义，但它们不是词的形态变化，而是一种分析性手段。

体范畴表示的具体语法意义与特定体标记系统中成分的对立密切相关。有时候，不同语言的体名称可能一样，但实际表达的语法意义由于处于不同的对立系统中而有所差异。比如，英语中的完成体就不仅表明动作行为已经完成，而且是过去动作行为的结果，与俄语的完成体不同。

6. 态(voice)

态范畴也是与动词相关的语法范畴，主要指主语与动词之间的关系。例如，英语中"James kicks the ball"是表达主动态的句子，"The ball is kicked by James"是表达被动态的句子。可以看出，在主动态中，施事是主语，受事是宾语，而在被动态中，受事变成了主语，同时动词的形式构造也发生了变化。在有态范畴的语言中，态的数量和每种态的意义也不完全一样。突厥语族语言的动词一般分基本态、共同态、被动态、强制态和反身态五种，例如维吾尔语[jazmaqʰ]（写，基本态）、[jeziʃmaqʰ]（写，共同态）、[jezilmaqʰ]（写，被动态）、[jazdurmaqʰ]（写，强制态）、[kʰijinmɛkʰ]（穿，反身态）。高山语百宛话一般分主动态和被动态，如

[nasəməqas]（砍，主动态），[sinəqas]（被砍，被动态）(马学良 1981：157)。

7. 人称（person）

人称范畴是说明话语活动中涉及的参与者之间的区分，一般在动词或人称代词上标明。常见的人称系统是三分的，即第一人称(first person，又称说话者)、第二人称(second person，又称听话者)和第三人称(third person，又称相关者)。羌语浦溪话在动词上标记人称，如果施事是第一人称，则在动词上加"-ᴬ"；施事是第二人称，则在动词上加"-n"后缀；施事是第三人称，则使用无标记形式，即动词原形。例如以下各例(黄成龙 2007：129)：

ŋa	tsʰu	dzeᴬ.
第一人称	饭	吃：第一人称标记
我吃饭。		
no	tsʰu	dze-n.
第二人称	饭	吃：第二人称标记
你吃饭。		
tʰala	tsʰu	dze.
第三人称	饭	吃：第三人称标记
他/她吃饭。		

有些语言中没有第三人称。古代汉语没有第三人称代词。现代汉语中的第三人称代词"他"是从古汉语的指示代词演变而来的。有些语言在人称系统上有更细致的区分，比如第一人称复数还可以区分包括式(inclusive)和排除式(exclusive)。普通话"咱们"是包括式，"我们"是排除式；书面藏语"[ŋa¹² raŋ¹⁴ tsʰo⁵⁴]"是包括式，"[ŋā¹² tsʰo⁵⁴]"是排除式；白语(金星方言)中[jā⁵⁵]是包括式，[ŋɑ⁵⁵]是排除式。

人称还可以分出敬称与通称。藏语的敬语系统很发达。藏语的人称代词有单数、双数和复数的分别。第二人称和第三人称都有敬称，复数和双数的第一人称有包括式和排除式的区别，如下表所示(引自金鹏 1983：62—63)①：

	单数	复数	双数
第一人称 ŋa¹² 或 ŋa¹² raŋ¹⁴（我）		排除式 ŋā¹² tsʰo⁵⁴（我们） 包括式 ŋa¹² raŋ¹⁴ tsʰo⁵⁴（咱们）	排除式 ŋa¹² ȵiʔ⁵⁴（我俩） 包括式 ŋa¹² raŋ¹⁴ ȵi⁵⁵（咱俩）

---

① 在引用时，略去了原著中的藏文，声调则以相应的调值表示。

续表

单数	复数	双数
第二人称非敬称 chø⁽ʔ⁾⁵⁴ 或 chø⁽ʔ⁾⁵⁴raŋ¹⁴（你） 敬称 che⁽ʔ⁾⁵⁴raŋ¹⁴（您）	非敬称 chø⁽ʔ⁾⁵⁴tsʰo⁵⁴ 或 chø⁽ʔ⁾⁵⁴raŋ¹⁴ts 或 tsʰo⁵⁴（你们） 敬称 chē⁵⁵tsʰo⁵⁴ 或 che⁽ʔ⁾⁵⁴raŋ¹⁴tsʰo⁵⁴ 或 che⁽ʔ⁾⁵⁴na⁽ʔ⁾⁵⁴tsʰo⁵⁴（您们）	非敬称 chø⁽ʔ⁾⁵⁴ȵi⁵⁵ 或 chø⁽ʔ⁾⁵⁴raŋ¹⁴ȵi⁵⁵（你俩） 敬称 che⁽ʔ⁾⁵⁴raŋ¹⁴ȵi⁵⁵ 或 che⁽ʔ⁾⁵⁴na⁽ʔ⁾⁵⁴ȵi⁵⁵（您俩）
第三人称非敬称 kʰō⁵⁴ 或 kʰo⁵⁴raŋ¹⁴（他） 敬称 kʰoŋ⁵⁵	非敬称 kʰō⁵⁴tsʰo⁵⁴ 或 kʰo⁵⁴raŋ¹⁴tsʰo⁵⁴（他们） 敬称 kʰoŋ⁵⁵raŋ¹⁴tsʰo⁵⁴ 或 kʰoŋ⁵⁵na⁽ʔ⁾⁵⁴tsʰo⁵⁴（他们）	非敬称 kʰō⁵⁴ȵi⁽ʔ⁾⁵⁴ 或 kʰo⁵⁴raŋ¹⁴ȵi⁵⁵（他俩） 敬称 kʰoŋ⁵⁵na⁽ʔ⁾⁵⁴ȵi⁵⁵（他俩）

阿尔泰语系语言有完整的人称范畴，例如维吾尔语[bɑri-mɛn]（我去）、[bɑri-sɛn]（你去）、[bɑri-siz]（您去）、[bɑri-du]（他去）、[bɑri-miz]（我们去）、[bɑri-si-lɑr]（您们去）。维吾尔语名词也有表示领属关系的人称变化，例如[kʰitʰɑpʰ]（书）、[kʰitʰɑvim]（我的书）、[kʰitʰɑviŋ]（你的书）、[kʰitʰɑviŋiz]（您的书）、[kʰitʰɑvi]（他的书）、[kʰitʰɑvimiz]（我们的书）（马学良 1981：155）。

语法范畴通常是由多个语法形式表达的强制性范畴。这些语法形式把一个语法范畴分割成不同的部分，彼此对立互补，例如英语中的"时"范畴有三类语法形式——过去、现在、将来，这三类加起来就是整个时间域。

5.5.3　语法手段

语法手段是把具有共同特点的语法形式进行概括而形成的类别。常见的语法手段包括词形变化、语序、虚词、韵律等①。词形变化，也叫形态。世界上很多语言（如印欧语系语言）采用词形变化的语法手段来表示语法意义。关于词形变化的讲解，参见本章第三节"构形法"部分。

汉语主要用语序和虚词表达语法意义。语序是利用语法单位之间相对位置的变化来表示某种语法意义的一种语法手段。一般来说，语序不同，语法意

---

① 这里的"韵律"指是一种语法手段，和前面所说的"节律"和"韵律"含义不完全相同。

义也会不同,如下面两组句子:

(1) a. 敌人发现了哨兵　　(2) a. 他看到红苹果了
　　b. 哨兵发现了敌人　　　　b. 他看到苹果红了

每组两个句子所包含的词完全一样,但这两句话表达的意义显然不同。这说明,句子词语排列顺序的改变,可以改变词语表达的语法意义,同时也改变了句子的意义。

虚词是没有明确的词汇意义而只有语法意义的词,在句中可以和其他成分一起构成句子成分,本身通常不能单独充当句子成分。虚词主要包括介词、连词、语气词、冠词(定冠词和不定冠词)和助词等。在具体句子中,使用虚词能产生一定的语法意义,例如英语"the book"中冠词"the"表示"名词的特指(定指)"语法意义。汉语也用虚词来表示语法意义。例如,"他从北京来",介词"从"表处所;"我调查了白语方言","了"表完成体;"我听着摇滚乐","着"表进行体。汉语句子的虚词不同,表达的语法意义也不同,比较:"她唱着歌"("着"表动作正在进行)"和"她唱了歌"("了"表动作已经完成)"。

韵律也可以是表达不同语法意义的语法手段,指通过词的轻重音、不同的语调、词的重叠等方式来表示不同的语法意义。

重音在英语等语言中占重要地位,比较"récord[ˈrekɔːd](名词,唱片、档案)"和"recórd[rɪˈkɔːd](动词,记录、录制)"就能体会到重音从前到后的变化。普通话"利害"一词,如果"利""害"读得一样重,都读去声,"利害"是名词,意思是"利益和损害",如果"害"读轻声,"利害"是形容词,意思是"剧烈、凶猛"。

同一句话用不同的语调说出来,会产生不同的语法意义。例如"陈老师踢球",使用平缓或下降的语调可表示陈述语气,使用上升的语调则是疑问语气。

词的重叠指词或词中某个语素的重复使用。汉语的名词、量词和形容词等在句子中可通过重叠而产生特定语法意义。名词的重叠一般表示"每一"的语法意义,如"人人为我,我为人人"。量词的重叠一般含有"每一、所有"的意义,如"条条大路通罗马""他次次都拿冠军"。形容词的重叠,在句中做定语时,带有喜爱的感情色彩,如"弯弯的月儿,小小的船";在句中做状语或补语时,则表示程度深,如"我要好好地玩几天""她把名字写得大大的"。

5.6　语言的普遍性和特殊性

当今世界上有 6000 多种语言。每种语言都有自己独特的特点,但语言之间也有共性。语言的分类是根据语言的共同特征来对语言进行分类。根据分类的视角不同,语言分类的方法大体上有三种:发生学分类、地域分类和类型分类。发生学分类着眼于亲属语言的历史形成和谱系发展,地域分类着眼于同一地区语言的区域相似性,类型分类则着眼于语言在结构类型上的共同性。

5.6.1 语言的结构类型

对后世影响较大的语言的形态类型分类,是德国学者施莱格尔(Von Schlegel)在 Observations sur la Langue et la Littérature Provencales(1818)一文中提出的三分法:孤立语(isolating language)、黏着语(agglutinating language)和屈折语(fusional language)。洪堡特(Von Humboldt 1836)肯定了语言结构类型的三分法,强调了其中的两个极端:高度发达的屈折语(如梵语)和极端的孤立语(如汉语),处于二者之间的是黏着语。同时,洪堡特又增加了第四种类型,即编插语(incorporating language),又叫多式综合语(polysynthetic language),如北美洲的一些语言。后来施莱格尔又根据动词、名词在造句中有无格位变化,把语言分成分析型语言(analytic language)和综合型语言(synthetic language)两种类型[①]。

孤立语的主要特点是不使用词形变化,用语序、虚词等语法手段来表示语法意义。汉语被认为是孤立语的代表。汉语中,语序和虚词是表达语法关系和语法意义的主要手段,例如"红花"和"花红"语法意义的差别(前者是"修饰和被修饰"关系,后者是"陈述和被陈述"关系),就是由不同语序造成的。同一语言片段,使用的虚词不同,所表示的语法意义也不同,试比较:划过船(过去时间),划了船(完成状态),划着船(进行状态)。汉语的词,不管是单说,还是在句子中跟其他词结合起来,都没有词形变化。

屈折语的特点是广泛使用词形变化手段来表示各种语法意义,其中最突出的是用内部屈折手段,例如英语"foot(脚,单数)—feet(脚,复数)""take(拿,现在时)—took(拿,过去时)",阿拉伯语"kitab(书,单数)—kutub(书,复数)""kitaba(他写了)—kutiba(他被写了)"。英语已不是典型的屈折语,德语、俄语是典型的屈折语。屈折语用附加成分表示语法意义,并且一个附加成分可以同

---

① 从语言形态学(linguistic morphology)的角度,首先可以把人类语言分为分析型语言和综合型语言两大类型。一般认为,分析型语言指不是用形态变化,而是用语序和虚词来表达语法关系的语言,语序总体上较为固定,如汉语;综合型语言指用形态变化来表达语法关系,语序较灵活,词的形态变化丰富,如俄语、拉丁语、德语等。分析型或综合型也存在程度的差别。一般认为,英语是综合型为主、向分析型过渡的语言。关于语言的形态类型分类,可参考:徐通锵,1991,《历史语言学》,北京:商务印书馆,2008年;Robins, R. H,1973,《语言分类史(上)》,林书武译,《国外语言学》1983年第1期,26—36页;Robins, R. H,1973,《语言分类史(下)》,周绍珩译,《国外语言学》1983年第2期,11—23+54页。

时表示几种语法意义。比如，英语附加成分"-s"可加在动词后表示第三人称单数的语法意义，又可加在名词后表示复数的语法意义（如 books）。在屈折语中，附加成分和词根的关系非常紧密。

黏着语的特点是大量使用附加成分来表示各种词汇意义和语法意义。黏着语的词根一般不发生变化，附加成分按一定顺序黏在词根后面以构成新词，或构成同一个词的不同形态。和屈折语不同，黏着语中一个附加成分只能表示一种语法意义。土耳其语是典型的黏着语，例如土耳其语"sev-mis-dir-ler（他们从前爱）""sev-erek-dir-ler（他们将要爱）"，词根"sev-"是"爱"的意思，附加成分"-dir"表示第三人称，"-ler"表示复数，"-mis-"表示过去时，"-erek-"表示将来时。日语也属于黏着语。

编插语的特点是句子的结构跟词的结构一样，即其他语言的一个句子，在编插语里往往是一个复杂的词。编插语中的句子以一个词根（通常是动词性的）为中心，在该词根前后附加各种表示词汇意义、语法意义的成分组成一个整体。句子中的每一个成分拿出来都不能单独构成词。例如北美印第安人的契努语（Chinook）的"[i-n-i-a-l-u-d-am]（我来把这个交给她）"是一个词，也是一个句子，有人称之为"词句"。这个词句的词根"-d-"是"给"的意思，词首的"i-"表示最近过去时，"-n-"表示代词主语"我"，"-i-"表示代词宾语"它"，"-a-"表示第二个代词宾语"她"，"-1-"表示前面的代词附加成分是间接宾语，"-u-"表示动作离开说话的人，后加成分"-am"表示动作的位置意义（马学良 1981：247）。编插语中，并不是所有句子都是如此。有些句子由几个"词句"联合组成。

语言结构类型的划分，从一个侧面体现出语言的特殊性和多样性。印欧语系语言大多有性、数、格、时、体、态等范畴。汉语母语者可以理解和认识这些范畴，但在实际语言运用中往往会因不习惯这些范畴而出现错误，例如会把时态弄错、无法弄清虚拟语态等，甚至不使用这些范畴。

英语中"make"可以作为一个表达简单的起因（cause）的概念，比如"make him do it"中的 make 是一个起因词。汉语中起因概念也只有一种，比如说"使他这样做""让他这样做"。"使""让"是相同意义的起因词。沃尔夫（Whorf 1956：266）注意到，一个印第安小部落爱达荷人（Idaho）所说的语言（即 Coeur d'Alene 语）区分三种因果过程（three causal processes），分别用三个因果动词表示，即 Coeur d'Alene 语有三个"起因"范畴，等于把汉语中的"使"分成"使$_1$、使$_2$、使$_3$"，把英语中的 make 分成 make$_1$、make$_2$、make$_3$。在 Coeur d'Alene 语中，"使$_1$"表示一种内在原因引起的生长、成熟（grouth, or maturation of an inherent cause），比如说"梅子的长大成熟使$_1$梅子变甜"。"使$_2$"表示来自外部的起因(additive or accretion from without),比如说"糖溶化使$_2$咖啡变甜"。"使$_3$"表示比"使$_2$"更初始的外部起因(secondary addition i. e., of something affected by process$_2$),比如说"溶化的糖变成糖汁使$_3$烤饼变甜",这时,初始原因是"糖"而不是"糖汁"。爱达荷人能自然地分辨这三种不同的起因,并且很熟练地运用这些起因词。虽然汉语母语者也能理解这些词,但当无意识地运用这些概念时,往往会出错。Coeur d'Alene语中的这种起因范畴的区别,使爱达荷人已经形成了习惯思维模式。汉语中没有这些形式上的区别,因而没有这种范畴,没有这种思维模式。爱达荷人能自如地运用这些范畴,汉语母语者却不能,英语母语者也不能。

沃尔夫(Whorf 1956)还发现,有一个以渔猎为生的印第安部落,他们讲的阿尔冈琴语(Algonkian)有四种人称,其中第三人称有两种形式:他$_3$和他$_4$。阿尔冈琴语母语者在讲述威廉·泰尔(William Tell)的故事时,会是这样的(Whorf 1956:265):

William Tell called his$_3$ son and told him$_4$ to bring him$_3$ his$_3$ bow and arrow, which he$_4$ then brought to him$_3$. He$_3$ had him$_4$ stand still and placed an apple on his$_4$ head, then took his$_3$ bow and arrow and told him$_4$ not to fear. Then he$_3$ shot it$_4$ off his$_4$ head without hurting him$_4$.(威廉·泰尔告诉他$_3$的儿子,要他$_4$把他$_3$的弓箭拿给他$_3$,他$_4$于是把他$_3$的弓箭拿给了他$_3$。他$_3$让他$_4$站着不动并在他$_4$头上放了一个苹果,于是拉开了他$_3$的弓箭叫他$_4$别怕,箭应声离弦,他$_3$射中了他$_4$头上的苹果,他$_4$安然无恙。)

阿尔冈琴语的这种人称代词系统,在其他语言中是很少见的。汉语、印欧语系语言只有"你、我、他"三种人称代词,而阿尔冈琴语则是"你、我、他$_3$、他$_4$"四分的。可见,操阿尔冈琴语的部族有自己独特的思维模式。世界上还有没有人称系统五分或六分的语言?这是一个值得进一步思考的问题。

有些心理学家提出所有思维命题都是"施事+动作+受事"的时序,受事总是发生在动作之后。然而,日语是典型的受事在前的语言。汉语说"我喜欢你",日语说"我你喜欢"。汉语的述宾时序和日语正相反。汉藏语系很多语言,如藏语、羌语、景颇语、哈尼语、缅语等也都是"施事+受事+动作"时序,例如(马学良1991):

  ŋa^{12} tɕʰa^{12} tʰuŋ^{54}-ki^{54} jin. 我将喝茶。(藏语卫藏方言,p.158)
  我 茶 喝 (未来,自称)
  tʰɛ kə matʰa dzaː-sa-n. 他要吃你的糖。(羌语,p.260)
  他 你 糖 吃(人称后缀)

ŋai³³   naŋ³³   pʰeʔ⁵⁵   kă³¹ ʒum⁵⁵   n³¹ ŋai³³.   我帮你。（景颇语，p. 356）
我   你   （助）   帮助   （句尾）

ŋa⁵⁵   no³¹   zɔ³¹   ba⁵⁵ xɔ⁵⁵   n̻a³³.   我会帮助你。（哈尼语，p. 440）
我   你   （助）   帮助   会

tθu³³   kauʔ³³   saiʔ⁵⁵   tθua⁵³ pi⁵³.   他去栽秧了。（缅语，p. 399）
他   秧   栽   去了

jaŋ²¹   ku̠ʔ²¹   xoʔ²¹   e̠⁵¹ pe⁵¹.   他去栽秧了。（载瓦语，p. 399）
他   谷   栽   去了

　　印欧语系语言具备主语、谓语的一般结构，结构标记较为明确。例如希腊语、英语的主语、谓语在"性""数"范畴上有一致的形式标记，所以希腊语、英语的主语和谓语很容易切分出来。与印欧语系语言不同，汉语句子中的主语和谓语有时就不容易确定，例如：

（1）他左手拉琴　　　　　（6）晚上下雨
（2）我黑头发　　　　　　（7）明天下午开会
（3）王冕七岁死了父亲　　（8）今天初一
（4）墙上挂着地图　　　　（9）明天我生日
（5）教室里在上课　　　　（10）现在已经下雨了

　　有学者从音位结构的角度来给人类语言进行类型分类。特鲁别茨科依（Trubetzkoy）在《音位学原理》（1939）中提出，只要是具有类似的音位对比关系，而且各自给音位定性的区别特征也相似，这样的语言就可以划为一种类型①，例如从元音系统的构型（configuration）来看，有三角形元音系统（如希腊语、捷克语、波兰语、俄语、日语等），也有四角形元音系统（如英语等）。

　　格林伯格用形态指数的形式化方法对语言的结构类型进行分类。格林伯格提出了十个形态指数，并为每个形态指数设计一个公式，以求其指数值，这样人们就可以从指数值中看出语言结构类型的特点，例如计算综合指数（synthesis index）的公式为：M/W（M代表语素数目，W代表词的数目）。英语句子"The farmer kills the duckling"有八个语素，分别为：

The   farm   er   kill   s   the   duck   ling
 1   2   3   4   5   6   7   8

----

①　参考：Robins, R. H., 1973, 《语言分类史（下）》，周绍珩译，《国外语言学》1983年第2期，11—23+54页。

但该句话只有五个词,英语的综合指数为:8/5=1.6。这样,就可以计算出各语言的综合指数,并据此给语言进行结构分类。格林伯格认为,综合指数小于2的语言是分析型语言,如越南语、汉语、英语、波斯语、丹麦语等,综合指数在2—3之间的,是综合型语言,如俄语、拉丁语、梵语、古希腊语等,综合指数在3以上的,是编插语(如因纽特语、美洲的一些印第安语等)(徐通锵1991:22—24)。

5.6.2 语言共性和语言类型

语言共性(universal)指所有语言都具有的跨语言特征、结构规律或模式。换句话说,语言共性是对跨语言特征、结构规律或模式的概括。特拉斯克(Trask 2005:218)指出,语言共性是对所有语言都具有的某种性质所下的一个判断,并且这种判断具有真值。有些语言特征,广泛存在于世界上所有语言中,有些语言特征只是存在于大部分语言中,而有些语言特征,必须或者只有在其他某个特征出现的条件下才能出现。这样,语言共性大体上可分为三种类型:绝对共性(absolute universal)、倾向共性(tendentious universal)和蕴涵共性。

绝对共性指世界上所有语言中都存在的特征或结构,例如"所有语言都有口腔元音""所有有声语言的符号都是音义结合体"。倾向共性指存在例外、只是作为倾向而存在的语言共性,例如"几乎所有东亚地区的语言都有声调(韩语、日语就没有声调)"。蕴涵共性指语言中某种性质或结构的存在必然蕴涵着另一种性质或结构。蕴涵共性可表示为"如果p,那么q(p、q为语言项目)",用公式可记为"p⊃q"(⊃表示蕴涵关系),例如:

      如果一个语言中有辅音n,那么这个语言一定有辅音m。

有些语言有m但没有n,有些语言m、n都有,有些语言m、n均无,但不存在有n无m的语言,因此这是一个蕴涵共性,可记为"n⊃m"。

研究语言共性离不开对具体语言材料的搜集和分析。与此相关,学者们对语言共性的研究大体可分为两种方法。一些学者认为,了解语言共性的最好方法是对少量的语言做详尽的研究,倡导用抽象的结构来体现人类语言的共性,并且以天赋来解释人类语言的共性。这类研究以乔姆斯基及其他生成语法学家为代表。另有一些学者认为,要研究语言共性,必须掌握和比较种类广泛的语言材料,主张用比较具体的而不是抽象的分析来表述语言共性。这类研究以格林伯格及其影响下的语言类型学研究为代表。格林伯格最早通过多语言比较概括出了许多形态和词序方面的蕴涵共性,产生了重要影响(Greenberg 1963)。

蕴涵共性呈现的是逻辑上独立的两个类型参项(typological parameter)之间的依存关系。例如,"指示代词(Dem)、名词(N)语序"和"关系小句(Rel)、名词(N)语序"可以作为两个类型参项①。每一个类型参项都有两种取值。前者的取值为：DemN、NDem，后者的取值为：RelN、NRel。这四个取值两两组合，就会有四种逻辑可能性，分别为：

(1) NDem&NRel（即，指示代词在名词后，关系小句在名词后）
(2) NDem&RelN（即，指示代词在名词后，关系小句在名词前）
(3) DemN&NRel（即，指示代词在名词前，关系小句在名词后）
(4) DemN&RelN（即，指示代词在名词前，关系小句在名词前）

克罗夫特（Croft）通过调查发现，上面四种逻辑可能性中，属于第(2)种（即NDem&RelN）的语言数量极少，而属于其他三种逻辑可能性的语言则大量存在。克罗夫特（Croft 2003：65）通过一个四分表格（tetrachoric table）来展示"指示代词－名词语序"和"关系小句－名词语序"这两个参项的依存关系，继而概括出下面这条经典的蕴涵共性（⊃表示蕴涵关系）：

NDem⊃NRel（如果指示代词在名词后面，那么关系小句也在名词的后面）

这个蕴涵共性是说，一种语言中，如果指示代词在名词的后面，那么该语言中关系小句也在名词的后面。显然，该蕴涵共性揭示了逻辑上独立的两个参项（"指示代词、名词语序"和"关系小句、名词语序"）之间的依存关系。由于蕴涵共性是对命题逻辑的运用，因此上述蕴涵共性的对换句（contrapositive）也是成立的，即"RelN⊃DemN（如果关系小句在名词前面，那么指示代词也在名词的前面）"。

语言共性是要考察人类所有语言（或部分语言）所具有的那些特征（或参项）。概括语言共性至少需要从以下三个方面对语言特征进行考察：

(1) 所有语言都具有/不具有的特征
(2) 几乎所有语言都具有/不具有的特征
(3) 部分语言具有/不具有的特征

一般而言，基于第一方面概括出的共性是绝对共性。绝对共性断定所有语言都具有或不具有某一项特征（参项），例如"所有的语言都有口腔元音""所有语言中都不存在下齿与上唇阻塞而发出的音"。基于第二方面概括出来的共性，是倾向共性。语言分类本质上是要显示语言间的共性和差异。绝对共性和倾向

---

① 小句（clause）指起到一个句子的作用的一个词、词组或从句（如宾语从句、定语从句、关系从句等）。小句具有句子特有的语调，但没有句子的语法完整性和独立性。

共性基本上没有显示人类语言的差异,因此也就不能据此对语言进行分类。

基于第三方面所概括出的语言共性,概括出部分语言具有(或不具有)某些语言特征,显示出了人类语言的差异,例如"有些语言中有声调"。基于第三方面概括出的语言共性,可以对人类语言进行分类,例如根据有无声调可以把人类语言分为有声调语言和无声调语言。

施莱格尔把语言分为孤立语、黏着语和屈折语三种结构类型,所依据的标准实际上分别是以下三条语言共性:

(1) 语言中无任何形态结构①
(2) 语言中使用词缀
(3) 语言具有屈折变化

施莱格尔把人类语言中没有任何形态结构的语言称为"孤立语",其暗含的前提或假设是,有些语言存在形态结构,有些语言不存在任何形态结构,从而把语言分为有形态结构的语言和没有形态结构的语言。从逻辑上看,与"孤立语"相对应的应该是"非孤立语"。同理,与"黏着语"相对应的应是"非黏着语",与"屈折语"相对应的应是"非屈折语"。可见,施莱格尔的三分法并非严格意义上的逻辑分类,而是选取一个显著语言特征作为参项,在一定语言范围内概括语言共性,并给语言进行类型分类。这种分类便于人们认识语言的一些重要特点。然而这种凸显语言共性而忽略差异的做法,构成了施莱格尔三分法的一个明显缺陷。这是因为,作为分类标准的三条共性之间没有内在逻辑关系,势必造成三种语言类型之间的界限模糊。例如,汉语是一种孤立语,但汉语也有为数不少的黏着和屈折特征。还有很多语言,不容易判断是黏着的成分多一些,还是屈折的成分多一些。

自 20 世纪中后期以后,从类型概括角度研究跨语言结构规律或模式,成为语言的类型分类研究的主流。这种方法发轫于 20 世纪 60 年代格林伯格(Greenberg 1963)对形态和词序的蕴涵共性的研究。词序主要描述主语(S)、宾语(O)和动词(V)的次序,是语言词序类型分类最重要的参项之一。S、O、V 位置关系在逻辑上有六种可能类型,即 SOV、SVO、VSO、VOS、OVS、OSV。这六种逻辑可能性也就是句子词序的六种取值,而每种取值都对应可能存在的语言类型。这样,通过观察某种语言的基本词序,就能确定该语言属于哪种词序类型。如果一种语言同时存在几个词序,在缺乏其他更有效的结构证据时,词序的使用

---

① 施莱格尔是从形态学(morphology)角度对人类语言的结构进行分类的。这里的"形态结构"也就是词的形态变化结构。

频率是判定语言词序类型的常用标准或直接因素(Croft 2003:52—53)。例如,尽管其他某些词序类型在汉语中也存在(把字句就属于 SOV 词序类型),但 SVO 是汉语中最普遍、最常见的基本词序类型。英语中 SVO 词序也比其他词序出现得更频繁,是英语的基本词序类型。所以,英语和汉语都被归为 SVO 型语言。

根据词序把人类语言划分为 SOV 型、SVO 型、VSO 型等语言类型,其基本思路和 19 世纪的形态类型分类是一样的,即首先确定人类语言主要有哪几种类型,并把不同的语言分别归入到这几种类型当中。但语序类型分类和形态类型分类的类型参项不同。形态类型分类的参项是语言的形态或词形变化,而语序类型分类的参项是词序。

根据某个特征(参项)的不同取值可以对语言进行分类,如声调语言和无声调语言。如果两个逻辑上独立的特征(参项)的不同取值相结合,也能排列出逻辑上可能的语言类型。类型概括研究最主要贡献在于,通过特定典型语言样本的经验性语料的跨语言比较,归纳出一系列形态、词序或语音等方面的语言共性,尤其是蕴涵共性。

蕴涵共性与人类语言在各种逻辑可能类型中的分布有关。克罗夫特(Croft 2003)对霍金斯(Hawkins 1983)概括的蕴涵共性"如果指示代词在名词后面,那么关系小句也在名词的后面"进行了详细考察,研究发现,在这个蕴涵共性的四种逻辑可能类型中都有语言样本的分布,但 RelN&NDem 型所包含的语言数量非常少见,只在 201 个样本中发现了 9 个(Croft 2003:64)。克罗夫特(Croft 2003:65)通过一个四分表格,来展示"指示代词—名词语序"和"关系小句—名词语序"这两个参项的依存关系,并概括出如下蕴涵共性[①]:

    NDem⊃NRel(如果指示代词在名词后面,那么关系小句也在名词的后面)

    RelN⊃DemN(如果关系小句在名词前面,那么指示代词也在名词的前面)

这两个蕴涵共性通过排除少量样本的语言类型(即 RelN&NDem 型),把人类语言分为三种类型,即 RelN&DemN 型、NRel&DemN 型和 NRel&NDem 型。这三种语言类型几乎包括了世界上所有的语言。

语言类型分类大体可分为两种。第一种是语言的形态学分类,即根据形态结构特点确定人类语言主要有哪几种类型,并把不同的语言分别归入到这几种

---

 ① 由于存在少量的 RelN & NDem 型语言,这两个蕴涵共性并非绝对蕴涵共性,而是一种蕴涵倾向性。

类型当中。19世纪至20世纪初施莱格尔和洪堡特对语言所进行的语言结构分类,采取的就是这种方法。第二种是语言的类型学分类,即以跨语言的结构模式为研究对象,从数量广泛的语言样本中采集经验性语料,通过跨语言的比较,概括人类语言的结构规律或模式,继而对语言进行的类型学分类①。20世纪后半期出现的语言类型学分类,和19世纪至20世纪初语言的形态类型分类相比,在研究方法、研究内容以及研究语言的样本数量上均有显著不同。

练习题和思考题

一、名词解释:

  1. 语法   2. 语法意义   3. 语法形式   4. 语法手段
  5. 语法单位   6. 语素   7. 剩余语素   8. 语素的提取
  9. 语素归并   10. 平行周遍对比 11. 语符   12. 句法结构
  13. 向心结构   14. 离心结构   15. 直接成分   16. 层次
  17. 转换   18. 变换   19. 构词法   20. 构形法
  21. 词形变化   22. 异根法   23. 语法范畴   24. 语言共性

二、问答题:

  1. 结合实例,简述语法意义和语法形式之间的关系。
  2. 常见的语法手段包括哪些?举例说明。
  3. "菠萝、菠菜、白菜、老虎、马虎、老人、老手",这些词包含一个语素,还是两个语素?
  4. 运用层次分析,必须遵循哪些原则?
  5. 构形法一般包括哪几种?
  6. 结合实例,谈谈你对构词法和构形法之间关系的理解。
  7. 人类语言可分为哪些结构类型?简述各种结构类型的主要特点。

三、操作题:

  1. 下列材料名为《比比谁高》,是北京大学余德江博士在云南省红河州绿春县骑马坝乡进行傣语调查时记录到的。请根据材料,运用所学知识,列出所有语素。(知识点提示:语素分析,音标知识)

    (1) kau^{33} pi^{33} mai^{33} song^{24}.
      我比你高。

---

① 从某种意义上来说,语言形态学分类也是语言类型学分类的一种。

(2) mai³³ pi³³ mɯ⁵⁵ soŋ²⁴.
你比他高。

(3) mɯ⁵⁵ pi³³ ti³³ nɔ⁵⁵ soŋ²⁴.
他比舅舅（妈妈的弟弟）高。

(4) ti³³ nɔ⁵⁵ pi³³ ti³³ loŋ²⁴ soŋ²⁴.
舅舅比伯父高。

(5) ti³³ loŋ²⁴ pi³³ ʔa⁵⁵ ti³³ soŋ²⁴.
伯父（父亲的哥哥）比父亲高。

(6) ʔa⁵⁵ ti³³ pi³³ ʔa⁵⁵ ti³³ ʔi⁵⁵ soŋ²⁴.
父亲比叔叔（父亲的弟弟）高。

(7) ʔa⁵⁵ ti³³ ʔi⁵⁵ pi³³ ti³³ kʰui²⁴ soŋ²⁴.
叔叔（父亲的弟弟）比姑父（父亲妹妹的老公）高。

(8) mu³³ loŋ²⁴ pi³³ mu³³ nɔ⁵⁵ soŋ²⁴.
伯母（爸爸的哥哥的老婆）比姨妈（妈妈的姐姐或妹妹）高。

(9) ʔa⁵⁵ mu³³ ʔi⁵⁵ pi³³ mu³³ nɔ⁵⁵ soŋ²⁴.
婶婶（叔叔的老婆）比姨妈（妈妈的姐姐或妹妹）高。

(10) ʔa⁵⁵ mu³³ pi³³ ʔa⁵⁵ mu³³ ʔi⁵⁵ soŋ²⁴.
妈妈比婶婶高。

(11) ʔa⁵⁵ mu³³ pi³³ mu³³ loŋ²⁴ soŋ²⁴.
妈妈比伯母高。

(12) kau³³ kʰɯ⁴² mɯ⁵⁵ kɔ²¹³.
我和他去。

(13) mɯ⁵⁵ kʰɯ⁴² mai³³ kɔ²¹³.
他和你去。

(14) kau³³ kʰɯ⁴² mai³³.
我和你。

2.下面是某个语言的一些材料：

语言材料	英语释义	汉语释义
alinipiga	'He beats me'	他打我
alikupiga	'He beats you'	他打你
alimpiga	'He beats him'	他打他

续表

语言材料	英语释义	汉语释义
atanipiga	'He will beat me'	他会打我
atakupiga	'He will beat you'	他会打你
atampiga	'He will beat him'	他会打他
atanipenda	'He will like me'	他会喜欢我
atakupenda	'He will like you'	他会喜欢你
atampenda	'He will like him'	他会喜欢他

根据上表的语料，能够提取出哪些语素？简述你的分析方法。

扩展阅读：

Bloomfield, Leonard. 1933. *Language*. New York：Henry Holt. 中译：布龙菲尔德著，袁家骅、赵世开、甘世福译，《语言论》，北京：商务印书馆，1980年。【提出行为刺激理论和"单说论"；第10章定义和讨论了语素、语素的提取及剩余语素，根据替换确定语素，用对比法提取剩余语素；第10、12章提出了直接成分理论以及离心结构、向心结构概念】

Chomsky, Noam. & Morris Halle. 1968. *The Sound Pattern of English*. New York：Harper & Row, Publishers.【生成音系学】

Chomsky, Noam. 1955. *The Logical Structure of Linguistic Theory*. New York：Plenum, 1975.【详细讨论转换规则代数和转换规则语法】

Chomsky, Noam. 1957. *Syntactic Structures*. The Hague：Mouton.【提出短语结构语法，并在一定程度上引入了转换规则】

Chomsky, Noam. 1965. *Aspects of the Theory of Syntax*. Cambridge：Cambridge University Press.【转换生成语法标准理论】

Chomsky, Noam. 1972. Deep structure, surface structure and semantic interpretation, In N. Chomsky (ed.), *Studies on Semantics in Generative Grammar*. The Hague：Mouton.【生成语法扩展标准理论】

Chomsky, Noam. 1981. *Lectures on Government and Binding*. Dordrecht：Foris Publications.【讨论管辖－约束理论】

Greenberg, Joseph H. 1963. Some universals of grammar with particular reference to the order of meaningful elements. In Joseph H. Greenberg (ed.), *Universals of Language* (second edition), 1966, Cambridge, Massachusetts：The MIT Press, 73－113.【概括形态和词序的蕴涵共性】

Harris, Zellig S. 1952. Discourse analysis. *Language*, 28：1－30.【首次提出了转换（变换）

的分析方法】

Harris, Zelig S. 1957. Co-occurrence and transformation in linguistic structure. *Language*, 33:283—340.【可观察结构的转换(变换)分析】

陈保亚,1997,《对剩余语素提取方法的限制》,《汉语学习》第 3 期,12—13 页。【区分了双向对比和单项对比,并提出了剩余语素提取方法的限制:与剩余语素相结合的另一个成分必须有资格出现在其他可以进行双项对比的言语片段中】

陈保亚,2006,《论平行周遍原则与规则语素组的判定》,《中国语文》第 2 期,99—108+191 页。【提出以平行周遍原则区分规则语素组和不规则语素组,进一步讨论了平行周遍原则的相关问题】

陈保亚,2009,《当代语言学》,北京:高等教育出版社。【第 1 章讨论双向对比的限制;第 3、6 章讨论单位和原则、平行周遍的条件;第 5 章讨论线性分析不充分性和转换必要性】

陈保亚,2015,《20 世纪中国语言学方法论研究》,北京:商务印书馆。【2.1.1 词类论;2.1.3 结构论】

程工,1999,《语言共性论》,上海:上海外语教育出版社。【结合各个领域的研究成果,并结合汉语实例和材料,阐述语言共性与个性的关系】

科姆里(Bernard Comrie),1989,《语言共性和语言类型》(第二版),沈家煊等译,北京:北京大学出版社,2010 年。【把语言共性细分为四类】

克罗夫特(William Croft),2003,《语言类型学与语言共性》(第二版),龚群虎译,上海:复旦大学出版社,2009 年。【提出确认词序基本类型的四个标准;蕴涵共性陈述了两种逻辑上独立的参项间依存关系;通过四分表格展示参项间的依存关系】

王理嘉等,2003,《现代汉语专题教程》,北京:北京大学出版社。【语音、词汇、语法、方言四个专题各为一章,每章各分若干小节,每小节后又附若干思考与练习题】

朱德熙,1961,《说"的"》,《中国语文》第 12 期,1—15 页。【分布分析】

朱德熙,1962,《论句法结构》,《中国语文》第 8、9 期(合刊),351—360 页。【提出了用推导式鉴定结构关系;讨论了变换分析】

朱德熙,1978,《"在黑板上写字"及相关句式》,《语言教学与研究》第 3 期,4—18 页,修订稿在《语法丛稿》。【变换分析】

朱德熙,1979,《与动词"给"相关的句法问题》,《方言》第 2 期,81—87 页。【变换分析】

朱德熙,1980,《汉语句法中的歧义现象》,《中国语文》第 2 期,21—27 页。【区分隐性关系和显性关系】

朱德熙,1986,《变换分析中的平行性原则》,《中国语文》第 2 期,81—87 页。【变换分析的语义平行问题】

6 语义和语用

语言符号及其序列都是由形式与内容构成的,形式是语音,内容是语义。语素、词是语言符号,而词组、句子是语言符号序列。词由语素构成,是造句的基本单位。句子由词或词组构成,是言语交际的基本单位。

语言的意义大致可以分为两个层次。一个层次涉及语言符号及其序列如何与它们所指代的现实世界发生联系,比如普通话中"tiānqì(天气)"这个词或"tiānqì hěn hǎo(天气很好)"这句话反映了现实世界的哪一类事物或现象。这一层次的意义,是语义学研究的内容。另一个层次涉及语言符号和使用者之间的关系,涉及说话人如何用语言符号创造和使用符合交际意图的话语,并让听话人理解。语言运用的环境、说话人与听话人关系等因素,往往会赋予话语超出字面意义之外的意义。例如说话人说出"天气很好"这句话,由于交际双方关系不同或交际环境不同,这句话的意义就可能不同:也许是早晨和朋友一起出门时由衷而发的感叹,也许是和陌生人交流时的敷衍应酬,也许是建议听话人晒衣服和被子,也许是不想继续谈论某事而故意岔开话题,等等。这一层次的意义,是语用学研究的内容。本章的内容兼及以上两个层次的意义。

6.1 理解符号和意义的图式:语义三角形

词是语音形式和意义相结合的符号。词的语音形式、词义和词所指称的现实现象是如何发生联系的,一直是人们比较关注的问题。行为主义语义理论的先驱人物奥格登(Ogden)和理查兹(Richards)提出了语义三角形理论。语义三角形,如下图所示(Ogden & Richards 1923:11):

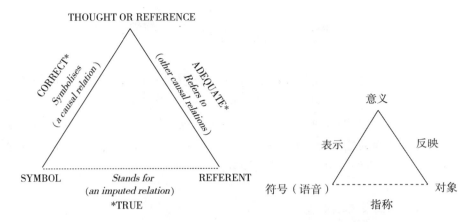

语义三角形理论所说的"符号(symbol)"指的是符号的能指,即语音,"思想或所指内容(thought or reference)"是符号的所指,即通常所说的"意义",对象(referent)是符号所指称的客观事物或现象。根据语义三角形理论,符号和对象之间没有直接关系,符号通过意义来指称对象。符号、意义、对象三者的关系如下:

(1) 符号和意义之间存在直接因果关系(causal relation)。符号表示意义。因此,语义三角形中符号和意义之间用实线连接。当然,说话人使用哪些词(符号)来造句,一方面取决于该词(符号)的意义,另一方面也会取决于社会和心理因素,如说话人交际意图,符号对他人的影响以及说话人态度等。

(2) 意义和对象之间也存在直接因果关系。意义反映对象。意义是对客观事物或现象的概括,是客观事物或现象在头脑中的反映。因此,在语义三角形中意义和对象之间用实线连接。意义和对象可以是直接联系,也可以是间接联系。例如,当我们思考或关注眼前出现的彩虹时,意义和对象的联系是直接的。当我们想起或提到历史人物拿破仑时,意义和对象的联系是间接的。

(3) 符号和对象之间没有直接的、内在的必然关系。符号和对象之间存在间接关系,即基于任意性和约定俗成,符号可用来指称对象。由于符号和对象之间没有直接关系,符号指称对象的关系是间接关系,存在于人的头脑中。所以,在语义三角形中符号和对象之间用虚线连接。

奥格登和理查兹的语义三角形理论,揭示了符号、意义与对象之间的关系,成为符号学,尤其是语言符号关系研究的基础理论。索绪尔把语义三角形中的"符号"看做心理范畴,即能指、音响形象,而"思想或所指活动""对象"则是所指。研究语言符号就是要研究能指与所指的关系。

6.2 词义

词不仅是句法分析的基本单位,也是句子语义分析的基本单位。词是语言中能自由运用的最小表达意义的单位。词义是人们对某一客观事物、现象的本质特征的概括反映和对现实现象的主观评价。词义既是人们认识世界的成果形式,也是人们组词造句、表情达意的材料。词义在人们语言交际、认识世界过程中具有非常重要的价值。本小节主要介绍词义的一般知识。

6.2.1 词典义和具体意义

词的语音形式必须与词义相连结,这样词才能在交际中发挥作用。语言使用中的词可以没有书写形式,但不能没有意义。没有意义的语音形式不是词。汉语中存在"有音无字"现象,例如汉语某些方言中的"[pia](动词,贴)",有读音但无法确定其对应的汉字。北京话的"[tianr](动词,跑)",是否就是"颠儿",目前尚未有确凿的证据。一个读音形式即使没有对应的书写形式,只要它有意义,仍不会影响该音义结合体在言语交际中的价值。但一个读音形式,若无意义,即使有符合拼写规则的字形,也不是词。

词义包括词典义和具体意义两大类。词典义指在词典中记载的人们普遍接受的、固定地反映人们对现实现象认识的词的最基本意义。词典义的特点包括:

(1) 词典义具有相对稳定性和共识性。词典义往往在很长一段时期内不会发生变化。例如"尝"的词典义之一是辨别滋味。《说文解字》:"尝,口味之也。""尝"的这个词典义自古至今一直使用,词义稳固。

(2) 词典义可包含多个义项。义项指在词典中对词的词典义的分项说明。《现代汉语词典》中"头"有 14 个义项,例如:①头领、为首的人:李头儿、他是这一帮人的头儿;②领头的、次序居先的:头车、头马、头羊;等等①。人们通常根据上下文来选择和运用词,或理解一个词使用的是哪一个义项。

词的具体意义是一个词在使用过程中所体现出来的人们对现实现象的主观评价意义,包括感情色彩、心理联想、褒贬色彩、风格色彩等方面的意义,例如汉语"春节"一词,对很多中国小朋友来说具有"热闹、快乐"等具体意义。

---

① 中国社会科学院语言研究所词典编辑室编,2016,《现代汉语词典》(第 7 版),北京:商务印书馆,第 1318—1319 页。

有些词会很容易使人联想到别的事物,例如"玫瑰"使人联想到爱情,"红豆"使人联想到恋人间的相思,其他如"鸳鸯、松柏、梅竹"等词都具有丰富的联想意义。古今中外的诗文作者在进行文学创作时,经常会运用词的这种联想意义。有些词会因有不好的联想意义而成为"禁忌词",例如与性、死亡等有关的词。

有些词具有明显的褒义、贬义色彩。同一个词,在不同语言中的褒义、贬义色彩可能相同,例如汉语"狐狸"和英语"fox"都带有"狡猾、奸诈"等意义。同一个词,在不同语言中的褒义、贬义色彩也可能存在很大差别。汉语"狗"虽然也有"忠诚"等意义,但基本上是个贬义词,英语"dog"就不是贬义的,如"lucky dog(幸运儿)"。再如汉语中"冰"具有"高洁"义,如"冰清玉洁""冰心玉壶"等,而在其他语言(如英语)中则没有"高洁"义。

有些词语具有浓厚的感情色彩。汉语感叹词"哎呀"在句中可表示"惊讶、悲痛、喜悦"等,"哎哟"表达疼痛等。词的感情色彩往往通过具体语境根据上下文表达出来。"你真是一个好人"中的"好人",在不同语境中,既可能是赞美,也可能是讽刺。

6.2.2 词汇语义特征和语义场理论

词义并不是孤立存在的,而是相互联系,并构成系统性的有机整体。词义不是最小的语义单位。词义还可以进一步分析为更小的语义特征(semantic feature)。

词汇语义特征(词的语义特征),也叫义素或语义成分,指从词的词典义中概括和提取出来、体现词义内容要素的最小语义单位。表示某个词具有或不具有语义特征 A,可以用"[±A]"的形式("+"代表具有语义特征 A,"-"代表不具有语义特征 A),例如"茶"的语义特征可表示为:[+液体]、[+饮用的]、[+食品]。词典义中的每一个义项,都可以分析为一束语义特征的集合。语言中的词可根据语义特征排列成一个矩阵,例如:

男人	[+人]	[+男性]	[+成年]
女人	[+人]	[-男性]	[+成年]
男孩	[+人]	[+男性]	[-成年]
女孩	[+人]	[-男性]	[-成年]

词汇语义特征包括共同语义特征和区别语义特征。共同语义特征就是两个或两个以上的词共同具有的语义要素,如上述矩阵中[+人]、[+成年]是"男

人""女人"的共同语义特征。[＋动作]是"来""看""跳"等动作动词的共同语义特征。区别语义特征指能把两个或几个词区别开的语义要素,如[＋男性]把"男孩""女孩"区别开,[＋男性]就是"男孩""女孩"的区别语义特征。[＋有生命]能够把名词"马""牛"和"书""风"区别开,[＋有生命]就是区别语义特征。

　　语义场是由若干具有共同语义特征的词语构成的聚合体,例如"男人""女人""男孩""女孩"四个词都包含一个共同语义特征"[＋人]",因此它们就构成一个语义场。"[＋人]"这个语义特征叫做类属语义特征。类属语义特征指能反映几个词的词义所代表的事物的所属类别的共同语义特征。每个语义场都至少包含一个类属语义特征。

　　根据不同的共同语义特征,语言中的词会组成大大小小不同的语义场。这些语义场可以按照语义的包含关系构成一个层级体系。以"生物"语义场为例：

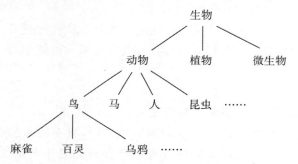

　　"生物"语义场包含大大小小不同的语义场,从而构成一个语义场层级体系,例如"生物""动物""鸟"这三个语义场的层级是依次降低的。在语义场层级体系中,低层级语义场的词会继承高层级语义场的语义特征,同时也具有自己特有的语义特征,从而跟其他语义场的词区别开。例如,"鸟"通过[＋神经系统]这个共同语义特征和同一语义场的"马""人"等词建立联系,并和高一层语义场成员"动物"建立联系。同时,"鸟"通过[＋会飞]、[＋有羽毛]等区别语义特征和"马""人"等词区别开,也和"植物""微生物"语义场及其次级语义场的词区别开。

　　在语义场层级系统中,如果两个词分属不同层级语义场,并且它们的外延具有包含和被包含关系,那么,处在较高层级语义场的词叫上位词,处在较低层级语义场的词叫下位词。词义的上下位关系指的是词义所反映的现实现象之间的包含和被包含关系。一般来说,上位词更具有概括性,所反映的现实现象也比下位词更多。上位词与下位词的关系是相对的,离开了其中一方就无所谓另一方。

语言中词义的上下位关系,大致等同于逻辑上的属种关系。上位义相当于逻辑上的属概念,下位义相当于逻辑上的种概念。以"动物、人""劳动产品、商品"这两组概念为例:

动物　（属概念、上位义）　　　劳动产品　（属概念、上位义）
人　　（种概念、下位义）　　　商品　　　（种概念、下位义）

词义的上下位关系要和词义表达的整体和部分的关系区别开,例如"交通工具"和"汽车""飞机""高铁"之间是上下位关系,"汽车"和"方向盘""离合器""座椅"之间则不是上下位关系,而是整体和部分关系。

同一个语义场中的词相互联系又相互对立。以"颜色"语义场为例,同一条光谱,不同语言的切分存在差异。汉语切分成红、橙、黄、绿、青、蓝、紫七段,英语切分成 purple、blue、green、yellow、orange、red 六段,有的语言切分成五段、三段,甚至两段,而且即使段数相近,各段的起讫点也有差别①。这样,不同语言"颜色"语义场的成员也就不完全相同。汉语中"颜色"语义场包括七个词,而英语中"颜色"语义场包括六个词。在汉语或英语的"颜色"语义场中,每一个颜色词的意义取决于同一语义场中的其他颜色词之间的相互关系。特里尔(Trier 1931)认为意义相近的词构成一个词汇场(德语:wortfeld);词汇是一个系统,处在不断变化中。如果一个词消失了,词汇场中其他词的意义就会扩大。如果词汇场中增加一个词,其他词的意义就会缩小。

由于语言中的词根据不同的共同语义特征会归属不同的语义场。各个语义场之间必然会出现交叉。词汇系统就是由大大小小的互有交叉的语义场构成的。词汇系统中的词,也会基于语义特征的异同而形成各种关系,如多义词、同音词、同义词、反义词等。

多义词与同音词

多义词指包含多个义项的词。单义词指只包含一个义项的词,例如,作为动词的"打[ta214]"在《现代汉语词典》记载了 24 个义项,记为"打¹"。"打"除了做动词,还可以做介词,记为"打²"。"打¹"是一个多义词,"打²"是一个单义词。"打¹""打²"的义项如下②:

---

① 参见:叶蜚声、徐通锵,1997,《语言学纲要》,北京:北京大学出版社,第 21 页。
② 中国社会科学院语言研究所词典编辑室编,2016,《现代汉语词典》(第 7 版),北京:商务印书馆,第 232 页。

打[1] dǎ 〔动〕❶用手或器具撞击物体：～门｜～鼓。❷器皿、蛋类等因撞击而破碎：碗～了｜鸡飞蛋～。❸殴打；攻打：～架｜～援。❹发生与人交涉的行为：～官司｜～交道。❺建造；修筑：～坝｜～墙。❻制造(器物、食品)：～刀｜～家具｜～烧饼。❼搅拌：～馅儿｜～糨子。❽捆：～包裹｜～铺盖卷｜～裹腿。❾编织：～草鞋｜～毛衣。❿涂抹；画；印：～蜡｜～个问号｜～墨线｜～格子｜～戳子｜～图样儿。⓫揭；凿开：～开盖子｜～冰｜～井｜～眼儿。⓬举；提：～旗子｜～灯笼｜～伞｜～帘子◇～起精神来。⓭放射；发出：～雷｜～炮｜～信号｜～电话。⓮〈方〉付给或领取(证件)：～介绍信。⓯除去：～旁杈。⓰舀取：～水｜～粥。⓱买：～油｜～酒｜～车票。⓲捉(禽兽等)：～鱼。⓳用割、砍等动作来收集：～柴｜～草。⓴定出；计算：～草稿｜～主意｜成本～二百块钱。㉑做；从事：～杂儿｜～游击｜～埋伏｜～前站。㉒做某种游戏：～球｜～扑克｜～秋千。㉓表示身体上的某些动作：～手势｜～哈欠｜～嗝儿｜～趔趄｜～前失｜～滚儿｜～晃儿(huàngr)。㉔采取某种方式：～官腔｜～比方｜～马虎眼。

打[2] dǎ 〔介〕从：～这儿往西，再走三里地就到了｜他～门缝里往外看｜～今儿起，每天晚上学习一小时。

在语言使用中，上下文能够帮助人们选择和确定"打[1]"的具体意义，使人们并不会因为动词"打[1]"具有如此多的义项而影响对"打"义的理解，如：

含"打"的词(或词组)	"打"的具体意义
打油、打酒	买
打刀、打家具、打烧饼	制造
打伞、打灯笼	举、提
打架、打击	殴打、攻打
打球、打扑克、打秋千	做某种游戏

同音词指语音相同、意义不同而且意义上没有联系的一组词，例如"金"和"斤"是字形不同的同音词，前文提到的"打[1]"和"打[2]"是字形相同的同音词。下面的例子也是字形相同的同音词：

词	用例
花[1]：	玫瑰花；雪花，浪花
花[2]：	花钱，花时间
别[1]：	把校徽别在胸前。
别[2]：	别了，康桥。
别[3]：	别说话。

"花¹"和"花²"的语音相同,但二者意义不同且意义没有联系,所以是同音词。"别¹""别²""别³"也是同音词。

同义词和反义词

同义词指声音不同但意义相同或基本相同的几个词。这里的"意义相同",指词的词典义和具体意义两方面都相同,这样的词被称为等义词,如"代替—替代"等。等义词在语言中的数量相对较少。绝大多数的同义词在词典义和具体意义方面存在差异,也可把这类同义词称为近义词,如"诞辰"和"生日"词典义相同,但语体色彩存在差异,"成果、结果、后果"词典义也基本相同,但在感情色彩(褒义、中性、贬义)方面有差异。

反义词,指意义相反或相对的一组词,是现实现象中矛盾或对立现象在语言中的反映,如"生—死(意义相反)""黑—白(意义相对)"。反义词包括两种类型:(1)绝对反义词,指两个反义词之间没有表示中间状态意义的词。"生—死""真—假"等都是绝对反义词。(2)相对反义词,指两个反义词之间有表示中间状态意义的词存在。"黑—白""上—下"等都是相对反义词。绝对反义词和相对反义词的区别,如以下两图所示(a、b代表反义词):

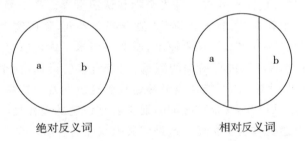

绝对反义词　　　　　　相对反义词

6.2.3　词义的抽象性和模糊性

词义的抽象性指词义不是具体指称某个具体对象,而是概括反映事物的共同特性。现实世界中,即使是同类的事物,个体之间也会千差万别。词义要反映该类事物就需要概括出这类事物所有个体的共同特性,并以这个共同特性区别于其他类事物。比如,"人"这个词的词义可以不管每个人的种族、年龄、性别、体型、身高、肤色等方面的特殊性,而只是概括反映出所有人共同的一般的特性,以便把人和猴子、狮子等其他类动物区别开来。

抽象性是词义本身所固有的本质属性之一,也是人们认识客观事物、分割经验世界的重要手段。人们在认识世界过程中,把同类事物依据其共同特点归类,实现了把特殊的、复杂的东西变成一般的、简单的东西,并存储在记忆中,作为人类认知经验的一部分和进一步认识世界的基础。例如"风景"一词概括了现实中供人观赏的景观、事物等,但具体什么是风景,如果不加以概括和抽象,人们很难把握。《现代汉语词典》对"风景"的解释是:"一定地域内由山水、花草、树木、建筑物以及某些自然现象(如雨、雪)形成的可供人观赏的景象"[①]。"风景"定义中包含"地域、花草、树木、建筑物、自然现象、观赏、景象"等词。这些词各自也都是经过了概括和抽象。如果没有这些经过概括的抽象的词义,人们就无法认识和把握"风景"的含义。

尽管词义具有抽象性,但仍可以用来指称同类事物中的个体。比如"我手里拿着一个苹果"这句话,"苹果"的词义是抽象的,但在句中所指称的是我手中拿着的这个苹果,只是在指称过程中舍弃了这个苹果的颜色、大小等方面的特性。如果要突出这个苹果的某些特性,需要再添加相应修饰语,如"大苹果""红苹果"等。

经过概括而形成的词义,往往具有一定的模糊性。词义的模糊性指词义只有一个大致的范围,没有明确的外延。词义的模糊性容易造成两个词的词义之间的界限有交叉,无法截然分开。但词义的模糊性不是缺点。恰是由于词义模糊性的存在,才使人们能有效进行言语交际和认识世界。举个简单的例子。假如你要去会见一个新朋友,有人告诉你:他身高一米九,胸围宽九十厘米,鼻梁高两厘米,眼珠直径一厘米,眉长六厘米,眉宽一厘米。你可能会找不到这位新朋友,因为你通常不可能进行精确的测量。相反,若告诉你:他个头很高,身体结实,鼻梁高,浓眉大眼,你可能会很轻松地找到这位朋友。这里的"(个头)高""(身体)结实""浓(眉)""大(眼)"等词的词义就有一定的模糊性,但模糊的词义反而比精确的表述更有利于交际。这是词义模糊性的价值所在。

自1965年扎德(Zadeh)发表开创性论文《模糊集》(*Fuzzy Sets*)以来,语言的模糊性逐渐引起学者们的重视[②]。然而,人们对语言模糊性的研究还有待进一步深入。需要思考:词义的模糊是怎样产生的?词义的模糊和客体的模糊有无区别?

词义的模糊性和歧义、词义的抽象性有区别。词义的模糊性不可能像歧义那样可通过上下文来排除,也不可能像词义抽象性那样可通过定义来确定外延。例如"高"这个词的意义没有明确的外延,到底高到什么程度才算高?没有统一的共识标准。关于词义模糊性产生的原因,至少有两种观点:

[①] 中国社会科学院语言研究所词典编辑室编,2016,《现代汉语词典》(第7版),北京:商务印书馆,第390页。

[②] 国内学者关于词义模糊性的论述,可参考:伍铁平(1979,1980)、石安石(1988)、陈保亚(1993a)等。

第一种观点认为,词义的模糊性源自客观世界中事物本身的模糊性。现实事物之间没有明确的界限,如春夏秋冬的界限、蔬菜和水果的界限等都是模糊的(Zadeh 1965)。这种观点能解释很多自然界的模糊现象,但它没有说明语言本身的模糊性是如何产生的,没有区分客体的模糊性和语义的模糊性。因为客体的模糊性不能完全解释语义的模糊性,有些客体之间的界限是清楚的,但在语义上仍然存在模糊性。比如颜色,现代科学技术可以通过光谱仪正确分析光谱。任何一种颜色都可以通过光谱分析,以比较精确的数字显示它与其他颜色的区别。但"红色"和"粉红色"在自然语言中的界限就很模糊。

第二种观点则着眼于自然语言本身。既然自然语言的单位是有限的、离散的,用有限的、离散的单位去表达无限的、连续的客体,必然会产生语义的模糊性。这种观点有一定的解释力,但它忽略了自然语言的生成性。以"年龄"为例,只要学会1到10的数字、十进位制以及小数点的用法,就足以表示任何的年龄。但自然语言中仍然存在关于年龄的模糊词,如"老年、中年、青年、少年"等。可见,即使在自然语言能够明确表达的情况下,词义的模糊现象仍然存在。自然语言单位的有限性和离散性仍然不是词义模糊性的根源。

客观事物的模糊性和语言单位的离散性、有限性,都有可能造成词义的模糊性,但都不是词义模糊性的根源。

词义的抽象性源自语言符号对现实现象的概括反映,词义的模糊性也跟语言符号与语言符号所反映的现实现象之间的关系有关。语言符号最重要的功能就是指称客体。语言符号的形式和客体事物是通过意义来联系的,符号要指称现实事物,符号的意义和现实之间就要有一致关系。比如,可以准确测定某个高个儿的运动员的身高是一米九二,这时可以用精确词语来指称他:那个一米九二的人可能是运动员。这种指称是自然语言中符号意义的外延和现实现象的外延相等的情况。在某些学科领域,比如计算机科学和数学领域等,学者们必须精确地进行思维。但在自然语言交际中,精确思维有时并无必要。因为在日常交际中人们的感官所接收到的信息并不总是精确的。例如,当看到一个一米九二的人时,凭感官收集到的他的身高信息就不精确。这时,如果说话者所使用的语言符号是精确的,那么在听话者那里,就不能在符号和现实现象之间建立起一致关系。要指称这个一米九二的人,需要选择一个具有模糊意义的词。这样才能有效完成指称,使交际能顺利进行。可见,正是语言符号的指称功能和社会交际功能,决定了自然语言中既应该有精确语义的词,也应该有模糊语义的词。换句话说,词义的模糊性来源于语言符号的指称功能和社会交际功能。

许多模糊词的模糊域延伸性很大,如"高"这个词的模糊域可以说是无限的。然而既然模糊词也要指称事物,其模糊域也应该有个大致的范围。模糊词的模糊域是由具体上下文来确定的。例如"高跟鞋、高个子、高楼、高原、高峰"这几个词,"高跟鞋"的"高"的模糊域大概在几寸范围内,"高个子"的"高"模糊域大概在两米范围内,"高楼"的"高"在几十米范围内,"高原""高峰"的"高"大约在几千米范围内。这些模糊域是由"高"所在的上下文来确定的。也就是说,词义模糊是由语言符号的指称功能引起的,而词义的模糊域则由上下文来确定。

根据形式语言理论,自然语言的语法属于上下文有关文法(参见§10.1.2),语言的生成及理解需要结合语境因素。自然语言的特点允许了词义模糊性的存在,语言交际功能的实现也要求很多词义保持模糊状态。词义的模糊性是语言交际得以顺利进行的前提,也是语言符号的本质属性之一。

6.2.4 词义的系统性

词义和概念有联系也有区别。概念属于思维的范畴,是人们认识世界过程中的一种理性思维形式。词义属于语言的范畴,是以概念为基础的。词义来源于概念,但作为人们理性认识成果的概念,以词义形式进入语言系统后,会受到语言中词义系统的制约。例如"苹果"可以和动词"吃"组合,但不能跟"喝"组合;同时,词义系统中的"苹果"还处在"水果""商品"等语义场中,并和语义场中其他成员相互依存、相互制约。

义项、义位和语义特征是分析词义系统的三个重要概念。它们有联系,也存在差别。义项是一个辞书学的概念。义项是指在词典中对词的词典义的分项说明,如《现代汉语词典》中"兵"有5个义项,动词"打"有24个义项。

语义特征、义位是语义学的概念。词的语义特征指从词的词典义中概括和提取出来、体现词义内容要素的最小语义单位,如"男人"包含"人、男性、成年"三个语义特征,"女人"包含"人、女性、成年"三个语义特征。

义位是指依赖特定语义结构和语音结构、具有区别词的意义作用的最小语义单位。语义特征是义位的构成要素。义位区别词义主要是通过区别语义特征的对立来实现的,例如义位"男人"和"女人"词义的差别,是由区别语义特征"[＋男性]"的对立造成的。

词的义项和义位的关系,大致类似于音素(音子)和音位的关系。义位是一个抽象单位,而词的义项则是义位在语言中的具体实现。语言使用中,如果一个词的几个义项各出现在不同环境中,呈现互补分布,同时也没有改变词的意义,那么这几个义项就可以归纳为一个义位。而这几个义项就是这个义位的义位变体。例如义位"兵"包含下面几个义项:①"兵器",如"秣马厉兵";②"军人、军队",如"骑兵";③"军队中的最基层成员",如"官兵一致";④"指军事或战争",如"兵法";⑤"姓"。这些义项都是义位"兵"的义位变体。为了从形式上区分义位和义位变体,可用"//"表示义位,用"[ ]"表示义位变体。例如"/兵/"代表义位,"兵[军人]"代表义位变体,其中"兵"代表语言使用中出现的词,"[军人]"则代表"兵"这个词的义位变体。

义位变体分为条件变体和自由变体。有些语音相同、意义有联系的义项出现在不同语言环境中而处于互补分布的状态,这些义项就是义位的条件变体。上面说的"兵"的义位变体都是条件变体,它们不能同时出现在同一个环境中,彼此是相互排斥的。例如在"我是他的兵"中,义位"/兵/"具体表现为"[军队中的最基层成员]"这一义位变体,不能理解为"[兵器]""[军人、军队]"等;在"秣马厉兵"中,义位"/兵/"具体表现为"[兵器]"义位变体,不能理解为"[军人、军队]""[军事、战争]"等。在特定语言环境中,如果一些词的义项可以在相同的语言环境中自由替换而不改变意义,那么这些义项就是同一个义位的自由变体。例如当交际双方和交际所涉及对象都不是军人的条件下,说话人说出"我是他的兵"这句话,这里"/兵/"的义项"[军队中的最基层成员]"可自由替换为"[下属]"而不改变句子意义。在这个特定语言环境中,"兵[军队中的最基层成员]""兵[下属]"就是同一个义位的自由变体。

义位是从语音相同(或有内在联系)、意义有联系的若干词的义项中概括出来的一个抽象单位。把词的义项归纳为一个义位,需要同时满足三个条件:(1)这些词的语音相同或有内在联系;(2)词的义项之间彼此有联系;(3)符合语义系统的制约要求。例如"兵[骑兵]""兵[兵法]"中的"兵"读音相同、意义之间有联系,可以归纳为一个义位,成为义位"/兵/"的两个条件变体。同理,"打毛衣""打伞""打酱油"中"打"读音也相同、意义彼此也有联系,也可以归纳为一个义位。语音不相同的词,即使语义上有联系的,不能归纳为一个义位,如"哀"和"悲"的语义有联系,但不能把它们归为一个义位。词的语音相同但意义没有联系,也不能归纳为一个义位,如"把校徽别在胸前""告别""别说话"中的"别"就不能归纳为一个义位,而应归纳为三个义位:/别^1/、/别^2/、/别^3/。再如英语"-s(名词复数)"和"-s(动词第三人称单数)",尽管二者语音结构相同,但意义不同且意义间没有联系,因此也不能把它们归为一个义位。

每一种语言在特定历史阶段都有自己特殊的语义结构系统。归纳义位时还受到特定语义系统结构的制约。例如,中国古代女子分别称呼自己丈夫的父亲、母亲为"舅"和"姑"。随着语言的发展,汉语的语义系统发生了变化,"舅姑"不再指"公婆"。这样,"舅""姑"就不能作为变体分别归入义位"/公/"和"/婆/"。另外,由于不同语言的语义系统不一样,义位的归纳也会不一样。以归纳义位"/看/"为例,汉语"看书""看电视""看望病人"中的"看"属于同一个义位,但在英语中与之对应的"read""watch""visit"则不能归纳为一个义位,而应归纳为三个义位。

语言中的义位相对独立而又彼此联系,共同构成了语言的语义系统。语义系统是通过义位的组合和替换来运转的,可以从组合关系和聚合关系两个方面来考察。从义位聚合关系看,具有共同语义特征的义位聚合在一起构成一个聚合群,如"/茶/""/酒/""/汤/"三个义位具有共同语义特征"液体",从而形成了一个义位聚合群;"/铁/""/铜/""/石/"三个义位的共同语义特征是"固体",也形成一个义位聚合群。义位系统可根据不同语义特征划分为不同层次的次级系统,从而形成大大小小的语义场。从组合关系来看,有些义位相互可以组合,有些义位则不能组合,如义位"/喝/"可以和义位"/水/"组合,但不能跟"/铁/""/铜/""/石/"等组合。同时,跟"/水/"处于同一聚合群的义位"/茶/""/酒/"可以替换"/水/",组成"喝茶""喝酒"等。可见,语言符号的组合和替换,不仅要遵守语法组合规则,还要遵守语义组合规则。

6.3 语义结构

词的组合不仅涉及语法结构关系,也会涉及语义结构关系。语义结构指一个句子中词和词之间的语义关系。狭义的语义结构,指的是句子中动词和句中其他名词之间的关系,即论元结构。广义的语义结构,除了动词和句中其他名词之间的关系外,还包括副词、形容词、名词、动词之间的关系。

6.3.1 论元结构

论元(argument)一般指一个句子中直接与动词发生关系的名词、名词词组或小句,即动词的直接参与者,也就是句子的动词所带的语义成分[①],例如:

(1) 客人来了。
(2) 学生拜访英语老师。
(3) 我听说小李感冒了。

---

① 论元最早是作为一个逻辑学术语由卡尔纳普(Carnap 1933)提出,指谓词(predicate)的参与者。

论元可以是名词或名词词组。第(1)句中,名词"客人"直接与动词"来"发生关系,是动词"来"的参与者,因此"客人"是论元。第(2)句中,名词"学生"和名词性词组"英语老师"直接与动词"拜访"发生关系,是动词"拜访"的参与者,因此它们都是论元。论元也可以是小句,如第(3)句中,直接和动词发生关系的小句"小李感冒了",是动词的一个论元。

论元和特斯尼耶尔(Tesnière 1934,也译为特斯尼埃)所讨论的"价"概念很接近。配价语法(valence theory)的"配价"讨论的就是论元问题。配价语法中,与动词直接发生关系的是由名词或名词性词组构成的行动元(actant)和由副词或副词性词组构成的状态元(circonstant)。状态元从理论上说是无限的。行动元数目不能超过三个,即:主语、宾语$_1$、宾语$_2$。例如"李涛非常熟练地读课文"中,状态元有一个,即做句子状语的副词性词组"非常熟练",行动元有两个,分别是句子主语"李涛"和宾语"课文"。行动元的数目决定了动词的价,比如:

零价动词(verbes avalents)　　【行动元数目为 0】
　　Il pleut(下雨)
一价动词(verbes monovalents)　　【行动元数目为 1】
　　Il dort(他睡觉)
二价动词(verbes bivalents)　　【行动元数目为 2】
　　Il mange une pomme(他吃苹果)
三价动词(verbes trivalents)　　【行动元数目为 3】
　　Il donne son livre à Charles(他把他的书给查尔斯)

论元角色(argument role)指在具体句子中论元所承担的语义功能,如施事、受事、与事、工具等。论元角色相当于菲尔墨(Fillmore 1968)所说的语义格,不同的语义格就是不同的论元角色,格鲁伯(Gruber 1965)、乔姆斯基(Chomsky 1981)则称之为题元角色(thematic role;theta-role;θ-role),如"学生拜访老师"中,论元"学生"的论元角色是施事,"老师"的论元角色是受事。乔姆斯基(Chomsky 1981:36)给出的题元准则(θ-criterion),论述了论元和论元角色之间的对应关系:每个论元仅承担一个论元角色,每个论元角色也仅指派给一个论元。下面这些句子标注了论元、论元角色,并做了解释[①]:

　　[房子^{受事}]垮了　　　　　　　垮:一价动词,论元结构一价
　　[学生^{施事}]拜访[老师^{受事}]　　拜访:二价动词,论元结构二价

---

① 方括号中的成分是论元,右括号左上方是论元角色。

[小王_施事]吃[大碗_工具]　　　　　　吃:二价动词,论元结构二价

[小王_施事]知道[东京在日本_陈述]　　知道:二价动词,论元结构二价

[老师_施事]给[学生_与事][一本书_受事]　给:三价动词,论元结构三价

论元结构(argument structure)指一个句子中动词和论元角色之间的关系,也叫论元关系(argument relation)、题元结构(thematic structure)或题元关系(thematic relation)。例如在"学生拜访老师"这个句子中,"拜访"是二价动词,论元结构"施事—动词—受事"也是二价的。在"老师给学生一本书"中,"给"是三价动词,论元结构"施事—动词—与事—受事"也是三价的。

仅仅说明一个动词有几价是不够的,还应该说明动词和名词的语义结构关系。生成语法的标准理论(Chomsky 1965)从"次范畴化(subcategorization)"角度增加了名词和动词的位置信息,即基于名词位置的动词框架[①]。菲尔墨(Fillmore 1968)系统展开了动词和名词语义关系的分析。菲尔墨把和动词发生直接语义结构关系的名词称为格,并定义了一些最基本的格,如施事格(agentive)、受事格(patientive)、工具格(instrumental)、与格(dative)、使成格(factitive)、处所格(locative)、客体格(object)等。菲尔墨的"格"指的是语义格,是在和动词的语义关系中确定的,因此,"格"理论就是论元结构关系的理论。一个句子的语义格框架,体现的是动词和论元角色之间的语义关系,即论元结构。"价""语义格"和"次范畴化"等概念本质上都在讨论论元结构关系。"价"关心的是与动词搭配的名词的数量。"语义格"关心的是与动词搭配的名词所具有的功能或语义角色。基于"次范畴化"的动词框架不仅关心名词的数量,还关心名词的位置。

怎样区别有多少语义格,目前还没有一种普遍的适用于各种语言的方法。各种语言的语义格并非完全一致。另外,不同语言在确定语义格方面存在难易差别。例如,在印欧语言中,通常可以通过动词的主动形式确定主语是施事或

---

① 根据 Trask(2005:198),次范畴化与单一(single)词性的词之间句法行为的差异有关。英语中有一类动词,几乎其所有成员都共有某些重要属性,比如表示时态和出于某种语法目的在动词末尾加-ing。然而,并非所有动词都有相同的行为。例如试着把动词"decide, tell, want, send, speak, show"填入以下句子空格:(1) Susie will ____ . (2) Susie will ____ Mike. (3) Susie will ____ a letter. (4) Susie will ____ to come. (5) Susie will ____ that she's ready. (6) Susie will ____ me that she's ready. 上述每个动词都能成功填入一些空格,从而构成一个合乎语法的句子,但不能填入其他空格,例如"decide"只能填入(1)(4)(5)句空格。这是次范畴化的一个实例。尽管所有这些词都是动词,但它们在上述这些结构中表现出了重要差异,动词相应被次范畴化为不同的小类。这些次范畴化小类有相当多的重叠,因此不能简单地把动词细分为类型(1)、类型(2)等。次范畴化在动词中最为突出,但在其他词类中也存在。例如,根据句法行为和语义搭配的差异,名词可次范畴化为两个小类:有生名词和无生名词。

工具,通过动词的被动形式确定主语是受事。由于汉语形态标记较少,所以在汉语中确定论元、论元角色相对较困难。汉语的有些语法标记对于确定论元有一定的价值,如受事 X 通常可以出现在"X 被""把 X"环境中,施事 X 可以出现在"让 X"等环境中。但是这些标记的普遍性不高,因为很多汉语动词不能出现在这些环境中。

格语法理论没有提出判定论元的方法。不过格语法暗含了确定论元的一条标准。菲尔墨(Fillmore 1968:21)认为,一种格关系只能在简单句中出现一次(Each case relationship occurs only once in a simple sentence)。这可称为论元唯一性原则。例如,下面这句话是不合法的:

　　* A hammer broke the glass with a chisel. (锤子用凿子把玻璃打碎了。)

由于 hammer 是无生命的(inanimat),因此 hammer 不能理解成施事格,只能理解成工具格。这样,一种格关系在这个句子中就出现了两次,即工具格出现了 hammer 和 chisel 两个,违背了论元唯一性原则。论元唯一性原则在人类语言中具有一定的普遍性。

语言中并不是只有动词才有论元,名词和形容词也有论元。以名词为例:

　　(1) his distruction of the building(他对建筑物的破坏)
　　(2) 我们对问题的讨论
　　(3) 我们对英语的学习
　　(4) 对俄国的战争

例(1)中,名词 distruction(破坏)的论元是 his(施事)和 the building(受事)。英语中,名词的论元框架(语义格框架)也可以看成是由动词的论元框架(语义格框架)转换过来的。例(2)(3)中,动词和名词有相同的形式,相应地名词也就有了论元。有些名词没有相应的动词,但由于语义和行为有关系,也有论元,如例(4)的"战争"。

论元结构的重要作用是能够分化语言中的一些歧义。从语言结构层面看,语言歧义可分为语法结构歧义和论元结构歧义。语法结构歧义指由单位组合关系或组合层次不同而造成的歧义。有些语法结构歧义是单位组合关系不同造成的,如"阅读材料""学生家长"等,有些则是组合层次不同造成的,如"我们五个人一组",还有些语法结构歧义,组合关系和组合层次都不同,如"老腰疼"。语法结构歧义大都可通过变换分析或层次分析分化出来。

论元结构歧义则是由论元结构的不同造成的。语言中有些组合结构,结构

关系、组合层次都相同,但论元结构不同,也会造成歧义。比较下面例子:

  (1) 来的是学生。 【结构关系、结构层次相同,论元结构相同】
  (2) 看望的是哥哥。【结构关系、结构层次相同,论元结构不同】
  (3) 送的是学生。 【结构关系、结构层次相同,论元结构不同】

  第(1)句没有歧义,但第(2)(3)句都有歧义。这三句话的结构关系、结构层次都相同,但它们的论元结构存在差异。第(1)句中,"学生"只能是动词"来"的施事,即该句论元结构只能是"动词—施事"。第(2)句中"哥哥"既可能是动词"看望"的施事,也可能是"看望"的受事,即该句论元结构可能有两个:"动词—施事"和"动词—受事"。而第(3)句中"学生"可能是动词"送"的施事,可能是"送"的与事,也有可能是"送"的受事,即该句的论元结构可能有三个:"动词—施事""动词—与事"和"动词—受事"。比较以下例句:

  看望(弟弟)的是哥哥。   【"看望"—施事】
  (弟弟)看望的是哥哥。   【"看望"—受事】
  送(老师这本书)的是学生。 【"送"—施事】
  (这本书老师)送的是学生。 【"送"—与事】
  (老师在车站)送的是学生。 【"送"—受事】

  第(2)(3)句的歧义是由论元结构的不同造成的,因此不能通过分析结构关系或使用层次分析法,而只能通过分析句子的论元角色和论元关系来分化歧义。通过分析论元角色、论元关系,上面三个例子可做如下标注:

  (1) 来的是[学生$_{施事}$]
  (2) 看望的是[哥哥$_{施事、受事}$]
    看望(弟弟)的是[哥哥$_{施事}$]
    (弟弟)看望的是[哥哥$_{受事}$]
  (3) 送的是[学生$_{施事、与事、受事}$]
    送(老师这本书)的是[学生$_{施事}$]
    (这本书老师)送的是[学生$_{与事}$]
    (老师在车站)送的是[学生$_{受事}$]

  论元结构歧义的歧义数量通常和动词的"价"有关。一价动词的论元结构只有一个,一般不会造成歧义,歧义数为0;二价动词的论元结构可能会有2个,歧义数为2;三价动词,论元结构可能会有3个,歧义数为3。例如:

句子	动词的"价"	歧义数
来的是学生	"来",一价动词,"学生"是施事	0
拜访的是李涛	"拜访",二价动词,"李涛"是施事或受事	2
给的是孩子	"给",三价动词,"孩子"是施事、受事或与事	3

通过以上歧义的分析可以看出,那些由单位组合顺序不同而造成的语法结构歧义,可以通过层次分析分化歧义,但层次分析无法分化由论元角色不同而造成的论元结构歧义。可见,层次分析代替不了论元结构分析。

论元结构也是语法结构关系无法取代的。因为,同样的语法结构关系可以有不同的论元结构,例如①:

(1) NP-V-NP:

[小王^{施事}]砸[杯子^{受事}]　　【施事—动词—受事】

[小王^{施事}]认识[小邵^{对象}]　　【施事—动词—对象】

[小王^{施事}]吃[食堂^{处所}]　　【施事—动词—处所】

[小王^{施事}]吃[大碗^{工具}]　　【施事—动词—工具】

[小王^{施事}]炒[菜^{结果}]　　【施事—动词—结果】

[小王^{施事}]走[S形^{方式}]　　【施事—动词—方式】

(2) NP-V-NP-VP:

[父亲^{施事/说服}]说服[儿子^{受事/说服∩施事/学}]学经济

　　　　　　　　　　　　　　【"儿子"是受事、施事】

[儿子^{施事/答应∩施事/学}]答应[父亲^{受事/答应}]学中文

　　　　　　　　　　　　　　【"儿子"是两个动词的施事】

(3) NP-V-S:

[小王^{施事}]知道[东京在日本^{陈述}]　　【施事—动词—陈述】

[小李^{施事}]正在查阅[东京在哪里^{疑问}]　　【施事—动词—疑问】

以上每组语法结构关系都是一样的,但每组例子的论元结构各不相同。而具有相同结构关系和层次关系的句子,由于论元结构不同,会有不同的意义。换句话说,语法结构关系是不能控制(或推导出)论元结构的。

论元结构和语法结构关系是语言研究中的两个重要层面。二者既有联系,

---

① 符号"∩"表示"并且",斜杠"/"前的词代表句中的某个词所承担的论元角色,"/"后的词代表该论元角色所对应的动词。例如"受事/说服∩施事/学"表示,"儿子"在句中既做"受事",又做"施事","儿子"做"受事"时对应的动词是"说服","儿子"做"施事"时对应的动词是"学"。下同。

也有区别。与语法结构关系相关的概念是"主语、谓语、宾语、状语"等句法成分和"主谓、补充、述宾、偏正、并列"等结构关系,与论元结构相关的概念是"施事、受事、处所、结果、工具、性质、质料"等论元角色。一般来说,施事常用来充当句子主语,受事常充当宾语,处所、工具常充当状语,结果常充当补语,例如:

(1) 他　　　用钥匙　　打　　开了　　门。
　　 主语　　状语　　　动词　补语　　宾语　（语法结构）
　　 施事　　工具　　　动词　结果　　受事　（论元结构）
(2) 孩子们　　在操场　　踢　　足球。
　　 主语　　状语　　　动词　宾语　（语法结构）
　　 施事　　处所　　　动词　受事　（论元结构）

然而,句法成分和论元角色之间并非严格遵循上述对应关系。受事、工具、处所等论元角色都能做句子主语,施事、工具、处所等都能做句子宾语,例如:

(1) 一锅饭吃了十个人。　　　（受事"一锅饭"做主语）
(2) 钥匙打开了门。　　　　　（工具"钥匙"做主语）
(3) 墙上挂着地图。　　　　　（处所"墙上"做主语）
(4) 这个教室坐了九十个学生。（施事"学生"做宾语）
(5) 她逛了王府井步行街。　　（处所"王府井步行街"做宾语）
(6) 我吃大碗,你吃小碗。　　（工具"大碗""小碗"做宾语）

6.3.2　语义指向

论元结构说的是动词和名词的语义关系。论元结构没有考虑虚词、形容词、名词之间的语义结构关系,也没有考虑副词和动词之间的语义结构关系。语义指向本质上讨论的也是词之间的语义关系。具体来说,语义指向指句法结构中除动词和名词间语义关系以外的其他类型的词和词的语义搭配关系,包括虚词、形容词、名词、动词、数量词等之间的语义搭配关系。语义指向关心的不是某个词的语义指向,而是某个句法成分的语义指向。如果句法结构中某个句法成分 A 在语义上和成分 B 相匹配,那么就说句法成分 A 语义指向 B,例如:

(1) 她高兴地唱着歌。
(2) 他满满地吃了一碗。
(3) 他把米饭吃光了。

例(1)状语"高兴地",在语义上指向施事"她",不是指向动词"唱"。例(2)

状语"满满地",在语义上指向工具"一碗",不是指向动词"吃"。例(3)补语"光",在语义上指向受事"米饭",也不是指向动词"吃"。

每一个句法成分都会涉及语义指向问题,前面论元讨论已经说明了动词和名词等的语义指向。"他吃了一个苹果"中的宾语"苹果",只需要说明它是受事就可以确定语义指向,不需要进行语义指向分析。需要进行语义指向分析的句法成分,主要包括如下三类[①]:

一是补语的语义指向,例如:

(1) 他把院子里的树砍光了。
(2) 他砍累了。
(3) 那把刀砍钝了。
(4) 你砍快了,慢点儿砍,等等他。
(5) 砍了半天柴,把胳膊砍疼了。

这些例句中加着重号的成分都是补语,但它们的语义指向不同。例(1)补语"光"在语义上指向受事"树";例(2)补语"累"在语义上指向施事"他";例(3)补语"钝"在语义上指向工具"刀";例(4)补语"快"在语义上指向"砍"这一动作本身;例(5)补语"疼"在语义上指向施事的隶属部分"胳膊"。

二是修饰语的语义指向,包括状语和定语的语义指向,例如:

(1) 我饱饱地吃了一顿。
(2) 他重重地拍了一下桌子。
(3) 他满满地倒了一杯酒。
(4) 两位大学的教授。
(5) 两所大学的教授。
(6) 两个大学的教授。

例(1)—(3)中,加着重号的成分都是状语,但它们语义指向不同。例(1)状语"饱饱地"在语义上指向施事"我";例(2)状语"重重地"在语义上指向"拍"这一动作本身;例(3)状语"满满地"在语义上指向受事"一杯酒"。例(4)—(6)是做定语的数量成分语义指向的例子。例(4)定语"两位"在语义上指向"教授",例(5)定语"两所"在语义上指向"大学",但例(6)定语"两个"在语义上既可以指向"教授",也可以指向"大学",所以例(6)是一个歧义结构。

三是形容词性谓语的语义指向,例如:

[①] 参见:陆俭明,2005,《现代汉语语法研究教程》(第三版),北京:北京大学出版社,第144—146页。

(1) 我很冷。
(2) "你冷不冷？""刚才很冷，现在好多了。"

例(1)谓语"很冷"在语义上指向句内的主语"我"。例(2)谓语"很冷"在语义上不是指向句内的某个成分，而是指向句内没有出现的"我"。

句法成分的直接组合关系通常是很明确的，例如状语和动词直接组合，动词和补语直接组合，定语和中心语直接组合。相应地，在语义结构层面，状语或补语在语义上一般会指向动词，定语一般会指向中心语。语义指向和句法成分的直接组合可能一致，也可能不一致，例如：

(1) 他砍累了。
(2) 他把院子里的树砍光了。
(3) 我饱饱地吃了一顿。
(4) 他满满地吃了一碗。

例(1)的补语"累"，在语义上不是指向动词，而是直接与施事"他"发生语义搭配关系，即补语"累"在句法上和谓语动词"砍"直接组合，但在语义上却指向主语。例(2)的补语"光"，在语义上直接与受事"树"发生语义搭配关系，即补语"光"在句法上和谓语动词"砍"直接组合，但在语义上指向受事"树"。同样，例(3)(4)的状语"饱饱地""满满地"，在句法上和谓语动词"吃"直接组合，但在语义上分别指向施事("我")和工具("碗")。

一般情况下，语义结构的层次和语法结构的层次是一致和对应的。比如"他吃苹果"这句话，"吃"和"苹果"，从语法结构上看是述宾关系，在线性方向上是连续的，从语义结构上看是动作和受事的关系，在线性方向上也是连续的；"他"和"吃苹果"，从语法结构看是主谓关系，在线性方向上是连续的，从语义结构上看是施事和行为的关系，在线性方向上也是连续的。通常情况下，在语法结构关系层面，主语和谓语发生直接关系，宾语和述语发生直接关系，状语和述语发生直接关系，定语和中心语发生直接关系。在语义结构关系层面，施事和行为发生直接关系，受事和动词发生直接关系，状语的语义成分和述语的语义成分发生直接关系，定语的语义成分和中心语发生直接关系。但语法结构层次和语义结构层次有时也是不对应的，例如"我把他说的话忘了"这句话，从语法结构层次上看，"说"和"话"不是直接成分的关系("他说的话")，但从语义上看，"说"和"话"之间有直接成分关系，是动作和受事的关系。

语义指向的存在，说明语法结构的直接成分关系和语义结构的直接成分关系是比较复杂的，不是一一对应的。就像语法结构有层次一样，语义结构也是有层次的,而且有自己独立的层次。一般情况下,语义成分的组合层次是连续的,但也有不连续的情况,因此就引出了语义指向的问题①。

6.4 句法语义特征

句法语义特征是指词或句法成分在句子中所体现出来的语义特征。更明确地说,词的句法语义特征是从具体句法格式中概括得到的,和单纯从词义角度分析的词汇语义特征不完全相同(见§6.2.2)。一方面,单纯从词义角度概括的词汇语义特征不一定有句法价值。例如可以把钢笔、电脑、书包、橡皮等归为一类,并概括出"[＋学习用品]"语义特征。这种从词义角度概括出的语义特征,可能在词汇学中有意义,但不一定有句法上的价值。另一方面,词的某些句法语义特征只有结合具体的句法格式才能确定。在"名词[主语]＋动词＋给＋名词₁＋名词₂"中,能够出现在"动词"位置上的动词都具有"[＋给予]"语义特征②。动词"踢""打[电话]"能够出现在这个位置,例如"张三踢给李四一个球""张三打给李四一个电话",所以"踢""打[电话]"具有"[＋给予]"语义特征。动词"踢""打[电话]"的"[＋给予]"语义特征,是在考察了"名词[主语]＋动词＋给＋名词₁＋名词₂",并确认这两个动词能够进入这一格式后才确定的。

论元结构控制不住句法语义特征。有些句子的论元结构相同,但意义不同,例如:

(1) 我在抽屉里发现了钢笔。
(2) 我在屋顶上发现了火车。
(3) 我在屋顶上发现了他。

这三句话的论元结构都是"施事－处所－动词－受事",但它们的意义存在差别。例(1)在"抽屉[处所]"里的只能是"钢笔[受事]",而不可能是"我[施事]",因为"我"不包含"[＋在抽屉里]"的语义特征。例(2)在"屋顶[处所]"上的只能是"我[施事]",而不可能是"火车[受事]",因为"火车"不包含"[＋在屋顶上]"语义特征。例(3)中,在"屋顶[处所]"上的可能是"我[施事]",也可能是"他[受事]",因为"我""他"都包含"[＋在屋顶上]"的语义特征。显然,论元结构分析无法解释上述句子意义的差别,而词的句法语义特征分析则能够解释。

在句法研究中,句法语义特征分析能够说明词语组合的语义限制、解释造

---

① 关于语义指向的具体讨论,可参考:刘月华(1983),邵敬敏(1990),陆俭明(2005,1997)等。
② 参见:朱德熙,1979,《与动词"给"相关的句法问题》,《方言》第2期,81－87页。

成同形句法格式歧义的原因以及给同一类实词划分小类等。

首先,句法语义特征分析有助于说明词语句法组合时的语义搭配限制。例如,我们可以说"喝水""喝汤""喝酒",但不说"＊吃水""＊吃汤""＊吃酒"(有些汉语方言可以说);也可以说"吃饭""吃苹果""吃面包",但不说"＊喝饭""＊喝苹果""＊喝面包"。动词"吃""喝"都是属于饮食类的动作动词,但二者在是否具有"［＋对象为液体］""［＋对象为固体］"语义特征上存在差别。句法语义特征分析能够说明,对于同一个句法格式(如"吃＋N"或"喝＋N"),为什么同是动词或同是名词,有些词能进入该句法格式,而有些词不能进入。

其次,句法语义特征分析能够解释造成同形句法格式歧义的原因。句法格式相同、论元结构不同,会造成同形句法格式歧义。句法格式相同、论元结构也相同,但意义不同,也会造成同形句法格式歧义。比较以下例句:

(1) 咬死了猎人的狗。　　　【动词＋名词$_1$＋名词$_2^{施事/受事}$】

(2) 咬死了猎人的鸡。　　　【动词＋名词$_1$＋名词$_2^{受事}$】

(3) 我在屋顶上发现了他。

【名词$_1^{施事}$＋在＋名词$_2^{处所}$＋动词＋名词$_2^{受事}$】

(4) 我在屋顶上发现了火车。

【名词$_1^{施事}$＋在＋名词$_2^{处所}$＋动词＋名词$_2^{受事}$】

例(1)和例(2)的句法格式相同,但例(1)有歧义,例(2)没有歧义。例(1)是句法格式相同、论元结构不同而造成歧义的例子。变换分析或论元结构分析能够有效分化出这类歧义,但无法解释造成这些歧义的原因。句法语义特征分析则能够解释。从句法语义特征看,(1)中的"狗"包含"［＋咬死人］""［＋被咬死］"的语义特征,所以"狗"既可以做施事,也可以做受事,而例(2)中的"鸡"不包含"［＋咬死人］"的语义特征,所以"鸡"只能做受事,不能做施事。

例(3)和例(4)的句法格式相同、论元结构也相同,但例(3)有歧义,例(4)没有歧义。论元结构分析无法分化例(3)的歧义。变换分析或语义指向分析,能够分化出"我在屋顶上发现了他"这个歧义句,但无法解释该歧义产生的原因。句法语义特征分析则能够解释造成该歧义的原因。从句法语义特征看,(3)中"我""他"都包含"［＋在屋顶上］"语义特征,在"屋顶[处所]"上的可能是"我[施事]",也可能是"他[受事]",还有可能"我""他"都在"屋顶[处所]"上,因而产生了歧义。

第三,句法语义特征分析能给同一类实词划分出小类。由于观察角度不同,从可出现在句法格式某个关键位置的实词中,可能会概括出多个语义特征。根据这些语义特征就可以给同一类实词划分小类。在句法格式"动词＋了＋时

量+了"中,可出现在"动词"这个位置的动词很多,但这些动词的句法语义特征存在差别,例如下面四句话①:

  A. 死了三天了。
  B. 等了三天了。
  C. 看了三天了。
  D. 挂了三天了。

  上面四个例句,词类序列相同("动词+了+时量+了"),结构组合层次相同,直接成分之间的结构关系也相同。但这四个句子所表示的语法意义是不一样的。这些句子语法意义的不同是由动词的不同引起的,具体包括如下四种情况:

  A 句"死了三天了"中,时量成分"三天"只是指明"死"这一行为动作完成或实现后所经历的时间,即动词"死"有"[＋完成]"语义特征。类似的例子如"伤了三天了、断了三天了、熄了三天了、塌了三天了……"。

  B 句"等了三天了"中,时量成分"三天"只是指明"等"这一行为动作持续的时间,即动词"等"有"[＋持续]"语义特征。类似例子如"盼了三天了、哭了三天了、追了三天了、养了三天了……"。

  C 句"看了三天了"中,时量成分"三天"可以指明"看"这一行为动作完成或实现后所经历的时间,也可以指明"看"这一行为动作持续的时间,即动词"看"有"[＋完成]""[＋持续]"两个语义特征。类似例子如"听了三天了、讲了三天了、学了三天了、教了三天了……"。

  D 句"挂了三天了"中,时量成分"三天"可以指明"挂"这一行为动作完成或实现后所经历的时间,也可以指明"挂"这一行为动作持续的时间,还可以指明由"挂"这一行为动作造成的"事物存在状态"所持续的时间,即动词"挂"有"[＋完成]""[＋持续]""[＋状态]"三个语义特征。类似例子如"摆了三天了、贴了三天了、穿了三天了、吊了三天了……"。

  根据是否具有"[＋完成]""[＋持续]""[＋状态]"这三个句法语义特征,就可以把动词划分为四个小类,分别为:

动词小类	例词	句法语义特征
A 类	死、伤、断、熄、塌	[＋完成,－持续,－状态]
B 类	等、盼、哭、追、养	[－完成,＋持续,－状态]

---

① 参见:马庆株,1981,《时量宾语和动词的类》,《中国语文》第 2 期,86—90 页。

C 类	看、听、讲、学、教	[＋完成,＋持续,－状态]
D 类	挂、摆、贴、穿、吊	[＋完成,＋持续,＋状态]

上面这些动词出现的共同句式是"动词＋了＋时量＋了","[＋完成]""[＋持续]""[＋状态]"这些句法语义特征还是很容易判定的。当句法语义特征不好确定时,可通过变换分析和词的分布来认识词的句法语义特征。

变换分析中,通过句法语义特征分析能够看出划分出的词的小类的语义差别。下面是句法格式"NP＋VP＋在＋PP"变换为"PP＋VP＋着＋NP"的一些实例①：

A 式：NP＋VP＋在＋PP	B 式：PP＋VP＋着＋NP
主席团坐在台上	台上坐着主席团
苹果结在树上	树上结着苹果
画儿挂在墙上	墙上挂着画儿
孩子掉在井里	＊井里掉着孩子
飞机落在海里	＊海里落着飞机
头碰在墙上	＊墙上碰着头

动词"坐、结、挂、掉、落、碰"都是能出现在句式"NP＋VP＋在＋PP"(A 式)中"VP"的位置上的动词。A 式例句向"PP＋VP＋着＋NP"(B 式)的变换明显分化为两种情况：前三个句子可以变换成 B 式,而后三个句子则不能变换为 B 式。它们差别在于,前三个句子表示事物的位置,是静态的,后三个句子表示动作的趋向,是动态的。这两类例句语法意义的差异是由动词小类的不同引起的。前三句动词"坐、结、挂"后面能跟"着",具有"[＋静态]"的语义特征,属于静态动词。后三句动词"掉、落、碰"后面不能跟"着",具有"[＋动态]"的语义特征,属于动态动词。

句法语义特征不仅限于具体的词,还可以上升到句子成分层面。例如,汉语的主语通常是"[＋有定的]",宾语通常是"[＋无定的]"②。这些语义特征不是词的语义特征,而是就句子成分而言的。随着句法语义特征研究的深入,更多句子成分层面的句法语义特征已得到讨论,如"[±有指]""[±定指]""[±实指]""[±通指]"③。

---

① 参见：朱德熙,1962,《论句法结构》,《中国语文》第 8、9 期,351—360 页。
② 参见：赵元任,1948,《北京口语语法》,李荣编译,开明书店,1952 年。
③ 参见：陈平,1987,《释汉语中与名词性成分相关的四组概念》,《中国语文》第 2 期,81—92 页。

6.5 语用

6.5.1 语用环境

语言是人类最重要的交际工具。在具体的语言交际中,为了特定交际目的,人们往往会根据语用环境选择恰当的词或句子,以准确表情达意、传递信息。语用环境,是判断人们言语交际中使用词或句子得体与否的一个关键因素。

语用环境,也叫语境,指人们在进行具体语言交际时已有的与交际相关的各种条件或要素的总和。语境有狭义语境和广义语境的区分。狭义语境,专指词或句子所出现的上下文语境,即词或句子在整个语篇中处在什么样的位置,该位置前后还有哪些词或句子。上下文语境决定了一个词或句子的具体意义是什么。从某种程度来说,多义词是一种隐性的有歧义的词。然而,多义词一旦进入句子中,结合上下文语境,人们往往能够理解用的是这个多义词的哪一个义项。例如在《现代汉语词典》中"打"有 24 个义项[①],但在具体的语言使用中,如"打毛衣""打伞""打酱油""打水"等,上下文语境能够帮助语言使用者选择和确定"打"的具体意义,并不会因为动词"打"具有如此多义项而影响人们的理解。再如,"苹果"有两个义项:①落叶乔木,叶子椭圆形,花白色带有红晕。果实圆形,味甜或略酸,是常见水果;②这种植物的果实[②]。"苹果园"中"苹果"指的是苹果这种植物,显然使用的是"苹果"的第一个义项,而"吃苹果"中的"苹果"则指的是这种植物的果实,即使用的是"苹果"的第二个义项。可见,多义词在使用中的意义是什么,总要依赖上下文语境才能最终确定和具体化。

语言交际离不开交际所发生的时间、地点、交际者及交际者的知识背景等,这些语言交际赖以发生的客观条件和知识背景等语言外要素,也都属于语境因素。因此,广义语境,除了包括上下文语境外,还包括:(1)语言交际发生的具体场合语境,也就是语言交际发生的时间、地点、交际对象、自然环境等客观存在的条件和要素;(2)交际者双方大脑中已有的共同知识。

语境在语言运用中占有非常重要的地位。语言交际中,为了特定交际目

[①] 中国社会科学院语言研究所词典编辑室编,2016,《现代汉语词典》(第 7 版),北京:商务印书馆,第 232 页。

[②] 中国社会科学院语言研究所词典编辑室编,2016,《现代汉语词典》(第 7 版),北京:商务印书馆,第 1010 页。

的,说话人总会根据交际的具体场合、时间、交际对象等一系列因素,选择合适的话语传递信息、表情达意。听话人也只有充分考虑语言交际发生的具体场合语境,才能理解说话人所说的话①。例如,同样是"你真是一个好人",可能是一句赞扬、感谢,也可能是反语、讽刺,其意义只能结合交际双方、交际情景等才能确定。再如:

场合(1)
A:下午我们去踢足球吧!
B:上午还在换草皮。
场合(2)
A:老李生病住院了?
B:上午还在换草皮。

同样是"上午还在换草皮",在上述两个交际场合中具有不同的意义。场合(1)中 B 说"上午还在换草皮",意指下午不能去踢球,而场合(2)中 B 说这句话的意思很明显:老李没有住院。语言交际发生时的语境因素的不同,导致同样一句话具有不同的语用意义。

交际双方大脑中储存的共同知识背景,也是语言交际中具有重要作用的语境因素。交际双方共有的知识领域、文化传统、记忆、风俗习惯、信仰观念等,都制约和影响说话人的说话和听者对话语的理解。认知语言学家斯波伯(Sperber)和威尔逊(D. Wilson)讨论了认知语境,认为认知语境是在话语理解中产生的一个心理结构体(psychological construct),是听话者对整个世界认识的一组假设②。这些假设会影响和制约说话人的说话行为和听话者对所听到的话语的理解,例如:

A:那场电影好看吗?
B:电影非常棒! 你抽空也去看看吧。

"那场电影"到底是指哪部电影? 我们不清楚,但交际双方都知道他们在讨论哪部电影。实际上,A、B 之间能够进行这样的对话,离不开以下知识背景:A 知道 B 看了一场电影,并知道 B 所看电影的名字;B 也知道 A 知道自己看了一场电影这件事,并也知道 A 知道该电影名字。交际双方已经具备的这些共有知

---

① 可参考:沈家煊,2004,《"关联"与"语境"》,载石锋、沈钟伟编《乐在其中——王士元教授七十华诞庆祝文集》,天津:南开大学出版社,第 1—5 页。

② Sperber, Dan. & Deirdre Wilson. 1986. *Relevance*:*Communication and Cognition*. Oxford: Basil Blackwell Ltd, 107—123.

识,是上面对话能够顺利进行的必要基础和条件。根据这些共有知识和假设,交际双方能在很大程度上确信,当自己说到或听到"那场电影"时,对方应该能理解指的到底是哪部电影。

6.5.2 语用意义

语用意义指词或句子在语言运用中结合语用环境而临时产生的字面意义以外的意义。语用环境除了可以把多义词的词义单一化、具体化外,还可以使词语产生语用意义。词的语用意义,不是词本身所固有的意义,而是在语言运用中由语用环境所赋予的临时性的意义。"苹果园"中"苹果"的意义是苹果这种植物(即"苹果"的第一个义项),"吃苹果"中"苹果"的意义是这种植物的果实(即"苹果"的第二个义项)。这两个意义都是"苹果"一词的词典义。上下文语境还能赋予一个词临时性的语用意义,例如在"苹果脸""苹果味"中,"苹果"的意义是上下文赋予的临时性语境义。具体来说,在"苹果脸"中,上下文语境使"苹果"临时凸显了其形状方面的意义,而在"苹果味"中,"苹果"则临时凸显了其味觉方面的意义。

词的语用意义为一定的交际目的服务,具有临时性、不稳定性和主观性。例如在《现代汉语词典》中"帽"有两个义项:①帽子:呢帽、草帽、衣帽整齐;②(帽儿)罩或套在器物上头,作用或形状像帽子的东西:笔帽儿、螺丝帽儿、笼屉帽儿[①]。义项①是"帽"的本义,义项②是在本义的基础上通过隐喻方式引申而来的意义。但在语言交际中,"帽子"一词在不同的语用环境下还产生出词典义以外的语用意义,例如王蒙的小说《葡萄的精灵》中有这样一段话:

> 哈尔穆拉特(维吾尔族人)喝道,"看见这帽子么?真的绒花帽,不是路上拣来的,也不是偷的,伊宁市马扎(即市场,笔者注)上十二块钱买回来的!"

哈尔穆拉特的话从字面上也不难理解,但要真正理解他所反复强调的"帽子"的真正含义,则必须结合维吾尔族语言文化知识。维吾尔语中"帽子(doppa)"是一个单义词,具体主要指称新疆特有的花帽。在维吾尔族语言文化中,人们往往通过强调自己帽子的价值来显示自身的价值和尊严。理解哈尔穆拉特的话必须结合这一民族文化知识,才能推导说话人彰显自身价值和尊严的交际意图。如果汉族人不了解维吾尔族人"以帽子的价值和尊严显示自身的价值和尊

[①] 中国社会科学院语言研究所词典编辑室编,2016,《现代汉语词典》(第7版),北京:商务印书馆,第884页。

严"的文化背景,理解哈尔穆拉特的话时就很有可能出现偏差。

一般来说,词典义和具体意义是词本身固有的意义,可称为词的"语言意义""字面意义"。语用意义不是词本身固有的意义,而是一个词在具体语言交际中结合语用环境而出现的临时性的意义,可称为词的"语境意义""交际意义"。

词的语用意义和词的词典义都离不开具体的语用环境。词典中所记录的词的诸多义项,如果不结合语言的使用及上下文语境,就无法体现其在语言交际中的价值和地位。不过,和词的词典义相比,词的语用意义对语用环境的依赖性更大。

词的词典义和词的语用意义二者之间并非一成不变。词的语用意义有时可转变为词的词典义。词的语用意义往往具有临时性、不稳定性和主观性。随着越来越多的人都固定地以相同方式使用该词的这种语用意义,该语用意义就有可能被言语社团认可和接受下来,成为这个词的一个引申义,从而增加了该词新的义项。一个词的引申义在作为词典义进入词典以前,往往会以临时性的、不稳定的语用义形式来使用。一旦这种语用意义在言语社团中扩散开来并得到言语社团成员的认可,语用意义就会转化为引申义,从而成为词典义的一部分。

语用学和传统的语义学都研究意义,但传统语义学的意义和语用意义明显不同[①]。传统语义学把意义看做是不受语言外因素(如说话者、交际时间、交际地点等)影响的语言符号的固有属性之一。语用学则把语言符号意义和语言符号的使用者、使用场合等因素结合起来。区分传统语义学的意义和语用意义,有如下四条判断标准[②]:

(1) 是否涉及说话人或听话人
(2) 是否涉及说话人的意图或听话人的理解
(3) 是否涉及语境
(4) 是否涉及通过使用语言所实施的行为

如果对上述四个问题的回答有一个是肯定的,那么所讨论的意义就属于语用意义。例如同样是"天气有点冷"这句话,假如说话者在一个房间中跟听话者说了

[①] 关于语义问题研究和语义学理论,可参考:Locke(1690),Ogden & Richards(1923),Tarski(1933),Katz & Fodor(1963),Fodor & Katz(1964),Davidson(1967,1984),Lakoff & Ross(1967),Lakoff(1970,1971),Montague(1970,1974),Jackendoff(1972),Leech(1974/1981),Putnam(1975),Fillmore(1982),Harman(1987),Frawley(1992)等。

[②] 参见:Leech, Geoffrey. 1974/1981. *Semantics*(*second edition*). Harmondsworth: Penguin Books, 320—321.

上面这句话,而恰好房间里有空调,说话者说上面这句话的意义就很明显:请求对方打开空调。这个句子的意义的讨论至少涉及上述(2)和(3),故属于语用意义。

某些词汇具有特定的语用属性,例如:

(1) 他们是农民,但很诚实。
(2) 他们是农民,所以很诚实。

上面两句话使用的关联词语不同,造成句子意义具有了明显的差别:句(1)隐含农民是不诚实的,句(2)则隐含农民是诚实的。再如:

(1) 小车还过不去呢,就别提大车了。
(2) 武汉还没到呢,就别提长沙了。
(3) 姑妈还没来呢,就别提其他亲戚了。

这几句话都包含共同的句式"p 还……,就别提 q 了"。如果 p 没有某种属性 x,则 q 也一定没有该属性 x,即否定 p,就一定可以否定 q。这是"p 还没……,就别提 q 了"本身所具有的一种含义。

上述关联词语"但是""所以",以及句式"p 还……,就别提 q 了"所具有的语用属性,尽管从宽泛意义上来说也可纳入语用学,但严格来讲,它们不属于语用意义研究范围,而是介于语用学和语义学之间的跨层面研究[①]。

6.5.3 主题和述题

在言语交际中,说话人总会通过话语向听话人传递特定信息内容。而说话人要传递的这些信息,一定是关于某个对象或实体的、听话人所不知道的新信息。这就涉及主题(theme)、述题(rheme)这对概念。

主题,也叫话题,指一个句子中句子信息所关涉、叙述的对象或实体。述题,也叫说明,是一个句子中针对主题所展开的叙述或描写部分,例如下面两句话:

(1) 穿裙子的女生是我们班的。
(2) 这个苹果我削了皮。

句(1)中"穿裙子的女生"是句子信息关涉的对象,是主题,"是我们班的"则是对该主题的说明或叙述,是述题。句(2)中"这个苹果"是主题,"我削了皮"则

---

① 可参考:(1)邢福义,1984,《"但"类词和"无论 p,都 q"句式》,《中国语文》第 4 期,第 248 页。(2)邢福义,1987,《现代汉语的"要么 P,要么 Q"句式》,《世界汉语教学》第 2 期,13—18 页。

是述题。

主题往往是"有定"的。所谓"有定"指句子信息所关涉的对象或实体是确定的、有具体所指的。说话人在一句话中所选择的主题，是交际双方都能够确定的对象或实体，即主题是交际双方的共有知识、旧的信息。述题是一个句子中传递新信息的核心部分。说话人在说话时，以有定的主题为出发点，通过增添有关主题的一些信息内容，向听话人传递自己认为听话人不知道的新信息。

通常认为，如果汉语句子使用正常语调或一般句式，那么从句首开始往后看第一个承担论元角色的成分就是主题。例如句子"他找出了这个问题的原因"中"他"就是主题，"这个问题，他找出了原因"中的"这个问题"是主题。句子"我明天要去北京"中"我"是主题，"明天嘛，我要去北京"中"明天"是主题。

句子的主题和施事可能一致，也可能不一致。主题是说话人选择的一个有定的句法成分，是说话人向听话人传递新信息的出发点；施事对应的句法成分则是句子行为动作的发出者。主题和施事落到句子同一个句法成分上的情况比较常见，但也有很多主题和施事落在句子不同句法成分上的情况。例如，句子"他们今天去跑步了"中"他们"既是施事又是主题，"今天，他们去跑步了"中"他们"仍然是施事，但主题换成了"今天"。

句子的主题和主语常常也会落在同一个句子成分上，但主题和主语没有落在同一个句子成分的情况也不少。赵元任（1948）认为汉语的主语没有形式标记，各种成分都可以上升到句首而被陈述，因而认为汉语的主谓关系很像主题和述题的关系。一般来说，能充当句子主语的主要是施事、受事等与动词有直接的密切关系的论元角色，有时工具、方位、处所、时间等论元角色也能充当句子主语，但数量相对较少。主题的情况则不同。说话人可以根据句子表达需要，任意选择施事、受事、工具、处所、时间等论元角色中的任何一个作为主题。甚至，主题还可以跟谓语动词完全没有关系。下面是赵元任举的例子[①]：

(1) 他是个日本女人。（特定语境中意指"他的佣人是个日本女人"）
(2) 那回大火幸亏消防队到得早。

句(1)的"他"与"是"或"日本女人"之间没有论元角色关系，但全句的信息是关于"他"的，因此"他"是句子主题；句(2)"那回大火"和动词"到"之间也没有

[①] 赵元任，1968，《中国话的文法（*A Grammar of Spoken Chinese*）》，北京：商务印书馆，2011年，第94、125页。

论元角色关系,但全句的信息是关于"那回大火"的,因此"那回大火"是句子主题。关于主语和主题的区分,在汉语研究领域尚存在争论,还需要进一步展开研究。

句子的主题是说话人所选择的传递新信息的基点,而说话人接下来所说的句子的主题,往往也跟第一个句子主题有关联。这样,整篇话语中一些句子的主题通常会有内在联系,从而形成"主题链"(也叫话题链),例如下面这段话:

> 天下只有两种人。譬如一串葡萄到手,一种人挑最好的先吃,另一种人把最好的留在最后吃。照例第一种人应该乐观,因为他每吃一颗都是吃剩的葡萄里最好的;第二种人应该悲观,因为他每吃一颗葡萄都是吃剩的葡萄里最坏的。不过事实上适得其反,缘故是第二种人还有希望,第一种人只有回忆。(钱锺书《围城》)

第一句话述题部分引出本段句子信息所共同关涉的对象"两种人"。其他句子的主题,如"一种人""另一种人""第一种人""第二种人",都是围绕"两种人"而展开的。这样,各个句子有一个共同讨论的中心内容,各个句子主题有着内在的关联,从而形成了一个"主题链"。该"主题链"不仅使整个段落结构紧凑、层次分明,而且能使人们在阅读时感到自然流畅。

主题和述题是布拉格学派的马泰修斯(Mathesius 1911)最先从交际和信息的角度提出来的,是语用学领域非常重要的一对概念。陈承泽(1922)曾多次提到的"标语"和"说明语",相当于主题和述题。赵元任(1948,1968)详细讨论了汉语中"主题""述题"和"主语""谓语"的关系。霍凯特认为,主谓结构最一般的特点可以从它的直接成分的名称"主题"和"述题"两个术语来认识:说话人先宣布一个主题,然后对它进行叙述或描写等,例如"John | ran away(约翰跑开了)"。汉语的常句式跟英语不同。英语简单句,如"I found a nickel(我找到一枚五分镍币)",如果去掉主语,剩下的谓语就不能作常句式的句子了,而汉语简单句去掉主题,剩下的述题部分仍可以是常句式的句子。此外,汉语的述题也可以由主题和述题两部分构成,如"他今天城里有事"中的"他"是主题,其余部分是述题。"今天城里有事"中,"今天"是主题,其余部分是述题。与英语主语和谓语的联系相比,汉语中主题和述题间的联系是较为松散的,例如"我是三毛钱"(我该付三毛钱或我口袋里的钱是三毛)[①]。

主题和述题的研究和讨论,成为激发三个平面理论(three level theory)产

[①] 霍凯特(Hockett)著,索振羽、叶蜚声译,2002,《现代语言学教程》,北京:北京大学出版社,第217—220页。

生的一个重要因素。三个平面理论是国外一些学者最先提出和讨论的[①]。丹尼斯(Daneš 1964)详细论述了句子的语法结构(grammatical structure)、语义结构(semantic structure)和话语组构(organization of utterance)三个平面。在汉语研究领域,不少学者运用三个平面理论对汉语展开研究,并对三个平面理论进一步展开论述[②]。胡裕树(1979)从语序变化入手来认识三个平面的问题,并讨论了主题和主语的关系。陆丙甫(1979)提出语法研究中要区分三种关系:表义关系、表达关系和结构关系。朱德熙(1982:95-97)注意到,句子的主语通常是说话人表达中的兴趣话题。文炼、胡附(1984),胡裕树、范晓(1985)等从方法论上对三个平面作了进一步的阐述。

6.5.4 焦点和预设

说话人在说出一句话之前,有些信息是交际双方都知道的,有些则是说话人知道而听话人不知道的新信息。从信息角度看,句子的主要功能就是向听话人传递新信息。句子的焦点(focus)承载着说话人意欲传递给听话人的新信息,是一个句子语义的重心所在,是说话人所认为的听话人不知道而最希望听话人注意和获知的部分。与之相应,句子的预设(presupposition)是一句话中说话人传递信息所依赖的、说话人假定听话人已经知道的那些信息或背景知识。句子的预设所包含的信息,既包括句中已出现的旧信息,也包括那些未在句中出现、交际双方共有的知识。句子的预设通常指与句子的焦点相对应的传递旧信息的句子成分。杰肯道夫(Jackendoff 1972:230)认为,句子的预设表示说话人认为他和听话人所共有的句中的知识。例如"汪锋买了电脑"这句话中,"汪锋"是句子的预设,"买了电脑"是说话人所要表达的句子语义重心所在,是句子的焦点。

句子的焦点是说话者希望听话者特别关注的信息。因此,说话者通常会用一些可以感知的手段把句子的焦点成分标示出来。

在自然会话中,重音是标示句子焦点的较常用手段。例如,"汪锋买了电脑",如果重音在"汪锋",那么"汪锋"就是句子的焦点,回答的是"谁买了电脑"这样的问题;如果重音在"电脑",那么"电脑"就是句子的焦点,回答的是"汪锋买了什么"这样的问题。

---

① 国外学者对三个平面的讨论,可参考:Mathesius(1911),Morris(1925,1937,1938,1964),Hockett(1958),Daneš(1964)等。

② 汉语研究领域,关于主题、述题及三个平面理论的讨论,可参考:吕叔湘(1942,1946,1982),赵元任(1948,1968),丁声树等(1961),朱德熙(1980a,1982),陆俭明(1980,1986),胡裕树(1979,1982),Li & Thompson(1984),文炼、胡附(1984),胡裕树、范晓(1985),邵敬敏(1992),徐通锵(1997),徐烈炯、刘丹青(1998),袁毓林(2004)等。

焦点也可以用句法形式标示出来,如汉语"是……的""连……都(也)……"和英语"It is...that..."等句式中,"是""连""It is"后面的成分就是句子的焦点。在"汪锋的电脑是昨天买的"中,"汪锋买电脑了"是预设,而"昨天买"是句子的焦点,是说话者认为听话者不知道的新信息。

句子的焦点还可以用一些特殊标记成分标示出来。汉语"是""都"等可以作为句子焦点的特殊标记成分,例如:

是小刘叫蛇咬了。
是钟南山首次明确了病毒存在人传人感染现象。
我是刚刚吃完饭,还没来得及收拾桌子呢。
都大学生了,你也该体谅一下父母了。
天都亮了,他还没有回来。

需要注意的是,作为焦点标记的"是"在句中通常是不重读的,因此需要把焦点标记"是"与那些重读的"是"区分开。例如"他是没考上大学,但不代表他不聪明"一句中,"是"需要重读,表示对"他没考上大学"这一事实的确认。这句话中的"是"就不是句子焦点的标记。

6.5.5 语用的基本原则

语言在运用中,除了要遵守语法规则和语义规则外,交际双方还要遵守一些原则,才能顺利的完成交际,也就是通常所谓的语用原则。语用学除了意义和语境这两个核心内容外,还研究语言使用规律和一些重要的基本原则[①]。

在语言运用中,尤其是在会话过程中,合作原则是交际双方需要遵循的最重要原则。合作原则是语言学家格莱斯(Grice)在其论文 *Logic and Conversation* (1975)中提出来的。合作原则又可以细分为四条准则:

(1)数量准则 要求说话人提供的信息量不能多,也不能少。该准则包含两条次准则:①说话人提供的信息要尽量充分;②说话人提供的信息不要过度充分。例如下面这个对话:

A:李明和孙涛这两人怎么样?
B:李明的人品还不错。

问话人 A 想要知道的是有关李明和孙涛两个人的信息,而 B 的回答只提供

---

① 关于语用学的知识,可参考:Morris (1938),Austin (1962),Searle (1969, 1975),Grice (1975),Sperber & D. Wilson (1986)等。

了有关李明的信息,显然 B 的回答提供的信息不充分,违反了数量准则。

(2)质量准则 要求所说的话要尽量真实。该准则包含两条次准则:①不要说假话;②不要说无根据的话。例如,"你去哪里了?我等了你几个世纪了",这句话使用的是夸张修辞。如果从合作原则来分析,这句话则违反了质量准则。

(3)关系准则 要求交际中前后话语要有关系,即每一句都和目前所进行的谈话是关联的。例如下面这个对话中,B 的回答就和 A 的话没有任何直接的关联,违反了关系准则:

A:今天下午我们去踢球吗?
B:我下午有课。

(4)方式准则 要求表达要清晰,避免含混不清和歧义;说话要简短,避免冗长;说话要有序,避免混乱。不过有时为了表达特定的含义,说话人也会故意使用歧义性或冗长的话语。

合作原则是语言交际活动的基础。在交际过程中,人们需遵守合作原则。但实际上交际过程中,合作原则并非总是被遵守,而是经常被违反。或者是,人们在遵守合作原则的某一准则时,违反合作原则的其他准则。违反合作原则,往往会产生言外之意,也就是所谓的会话含义。会话含义通常是在违反合作原则某一准则基础上从话语中推导出的隐含意义,例如以下两个对话:

对话(1)　A:昨晚的电影怎么样?
　　　　　B:我没看完就从电影院出来了。
对话(2)　A:今天下午我们去踢球好吗?
　　　　　B:今天下午我有课。

对话(1)中,B 的回答违反了数量准则,从而产生了"这部电影不怎么样"的会话含义。对话(2)中,B 的回答违反了关系准则,但 B 回答的言外之意还是很明确的,即今天下午不能去踢球。

有时,会话者的话表面上违反了合作原则,但实际上仍然在深层上遵守合作原则。例如上面对话(1)中,尽管 B 表面上没有提供 A 想知道的有关"电影怎么样"的信息,但 B 的话的会话含义,已经提供了足够信息,即从会话含义层面看,B 没有违反数量准则。再如:

对话(1)　爸爸:小雨,你在做什么?
　　　　　女儿:我在写作业。
对话(2)　爸爸:小雨,你在做什么?
　　　　　女儿:知道啦,我去写作业。

对话(1)中,女儿的回答没有违反合作原则。对话(2)中,女儿的话表面上违反了关系准则,然而,实际上爸爸的话并非真的在询问女儿在做什么,而是含有责备女儿不去写作业的含义,女儿的话则是对爸爸话语会话含义的回应。因此,从深层会话含义来看,女儿没有违反合作原则。

除了合作原则外,语言运用中还存在其他一些原则,如礼貌原则(politeness principle)。词语的重叠使用,有时会形成不礼貌语言,有时则不会形成不礼貌语言。词语的重叠使用是否会形成不礼貌语言,与听话人的心理企盼有关。如果说话人所传递的信息符合听话人心理企盼,使用词语叠连不会产生不礼貌的语用效果,而如果说话人所传递的信息不符合听话人的心理企盼,就会产生不礼貌的语用效果,例如[①]:

甲:张主任让我来复诊。请问,他在吗?
乙:不在不在。
丙:在在在。

其中"乙"的回答不符合听话人的心理企盼,会产生不礼貌的语用效果;"丙"的回答符合听话人的心理企盼,一般不会产生不礼貌的语用效果。

练习题和思考题

一、名词解释:

1. 语义三角形　2. 词典义　3. 具体意义　4. 词的语义特征
5. 语义场　6. 类属语义特征　7. 词义的抽象性　8. 词义的模糊性
9. 义位　10. 论元　11. 论元角色　12. 论元结构
13. 语义指向　14. 句法语义特征　15. 语用环境　16. 语用意义
17. 主题　18. 述题　19. 焦点　20. 预设

二、问答题:

1. 什么是语义场理论?结合实例,简述你对语义场理论的认识。
2. 词义为什么会有模糊性?词义的模糊性会不会影响交际?
3. 结合实例,简述语义特征、义项和义位三者之间的关系。
4. 为什么说论元结构是语法结构关系无法取代的?
5. 举例说明涉及语义指向问题的句法成分,包括哪些?

[①] 丁崇明,2001,《论词语叠连式不礼貌语言》,《语言文字应用》第3期,64—69页。

6. 谈谈你对语义指向分析必要性的认识。
7. 句法研究中,语义特征分析有哪些作用和价值?
8. 论述语用意义和语用环境的关系。
9. 什么是合作原则?合作原则的主要内容有哪些?

三、操作题:

1. 请结合一定的语境,判断下面哪些词组是有歧义的,并运用所学方法(如层次分析法等)分化这些歧义。

(1) 冻豆腐
(2) 学生家长都没来
(3) 两个中学的体育老师
(4) 喜欢一个人
(5) 骂的是大家
(6) 送的是小孩儿

2. 根据下列材料,回答问题:

北京大学畅春园食堂附近有一个公告牌,内容是"燕园街道非机动车辆临时停车处"。有一位学语言学的同学认为,这句话有语病。请用所学语言学知识,从句法结构关系、层次、语义结构关系等角度,对公示牌上的这句话进行分析。(知识点提示:层次分析,歧义分析)

3. 语义的模糊性和概括性是很多学者比较关心的问题,针对这个问题,有以下几则材料:

【材料1】其实我在谈到科学的魔力时,我指的是别的东西:这就是数字的魔力。科学是研究人们用某种方法能够数数或计算的东西。譬如,如果让一个科学家来描述你这个人,他就不会说,你好看或诚实,而是说你身高1.50米,体重45公斤。……我们描述一个人的方式是极其无聊的。但是它有一个好处:它可以讲述某些绝不可能被人们讲述的故事。譬如有一种我们称之为算术的方法,我们用这种方法虽然不能说出你的同班同学的相貌,但是却可以使我们知道你们的平均身高和体重。你看到了:一方面数字限制我们——譬如尽管有这么多的数字,我却无法对你那有感染力的笑声作出任何说明;另一方面这些数字却增加了我们所作的陈述的精确性。我们自然科学家不说:"我的父亲长着一双大脚。"而是说:"我的父亲穿52号鞋。"

——节选自[加拿大]约翰·波拉尼(John C. Polanyi)《为什么要有科学家?》

【材料2】鉴于日常语言的模糊性，有人认为，应该对我们的日常语言做出严格的限制和修正。至少应该从以下方面入手：(1)指称的精准性，例如"余德江"，应该修正为"来自云南的、170厘米高的、80公斤体重的、作为语言学概论课程助教的余德江"。(2)描述的精准性，例如应该放弃这样一些含混不清的表达："今天很冷""小明很高"，而换成"2018年1月1号下午2:00室外温度为零下2度""小明身高在标准大气压下测试三次的平均值为170.3厘米"。但是有人认为，我们固然应该排除歧义，但不应该混淆模糊性和歧义的界限，否则自然语言将无法顺利运转。

【材料3】有人提出，我们可以发明一套软件系统，自动记录语音，然后自动分析其音位系统、切分语素甚至归纳语法规则。用机器来分析语言，有望达到绝对精准的程度，从而有效地排除语言学家调查语言时个人因素的干扰，提高语言调查材料的可比性。

针对以上材料，请你谈谈对提高语义精确性的看法。语义模糊性和歧义的区别是什么？同时请你谈谈对语言研究中，尤其是音位归纳中的精确性问题的看法，机器是否可以达到上述效果？（知识点提示：词义的概括性和模糊性，歧义问题，音位归纳）

扩展阅读：

Austin, J. L. 1962. *How to Do Things with Words*? Oxford：The Clarendon Press.【言语行为理论】

Bloomfield, Leonard. 1933. *Language*. New York：Henry Holt. 中译：布龙菲尔德著，袁家骅、赵世开、甘世福译，《语言论》，北京：商务印书馆，1980年。【提出行为主义语义观，认为言语是一种刺激—反应的活动过程，思想几乎不起作用，语义只涉及语义三角形中的"符号"和"对象"两部分，和"思想或所指活动"不发生直接的联系】

Carnap, Rudolf. 1933. *Logical Syntax of Language*. London：Routlage & Kegan Paul.【较早提出和讨论论元概念】

Chomsky, Noam. 1965. *Aspects of the Theory of Syntax*. Cambridge：Cambridge University Press.【转换生成语法标准理论，引入了语义解释部分，并且在短语结构规则和转换规则层面都涉及了语义问题；动词次范畴研究】

Fillmore, Charles J. 1968. The case for case. In E. Bach & E. Harms (eds.), *Universals in Linguistic Theory*, 1—90. New York：Holt, Rinehart & Winston.【提出格语法理论】

Fodor, Jerry A. & Jerrold J. Katz. (eds.) 1964. *The Structure of Language*：Readings in the Philosophy of Language. Englewood Cliffs, N. J.: Prentice-Hall.【概念语义学；生成语法的参照系中系统展开语义特征分析】

Grice, H. P. 1975. Logic and conversation. In P. Cole & J. Morgan（eds.）, Syntax and Semantics 3: Speech Acts, 41—58. New York: Academic Press.【合作原则；会话含义】

Harman, Gilbert. 1987.（Nonsolipsistic）conceptual role semantics. In Ernest LePore（ed.）, New Directions in Semantics, 55—81. London: Academic Press.【概念作用语义学】

Hockett, Charles F. 1958. A Course in Modern Linguistics. New York: The Macmillan Company. 中译：霍凯特，《现代语言学教程》，索振羽、叶蜚声译，北京：北京大学出版社，2002年。【讨论汉语"主题""述题"和"主语""谓语"的关系】

Jackendoff, Ray S. 1972. Semantic Interpretation in Generative Grammar. Cambridge, Massachusetts: The MIT Press.【生成语法框架下的概念语义学研究】

Katz, Jerrold J. & Jerry A. Fodor. 1963. The structure of a semantic theory. Language, 39（2）：170—210. Reprinted in Jerry A. Fodor & Jerrold J. Katz（eds.）, The Structure of Language: Readings in the Philosophy of Language, 1964. Englewood Cliffs, N. J.: Prentice-Hall.【基于意念论，提出概念语义学，主张语义研究应该研究"符号"与"思想或所指活动"之间的关系，与"对象"无关】

Locke, John. 1690. An Essay Concerning Human Understanding. 中译：洛克著，关文运译，《人类理解论》，北京：商务印书馆，1959年。【提出意念论】

Mathesius, Vilem. 1911. On the potentiality of the phenomea of language. Translated from Czech by J. Vachek and reprinted in J. Vachek（ed.）, A Prague School Reader in Linguistics, 1964, 1—32. Bloomingtin: Indiana University Press.【从交际和信息角度最早提出主题、述题概念】

Morris, C. 1938. Foundations of the Theory of Signs. Chicago: University of Chicago Press.【最先提出语用学术语；认为符号学包括语义学、句法学、语用学三部分】

Searle, J. 1969. Speech Acts. Cambridge: Cambridge University Press.【言语行为理论】

Searle, J. 1975. Indirect speech acts. In P. Cole & J. Morgan（eds）, Syntax and Semantics, Vol. 3: Speech Acts. New York: Academic Press.【讨论间接言语行为】

Sperber, Dan. & Deirdre Wilson. 1986. Relevance: Communication and Cognition. Oxford: Basil Blackwell Ltd.【认知语用学；提出了关联理论】

Tesnière, L. 1959. Èlements de Syntaxe Structurale. Paris: Klincksieck. 部分内容中译：《结构句法基础》（节选），胡明扬、方德义选评，载胡明扬（主编）《西方语言学名著选读》（第二版），211—234页，北京：中国人民大学出版社，1999年。【从属语法和"价"】

Trier, Jost. 1931. Der deutsche wortschatz im sinnbezirk des verstandes. Die Geschichte Eines Sprachlichen Feldes, Band 1: Von den Anfängen Bis Zum Beginn des 13. Jahrhunderts. Heidelberg: Winter.【提出词汇场概念】

Zadeh, Lotfi Aliasker. 1965. Fuzzy sets. *Information and Control*, 8:338-353.【讨论模糊集、模糊逻辑,提出隶属度概念】

陈保亚,1993,《语言文化论》,云南:云南大学出版社。【2.1.5 模糊性】

陈平,1987,《释汉语中与名词性成分相关的四组概念》,《中国语文》第 2 期,81—92 页。【讨论了与名词相关的"±有指""±定指""±实指""±通指"四组概念】

丁声树等,1961,《现代汉语语法讲话》,北京:商务印书馆。【通过语法结构关系来认识语义结构关系,认为句子成分和"受事、施事、处所、类别、结果"等语义结构成分的概念不是对当的】

葛本仪,2004,《现代汉语词汇》,北京:北京大学出版社。【尝试在词义、词义分类、词义发展、词义和构成它的语素义的关系、词的释义等问题上提出一些意见和做法】

葛本仪,2006,《汉语词汇研究》,北京:外语教学与研究出版社。【对汉语的词汇方面进行系统性研究】

胡裕树,1979,《现代汉语》,上海:上海教育出版社。【讨论了三个平面理论;讨论了话题和主语的关系】

胡裕树,1982,《试论汉语句首的名词性成分》,《语言教学与研究》第 4 期,13—20 页。【提出区分主题和主语的三条标准】

胡裕树、范晓,1985,《试论语法研究的三个平面》,《新疆师范大学学报》第 2 期,7—15 页。【论述语义、语法、语用三个平面】

陆俭明,1980,《汉语口语句法里的易位现象》,《中国语文》第 1 期,28—41 页。【区分了语义结构关系和语法结构关系】

陆俭明,1986,《周遍性主语句及其他》,《中国语文》第 3 期,161—167 页。【提出一种区分主语和话题的形式标准】

陆俭明,1997,《关于语义指向分析》,《中国语言学论丛》第 1 辑,34—48 页。【总结了语义指向分析】

陆俭明,2005,《现代汉语语法研究教程》(第三版),北京:北京大学出版社。【专章讨论"语义指向""语义特征"问题】

吕叔湘,1942,《中国文法要略》,北京:商务印书馆,1982 年。【首次从造句的角度明确提出了转换(变换)的概念,第一次全面深入地展开语义结构研究】

吕叔湘,1946,《从主语、宾语的分别谈国语句子的分析》,载吕叔湘著《汉语语法论文集》(增订本),445—480 页,北京:商务印书馆,1984 年。【语义结构研究,有用施受关系取消主宾关系的倾向】

吕叔湘,1982,《狙公赋芧和语法分析》,《语法研究和探索》(二),北京:北京大学出版社,1984 年。【区分语法结构关系和语义结构关系】

马庆株,1981,《时量宾语和动词的类》,《中国语文》第 2 期,86—90 页。【把"动词+了+时间词+了"句法格式所表示的语义的不同,归结为动词语义特征的不同】

沈家煊,2004,《"关联"与"语境"》,载石锋、沈钟伟编《乐在其中——王士元教授七十华诞庆祝文集》,1—5页,天津:南开大学出版社。

石安石,1988,《模糊语义及其模糊度》,《中国语文》第1期,31—35页。【提出语义模糊度】

文炼、胡附,1984,《汉语语序研究中的几个问题》,《中国语文》第3期,161—165页。【讨论三个平面理论】

赵元任,1948,《北京口语语法》,李荣编译,开明书店,1952年。【讨论了汉语中主语和谓语在语义上的复杂关系】

赵元任,1968,《汉语口语语法》,吕叔湘译,北京:商务印书馆,1979年。【讨论了汉语中"主题""述题"和"主语""谓语"的关系】

朱德熙,1979,《与动词"给"相关的句法问题》,《方言》第2期,81—87页。【讨论变换分析和语义特征分析】

朱德熙,1980,《汉语句法中的歧义现象》,《中国语文》第2期,21—27页。【区分隐性关系和显性关系】

7 文 字

在人类进化和发展过程中,语言的出现是第一个里程碑,文字的出现是第二个里程碑。文字的出现使人类从原始蒙昧时期进入文明时期。通常把有文字的社会称为文明社会,把没有文字的社会称为原始社会。有了文字,人类不仅通过表音符号进行思维,而且可以通过表形表意文字进行思维。在有文字的近几千年的人类历史中,人类社会文明程度大幅提高,人类改造自身、改造自然的能力逐渐增强。这也是人们把文字出现后有文字记载的人类社会,称为文明社会的原因。文字在这一转变过程中有两个重要功能:

一、在文化的传承和传播方面,文字比口耳相传的方式(如史诗和传说)更为有效。文明社会靠口语和文字文本传承文化,原始社会仅仅靠口语传承文化。文字把语言记录下来,同时也把文化因子记录下来,并传到遥远的地方。文字的出现,使语言交际摆脱了单纯依靠语音传递信息时所面临的时间、空间的限制。借助文字,人们能把对自身和世界的认识成果记录下来,并作为继续探索的基础。自从有了文字,人们不再仅仅依靠史诗和传说传承先辈创造的文化。

二、文字的出现促进了人类智力的发展。人类通过语言进行思维,文字符号的出现增强了语言思维的深度和广度。抽象思维、运思推理等高级思维活动,大多需要借助文字,或者基于文字符号而产生的其他科学符号,如逻辑符号、数学符号等。可以说,人类科学的产生和发展离不开文字。文字使思维有了更多的表象,加深了思考的深度。不借助文字符号,即使完成一个简单的方程运算也是比较困难的。

7.1 文字的起源和发展

7.1.1 文字起源于图画

文字产生以前,人类的经验只能口耳相传,只能流传于当时当地。正如清代学者陈澧所言:"声不能传于异地,留于异时,于是乎书之为文字。文字者,所以为意与声之迹也。"(《东塾读书记》卷十一)文字的出现克服了语言交际在时间和空间上的局限性,使人们能够把积累的社会经验"传于异地,留于异时"。

根据创造方式的不同,文字可分为自源文字和他源文字①。自源文字是在某种语言的基础上自发产生并逐步完善的文字。世界上有悠久历史和丰富文献的自源文字主要有四种:中东两河流域的苏美尔古文字、埃及地区的埃及古文字、中国中原地区的甲骨文和美洲的玛雅文字。这些自源文字象形程度都很高。

他源文字是部分或全部地借用其他民族文字的字形,再根据本民族语言的特点进行或多或少的改动而形成的文字。根据引入文字的不同,他源文字分为两大类。一类是引进苏美尔文、古埃及文的他源文字系列,主要是向表音文字发展。另一类他源文字,是引进汉字并同时引进大量汉语借词的日本、朝鲜/韩国、越南等的文字。这些国家引进汉字,既用来书写汉语借词,也用来书写他们自己语言中的词。日本创制的"假名"和朝鲜/韩国创制的"谚文"是表音文字,越南创制的"喃字"则是与汉字造字法相同的、方块形的意音文字②。

关于文字的起源,有"结绳说""仓颉造字说""图画说"等几种观点。一些典籍中保存着早期先民结绳记事的记载,例如"上古结绳而治,后世圣人易之以书契,百官以治,万民以察"(《易·系辞下》),"结绳为约,事大,大结其绳;事小,小结其绳,结之多少,随物众寡"(孔颖达《周易正义》)。结绳记事并非只出现在远古先民中。不少学者考察发现,结绳记事的地理分布很广、历史悠久,一直到宋以后,中国南方溪洞蛮族、中国台湾、琉球等地,乃至非洲、大洋洲和南美洲的秘鲁等,都有这种帮助记忆的方法③。文字作为一种符号系统,和语言一样在创制初期具有约定俗成性。尽管结绳记事只是一个传说,但其"结绳为约"的特质使其具有很强的可信性。

仓颉造字的传说开始流行于战国后期。"仓颉之作书也,自环者谓之私,背私谓之公"(《韩非子·五蠹篇》),"昔者仓颉作书而天雨粟、鬼夜哭"(《淮南子·本经训》),"好书者众矣,而仓颉独传者一也"(《荀子》)。中国古代学者对文化的起源问题很关注,往往有某人造某物的传说。仓颉造字传说,只是中国"文化起源于某人"这种文化传统的一部分。例如《淮南子》有这样的记载:"昔者仓颉作书,容成造历,胡曹为衣,后稷耕稼,仪狄作酒,奚仲为车。"

一般认为,文字起源于图画。古时候图画也是用来记事的一种重要方法。

---

① 自源文字和他源文字的区分及相关知识,参考:叶蜚声、徐通锵著,2010,《语言学纲要》(修订版),王洪君、李娟修订,北京:北京大学出版社,第175—180页。
② 表音文字、意音文字的定义,见§7.3。
③ 参见:唐兰,1949,《中国文字学》,第38页,上海:上海古籍出版社,2005年。

和实物记事相比,图画记事能表达更加丰富的信息。汉字"随物象形"的特点最能显示汉字与图画之间的渊源关系。例如下面"牛、羊、牢、网、车"的古象形文字的图画,每一个形体都能表达一个完整的概念:

牛　　羊　　牢　　网　　车

原始社会末期已开始使用某些类似文字的形体符号。例如在我国半坡、大汶口、良渚等文化遗址出土的陶器、玉器上,有一些族徽、图绘、文饰等形体符号。下面是半坡、姜寨陶文的例子(周有光2003:27):

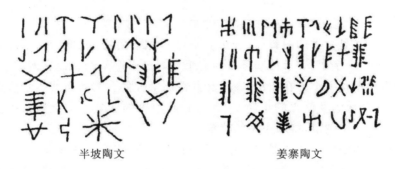

半坡陶文　　　　　　　　姜寨陶文

四川广汉三星堆坑口内出土过几个符号。这些符号分布在广汉三星堆商代文化遗址出土的陶片上、三星堆遗址二号祭祀坑出土的石边璋所刻图像中和成都十二桥商代遗址出土的陶纺轮上。根据前人研究,这些符号一共有八个:

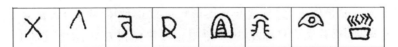

源于图画的每个汉字只是对应每个具体的事物,而表达具体事物的图画文字组合后可以造出其他的表意字。唐兰(1949:73)曾引用了原始岩窟艺术里"人射鹿"的图画,并认为可以从这个图画中分析出"人""射""鹿"三个字:

上图左半部是原始岩窟艺术里"人射鹿"的图画,右半部是与之对应的古文字。很明显"人""鹿"是典型的图画文字——象形字,二者组合后再加上图画中"弯弓搭箭"的动作,不难分析出表意的"射"字。不仅如此,"射"字造出来后也不再局限于"人射鹿"场合,它可以用在其他地方,如射人、射虎、射狼等。

可以看出,图画文字最初是通过象形来表意,后来才是通过图画和图画的组合来表意。有时多个图画组合为一个整体来表达相对较丰富的意义。例如,下图是印第安人欧吉蓓(Ojibwa)部落的一位少女给男友的情书(周有光 2003:33—34):

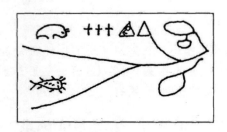

左上角的"熊"是女方的图腾(代表少女自己),左下角的"泥狗"是男方的图腾。上方的三个"十字架"表示信基督教的三个女人。十字架的右边有两间小屋,其中一个小屋里画一个人在招手,表示女方在那里等候。三条曲线表示应走的道路,其中一条通到发信人的小屋,一条通到收信人的住处。小屋的右边及右下方画了大小三个湖沼,指示小屋的位置。

在这幅图画中,"熊""泥狗""小屋""湖泊"等都是通过象形来表意,"道路"和"小屋"组合表示方向,有表意性质。整幅图画代表一段语言(篇章),能相对较完整传递特定的信息,但不能分出句子或语词。只有当图画对应了语言中的语素或词,并完整表达了语言中的单位,才算成为文字。

自源文字的产生需具备三个基本条件。第一,与语言中的语素或词相对应的小图形数量要足够多,并且这些小图形可以按这种语言的音读出来。文字必须有表音符号,这是文字产生的基本原则。方块汉字往往能见"形"而知"义"。例如"日",原来的书写形式"☉",形状像太阳;"田"的形状像地块;"休"是"人"靠在树(木)上休息;"水""火""木""女"等偏旁表示字义跟"水""火""木""女"等有关系。但文字必须表音,每一个汉字都有明确的读音。第二,这些小图形所表达的音义保持不变,并且可以重复使用。第三,这些小图形的排列规则足以反映这种语言说话时语素或词的排列次序。小图形排列顺序不同,所反映的语言单位的排列次序也就不同,表达的意思也因此不同[①]。

[①] 参见:叶蜚声、徐通锵著,2010,《语言学纲要》(修订版),王洪君、李娟修订,北京:北京大学出版社,第169页。

7.1.2 文字的发展演变
7.1.2.1 从象形到记音

世界上古老的自源文字,如苏美尔文、古埃及文和中国的甲骨文等,在刚开始形成时都是象形程度非常高的文字。苏美尔文、古埃及文和中国的甲骨文的字形,如下所示(叶蜚声、徐通锵 2010:176):

随着书写技术的进步及文字的发展,逐渐产生了假借、形声等现象。文字从象形到记音的发展过程中,文字音义结合的任意性是关键:假借与记音。汉字假借是借用图形所联系音义结合体的整体字音,如语气词"唯"借用像鸟形的"隹(🐦)",代词"其"借用像簸箕形的"𰀁"。代词"其"的演变大致如下(裘锡圭 1988:20):

𰀁 — 𰀂 — 𰀃 — 其

与汉字整体字音假借不同,古埃及文假借字音的辅音。假借辅音还是假借字音整体,与不同语言中语言符号的音义关联点有很大的关系。汉语语言符号的音义关联在"一个音节对应一个语素义",而古埃及语则属于闪—含语系的一支,其特点是词中的辅音表示实在的词根义,而元音表达较虚的形态义。

裘锡圭(1988:7)曾以丽江纳西族经典《古事记》中的一段原始文字为例,来说明文字画中形声、假借手法的应用。《古事记》中的原始文字如下图所示:

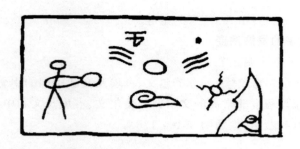

裘锡圭(1988：7)对这段纳西族原始文字做出如下的解读：

"👤"表示拿蛋；"丕"本是"解开"的表意字，纳西语中，表示"解开"和"白"意义的词是同音字，所以这里假借它来表示"白"；"●"是"黑"的表意字；"≋"表示风；"○"表示蛋；"𖼐"表示湖；"✹"表示蛋破发光；"◺"则是表示"山崖"的形声字。据纳西族经师的解释，这段原始文字的全部意思是："把这蛋抛在湖里头，左边吹白风，右边吹黑风，风荡漾着湖水，湖水荡漾着蛋，蛋撞在山崖上，便生出一个光华灿烂的东西来。"

7.1.2.2 从意音到纯音

自源文字都起源于图画，并且都经过了表意阶段和表意表音共存阶段。表音文字的基本书写单位是字母。根据考证，最早的字母也是脱胎于象形文字的。象形文字到了后期，由于广泛使用同音假借，某些图形逐渐摆脱了意义的束缚，直接表示某个声音。例如古埃及文里，"▢"这个图形原来表示"座位"，读音是 pi，以后凡是 pi 的声音都用"▢"表示，甚至 pa、pe、pu、po 等也用"▢"表示，最后"▢"这个图形就成了专门表示辅音 p 的声符；"▱"这个图形本来表示"手"，读音为 id，后来变成了辅音 d 的符号。同样，狮子的图形表示辅音 l，因为在埃及话里"狮子"的发音是 lobo(马学良 1981：219)。

世界上几种重要的自源文字都进入了纯音阶段。苏美尔象形文字发展成了楔形音节文字。赫梯象形文字发展成了爱琴海音节文字。埃及象形文字发展成了西部闪米特音节文字，又进一步发展成希腊音位文字、希伯来音位文字、拉丁音位文字等，例如古埃及文字中表"凯撒"义的字如下所示(叶蜚声、徐通锵 2010：177)：

埃及古文字中,"⊿"像山坡形,原表示"坡"这个词,这里表示"坡"的第一个辅音 k。"╫"像门闩形,原表示"门闩"这个词,这里表示"门闩"的第一个辅音 s。"〇"像口形,原表示"口"这个词,这里表示"口"的第一个辅音 r。这样,连起来就是 4 个辅音 ksrs,指 Kaisaros,即"凯撒"。

世界上有影响的意音文字主要有:中国的汉字、古埃及文字、赫梯文字、苏美尔文字、玛雅文字、纳西东巴文字、彝文。这些古老的意音文字中,只有中国的汉字、纳西东巴文字和彝文延续至今。

意音文字的发展包括四种情况:(1)随着文字所记录语言的消亡,文字所书写的文本变成死文献,如赫梯意音文字。(2)一种意音文字所记录的语言被替代,新的语言要求简化文字,这是意音文字向拼音文字过渡的途径。苏美尔楔形字、古埃及文字最后走向拼音文字就属于这种情况。(3)一种意音文字在记录同一种语言的过程中完成了由意音文字向拼音文字的转换,条件是意音文字不是在该语言中原生的,并且意音文字所书写的文本不是很丰富,如日本、朝鲜所引进的汉字向拼音文字转换。(4)一种意音文字一直记录同一种语言,并且是原生的,意音文字为了继承文本和统一方言,一直维持在意音文字阶段。汉字属于这种情况(陈保亚 2002)。

赫梯意音文字是公元前 1400 年至公元前 500 年用来书写赫梯语(Hittite language)的意音文字。赫梯语属于印欧语系,是已经消亡的语言。由于赫梯语消亡,赫梯意音文字没有存在下去。

苏美尔楔形字、古埃及文字最后走向拼音文字与权威语言的消失有关。苏美尔楔形字是 5500 年前美索不达米亚的苏美尔人创造的文字,因其笔画像楔子或钉子而得名。苏美尔楔形文字在记录了一千多年的苏美尔语以后,又被用来书写属于闪米特语系的阿卡德语达一千多年。后来传播到亚洲西北部,为很多民族采用。每当书写一种新的语言时,说该语言的人就简化苏美尔楔形字。苏美尔楔形字从意音文字向拼音文字过渡的过程中,每一次意符比例的减少和音符比例的增加,都是在语言转用的情况下发生的。当苏美尔文字由记录苏美尔语改为记录其他语言,说其他语言的民族由于不涉及文本继承的问题,可以对苏美尔意音文字进行改革。

古埃及文字,又叫埃及圣书文字(hieroglyphics),是由意符(包括各种抽象的记号)和音符组成。古埃及文字的衰亡与整个古埃及的语言文化被别的民族取代有关。古埃及一度是一个强盛的文化集团,但是这个文化集团不断遭到异族侵略,加上自然条件的逐渐恶化,他们的语言和文化整个被阿拉伯语和阿拉伯文化取代了。大约在公元前15世纪,腓尼基人在古埃及文字的基础上创造了比布鲁斯字母(Byblos alphabet)。古埃及意音文字发展到腓尼基拼音文字,也是在语言和文化的替换过程中完成的。

和苏美尔楔形字、古埃及文字不同,汉字一直用来记录汉语,也一直保持意音文字的特点,没有演化到纯表音阶段。以"其"为例:

(1) 其:名词,簸箕象形。　　　　　　　　　(象形字)
(2) 其:代词,借"簸箕"的"箕(其)"的音。　　(假借字)
(3) 琪:名词,美玉,"其"作声旁。　　　　　　(形声字)

由于汉字字形复杂、难学难记,在学习、书写、排版、文字信息处理等方面,不如拼音文字方便。19世纪末期有不少学者主张进行文字改革,实现拼音化。五四运动前后出现过"注音字母""国语罗马字"作为汉字的标音工具,推行过拉丁化新文字。中华人民共和国成立后,党和政府为解决汉字标音问题,制定了《汉语拼音方案》。但汉语拼音不是拼音文字,而是一种学习汉语、推广普通话的标音工具。汉语拼音在汉字索引、排序、电脑输入等方面也起到相当大的作用。

当某种文字不能完全适应记录语言的需要时,可能会逐渐缩小使用范围和频率,直至被其他文字替代而消亡。例如蒙古族历史上曾借用回鹘文(公元8至15世纪回鹘人使用的一种文字)来记录本族语言(俗称旧蒙文),后来采用新西里尔字母文字(俗称新蒙文)。越南语原先使用的文字是"字喃(一种意音文字,也叫"喃字")"。从19世纪80年代起,越南开始推行拉丁文字,到20世纪初越南文实现了拉丁化。印度尼西亚语、土耳其语等也都改用了拉丁文字。

汉字拼音化问题,引发不少学者的广泛关注和激烈争论。汉字拼音化就是废除汉字,用拉丁字母或其他拼音字母来记录语音。这涉及记录汉语的文字系统的彻底变化。然而,不管是支持还是反对汉字拼音化,都需要考虑这样一个事实:和世界上其他语言的文字相比,汉字已发展成为相对较为完善和成熟的意音文字体系。意音文字发展得越完善,体系越繁杂精密,延续的时间越长,记录的文本越多,越不容易演变为音节文字或音位文字。汉语方言众多,不借助汉字,就很难全面继承文化遗产,也很难在方言区之间进行文本交流。拼音文字的优势是,易于学习和书写,易于形式处理,易于输入计算机。但在统一方言差异和继承古代文本方面,拼音文字存在明显劣势。而汉字的优势在于,不仅能方便方言区的人进行文本交流,还能使人们理解用汉字书写的古代文本和充分继承文化遗产。

7.1.2.3 汉字形体的演变

汉字的产生至少已有 3000 余年的历史。在这漫长的历史中,汉字的形体和结构都发生了很大的变化。汉字形体的演变包括字体和字形两个方面。

从字体上看,汉字的演变可分为古文字和今文字两个阶段。古文字阶段大致始于殷商时代,包括甲骨文、金文、大篆、小篆等文字。小篆是秦代的主要字体,当时为书写和使用的便利,出现了一种辅助性的俗体——隶书。隶书刚出现时社会地位低下,不能用于官方文书或正式场合。至汉武帝时代,隶书取代小篆成为官方使用的主要字体。文字学史上把汉字字体由小篆到隶书的演变,称为"隶变"。秦代隶书和西汉初期隶书,称为古隶。古隶属于古文字到今文字的过渡性字体。"隶变"完成后的隶书,称为今隶(或称成熟隶书)。汉字自"隶变"以后就进入到今文字阶段。今文字包括成熟隶书、行书、草书、楷书等。

汉字字形演变的主要趋势是由繁到简,并且字形简化趋势与汉字字体变化交织在一起。在汉字字体由古文字到今文字的演变中,最显著的变化是由象形变为不象形。古人为书写方便,逐渐用平直的线条或笔画来构成汉字字符,减少了汉字的图画性。线条化和笔画化,是古汉字字形简化的重要方面。从下图中,可以看出汉字图画性、象形性减少和字形简化的特点(裘锡圭 1988:28):

古文字				隶书	楷书
族名金文	甲骨文	周代金文	小篆		
(马-族名金文)	(马-甲骨文)	(马-周代金文)	(马-小篆)	馬	馬
(鱼-族名金文)	(鱼-甲骨文)	(鱼-周代金文)	(鱼-小篆)	魚	魚

汉字字形演变也存在汉字繁化现象。如"上""下"本来都是由类似"二"的两个横表示,不同在于"上"字的短横在上面,"下"的短横在下面。后来为了避免字形混淆,在两个字各加一竖而写成"上""下"。再如"玉""王"二字的篆文字形基本相同,只是中间短横的位置高低不同,甚至早期隶书也还沿袭这种写法。后来"玉"字通过添加一点,以与"王"字字形相区别。这种在汉字字形上加

竖或加点的现象，就是汉字的繁化。汉字繁化的目的是为了避免相近的汉字字形相混淆。汉字繁化，跟汉字简化一样，都服从于汉字易学易记的使用目的，是汉字发展演变中的一种自然现象。汉字发展史上曾出现不少盲目的或人为的繁化，但这些汉字繁化往往"昙花一现"。因为它们违背了汉字发展的规律，很难被人们接受。

尽管汉字的发展趋于简化，但和世界上其他文字相比，汉字字形复杂，难学难记的特点仍很突出。新文化运动时期至中华人民共和国成立前后，出现汉字简化运动。1952年2月中国文字改革研究委员会成立。1956年中国文字改革研究委员会正式公布了第一批230个简体字和30个类推偏旁。1964年公布了《简化字总表》(共2236字)，第一表是352个不作偏旁使用的简化字，第二表是132个可作简化偏旁的简化字，第三表是由第二表类推的1754字。1986年，中国文字改革委员会改组成国家语言文字工作委员会，并重新发表了《简化字总表》。

除汉字形体变化外，汉字结构也在逐渐发生变化。汉字结构一个明显变化是，形声字的比重逐渐增加。许慎在《说文解字》中提到的"六书"，包括象形、指事、会意、形声、假借、转注。一般认为前四种为造字方法，后两种为用字方法。杨树达(2006:15)认为，象形、指事二书谓之"文"，会意、形声二书谓之"字"[①]。六书跟汉字结构密切相关。根据学者们的研究，在甲骨文时代，表意字数量明显多于形声字。到了周代以后，形声字数量迅速增加，而表意字数量增加极少。到了东汉《说文解字》时代，形声字数量已明显超过表意字。根据清代朱骏声《说文通训定声·六书爻例》的统计，《说文解字》中9300多个小篆里，形声字数量占82%以上[②]。形声造字是汉字产生的主要方法，也是导致汉字结构变化的重要原因。

7.2 文字是最重要的书写符号系统

7.2.1 文字是记录语言的符号

文字是继语言符号后人类创造的最重要的一种书写符号。文字是在语言

[①] 杨树达认为，象形、指事、会意、形声之间存在差别：象形(图画)是"字生于形"，指事(符号)是"形生于字"，会意是"所合之文互相融合，字之音义在所合之文之外"，形声则是"所合之文不相融合，字之音义在所合之文之中"。参见：杨树达，2006，《中国文字学概要·文字形义学》，上海：上海古籍出版社，第15—16页。

[②] 由于汉语语音的历时音变，有的形声字按照声旁已经不能准确地读出其读音。

的基础上产生、用以记录语言的辅助性的书写符号系统。文字要能完整记录语言,每一个字都应该对应语言中的语素或词,并且文字记录语言顺序和文字书写排列顺序是一致的。有些文字是在语言自身发展的漫长历史中逐渐产生的,如汉字,而有些文字的产生是借用了其他语言的文字形体,如蒙古文、满文。公元1204年成吉思汗灭乃蛮后,曾命令乃蛮部太阳汗塔塔统阿教太子、诸王用畏兀儿字(即回鹘文)书写蒙古语,后来几经改进形成了现行的蒙古文[①]。1599年清太祖努尔哈赤命令大臣额尔德尼和噶盖用源于回鹘文的蒙古文字母书写满语,1632年经过达海的改进,发展成为满文[②]。后来在满文基础上又发展出记录锡伯语的锡伯文[③]。

在中国湖南省永州市江永县上江圩镇,当地汉族妇女使用一种特殊的书写形式——女书(又称江永女书),当地人叫做"长脚文"。女书实际上就是"女字",是文字的一种。女书只在当地汉族妇女及部分少数民族妇女中流行和使用,靠母亲传给女儿、老人传给少年的自然方式代代传承。女书是人类历史上一个独特而神奇的文化现象,是世界上唯一的女性文字。有学者结合目前发现最早的女书实物,推测女书起源于明末清初。有学者认为女书起源可追溯到新石器时代的仰韶文化。有学者认为它是舜帝时代的官方文字。也有学者认为女书是商代甲骨文的一个变种。尽管女书起源于何时至今仍是一个谜,但它是江永上江圩一带妇女借源于汉字所创造,是当地女性的集体智慧结晶,这一点已得到大部分学者的认同。女书文字形体如下所示(赵丽明 1995:21):

第一组		第二组	
𣏌 (昨)	𠁣 (女)	𠂇 (听)	贝 (鱼)
𠂉 (作)	卯 (胆)	𠂆 (光)	多 (多)
淡 (淡)	犭(有)	卪 (助)	𠂉 (无)

上面这两组女书中,第一组与其相对应的汉字形体比较接近,而第二组与其相应汉字的形体相异较大,但也能隐约看出女书中汉字的影子。

7.2.2 文字和语言的关系

文字是用来记录语言的书写符号系统。文字和语言,既有联系也有很大的

---

① 包力高,1980,《蒙古文》,《民族语文》第2期,75—78页。
② 庆丰,1980,《满文》,《民族语文》第4期,73—77页。
③ 舒兰,1981,《锡伯文》,《民族语文》第2期,76—79页。

区别。文字和语言的区别体现在以下几个方面：

(1)先有语言,后有文字,语言是第一性的,文字是第二性的。非洲的早期智人在距今约 13 万年前走出非洲时还没有语言。世界上所有语言是走出非洲的早期智人扩散到各地后,在随后漫长的几万年发展中独立产生和演化的。距今约 4 万年,到达亚洲的晚期智人已经具备了比较成熟的语言。语言产生后,在相当长的一段时间内是没有文字的。创制文字以记录语言则是近几千年才出现的事。以汉字为例,原始社会尚未发现成篇的文字记录,但原始社会遗留下来的器物上刻画着类似文字的符号,例如属于仰韶文化早期的半坡遗址出土陶器上就出现了大量的个体化符号。下面是半坡遗址发现的符号的一些例子(引自裘锡圭1988：23)：

另外,临潼姜寨遗址发现的符号,有不少跟半坡遗址符号相同或相似。根据碳-14 年代测定,这些半坡类型符号的年代距今约六七千年之久。半坡遗址的这些符号,还不是文字,因为它们并不能完整地记录语言。裘锡圭(1988：23—24)认为,半坡类型符号不是原始文字,不具备真正文字的性质;半坡类型符号所代表的不是一种完整的文字体系。也就是说,原始汉字的出现应该少于距今六千年。当然,原始汉字产生后,还需要进行自我改进和发展,最终才会形成完整成熟的文字体系。一般认为,商代殷墟的甲骨文已经是一种完整成熟的文字体系了。

(2)从发展速度来看,和语言相比,文字的发展相对滞后。世界上有 6000 多种语言,但只有约 2500 种语言有文字,大多数语言没有文字。语言发展了,文字却并不随之同步发展。汉语从古至今发生了很大变化,尤其是在语音方面。汉字在形体、笔画等方面也在发生变化。但总体看,汉字发展变化相对不是很剧烈,方块汉字的性质也没有发生变化。拼音文字也是如此。英语的语音变化了,但其拼写规则在很长时间内不会发生很大的变化。

(3)同一种语言可以用不同文字来记录,同一种文字可以记录不同语言,例如韩国、越南历史上均曾用汉字记录其语言。有些语言的文字,在历史不同时期为适应当时社会文化条件及方便记录语言,可能会经历记录本族语的文字的更替。维吾尔族历史发展经历了几个大的阶段,书写维吾尔语的文字也相应发生了几次大的变化。在 6 世纪以前,尚无文献显示有记录古维吾尔语的古文字存在;突厥汗国和漠北回鹘汗国时期(公元 6 至 9 世纪),主要使用突厥文书写。耿世民(2007：117)指出,突厥人和回鹘人使用的最古文字是如尼文(Runic

Script)。公元 840 年左右,鄂尔浑回纥汗国的庞特勤率领 15 部西迁后,先后出现两个大的汗国:一个是在今吐鲁番一带建立的高昌回鹘汗国(公元 9 至 13 世纪),另一个是在喀什噶尔建立的喀喇汗王朝(公元 10 至 13 世纪)。高昌回鹘汗国使用源于粟特文的回鹘文。喀喇汗王朝最初使用回鹘文,公元 10 世纪左右接受伊斯兰教以后,又在阿拉伯字母基础上创制了哈喀尼亚文(Haqaniyä)。13 世纪后期在哈喀尼亚文的基础上,又大量吸收阿拉伯-波斯语成分,演变为察哈台文。14 至 19 世纪,察哈台文一直是记录近代维吾尔语的主要文字。19 世纪中叶至今,记录现代维吾尔语的文字仍是以阿拉伯字母为基础的维吾尔文。

文字符号系统,不仅在促进人类文明进程和人类智力发育方面具有重要作用,而且也为人们进一步改造自然、社会及自身的科学探索,提供了便利的工具。人们的日常思维离不开语言和文字,而科学思维同样需要借助科学语言及其书写符号系统,例如数学符号、逻辑符号及各种人工书写符号系统。科学思维模式和人们日常思维模式都是建立在人类现有的语言的基础上的,各种人工符号都是在文字符号的基础上提炼出来的,都属于文字系统。

7.3 文字的类型

文字也存在大小不同的单位,如汉语中的汉字、偏旁,英语中的字母、字母串等。任何语言的文字系统中都有一级单位对应语言中的语素。汉语大多是以一个方块字对应一个语素。当然也存在少量例外,如"沙发""阿司匹林"等是多个汉字对应一个语素。而英语大多以字母串形式对应一个语素,如"waterfall(瀑布)"中的"water-"(水),"dislike(不喜欢)"中的"dis-(表否定)"等。也存在少量例外,如"-s(复数)"就是一个字母对应一个语素的情况。从形式上看,英语中的这些字母串前后可能有空格,如单独成词的"water",也可能没有空格,如"indirectly"中的"direct"(直接)等。汉语中一个汉字大多对应一个音节(儿化音节除外),英语的这些字母串可能对应一个音节,也可能对应两个或两个以上音节。和汉字一样,英语中这些与语素相对应的字母串,可以单独构成词(如 hand,work),也可以和其他字母串组合成词(如 handsome,worker)等,或者构成各种词形变化形式(如 works,worked 等)。

与语素相对应的这一级文字单位,可以进一步拆分为更小的单位。例如英语的字母串可拆分为"字母",汉字可拆分为"字元"(传统称为"偏旁部首")。这些字母或字元可统称为"字符"。字符也跟语言中的某些单位对应,但对应的不一定是语言中的音义结合体。现代英语中的字符(即字母)只与词的音有关,与其意义无关,如 hand[hænd]可拆为 h、a、n、d 四个字符,它们与词的读音有关,但本身没有意义,与词的意义无关。汉语中的字符,有的跟语素的意义有关,如"材"的字符"木",与"材"的意义有关,而有的字符跟语素的读音有关,如"河"的字符"可"与"河"读音相近。

根据字符与所记录的语言的关系,可以把文字分为表音文字和意音文字[①]。表音文字,也叫做"拼音文字"或"字母文字",字符只表示语言符号的音,不表示语言符号的意义。意音文字指有的字符与语言符号的音有关,有的字符与语言符号的意义有关。与语言符号的音有关的字符,叫声符。与语言符号的音无关而只与其意义有关的字符,叫义符。

根据所表示的语音单位的性质,表音文字又可细分为音位文字、辅音文字和音节文字三种类型。(1)音位文字:有的字符表元音,有的字符表辅音,字符可以记录语言中所有的音位,如拉丁字母。英文就是使用拉丁字母作为字符的音位文字。(2)辅音文字:字符只表示语言中的辅音,元音没有专门的字符表示,如阿拉伯文。(3)音节文字:字符表示语言中的音节。如日本文字是一种音节文字,它的最小单位是"假名"。"假名"和音节对应,比如"これ(这个)"是两个假名,代表两个音节,是两个语素("こ"是一个语素,表示"这";"れ"类似于表指称,合在一起表示"这个")。

从文字自然发生发展的角度看,一个民族选择意音文字还是拼音文字,并不是任意的。自然产生的文字都是意音文字。汉字是典型的意音文字,字的数量很大。有人把汉字说成是象形文字或表意文字,这种说法容易使人误以为汉字只和表形表意有关系,和语音没有关系。事实上,汉字和所有完整记录语言的文字一样,也必须完整地记录语音。汉字作为意音文字,除了表意,还表音。汉字是通过字形记录汉语音节的。一个汉字往往对应一个音节。也有人把汉字称为语素—音节文字。语素—音节文字是就汉字和汉字所记录的语言单位之间的关系来说的。这个名称反映了汉字既表音又表意的意音文字性质。汉语的特点是"1个字·1个语素·1个音节",即基本上每一汉字对应一个语素和一个音节,如"水""山""人"等。少数情况下,多个汉字表示一个语素,如"蝴蝶""阿司匹林"等。

不管是汉字,还是拼音文字,都是以自己的"形"通过"音"来表达"义"。但

---

① 关于表音文字和意音文字的区分,参考:叶蜚声、徐通锵著,2010,《语言学纲要》(修订版),王洪君、李娟修订,北京:北京大学出版社,第 174—175 页。

二者间也存在很大的差别。英语中,根据字母的拼法人们很容易就能读出音来,尽管有时候可能并不清楚它所代表的意义。例如 mite、pade 这两个字母组合片段,尽管可能不知道其意义,但根据英语拼写规则能够知道其读音分别是[mait]和[peid]。事实上,mite 是英语中的一个词,意为"小虫、极小量、小孩子、微小的东西",而 pade 则不是英语中的一个词,即 pade 是英语中无意义的字母组合。和英文见"形"知"音"的特点不同,汉字往往能见字"形"而知其"义"。

意音文字和拼音文字的本质区别在于记录语言的方式。意音文字可以区别语言中的两种信息:一是通过不同的字形把不同的音位或音节区别开,二是通过不同的字形把读音相同的不同语素或词区别开。拼音文字通过字母记录一个语言的音节或音位。不同的语素或词,只要读音相同,字形往往相同。比如英语的 book,代表了"书"和"预定"两个词,由于这两个词的语音形式相同,都写成相同的字。意音文字除了记录语音,还通过象形、会意等表意方式或各种笔画把不同的语素或词区别开来。也就是说,即使两个语素或词的语音形式一样,只要是不同的语素或词,通常都要通过形体区别开来,比如"长、常、场、尝、肠、偿"等,尽管语音形式相同,但通常不把它们写成相同的字,而是要保留它们在字形上的区别,以便说明它们是不同的语素或词。

可见,意音文字和表音文字在记录语言时提供的信息量是不一样的。对于具有相同语音形式的一组不同语素(或词)来说,表音文字所用的字基本都一样,但意音文字还能从字形上把这些同音语素(或词)区别开。从这个角度看,意音文字有助于区分同音语素或同音词。

练习题和思考题

一、名词解释:

　　1.文字　2.自源文字　3.他源文字　4.表音文字　5.意音文字
　　6.语素—音节文字

二、问答题:

　　1.自源文字的产生,需具备哪三个基本条件?
　　2."文字是记录语言的辅助性符号系统。"这句话是什么含义?

三、操作题:

　　汉字和汉语语素的关系一直是一个很重要的问题,牵涉到很多方面。以下是一些讨论材料:

【材料1】在一次讨论中,有同学提出以下设想:《康熙字典》或者《汉语大字典》所收录的所有汉字,就是汉语所有的语素。也就是说,汉语的语素数量是确定的。汉语普通话的音节数量是确定的,例如经统计,《现代汉语词典》有1263个基本音节。再有,汉语普通话的音位数量也是确定的,例如《汉语拼音方案》所做的处理。再进一步,汉语普通话所动用的语音特征也是有明确数量的。根据这些确定的数字,我们可以计算每一级单位所承载的上一级单位的数量(负担),例如可以算出同一个音节管辖了多少个语素。

【材料2】有同学认为,汉语普通话语素和汉字没有必然联系。我们应该假装不认识汉字,从语言调查入手,切分语素、划分音节、归纳音位,应该尽量摆脱汉字的影响,例如调查汉语方言,不应只以《方言调查字表》为主。在编写字典时,应该先用国际音标标写语素,例如以下图片是从该类字典抄录的:

> S
> [so^{35}]^1,处,地方。汉字写作【所】。
> [so^{35}]^2,①加在门窗、器物等开合处或连接处,必须用钥匙、密码、磁卡等才能打开的金属装置。汉字写作【锁】。②用锁锁住。汉字写作【锁】。
> T
> [t^{h}a^{55}]^1,称你、我以外的第三人。汉字写作【他,她,它,祂】等,分别表男性或泛指、女性、其他、神灵。

另外有同学认为,这个方案不可行。首先是汉语普通话同音语素太多,只写国际音标难以有效区分同音语素;其次是以汉字为纲可以相对准确解释字义,因为语义常常是以汉字为单位的。

【材料3】有同学认为,汉语的研究和分析离不开汉字,否则很难有效地、方便地描写汉语的历时、共时的性质。尤其是在汉字和语素高度一致、汉字承担较大的辨义功能、汉语普通话同音语素较多的情况下,完全抛弃汉字似乎不可能。但是也有同学认为,这种理论经不起实践检验,实际上目前中国仍有大量的文盲,不认识汉字难道就不会说话了吗?还有同学补充说,汉字那种细微的辨义功能,可能是冗余的。在书面语中,汉字可起到迅速、准确定位语义的作用,但是在口语中,尤其在文盲的口语中,有些同音汉字未必是区分的,例如"他,她,它,祂",有些同音汉字可能由于语义差别较大而有所区分,例如"弯,湾"。总之,同音汉字是同一个语素还是不同的语素,需要由具体的发音人根据自己的感知来确定,而不应该依靠语言学家的直觉。但是有同学反驳说,发音人的感知具有相对性。例如住在河湾边的发音人可能更倾向于区分"弯,湾",不信基督教的发音人可能觉得"他,她,它"和"祂"没有差别,因此不能完全依赖发音人的感知。还有同学说,进一步可以认为,汉字对汉语的语素具有统一、整合的作用,这种整合不仅体现在上述几个方面,还体现在对语素切分片段长度的规定上,因为如果没有汉字制约,按照对比分析的方法,从"妹"和"妈"中还应该切分出[m-]"表示女性"这个语素,但如果真是这样分析,整个汉语普通话的语素系统将会异常混乱。有汉字的制约,就可以把语素切分制约在汉字这一层。

结合上述材料,从字形、读音、语义三个角度,谈谈汉字和语素的关系,并对材料中的某一观点做出简要评价。(知识点提示:语素分析,文字)

扩展阅读:

陈保亚,2002,《意音文字存在的民族语言文化条件》,《思想战线》第 1 期,110－114 页。【讨论了决定意音文字存在的民族语言文化条件;拼音文字应该与汉字并行而不取代汉字】

裘锡圭,1988,《文字学概要》,北京:商务印书馆。

唐兰,1949,《中国文字学》,上海:上海古籍出版社,2005 年。

杨树达,2006,《中国文字学概要・文字形义学》,上海:上海古籍出版社。【区分汉字结构的类型,揭示了汉字发展的一般规律】

叶蜚声、徐通锵,1997,《语言学纲要》,北京:北京大学出版社。【第六章 文字与书面语】

周有光,2003,《世界文字发展史》,上海:上海教育出版社。【讨论了世界文字的起源及发展演变】

8 语言演变

8.1 语言演变的时空性

8.1.1 时间性

语言演变的时间性主要体现在历时性和渐变性两个方面。语言会随着时间的流逝而发生历时的演变。例如汉语的量词,先秦时候就出现了,汉魏时有了发展,到唐宋时期才丰富起来(马学良 1981:183)。语言中存在很多的变异现象。共时的语言变异往往能成为历时语言演变的原因[①]。北京话合口呼零声母[w]/[ʋ]变异属于共时的语言变异,尚没有成为历时音变。从北京话合口呼零声母[w]/[ʋ]变异在不同年龄发音人分组中的分布可以看出,随着发音人年龄的递减,[ʋ]在增加,[w]在减少[②]。高本汉《中国音韵学研究》(1915—1926)中北京话还没有[ʋ]。而[w]/[ʋ]年龄分布图反映的是 20 世纪 80 年代的情况,现在年轻人合口呼零声母([uo]、[u]除外),读[ʋ]的比例更高了。随着时间的推移,变异成分[ʋ]最终会成为结构成分进入到汉语语音系统中。这样,合口呼零声母[w]/[ʋ]变异就变成了历时的语音演变(即 w→ʋ)。

语言演变的时间性还体现在渐变性方面。语言作为人们最重要的交际工具的性质,决定了语言演变具有渐变性。语言的历时变化,不可能在很短时间内完成,而是会经历相对较长的历史过程。有些语言演变经历的时间跨度相对较小。例如汉语从双唇塞音声母(重唇音)分化出唇齿音声母(轻唇音)大约开始于公元 7 世纪中叶,完成于公元 8 世纪中叶,经历了约 100 年。而有些语言演变的完成则会经历更长的时间。先秦汉语中存在"他""它""佗"(三者均意指

[①] 魏茵莱希(Weinreich)、拉波夫(Labov)和赫尔佐格(Herzog)在《语言演变理论的经验基础》(1968)中提出有序异质理论,把语言变异(language variation)、语言系统和社会联系起来进行研究,从语言变异入手观察社会因素对语言结构演变的制约,主张要结合社会环境研究语言,具体地分析语言的变异问题,提出语言不是一种同质的系统,而是一种有序异质(orderly heterogeneous)的结构。国内学者有关语言变异的研究,可参考:徐通锵(1987,1988),陈松岑(1999)等。

[②] 参考:陈保亚,1990,《语言演变的结构基础》,载严家炎、袁行霈主编《缀玉集》,441—478 页,北京:北京大学出版社。

"别的"),但都不是第三人称代词,例如:

(1) 它山之石,可以攻玉。(《诗经·小雅·鹤鸣》)
(2) 王顾左右而言他。(《孟子·梁惠王下》)
(3) 制,岩邑也,虢叔死焉,佗邑唯命。(《左传·隐公元年》)

现代汉语中的第三人称代词"他",是由先秦的"他"演变而来的。先秦的"他"演变成现代汉语中的第三人称代词,经历了大约1000年时间。

8.1.2 地域性

语言演变的地域性指同一语言现象在不同地区的演变速度、演变方向存在差异。具体来说,同样的语言现象有的地区变有的地区不变,有的地区这样变,有的地区那样变,有的地区变化速度较快,而有的地区变化速度较慢。例如,古藏语有许多辅音韵尾,不仅有单辅音韵尾,也有复辅音韵尾。这些韵尾在现代藏语方言中都趋于简化,康方言通常只有一个喉塞音[-ʔ],拉萨话还有[-m]、[-p]、[-ʔ]、[-ŋ]、[-k]、[-r]六个,安多方言的久治话则有[-p]、[-t]、[-k]、[-m]、[-n]、[-ŋ]、[-r]、[-l]八个(马学良 1981:183)。藏语方言中辅音韵尾分布的不一致,体现出语言演变的地域性。再如,中古汉语存在塞音韵尾[-p]、[-t]、[-k],即入声韵。中古入声韵在汉语方言中发生不同的演变。北京话中入声韵消失了,但广州话仍保留完整的入声韵,存在发音短促的塞音韵尾[-p]、[-t]、[-k],而在上海话中,塞音韵尾[-p]、[-t]、[-k]则演变为喉塞音韵尾[-ʔ]。中古汉语入声韵在广州、上海、北京的演变速度和方向出现明显差异,同样体现出语言演变的地域性,如下所示:

除了入声韵,中古阳声韵韵尾的发展演变也能体现语言演变的地域性。阳声韵是指以鼻音[-m]、[-n]、[-ŋ]收尾的韵。到了现代汉语中,中古阳声韵韵尾在不同地区存在不同的变化,例如在北京话中[-m]并入[-n],只保留[-n]、[-ŋ]两个鼻音韵尾,而在上海话中则只保留[-ŋ]一个鼻音韵尾。

空间的语音差异可能表现的是语言发展的不同阶段,即语音的空间差异可体现语言历时发展的序列。以汉语的见母、精母为例,请看下面材料:

汉字	音韵地位	北京	苏州	广州
击	梗开四入锡见	tɕi	tɕiɪʔ	kɪk
激	梗开四入锡见	tɕi	tɕiɪʔ	kɐp
祭	蟹开三去祭精	tɕi	tsi	tsɐi
际	蟹开三去祭精	tɕi	tsi	tsɐi

在北京话中，[i]前的见母、精母字都变成了[tɕ]，发生合流(merger)；苏州话中，[i]前的见母字变成了[tɕ]，[i]前的精母字保持[ts]不变；广州话中，[i]前的见母、精母字都没变，仍旧分别念[k]和[ts]。然而，北京音和广州音到底哪一个可能是较古老的音？假设北京音是古老的音，那么北京话中[i]前的[tɕ]，在苏州话中有一部分变成了[ts]，而另一部分则保持[tɕ]不变，即相同的音在同样的条件下变成了不同的音。这在音理上是说不通的。这说明北京音不是早期阶段，广州音才是较古老的音。根据对上表材料的分析，可以推断见母、精母的发展经历了三个阶段：第一阶段（如广州话），见母、精母都没变化，保持原有的音韵地位；第二阶段（如苏州话），[i]前的见母字首先变成了[tɕ]，而[i]前的精母字保持[ts]不变；第三阶段（如北京话），[i]前的见母、精母字都变成了[tɕ]，即发生了合流。

8.2 语音演变

8.2.1 语音演变的体现

语音演变是客观存在的事实，这从方言、同源语言之间的读音差异，以及借词读音差异等方面都可观察到。汉语方言读音差异的例子如下[①]：

例字	中古音	北京	汾阳
戈	*kuɑ	kɤ	ku
姑	*kuo	ku	kəu

"戈""姑"的声母，在北京话、汾阳话和中古汉语中是一样的，但它们的韵母在北京话和汾阳话中存在很大差别。"戈"韵母中古音是[uɑ]，北京话中是[ɤ]，汾阳话中是[u]。"姑"韵母中古音是[uo]，北京话中是[u]，汾阳话中是[əu]。"戈""姑"韵母在北京话和汾阳话中的读音差别，是它们的中古音形式在北京话

---

① 例字引自叶蜚声、徐通锵(2010：193)；这里只考虑声母、韵母的差异，不计声调。

和汾阳话中的不同演变造成的。具体来说,"戈"韵母中古音[uɑ]在北京话中演变为[ɤ],在汾阳话中演变为[u],而"姑"韵母中古音[ou]在北京话中演变为[u],在汾阳话中演变为[əu]。

中古汉语入声字是以塞音[p]、[t]、[k]为韵尾的。入声字读音在现代汉语方言中存在很大的差异,以"纳""擦""百"为例:

	纳	擦	百
北京	na	tsʰa	pai
苏州	nɤʔ	tsʰaʔ	pɒʔ
厦门	lap	tsʰat	pɪk, paʔ
梅县	nap	tsʰat	pak
广州	naːp	tsʰat	pak

上面入声字方言读音的差异体现了中古汉语入声字在各汉语方言中的不同演变。随着汉语的发展和演变,入声字在有些方言中仍保留塞音韵尾[p]、[t]、[k],如广州话、梅县话;在有些方言中,入声字塞音韵尾[p]、[t]、[k]合并为一个喉塞音韵尾[ʔ],如苏州话;在北方大部分方言中,入声字塞音韵尾消失了,大都变成了阴声韵(指不带辅音韵尾的韵),如北京话。需注意的是,厦门话"百"有[pɪk]和[paʔ]两种读音,表明厦门话入声字塞音韵尾[p]、[t]、[k]开始合并为一个喉塞音韵尾[ʔ],但还没有最终完成。

一种语言借入词汇以后,随着时间的推移,借词的读音和被借语言中的原词读音可能会发生很大的变化,例如①:

	普通话	日译吴音	日译汉音	朝鲜译音	越南译音
鸡	tɕi⁵⁵	kai	kei	kiei	ke
饥	tɕi⁵⁵	ki	ki	kɯi	ki

在隋唐时期,"鸡""饥"两字韵母不同,不是同音字;它们声母都是[k],还没有变成[tɕ]。普通话"鸡""饥"的声母发生了腭化音变,变成了[tɕ]。然而,日语、朝鲜语和越南语里的借词"鸡""饥"的声母没有跟汉语一起发生腭化音变,声母依然为[k]。这些语言从汉语借入"鸡""饥"时,借词和汉语原词的读音大致相同或相近。借词借入以后成为日语、朝鲜语和越南语的组成部分而与汉语逐渐脱离。汉语语音系统的演变会影响到借词的原词,但不会影响到借词读

---

① "日译吴音"指日本从东南沿海一带汉语方言借去的汉语借词读音;"日译汉音"指日本从华北一带方言借入日语的汉语借词读音。"日译吴音"在时间上要早于"日译汉音"。

音。日语、朝鲜语和越南语里的借词和汉语原词的读音差异,是汉语语音发生演变的一个有力证据。此外,现代汉语南方方言和北方方言的读音差异,也能提供汉语发生腭化音变的线索。中古舌根音声母 g[k]、k[kʰ]、h[x]是可以跟齐齿呼韵母相拼的。闽语、粤语中仍保留着这种声韵配合关系:

厦门话	基[ki]	欺[kʰi]	希[xi]
北京话	基[tɕi]	欺[tɕʰi]	希[ɕi]
广州话	骄[kiu]	桥[kʰiu]	晓[xiu]
北京话	骄[tɕiɑu]	桥[tɕʰiɑu]	晓[ɕiɑu]

在北方方言中,跟齐齿呼、撮口呼韵母相拼的舌根音声母 g[k]、k[kʰ]、h[x]大都发生了腭化音变①,分别演变为舌面音声母 j[tɕ]、q[tɕʰ]、x[ɕ]。

8.2.2 语音演变的规律性

语音的演变并非盲目地、毫无章法地乱变,而是有规律的演变。语音演变的规律性,指在特定的语法、语用、社会等因素条件下,在一个语言系统内部,在相同的时间和空间,相同的语音在相同的条件下必然有相同的变化。规律性的语音演变大都能找到音变条件,也叫条件式音变。条件式音变,指语音 A 在某个或某些语音环境下变成语音 B,用公式可以写作:

A→B / X __ Y(X、Y 分别是音变位置前的语音条件和音变位置后的语音条件)

例如,与齿齿呼或撮口呼韵母相拼的近代汉语精组声母 z[ts]、c[tsʰ]、s[s],在北京话中分别变成 j[tɕ]、q[tɕʰ]、x[ɕ]。上述语音演变可用音变公式来表示,例如[ts]→[tɕ]/ __ +齐齿呼韵母或撮口呼韵母。这一音变就是常说的"腭化"。北京话中已经发生腭化音变的这些字,在有些汉语方言(如粤语)中没有发生腭化音变,声母仍然是舌尖音。

语音演变的规律,允许相同语音在不同条件下发生相同的音变,或者发生

---

① 中古汉语舌根音发生腭化的结果是产生团音。尖音和团音,是汉语音韵学、方言学经常使用的两个术语。通俗地说,舌面塞擦音、擦音与齐齿呼、撮口呼韵母的组合叫做团音,京剧里的"基"念[tɕi]就是团音。舌尖前塞擦音、擦音与齐齿呼、撮口呼韵母的组合叫尖音,京剧里的"祭"念[tsi]就是尖音。如果齐齿呼、撮口呼韵母前的舌尖前塞擦音、擦音也因腭化而变成舌面塞擦音、擦音,那就是尖团合流,即不分尖、团。汉语各方言尖团合流情况存在差异,例如苏州话中尖团没有合流(即区分尖音和团音),北京话、宁波话中尖团合流了(即不区分尖音和团音)。以上内容参见:叶蜚声、徐通锵著,2010,《语言学纲要》(修订版),王洪君、李娟修订,北京:北京大学出版社,第 242-243 页。

不同的音变。北方汉语中，中古浊塞音、浊塞擦音声母，按声调情况分化为送气和不送气两套，平声字的浊塞音、浊塞擦音声母演变为同部位送气清声母，仄声字的浊塞音、浊塞擦音声母演变为同部位不送气清声母，这个规律可概括为"平送仄不送"，例如中古浊塞音[b]、[d]、[g]，根据所辖字声调的平仄情况，分化为b[p]、d[t]、g[k]和p[pʰ]、t[tʰ]、k[kʰ]两套声母：

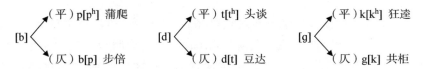

语音演变的规律性，也允许不同语音在相同条件下发生相同的音变，或者发生不同的音变。由于音变条件、音变结果相同，有时两个条件式音变会形成多对一式的语音对应，这是语言演变中的一种合流现象。例如，与齐齿呼、撮口呼韵母组合的中古汉语/k/组声母(包括g[k]、k[kʰ]、h[x])和/ts/组声母(包括z[ts]、c[tsʰ]、s[s])，在北京话中都演变为/tɕ/组声母(包括j[tɕ]、q[tɕʰ]、x[ɕ])，与开口呼、合口呼韵母组合的中古汉语/k/组声母和/ts/组声母，则保持不变，如下所示：

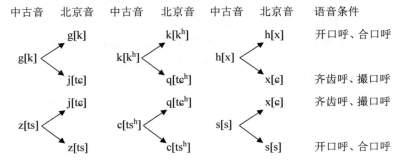

显然，与齐齿呼、撮口呼韵母组合的/k/组声母和/ts/组声母，在北京话中发生了合流，演变为/tɕ/组声母。这也是北京话/k/组和/ts/组声母只和开口呼、合口呼韵母相拼，而/tɕ/组声母只和齐齿呼、撮口呼韵母相拼的原因。

但是，语音演变的规律性不允许相同语音在相同的条件下发生不同的音变。如果出现了不符合语音演变规律的"例外"，大多能够找到造成这些"例外"的原因。所谓音变的"例外"，只是目前还找不到音变条件或无法解释造成"例外"的原因，未必以后永远找不到。音变的"例外"大多是有原因的，可以解释的。语言接触、演变中断、文白异读/杂配、语流音变、类推等，都有可能造成语音演变规律的例外(参见李荣1965，Wang 1969)。一旦找到了音变条件或合理解释了这些"例外"的产生原因,它们就不再被看做是规律性音变的"例外"了。中古汉语清声母入声字,在北京话中分别归入到阴平、阳平、上声、去声,但找不到分化的语音条件。这是相同的语音在相同的条件下发生的不同的音变。有学者猜测,中古清声母入声字在北京话声调中的无规律分化现象,或许跟历史上人口迁移、民族融合而导致的方言混杂有关,但这个观点是否成立,还有待进一步论证。

音变条件不仅仅包括语言系统内部条件(如语音、语法或词汇条件等),一些社会因素(如年龄、性别、职业、阶层等)也可以成为制约音变的条件。例如,北京话合口呼零声母[w]/[ʋ]变异在发音人"年龄""性别"中的分布是有序的①。这里"年龄""性别"因素就是制约北京话[w]/[ʋ]共时变异的条件。如果北京话[w]/[ʋ]变异最终发展成为历时的语音演变 w→v,那么"年龄""性别"条件在音变的最后阶段会退出音变过程,只留下音变的结果。这也说明,有些音变"例外",很有可能是音变条件已经退出了音变过程,导致我们很难再找到这些条件。

无论是语文学的方法还是历史比较法,都暗含了一个基本原则,即在文献或方言中对立的音类在原始语中也必须是对立的。这种原则可称为差异原则。差异原则是历史比较法给语言(方言)材料排列时间顺序、构拟古音的一个根本原则。差异原则是以语音演变的规律性为基础的。语音演变的规律性必然蕴涵这样一个原理:相同的语音在相同的条件下,不可能有不同的分化,或者说,相同的语音产生不同的变化必然有不同的条件。因此,凡是现代方言中有对立而又找不到分化条件的语音,在时间顺序上肯定是较早的,是原始语中存在的。根据这一点,就必须把下面的厦门话读音看成是最早的或接近最早的形式,才能充分反映早期汉语中鼻音韵尾[m]、[n]、[ŋ]的对立:

	厦门	北京	四川	原始拟音
音	im	in	in	*im
因	in	in	in	*in
英	iŋ	iŋ	in	*iŋ

这种推论还可以在汉语与域外语言的对音材料中得到证实,例如韩语中的汉语借词:

---

① 参见:陈保亚,1990,《语言演变的结构基础》,载严家炎、袁行霈主编《缀玉集》,441—478页,北京:北京大学出版社。

《切韵》音类		韩语
音	於金切，影侵开三平深	im
因	於真切，影真开三平臻	in
英	於惊切，影庚开三平梗	iŋ

可见，在中古时期，韩语借入汉语的这些词时，它们的读音是有对立的。这说明，差异原则确实是很有效的一种方法。

8.2.3 语音对应

语音演变是有规律的，而同一语言现象在不同地区的演变速度、演变方向又存在差异，这就决定了不同语言之间或同一语言的不同方言之间在特定语言成分上会形成语音对应。语音对应指不同语言（或方言）中意义相同或相近的语言成分，在语音上的对应关系，例如"儿、而、耳、二"属于止摄开口三等日母字，在汉语的一些方言中形成了语音对应，如下所示：

汉字	音韵地位	北京	成都	南昌	武汉	长沙	苏州(文)	苏州(白)	广州
儿	止开三日①	ɚ	ɚ	ə	ɯ	ɤ	l̩	n̠i	ji
而	止开三日	ɚ	ɚ	ə	ɯ	ɤ	l̩	n̠i	ji
耳	止开三日	ɚ	ɚ	ə	ɯ	ɤ	l̩	n̠i	ji
二	止开三日	ɚ	ɚ	ə	ɯ	ɤ	l̩	n̠i	ji

语音对应一般指的是以音类为单位的对应。语音对应和音类的音值相似没有必然联系。有语音对应关系的音类，音值可能相同，如上表中北京话[ɚ]对应成都话[ɚ]，但更多的是音值不同的音类对应，如上表中北京话与其他方言的语音对应情况：[ɚ]-[ə]-[ɯ]-[ɤ]-[l̩]-[n̠i]-[ji]。再如，普通话声母[tʂ]与西安话声母[pf]形成整齐的语音对应，但二者的音值差别很大。对应例词如下：

	普通话	西安话
猪	tʂu	pfu
朱	tʂu	pfu
蛛	tʂu	pfu

梅耶（Meillet，也译为梅耶儿）讨论的数词"二"在印欧语言中的对应，是历史语言学中比较经典的语音对应的实例（Meillet 1925：5—6）：

---

① 此处"止开三日"表示"止摄、开口呼、三等韵、日母字"。

例词	梵语	希腊语	拉丁语	阿尔明尼亚语
二	d(u)vā	dyo	duo	erku

梅耶指出,希腊语、拉丁语、梵语间的对应大部分是显而易见的,但阿尔明尼亚语(Armenian)和其他语言的对应就很不明显[①]。梅耶所说的对应不明显,指的就是语音形式不相似。但不相似的语音也能构成语音对应。梅耶用如下两个例子来说明阿尔明尼亚语 erku 和其他语言的 *dw 对应:

例词	希腊语	阿尔明尼亚语
怕	dwi-	erki-(erkiwł)
长久	dwārón	erkar(长)

把握语音对应概念,需要把对应实例和对应规则区分开。对应规则也就是语音对应规律,对应实例则是符合对应规则的具体词例。一般来说,一条对应规则至少要有两条对应实例的支持。下面是北京话和厦门话在声母、韵母和声调方面的对应情况:

例字	北京	厦门	中古音韵地位
音	in¹	im¹	影侵开三平深
阴	in¹	im¹[文]/iam¹[白]	影侵开三平深
今	tɕin¹	kim¹[文]/kin¹[白]	见侵开三平深
金	tɕin¹	kim¹	见侵开三平深
襟	tɕin¹	kʰim¹	见侵开三平深
钦	tɕʰin¹	kʰim¹	溪侵开三平深
侵	tɕʰin¹	tsʰim¹	清侵开三平深
心	ɕin¹	sim¹	心侵开三平深

表中这 8 个字,在普通话中韵母都是[in]、声调都是 1 调,在厦门话中韵母都是[im]、声调都是 1 调。据此很容易建立两条对应规则:(1)北京话[in]对应厦门话[im];(2)北京话 1 调对应厦门话 1 调。但声母的对应关系相对复杂一些。从表中材料看,根据"音、阴"两字的声母对应,可以建立一条对应规则:北京话[∅]对应厦门话[∅](∅ 代表零声母);同样,根据"今、金"的声母对应,也可以建立一条对应规则:北京话[tɕ]对应厦门话[k]。但由于对应实例太少(都只有 2 个实例),上面的这两条声母对应规则都不如韵母、声调的对应规则强。根据"侵""心"的声母对应,无法建立声母的对应规则,因为对

[①] 阿尔明尼亚语(Armenian),也叫亚美尼亚语,属于印欧语系亚美尼亚语族。

应实例只有 1 个。

不同语言之间还可能存在偶然对应的情况，例如：

词例	劈	泼	铺
汉语	[pʰi]	[pʰuo]	[pʰu]
英语	split	spill	spread

词例	马	有	手	半	他	热
德宏傣语	ma⁴	mi²	mɯ²	maːŋ²	man²	mai³
英语	horse	have	hand	half	he	hot

根据以上对应实例，汉语和英语之间似乎可以确立一条语音对应：汉语声母[pʰ]对应英语辅音丛[sp]。德宏傣语和英语之间似乎也可以确立一条语音对应：德宏傣语[m]对应英语[h]。然而，通过运用语音对应的概率算法[①]，可以初步断定以上这两个语音对应都是偶然对应。

语音的完全对应能在很大程度上排除偶然对应。语音的完全对应指音节的每个语音成分都对应。就汉语来说，完全对应指声母、韵母、声调都要对应。观察下面北京话和成都话对应的例子：

[声母对应实例]

语素	北京	成都
半	pan⁵¹	pan²¹⁴
布	pu⁵¹	pu²¹⁴
包	pɑu⁵⁵	pɑu⁵⁵

[韵母对应实例][②]

语素	北京	成都
半	pan⁵¹	pan²¹⁴
干	kan⁵⁵	kan⁵⁵

[声调对应实例]

语素	北京	成都
半	pan⁵¹	pan²¹⁴
更	kəŋ⁵¹	kəŋ²¹⁴
最	tsui⁵¹	tsui²¹⁴

[①] 陈保亚，1996，《论语言接触与语言联盟——汉越(侗台语)语源关系的解释》，北京：语文出版社，第 201—229 页。

[②] 成都话韵母 an 的严式记音为[æ]。

北京话和成都话在声母、韵母、声调上分别都是对应的,因此北京话和成都话就构成语音的完全对应。语音形式各个成分的对应需要多种排列。以汉语"见"在北京话和成都话中的对应为例,如果按照声母、韵母、声调切分音节,就需要有声母、韵母、声调三个对应表,而如果按照音位切分音节,就需要有声母、介音、主要元音、韵尾、声调五个对应表。

汉语和台语的音节都可分成声母、韵母和声调三部分。因此汉语和台语的完全对应是指声母、韵母、声调都对应。语音对应规则也可以按照辅音、元音、声调的划分来处理,这也是李方桂《台语比较手册》(Li 1977)使用的办法。按照这种划分,完全对应是指音节中的辅音、元音、声调都和另一种语言相应的成分对应。还可以按照区别性特征来处理音节。这时的完全对应是指音节中区别性特征的完全对应。概括地说,完全对应是指音节中的每一个成分都要对应。对汉语来说,完全对应是声母、韵母、声调三个语音成分都对应,而对无声调语言来说,完全对应则可能需要音节首音(onset)、韵(rhyme)、词形变化等语音成分都对应[①]。

然而,语音的完全对应还不能完全排除偶然对应,例如英语"back[bæk]"和汉语"背[pei]"在音节首音和韵两个方面均是对应的,在一定程度上也属于完全对应,但这个完全对应是一个偶然对应。英语"back[bæk]"和汉语"背[pei]"音节首音和韵的对应实例,分别见以下两表:

[首音对应实例]

英语	汉语	词义
back[bæk]	[pei]	背
board[bɔːd]	[pan]	板

[韵对应实例]

英语	汉语	词义
back[bæk]	[pei]	背
black[blæk]	[xei]	黑

不同语言之间由于接触也可产生有规则的语音对应。傣语音类以一对一或一对多的方式匹配汉语音类,这表明汉语相同的音类受匹配以后在傣族汉语

[①] 音节首音和韵是西方音系学在描述音节结构时使用的术语。一个音节可分成音节首音和韵,韵可进一步分为音核(nucleus)和音节尾(coda)(参见 Ladefoged & K. Johnson 2015:258)。另外,不少著作中还出现"领音(leading sound)""过渡音(transition)"术语。领音指音节中最响(开口最大)的音,也就是韵腹。过渡音,较常见的是领音与音节首音之间的音,即韵头。音节首音、音核(或领音)、音节尾这三个术语,分别对应国内汉语学界使用的声母、韵腹、韵尾。

中仍然是相同的音类。这意味着受匹配后的傣族汉语和汉语有成系统的语音对应关系。但傣语汉语匹配中存在几组例外,即汉语的[tɕ]、[tɕʰ]、[ɕ]、[ʑ]分别受两个傣语声母匹配,形成多对一的语音对应(陈保亚 1996:20):

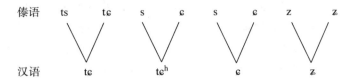

但通过仔细分析会发现,这些例外是可以得到解释的。由于傣语用[u]、[o]、[oŋ]对汉语[iu]、[io]、[ioŋ]做近似匹配,而傣语[u]、[o]、[oŋ]的声母不能是舌面音,所以汉语的[iu]、[io]、[ioŋ]被匹配成[u]、[o]、[oŋ],舌面声母也就变成了舌尖声母,从而形成如下的多对一式的语音对应(陈保亚 1996:20—21):

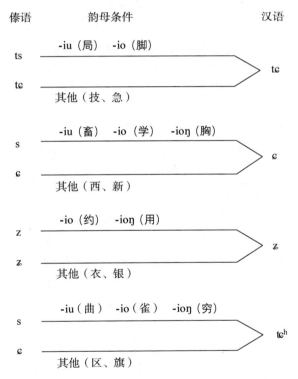

这说明,汉语舌面音声母受傣语两个声母的匹配是有语音条件的,条件式的"多对一"语音对应,并没有破坏汉傣接触中语音匹配的规则性。语言接触同样会产生规则性的成系统的语音对应关系。

语音的演变是有条件的规律性演变,无条件的演变大多是有原因的,可以解释的。也正是在这个意义上，19世纪的新语法学派提出"语音演变无例外"口号。语言的发展在语言系统的各个组成部分之间、在地域分布上并非同步，发展速度往往是不平衡的。任意性和规律性，是根据语音对应推测不同语言间的语言成分具有历史渊源关系的前提条件。语言的规律性、任意性、不平衡性的特点，决定一个语言的不同地域方言在历时发展中，在特定语言成分上会产生系统性语音对应，如北京话[in]对应厦门话[im]等。反过来，假如人们事先不知道北京话和厦门话同源，但搜集到了一大批对应实例支持"北京话[in]对应厦门话[im]"，若不考虑其他因素影响，就可以断定北京话和厦门话具有同源关系。

语音对应在语言历史比较研究中具有重要的价值和地位。语源关系的判定、原始语构拟、语言(方言)接触机制等，均无法绕过语音对应。

8.3 语法演变

尽管语法是语言系统相对稳定部分，但也会发生演变。语法演变指语法单位或语法结构的产生、消亡及其语法功能的变化，包括语法化(grammaticalization)、词汇化(lexicalization)等。

8.3.1 语法化

语法化指语言中意义实在的词或结构转化为无实在意义、承担语法功能的成分或结构的单向演变过程。如古代汉语中"把"是动词，表示"抓住或者握住某物"，而现代汉语中"把"演变为介词，其语法功能是处置式标记。"把"的演变就经历了语法化的过程(可参考王力1980；石毓智2006)。汉语中类似"把"的语法化现象，汉语学界通常称为"实词虚化"。"实词虚化"可称为狭义的语法化。

广义语法化不仅仅指词的语法化，还包括语法结构的语法化。语法结构的语法化，既包括某语法结构在历史发展中逐渐承担新的语法功能，也包括承担特定语法功能的新的语法格式的产生，如英语be going to经过重新分析而语法化为表示将来时态意义的语法格式。再如在一些文学作品(如《西游记》)中，存在"我把你个＋N"句式(即"S把O"结构)。一般来说，汉语"把"字句不能缺少动词，但在特定语境(如人物对话)中"我把你个＋N"句式是可以说的，如"我把你个赖皮"，实际上是一种特殊指称(意指"你个赖皮")。"我把你个＋N"句式不表示处置义，而是根据不同语境可以表达嘲讽、詈骂、调侃、亲昵等多种语气，带有说话人强烈的主观情绪，强调说话人责怪、不满的态度。特定语言环境下，"我把你个＋N"句式已经获得了某种语法功能，实现了语法化。

8.3.1.1 语法化的动因

语法化是实现语言演变的主要机制之一。语法化产生的原因是什么？语言研究中的"形式派"和"功能派"在语法化的动因方面存在分歧。"形式派"认为语法化力量来自内化的语言结构和语法化过程本身。"功能派"则强调语言结构和语言使用的相互作用，认为语法化动因来自语言的使用以及人类大脑的认知能力。语法化离不开人类大脑的认知因素和语用推理（pragmatic inference）。特劳戈特（Traugott 1995）、霍珀和特劳戈特（Hopper & Traugott 2003）从历时角度强调了语法化的认知因素——主观化，认为主观化是一种"语义—语用"的演变，强调说话人的语用推理过程。表达说话人主观态度的一些认知因素，经由语用推理的反复使用，在语言历时发展中逐渐凝固为可识别的语法成分，即浮现（emergence）(Hopper 1987），也就是实现了语法化。如汉语"我把你个＋N"句式表示说话人责怪、责骂态度，北京话"儿化"格式表达指小爱称语法意义等，均不同程度涉及主观性认知因素及主观化、语法化的渐变过程。

语法化的产生还与语言接触有关。霍珀和特劳戈特（Hopper & Traugott 2003）讨论语言接触下的语法化问题，海涅和库特夫（Heine & Kuteva 2005）、吴福祥（2009）等则对接触引发的语法化进行系统的研究。接触引发的语法化是通过复制目标语中已完成的语法化模式来实现的，例如汉语"了"是动词，表示"完、做完了"，后来演变为结果补语、完成体或完整体助词。汉语"了"语法化途径如下图（吴福祥 2009）：

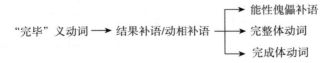

回辉话和汉语发生了较为密切的接触。回辉话"[pʰi⁵⁵]"的语法化源于回辉话与汉语接触过程中对汉语"了"语法化模式的复制。回辉话中"[pʰi⁵⁵]"是动词，表示"完、做完了"，后来"[pʰi⁵⁵]"演变为结果补语和完成体标记，即实现了"'完毕'义动词＞结果补语＞完成体标记"的语法化演变。

8.3.1.2 语法化的单向性

语法化的单向性是指，语法化过程中存在着 A、B 两个阶段，并且阶段 A 总在阶段 B 之前出现，而不是相反，可表示为"A＞B"（这里 A、B 表示词组、词、语素或词缀等）。梅耶（Meillet 1912）论证了"词语＞附着语素＞词缀＞不能再分析的语素"的历时发展过程，实际上已暗含了语法化的单向性。

名词和动词在各个语言中都是最基本的词类，是主要范畴（major category），与此相对的是次要范畴（minor category），包括介词、助动词、代词、指示词等。

处于主要范畴和次要范畴之间的则是中间范畴(intermediate category),包括形容词和副词。主要范畴大多是实词,次要范畴大多是虚词。从历时角度看,所有的次要范畴都源自主要范畴,从而形成如下范畴斜坡(a cline of category)(Hopper & Traugott 2003:107):

    主要范畴＞(中间范畴)＞次要范畴

  语法化的单向性同时隐含语法范畴斜坡的不可逆性,如汉语处置式标记"把"(介词)在历史发展中不可能再演变回动词。

  并非所有语法化都要经历语法范畴斜坡中的每个阶段。"叫"在唐代只是一个普通动词,有两个义项:(1)叫唤;(2)叫喊。《大唐三藏取经诗话》中"叫"出现八次,全部为动词用法。明清之际,"叫"的第二个义项发展出一种表被动格式的功能,实现了语法化,即"叫(动词)＞叫(介词)"。汉语"叫"语法化为被动标记,没有经历形容词、副词这些"中间范畴"阶段。动词"把"语法化为处置式标记,也没有经历这些"中间范畴"阶段。

  语法化有时只涉及词的某一义项或某些语法功能的转化,而其他义项或语法功能可能会保持不变或经历其他类型的演变,如"叫"尽管已经语法化为介词,但其仍是汉语中的动词。现代英语中 have 既有实义动词用法,也有助动词用法。英语助动词 have 源自实义动词 have,其语法化过程为"实义动词＞半助动词＞助动词",如下所示(引自 Hopper & Traugott 2003:111):

	阶段₁		阶段₂		阶段₃
have 的语法化	实义动词	＞	半助动词	＞	助动词
例句	have a book		have to read a book		have had a book

  助动词 have 语法化方向是单向的,即由实义动词,经由半助动词向助动词演变,且这一过程是不可逆的。

  现代法语否定结构"ne V pas"的产生,同样体现了语法化的单向性。在法语的较早阶段,否定标记单独由 ne(源自拉丁语、古法语的 non)充当,否定结构为"ne＋V";pas 在古法语中是名词,意为步、步骤(step, pace),后来名词性的 pas 出现副词性用法,被加在"ne＋V"中谓词的后面以加强否定,由此产生现代法语的否定结构"ne＋V＋pas"。现代法语的口语中,否定结构中 ne 通常脱落,只剩下 pas 作为否定标记,见下表:

	阶段₁		阶段₂		阶段₃
pas 的语法化	名词	＞	副词性用法,加强否定	＞	否定标记
否定结构	ne V		ne V pas		V pas

可见,从古法语到现代法语,否定结构大致经历如下演变:

$$ne\ V > ne\ V\ pas > V\ pas$$

与法语否定结构的历时演变相对应,pas 在古法语(阶段$_1$)中为名词,现代法语(阶段$_2$)否定结构中的 pas 则名词性减弱,演变为加强否定意义的副词。在现代法语的口语中,pas 进一步"虚化",演变为专门用来表示否定的语法标记。pas 的语法化过程为:

$$pas(名词) > pas(副词) > pas(否定标记)$$

语法化的单向性只是代表一种发展演变的趋势。这包含两方面含义:

(1) 语法化的单向性只是作为主体或趋势而存在,允许存在少量例外。

(2) 并非所有动词、名词都会经历语法化。是否发生语法化,与词的语用环境、使用频率等因素密切相关。霍珀和特劳戈特(Hopper & Traugott 2003:113-114)认为,语法化现象往往发生在语言使用频率较高的基本词上。汉语"叫""给""把""将"等字,在古汉语中都是使用频率较高的基本词。使用频率低的非基本词一般很少经历语法化[①]。

8.3.2 语法化的机制

8.3.2.1 重新分析

重新分析(reanalysis)是语言演变的一种重要机制,指一个结构式在不改变表层形式的情况下,其内在结构成分关系发生了改变,从而引起语言的变化。重新分析存在于语音、词汇、语法各个层面的发展演变中。例如,古代汉语"虽然"是一个词组,表示"即使这样",现代汉语中"虽然"演变为一个词。这是重新分析的结果,即由一个结构体(词组)重新分析为另一个结构体(词)。再如,汉语中的音译外来词"的士"是由两个音节、两个汉字构成的一个语素,后来"的"被重新分析为一个语素,构造出"摩的""面的"等词。

重新分析也是导致语法化的一个重要机制。重新分析的一般过程是:听者对听到话语的结构和意义的理解,与说话者所要表达的不同,听者在接受中产生了歧义性理解,这种歧义性理解逐渐被其他人接受和使用,成为一种规则,再通过类推扩大其适用范围,实现语法化。能够进行重新分析的前提是,被重新分析的对象本身就存在两种(或多种)理解的可能,即存在结构或语义上的歧

---

① 关于词的使用频率和语法化的关系,可参考:沈家煊,1994,《"语法化"研究综观》,《外语教学与研究》第 4 期,17-24+80 页。

义。英语"hamburg+er(汉堡包)",可能会被听者听成"ham(火腿)""burger(菜末饼)"两个词,这是结构的歧义造成重新分析的例子。语义歧义也可能造成重新分析,例如现代汉语处置式结构标记"把"。"把"在唐代以前是动词,表示"拿""持",如"相待甚厚,临别把臂言誓"(《后汉书·吕布传》)。到了唐代,"把"一方面保持动词用法,另一方面这种有实在的动作意义的"把"字虚化成介词性的"把"(王力 1980)。这样,动词性的"把"和介词性的"把"并存使用,比较下面诗句:

(1) 醉把青荷叶,狂遗白接䍦。(杜甫《陪郑广文游何将军山林十首》)
(2) 明年此会知谁健,醉把茱萸仔细看。(杜甫《九日蓝田崔氏庄》)
(3) 莫言鲁国书生懦,莫把杭州刺史欺。(白居易《戏醉歌》)

(1)句中"把"是实义动词,意为"拿"。(2)句中的"把+N+V",既可以是连动结构,也可以是处置式结构,这取决于"把"字是动词用法,还是介词用法。从句意上看,(2)句"把+N+V"侧重于表达处置义,"把"虚化为介词。(3)句"把"字完全虚化为介词,成为处置式标记。也就是说,"把"字在(2)中通过重新分析开始语法化,并将其规则通过类推使用到其他的名词、动词中。唐代以后,以"把"为标记的处置结构与以"将"为标记的处置结构展开竞争。现代汉语中,"把"字的使用频率远远超过"将"字,成为处置式结构的常用标记。

8.3.2.2 语法类推

语法类推(grammatical analogy)也是语言演变的一种重要机制,指已经存在的结构或规则对现存语言形式的吸引和同化,从而引起了语言的演变。类推是根据两个对象在某些属性上相同或相似,从而推断出它们在其他属性上也相同或相似。类推的公式可表示为:

对象 A 具有属性 a、b、c
对象 B 具有属性 a、b
所以,对象 B 也具有属性 c

语言中存在很多由类推产生的语言变化现象。类推存在于语音、词汇、语法各个层面的发展演变中。类推可以把已有的规则适用于一定范围,并创造出新的语言形式,例如"X族"这个规则通过类推产生了很多新的词语,如"月光族""北漂族""啃老族"等。再如,"反 X"这个规则通过类推产生了"反物质""反科学""反季节""反射线""反革命""反包围"等。

语言中很多语法化现象是通过类推实现的。以英语 who 和 whom 的竞争为例,现代英语中很多疑问代词,如 what、which、when 等,都没有宾格形式(或者说主格、宾格相同)。what、which、when 等都可以出现在宾格位置,如"What did you see?"由于类推的缘故,疑问代词 who 在英语口语中也可以出现在宾格位置,例如"Who did you see?""Whom did you see?"这两句都是英语中合法的句子。这样,作为疑问代词的 who 和 whom 在宾格位置上必然会产生竞争。竞争的结果取决于类推力量的大小。类推力量的大小与 whom 在英语疑问代词系统中的分布有关,请看 whom 在英语疑问代词系统中的分布:

英语疑问代词		英语关系代词	
主格	宾格	主格	宾格
who	whom	who	whom
what	—	what	—
which	—	which	—
when	—	when	—
where	—	where	—
		that	—

在英语疑问代词系统中,做宾格的只有一个孤零零的 whom。在类推力量驱使下,疑问代词 who 用在宾格位置的频率可能会越来越大,逐渐取代 whom。

关系代词情况与疑问代词类似。除 who 外,其他的主格关系代词没有宾格形式(或称主宾格相同),即主格关系代词可出现在宾格位置。whom 在关系代词系统中比较独特。在类推作用下,who 也出现在了宾格位置,如"The boy who I saw is Peter""The boy whom I saw is Peter"。这样关系代词 who 和 whom 在宾格位置也必然会产生竞争,竞争的结果是主格关系代词 who 在宾格位置逐渐取代 whom。

总之,在英语疑问代词和关系代词系统中,由于类推作用,who 在宾格位置上和 whom 展开了竞争,并呈现出取代 whom 的趋势。who 与 whom 之间的竞争和 who 在宾格位置上取代 whom,必然会涉及各自语法功能的变化。这个例子是通过类推展开的语法化的典型。目前这一语法化过程还在进行当中。

8.3.3 词汇化

词汇化指语素、词组演变为一个词,或者次要范畴演变为主要范畴的过程。根据发生词汇化的语言项目和词汇化方向的不同,词汇化可分为两种类型:I 类词汇化和 II 类词汇化。I 类词汇化指语素演变为词或次要范畴演变为主要范畴的过程。语素演变为词的例子,如英语名词 bus,其来源是拉丁语的与格复数词尾"-bus(如 omnibus,公共汽车)"(Hopper & Traugott 2003:134),即英语名词 bus 的词汇化过程是:-bus(与格复数词尾语素)>bus(名词)。次要范畴演变为主要范畴的例子,如英语单词 up。up 在"navigate up a river(沿河向上游航行)"中是介词,而在"up the ante(提价)"中则是动词用法。up 的动词用法同样经历了词汇化演变:up(介词)>up(动词)。从这里可以看出,Ⅰ类词汇化的方向为"语素>词"或"次要范畴>主要范畴",这与语法范畴斜坡的方向恰好相反。有些学者把词汇化看做是语法化反例,指的就是Ⅰ类词汇化的情况。

Ⅱ类词汇化指由词构成的词组因长期固定使用而演变为一个词的过程,可称为词组的词汇化。汉语从古至今的发展,词汇上最显著的变化就是双音节化(参见董秀芳 2002)。古汉语中,"经过"是一个并列连动词组,如"昭穆既远,以为路人,经过浔阳,临别赠此。"(陶潜《赠长沙公诗序》)后来"经过"词汇化为一个动词(指"从某处过,通过")或名词(指"经历或过程")。类似"经过"这类由古汉语的词组词汇化而来的双音节词,在现代汉语中占相当大的比例。

语法化和词汇化的关系,可图式如下:

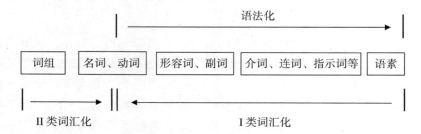

词汇化是语言发展中存在的一种重要语法演变现象,不能一般地认为词汇化就是语法化的反例①。事实上,能作为语法化反例的词汇化只是Ⅰ类词汇化(其演变方向与语法化方向相反)。词汇化和语法化是语言发展中客观存在的语法演变的两种方式。不能以Ⅰ类词汇化现象的存在而否认语法化的单向性。霍珀和特劳戈特(Hopper & Traugott 2003:134)认为,从历时观点看,语法化是一种(研究)语言结构和语言使用关系的理论,而不是有关语法演变的理论;语法化演变只是一种趋势,并不是强制遵守的规则。

词汇化后产生的词,在语言发展演变中还会继续演变。有的会产生融合,英语例子如"all ready>already""have to>hafta""sort of>sorta"等,汉语例子如"之于>诸"等;有的则可能会进一步发展演变为其他词类,如汉语并列连动词组"经过"词汇化为实词(动词、名词)后,又进一步虚化为介词,即"经过(动词、名词)>经过(介词)"。连动词组"经过"词汇化为动词、名词,属于词组的词汇化

---

① 关于词汇化的研究,可参考:Givon (1971), Langacker (1977, 1987, 1991),董秀芳 (2002), Heine & Kuteva (2002), Hopper & Traugott (2003)。

(II类词汇化);实词"经过"演变为虚词(介词)则不是词汇化,而是语法化问题。

关于词汇化和语法化的关系,雷曼(Lehmann)指出 as long as 在语法化之前必须首先被词汇化(Hopper & Traugott 2003:135)。前述汉语例子"经过"在语法化为介词之前,经历过由并列词组词汇化为动词、名词的阶段,这也从一个侧面说明了词汇化与语法化的关系及二者的交界点。

8.3.3.1 词汇化的动因

词汇化产生的动因主要也是语用和认知两个方面。人们在使用语言过程中,基于经济省力原则往往把经常一起出现的结构组成一个心理模块,或者把含有隐喻义、转喻义或语境义的结构凝固化,从而实现词汇化。如英语中,fishwife 的词汇化过程为:fish(鱼)＋wife(妇女)＞fishwife(卖鱼妇)。fishwife 的词汇化与认知上的心理组块、隐喻及语用层面语境义的吸收有关。lucky dog 的词汇化过程为:lucky(幸运的)＋dog(狗)＞lucky dog(幸运儿)。lucky dog 的词汇化原因来自人类认知的隐喻[①]。

词汇化一方面与语言结构体使用频率有关(使用频率高的结构体较容易发生词汇化),另一方面还和结构体本身的性质有关。构成并列词组的两个词语,其意义可能相近、相关或相反,但在具体语境中可能只凸显其中一个词义,如"以先国家之急而后私仇也"(《史记·廉颇蔺相如列传》)。该句中"国家"只取"国"之义。随着这类用法的增多,"家"的意义逐渐脱落,"国家"不再是一个典型的并列词组,而是词汇化为一个偏义词。语素"家"意义的脱落、"国家"结构关系的改变,为"国家"的词汇化准备了条件。

8.3.3.2 词汇化的机制

重新分析既是语法化的机制,也是词汇化的主要机制。词汇化的重新分析在语言结构关系和语言结构意义方面均发挥作用。在词汇化过程中,有些重新分析基于认知上的心理组块,主要涉及结构形式的重新分析。兰盖克(Langacker 1977,1987,1991)把重新分析定义为"没有改变表层表达形式的结构变化",并认为重新分析、语法化过程与人类大脑的认知密不可分。例如,在古汉语中"经过"是一个并列词组,后来该组合结构被重新分析为一个固定结构单位,继而实现词汇化;英语中 as long as 本来是由三个语段组成的,经心理组块被重新分析成一个模块,最后完成词汇化。

词汇化过程中,语言结构的意义同样会经历重新分析。如英语 lucky dog,字面意义指"幸运的狗",在特定语境下用来指某个"幸运的人"。lucky dog 的

[①] 隐喻是词义引申的一种重要途径,参见§8.4.1。

这种隐喻用法经过长期使用,并经过意义的重新分析,成为一种固定的用法,用来专指幸运的人,从而实现词汇化。lucky dog 的词汇化,一方面离不开人类认知的隐喻、语境义的吸收等动因的驱动,另一方面,也离不开语言结构意义的重新分析。

总之,人们在认识世界的过程中,基于经济省力原则,需要不断重新组织和调整认知经验,并逐步将其固化在语言系统中,使之成为认知成果的一部分。这是重新分析,乃至语法化、词汇化得以展开的深层原因之一。

8.4 词汇演变

8.4.1 词义的引申

日常生活中所用的词,单义的很少,大部分词都有多个意义。词义的引申是一个词产生多个意义的最主要方式。《现代汉语词典》中"兵"有五个义项:①兵器:短兵相接、秣马厉兵;②军人、军队:当兵、兵种、骑兵;③军队中的最基层成员:官兵一致;④指军事或战争:兵法、兵书;⑤姓①。这些意义中有一个是本义,其他意义是在本义的基础上引申出来的,叫引申义。词的本义指有文献记载的最早使用的那个意义。"兵"的本义是"兵器"。"兵"的本义用法在文献中多有记载,如《诗经·秦风·无衣》:"王于兴师,修我甲兵,与子偕行。"再如《吕氏春秋·慎大》:"衅鼓齐甲兵。"高诱注:"兵,戈、戟、箭、矢也。"

词义的引申指一个词在本义的基础上直接或间接派生出来其他的意义。对一个词来说,本义只有一个,而引申义可能不止一个。"兵"的另外几个义项——"军人、军队""军队中的最基层成员""军事或战争"等,是由本义"兵器"直接或间接引申而来的,如《左传·襄公元年》:"败其徒兵于洧上。"这里用的是"兵"的引申义"军队中的最基层成员"。再如,《左传·隐公四年》:"夫兵犹火也,弗戢,将自焚也。"《孙子·计》:"兵者,国之大事。"这两处用的都是"兵"的引申义"军事"。

在一个词的多个义项中,有一个义项是人们经常使用的,居于该词多个义项的中心位置,可称为词的中心义。词的中心义和词的本义可能一致,也可能不一致,如"兵"的五个义项中,"军队中的最基层成员"这个义项是人们经常使

---

① 中国社会科学院语言研究所词典编辑室编,2016,《现代汉语词典》(第7版),北京:商务印书馆,第92页。

用的、占中心地位的,是"兵"的中心义。显然,"兵"的中心义和"兵"的本义(即"兵器")是不一致的。

词义的引申是语言符号的能指相对保持不变,而所指发生了明显的变化。通常情况是,一个词在保持原有音义结合关系不变的基础上,词的语音和其他一个或几个意义相结合,从而使该词的义项增多。例如"发",本义是"把箭射出去",通过词义的引申,"发"的所指发生变化,逐渐获得"发动、发现、发作、启发"等引申义。再如,古汉语中"树"意指"种植",到现代汉语中,通过词义的引申,词义发生了变化,表达指称义,相应地"树"也就由动词发展为名词。词义的引申是多义词义项增加的重要途径和方法。

在语言历史发展中,很多词的意义发生了变化,甚至有些词的本义已不为人所知。《尔雅·释诂》首条:"初、哉、首、基、肇、祖、元、胎……始也。"以"初"为例,从字形上看"从刀从衣",是个会意字,其本义表示"裁衣之始"。但"初"本义在造字之时就不很常用,使用中往往和"基、肇、祖、胎"等一起,笼统地以"开始"作为其共同的本义。《现代汉语词典》(第7版)就没有收录"初"的"裁衣之始"这个本义。

词义引申包括直接引申和间接引申。多义词的各个义项与本义之间并不是等距离的,有的引申义是在本义基础上直接引申而来,这种词义引申的方式称为直接引申,如"发",由本义"把箭射出去"引申出"发动、发作"等义,是直接引申。词义的间接引申,是指在引申义的基础上再进一步引申出其他的意义。这种再引申的意义,相对本义来说是词义的间接引申,如"朝"本义"早晨",引申为"朝见"义,后来在"朝见"义基础上又引申出"朝廷、朝代"义。"朝廷、朝代"义相对本义"早晨"来说属于间接引申。

词义引申的途径主要有两种:隐喻和转喻(也叫换喻)。隐喻和转喻是人们认识客观世界的两种基本方法,但二者的认知心理基础不同。

隐喻的认知心理基础是事物或现象间的相似性。有些隐喻是基于事物或现象间行为动作的相似。汉语"习"本义是"数飞"(《说文》),例如"鹰乃学习"(《礼记·月令》)意思就是小鹰学习反复地飞。从这个意义派生出"反复练习、温习"义,如"学而时习之"(《论语·学而》)。有些隐喻是基于事物或现象间性质属性的相似。比如"脑"本来指称脊椎动物中枢神经系统及其器官,是生命体的关键部位,从这一属性可引申出"重要的、关键性的人或事物"义项,如"首脑"。有些隐喻是基于事物外观形状的相似。例如"斗"本指酒斗,因形状相似,引申为星斗。《小雅·大东》:"维北有斗,不可以挹酒浆。"还有些隐喻是基于事物间功能或作用的相似。"关"本指门闩,引申为关卡。孟子曰:"古之为关也,将以御暴；今之为关也，将以为暴。"隐喻的基本过程是：临时隐喻→既成隐喻。隐喻过程是基于原型和相似的一种关联过程，已经成为认知的基石。"树皮、树身、树腰、山头、山顶、枪眼、河口、屋顶"，这些都是典型的隐喻实例。

转喻的认知心理基础是事物或现象间的相关性。转喻跟一个言语片段在特定语境中长期使用有关系。工具和活动、材料和产品、地名和产品等都可以在人们的心目中建立起联想关系，从而使词增加新的意义。例如，汉语"室"本义是房屋。若某一人固定居于某房屋，就会使人很容易把房屋和居住的人联系起来，于是"室"引申出"妻室"义。古代人们常在家屋旁栽种桑树和梓树，桑树和梓树常会和家乡联系在一起，后来"桑梓"一词引申为"家乡""故乡"义。汉语中的"茅台（酒）"因产地而得名。"买单（花钱结账，与账单相关）""贪杯（嗜酒，酒与酒杯密切相关）"等，也都是转喻式引申。英语"pen"本指"羽毛"，由于古代用羽毛蘸墨水写字，于是"pen"增加了"笔"的意思。俄语"язык"是"舌头"的意思，也可以用来指"语言"，这是用工具来指明它所实行的活动。

词义引申是词汇演变的一种重要方式。一个词的意义通过隐喻和转喻可以增加很多新的意义。词义引申的结果，包括词义的扩大、词义的缩小和词义的转移。

词义的扩大，指在词汇演变中一个词所概括反映的现实现象的范围比原来增大了。"江"本来专指长江，后来"江"不再专指长江，可以指称长江以外的河流，如鸭绿江、黑龙江、松花江等。再如，"灾"本指"火灾"，后来指一切灾害。英语"arrive"本指"靠岸"，即经由水路到达某地，后来"arrive"词义扩大了，可用来指经由水路、陆路、航空路线的到达。

词义的缩小，指在词汇演变中一个词所概括反映的现实现象的范围比原来减小了。例如"丈人"本来泛指"年长的人"，后来专指"岳父"。"臭"原来指一切气味（包括香味和臭味），现在专指臭味。再如英语"wife"原指"已婚妇女"，现在专指"妻子"。但在有些词中"wife"还保留原义，如 housewife、fishwife 等。

词义的转移，指在词汇演变中一个词原来的意义表示某类现实现象，后来该词用来表示另一类现实现象。例如，"涕"本来指"眼泪"，如《诗经》"不见夫君，涕泪涟涟"，《庄子》"哭泣无涕，中心不戚"。后来"涕"的意义发生了转移，用来指称"鼻涕"。"牺牲"本义指做祭品用的毛色纯一的牲畜，名词用法。《左传·庄公十年》："牺牲玉帛，弗敢加也。"后来"牺牲"词义扩大，也可做动词使用。"汤"本义是热水，后来词义发生了转移，用来指称"食物加水煮熟后的汁液"。尽管"汤"的词义发生转移，但"热水"这个义项并没有消失。现代的有些成语中，"汤"还保留着"热水"义，如"赴汤蹈火"。

8.4.2 词语的替换

词汇演变包括语言符号（词）的能指或所指发生变化。词义的引申是语言符号的能指相对保持不变而所指发生变化的情况。词语的替换则是语言符号的所指没有发生变化，但语言符号的能指发生了变化。例如，古汉语用"木"表达"树木"义，现代汉语中"树"字替代了"木"表达"树木"义。这是语言符号的所指未变化而能指发生变化的词语替换的情况。

词语的替换只是改变某些现实现象的名称，但现实现象本身并没有发生变化。在词义引申过程中，有些词的词义发生了转移，用来指称其他现实现象，而该词原来所指称的现实现象则使用其他词来指称，这样就出现了词汇替换。上面"树"替换"木"，用来指称"树木"义，就属于这种情况。其他类似的例子还有：

(1) 涕——眼泪
(2) 坐——跪
(3) 汤——热水
(4) 闻——听见
(5) 去——离开

上面各例中，前一个词的意义都发生了转移，用来指称其他现实现象，后一个词都替换前一个词，用来表示该词原来所指称的现实现象。

社会发展也是引起词语的替换的一个重要因素。中华人民共和国成立后，汉语中很多反映旧的社会意识的词语都改变了说法，例如"司令官——司令员""百姓——人民""车夫——司机、驾驶员""信差——邮递员"等。

8.5 语言变体和语言分化

同一社会在历史发展中往往会发生不同程度的分化。与社会分化的不同程度相适应，语言也会发生分化。语言分化是指由一种语言演变成几种不同的语言。分化出来的这些不同的后代语是亲属语言关系。语言变体指由一种语言演化出的不同的方言或次方言，是同一种语言在不同条件下的变异使用形式。语言变体主要包括社会方言、地域方言和民族方言。

8.5.1 语言变体

8.5.1.1 社会方言

社会中的人群根据年龄、性别、职业、文化程度、社会阶层等的不同而自然聚合成不同的社团。在每个社团内部，人们相互之间联系比较密切和频繁，在语言使用上呈现出不同于其他社团的特点。这些社团是根据社会因素自然区分出来的，各自使用的语言具有不同的特点，因此也被称为言语社团。社会方言就是基于全民语言而产生的、在特定言语社团中使用的具有自身特点的语言变体。社会方言是全民语言的社会变体，是社会内部不同年龄、性别、职业、阶级和阶层的人在语言使用上表现出来的变异，是言语社团的标志。

社会方言的数量是相当庞大的。大到整个社会，少到几个人，只要有不同于其他社团的语言使用特点，都可以看做是一个言语社团。人们经常说的"官腔""学生腔""娃娃腔"等，都是对某一言语社团语言使用的共同特点的概括。不同年龄段、不同性别的人群在语言使用上具有自身的特色，也会形成不同的言语社团。以北京话为例，年轻的姑娘在发北京话舌面音声母 [tɕ]、[tɕʰ]、[ɕ] 时往往舌位偏前，带有舌尖音色彩，学界称之为"女国音"，而中年、老年女性和各年龄段的男性则很少有这种现象。

社会方言的特点在语音、词汇、语法等方面都可能体现出来，但最明显的是词汇使用的不同。从事不同职业的人，由于工作需要会使用一些特殊词语。比如"腐殖质、嫁接、青贮、轮作、饲槽、薅草"是农业界的行业用语；"临床、休克、处方、限方、跑方、血栓、诊断"是医药界的行业用语。科技术语是一种特殊的行业用语，如"辅音、元音、音位、音节"是语言学术语，"电阻、电压、相移、晶体管、信噪比"是物理学术语。

社会方言是社会成员聚集为不同言语社团后而自然形成的。如果一个人同时属于几个言语社团，他就能同时掌握几种不同的社会方言。一个人参与社会活动的广度和深度，决定了他掌握社会方言数量的多寡。由于人们可以同时归属不同言语社团和同时掌握几种不同社会方言，所以，发生于某一言语社团的语言变异现象，也相对较容易扩散到其他言语社团。

8.5.1.2 地域方言

由于地域分散、交通阻隔、移民混杂等原因，同一种语言在各地域的发展不可能整齐划一、同步前进，而是以自己的方式或快或慢、相对独立地发展演变，从而导致一种语言在地域上的不同演化，形成地域方言。

地域方言跟语言的地域分布有关，是全民语言在不同地域的分支或变体。

地域方言在汉语中也称为"话",如"客家话""上海话""广东话"通常指客家方言、吴方言、粤方言。地域方言的差别在语音方面表现尤其明显。地域方言在词汇、语法等方面也存在差异,但各方言词汇、语法的差异相对较复杂且互有交叉,难以建立一套完整的相对统一的标准。所以,语音差异成为划分地域方言的主要依据。地域方言和社会方言不同。社会方言是基于语言使用者的年龄、性别、职业、阶层等的不同而形成的,社会方言的特点尽管也可能存在地域上的某些细微差异,但并不是主要方面。

方言是一个总的概念。在划分方言时只能考虑语音上几个重要特点方面的差异而暂时忽略其他方面的细微差别。例如,根据"有无声调"和"复辅音的多少",藏语可分为三大方言:安多方言、卫藏方言和康方言。安多方言复辅音较多,没有声调,而卫藏方言和康方言都有声调,但没有复辅音或复辅音很少,例如(马学良 1981:186):

词例	道孚(安多方言)	德格(康方言)	拉萨(卫藏方言)
挖	rko	ko^{53}	ko^{55}
虎	stɑ	$tɑʔ^{53}$	ta^{52}
煮	ptso	tso^{53}	$tsø^{52}$
头	ŋgo	$ŋgo^{53}$	ko^{13}
五	lŋa	$ŋa^{53}$	$ŋa^{55}$

汉语一般可分为七大方言(区):北方方言(也叫"官话")、吴方言、湘方言、赣方言、客家方言、粤方言、闽方言。根据《中国语言地图》(1987,Longman Group Limited),汉语可分为十大方言(区):官话、晋语、吴语、闽语、客家话、粤语、湘语、赣语、徽语、平话。在每一个方言内部,又根据语音特点差异逐次细分为"次方言""土语""腔"。"方言""次方言"等是体现方言分化的不同系属层次的概念。"方言"在地域地理层次上大致对应"方言区","次方言"对应"方言片","土语"对应"方言小片","腔"对应"方言点"。例如,闽方言可分为闽北、闽东、闽南、闽中、莆仙、琼文六个次方言(方言片),其中"闽南"次方言又分为泉漳、大田、潮汕三个土语(方言小片),"泉漳"又分为漳州腔、泉州腔(方言点)。

区分语言和方言不能以听得懂、听不懂作为标准。德语和荷兰语之间的差异不是很大,相互之间可以通话,但德语和荷兰语是两种不同的语言;汉语吴方言、粤方言、闽方言的差异非常大,相互之间很难通话或不能通话,但它们却是同一种语言的不同的方言。因此,确定某语言的地域变体是一种方言还是一种语言,除了看语言本身差异外,还要看:(1)使用该语言地域变体的人是不是属于同一个民族,处于一个统一的社会;(2)各地域变体之上是否还有一个共同语作为各地区人们的交际工具;(3)使用该语言地域变体的人的语言心理认同感。操德语和荷兰语的人分属不同民族,各自构成独立社会,在这些语言之上也不存在一个共同语,因此它们都是独立的语言。汉语吴方言、粤方言、闽方言处于一个统一的社会,各方言区的人虽然不能相互通话,但有共同的交际工具——普通话,而且还有共同的书面语。另外,各方言区的人共同使用汉字,这在一定程度上也使方言区的人认同自己的方言属于汉语。

地域方言的形成可能有语言系统内部自己变化的原因,也可能受毗邻或杂居民族的语言影响而产生新的方言特征。例如,侗语分南北两个方言。侗语北部方言与汉语相接,受汉语影响很大,产生了许多不同于侗语南部方言的特点,如侗语南部方言常说"父[pu⁴]我[jaːu²]",意义为"我父亲",即领属性定语放在中心语后面,而侗语北部方言常说"我[jau²]父[ɬa³]",即领属性定语放在中心语前面(马学良 1981:188)。

8.5.1.3 民族方言

民族方言是语言接触过程中形成的由民族群体成员所说的接触目标语的一种民族语变体形式。民族方言不同于社会方言、地域方言。民族方言与第二语言、中介语(interlanguage)①等概念有一定联系,但也存在显著差别。以 20 世纪 90 年代德宏地区的汉语和傣语接触为例,汉语和傣语接触时形成了如下关系:

说话人视角	母语	第二语言	民族方言	目标语
傣族(弱势)	傣语	傣族汉语	汉族傣语	汉语
汉族(强势)	汉语	汉族傣语	傣族汉语	傣语

傣族人说汉语时,以匹配的方式形成傣族汉语;汉族人说傣语时,以匹配的方式形成汉族傣语。傣族汉语是傣族人说的汉语,是傣族人的第二语言,汉族傣语是汉族人说的傣语,是汉族人的第二语言。第二语言是有方向性的。语言接触必须通过中介语。中介语有方向性。傣族汉语和汉族傣语都是汉语和傣语接触的中介语。傣族汉语是汉语对话状态下的中介语,汉族傣语则是傣语对话状态下的中介语。

民族方言的形成和语言接触中的对话状态有关。汉语和傣语接触中所形成的对话状态,如下图所示:

---

① 参见 Selinker, L. 1972. Interlanguage. *International Review of Applied Linguistics*, 10(3): 209—231.

接触双方中一方的第二语言,就是另一方的民族方言。例如,傣族汉语是傣族人的第二语言,是汉语的民族方言;汉族傣语是汉族人的第二语言,是傣语的民族方言。民族方言具有方向性。傣族汉语是和汉语对话的,而汉族傣语是和傣语对话的。傣语和汉语一般不直接对话。由于汉语是强势语言,汉族傣语者比较少,傣族汉语者比较多,所以在汉语和傣语的接触中,傣族人和汉族人的对话通常是在傣族汉语和汉语之间(汉语对话状态)进行的,在傣语和汉族傣语之间(傣语对话状态)进行的对话相对比较少。因此,德宏地区汉语民族方言(傣族汉语)的形成,主要和汉语对话状态有关系(参见陈保亚1996)。

民族方言在语言接触引发的语言演变中起到重要作用。民族语言在和汉语的接触中通过两种方式影响汉语。一种方式是汉语民族方言通过母语干扰有规则有系统地影响汉语[1],导致方言的形成。例如,汉语与维吾尔语、哈萨克语等语言的接触过程中,形成了维吾尔族汉语、哈萨克族汉语等汉语民族方言,这些汉语民族方言有规则有系统地影响汉语,导致了西北方言(西北官话)的形成。另一种方式则是汉语民族方言通过语言转用变成汉语方言[2],回民汉语就属于这种情况。

8.5.2 语言分化:亲属语言

同一种语言分化为不同的地域变体以后,如果各地域变体不是处于一个统一的社会,也不存在一个共同语,各地域变体的使用者也不认为他们使用的语言属于同一种语言,那么这些地域变体就不再是方言关系,而是亲属语言。

亲属语言是指由一种语言分化出来的几种独立的语言,它们之间彼此有同源关系。它们的共同源头语言称为"原始语"。这些亲属语言则被称为"子语"或"后代语"。例如汉语和藏语是由原始汉藏语分化而来的两种语言,它们彼此有同源关系,是亲属语言。原始汉藏语就是"原始语",汉语和藏语则

---

[1] "母语(native language)""第一语言(first language)"和"基语(matrix language)"是三个不同的概念。母语是本民族使用的语言,第一语言是人们自幼最先习得的语言。一个人的母语和第一语言,通常是同一种语言,但有时也会是不同的语言。基语指的是人们日常生活中使用最熟练、最频繁的那种语言。

[2] 语言转用,也有学者称为语言转换或母语转换,详见§9.4.1。

是"子语"。

　　由于战争、灾害等原因，同一语言人群可能会分化，各自迁徙到不同的地方。随着迁徙到各地的人群联系日渐疏远，原本同一的语言就会按照各自的方向发生变化，天长日久，就变得各不相同，以致不能通话。在生物学种系发生理论中，如果两个或多个结构具有相同的祖先，则称这些结构具有同源关系，例如蝙蝠的翅膀和人类的手臂是同源的。生物学演化意义上的同源与相似没有必然联系，例如蝙蝠的翅膀和昆虫、鸟类的翅膀很相似，但它们并不同源，而是一种趋同性演化。语言学研究中的同源概念，借自生物学。所谓语言同源，是指两种或多种语言具有相同的祖先，即由一个共同的原始语演化而来。

　　世界上绝大多数语言都能找到其原始语和与之有同源关系的亲属语言。英语、德语、冰岛语、挪威语、荷兰语、哥特语是亲属语言，共同来自古日耳曼语；法语、意大利语、西班牙语、葡萄牙语、罗马尼亚语是亲属语言，共同来自古拉丁语；俄罗斯语、乌克兰语、波兰语、捷克语、保加利亚语、斯诺文尼亚语是亲属语言，来自古斯拉夫语；古日耳曼语、古拉丁语、古斯拉夫语、梵语则共同来自原始印欧语，也是亲属语言。

8.6　谱系树和语音对应

8.6.1　语言分化和谱系树

　　亲属语言是从早期同一原始语分化来的，但这些亲属语言哪一些是先分化出来的？要回答这个问题，就需要确定亲属语言间有对应关系的语音在年代上的先后顺序。识别一组有对应关系的语音中哪一个音更古老，有许多途径和方法。如果是有文献记载的语言，就可以利用文献记载来确定语音的时间先后顺序。如果缺乏文献资料及其他证据，也可以根据音理来确定音变的顺序。梵语元音 a 通常对应其他语言的 a、e、o 三个音，例如（徐通锵 1991：94）：

	梵语	希腊语	拉丁语	汉义
(1)	asksah	haksos	axis	轴
(2)	bharami	phero	fero	我携带
(3)	asthan	hosthon	os	骨头

上面各词中第一个音节的元音在三种语言中具有不同的形式，梵语中是 a，希腊语、拉丁语中则有 a、e、o 三个音。a、e、o 哪个是早期的形式？没有文献资料可

以证明。如果梵语 a 是古印欧语中就存在的古老形式,那么梵语 a 在希腊语、拉丁语中分化为 a、e、o 三个。然而,这种语音分化找不到条件,即形成无条件的一对多式分化。根据语音演变的规律性,无条件的一对多式分化是违反语音演变规律的。因此符合音理的可能解释只能是:a、e、o 都是古印欧语中的语音形式,后来这三个音在梵语中发生了语音合流,演变为 a。

19 世纪的印欧语言历史比较研究取得了辉煌的成绩,以施莱歇尔所提出的谱系树理论为典型代表。印欧语言谱系树图的形象画法,可如下所示(引自 Pennisi 2004b:1321):

Conceptual leap. August Schleicher (right) pioneered the idea that languages could be arranged in evolutionary trees.

根部代表较早期的语言,然后不断分化出枝干,最末端代表某个具体的语言。较常见的谱系树图以线条代表枝干,如下图所示(Balter 2004:1325)①:

---

① 图片引自:王士元,2011,《语言、演化与大脑》,第 10 页,北京:商务印书馆。

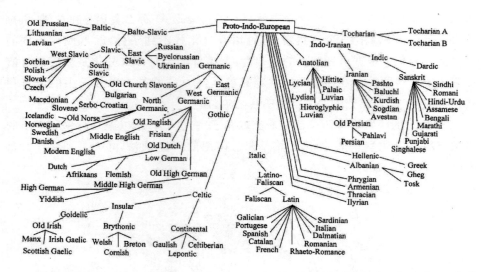

谱系树理论与达尔文（Darwin 1859）的生物进化论密不可分。进化（evolution）指生物在变异、遗传与自然选择作用下的演变发展、物种淘汰和物种产生的过程。历史比较语言学家借鉴生物进化论描述生物进化中的族谱远近关系的思路，重构原始印欧语、确定亲属语言分化的相对时间先后顺序，绘制出印欧语系语言的谱系树图。谱系树理论的基本思想是，现代印欧语系语言是从原始印欧语在不同地区各自分化发展而来的，某一支语言从原始语分化的时间越早，该支语言与其他亲属语言之间的差异（或变异）就相对较大。通过印欧语系语言之间的语音对应及词形变化的同构，一方面可以运用历时比较法构拟原始印欧语，另一方面可以观察印欧语系语言从原始印欧语分化的相对时间点及其相互之间亲属关系的远近。

西欧历史比较语言学所取得的辉煌成就，使语言学真正开始成为科学。至此科学家不必再依赖传说或神的解释，而是通过相对较科学的方法来解释语言的同源和分化。历史比较语言学影响到了科学的很多领域，包括生物学、比较文学、比较人类学等。

印欧语系语言谱系研究的成果，极大激励了学者们对世界上其他语系的谱系划分。"汉藏语系""阿尔泰语系"等概念就是仿造"印欧语系"提出来的。但汉藏语系包括哪些语族和语言？如何划分系属？目前学界还没有达成共识，主要存在两种对立的观点。第一种观点以李方桂（Li 1937）为代表，认为汉藏语系包括汉语族、侗台语族、苗瑶语族和藏缅语族，如下图所示（引自徐通锵 1991：52）：

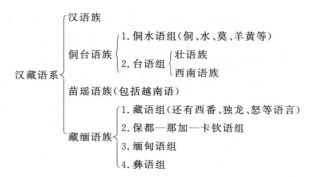

1977年,李方桂(Li)出版《比较台语手册》(*A Handbook of Comparative Tai*),对台语族的语言重新划分为三个语支,即西南语支、中部语支和北部语支。台语族包括的语言,如下图所示(引自徐通锵 1991:53):

```
          ┌ 西南语支 ┌ 1. 泰语、寮语;黑泰
          │          └ 2. 吕语、白泰一;掸;阿含
          │
          │          ┌ 1. 白泰二;土,侬,龙州
台语族 ─┤ 中部语支 │ 2. 天保
          │          └ 3. 永淳
          │
          │          ┌ 1. 武鸣
          └ 北部语支 │ 2. 迁江;册亨、布衣、凌云、西林、田州;剥隘
                     └ 3. 石家
```

汉藏语系四族说沿用了印欧语系研究的谱系树模式,但没有严格按照语音对应确定亲属关系,而是根据语言间的相似来确定亲属关系。罗常培、傅懋勣在《国内少数民族语言文字的概况》(1954)中基本上接受了李氏的汉藏语系四族说。汉藏语系四族说的划分主要依据汉语、藏缅语、苗瑶语以及壮侗语的相似,即这些语群大都有声调、量词,以单音节为词汇的主要形式,以虚词、词序为主要语法手段。然而,声调、单音节性、量词、语序、虚词等的相似并不能作为确定语言亲属关系的依据。语言之间的相似也有可能是语言接触引起的。一般认为,越南语和汉语没有亲属关系,但越南语在汉语影响下产生了五至六个声调(Haudricourt 1954)。学者们大多认为克伦语(Karen)和藏缅语有亲属关系[①],但克伦语在孟—高棉语言的影响下宾语移到动词后去了,和藏缅语的述宾结构语序反而不相似。在汉藏诸语言里,语法的借用很容易发生,因为汉藏诸语言形态很少。

---

① 克伦语是缅甸、泰国毗邻地带的少数民族语言。

汉藏语系划分的第二种观点以本尼迪克特（Benedict,汉语名字白保罗）为代表。本尼迪克特（Benedict 1972）提出了跟李方桂（Li 1937）很不一样的汉藏语系的分类，认为苗瑶语族和侗台语族不属于汉藏语系，提出将侗台语与南岛语放在一起，称为澳台语系。本尼迪克特的汉藏语系语言的分类，如下图所示（引自徐通锵 1991:55）：

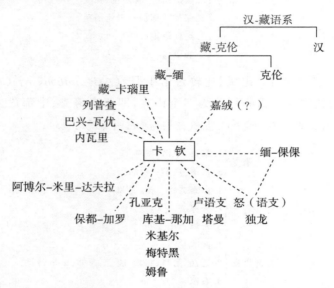

正因为声调、单音节性、量词、语序、虚词等在确定语言亲属关系上没有可靠性，本尼迪克特（Benedict 1972）、马提索夫（Matisoff 1973b）等提出必须严格根据语音对应来确定汉藏诸语言的亲属关系。本尼迪克特等认为，不仅声调、单音节性、量词、语序、虚词等可能是语言相互接触产生的，甚至基本词汇也可能借用。因此，在确定语言亲属关系时，必须把语音对应的实例限制在核心词中。核心词是人类语言中必不可少的词汇，比如"眼、鼻、手、脑、山、水、一"等。这些词的意义相对独立于语言系统的划分框架[①]，是人们生活中必不可少的，最常用的，也是最稳定、变化最慢、生成力最强的。这些性质决定了核心词不易借用。按照核心词对应，本尼迪克特（Benedict 1972）把壮侗语、苗瑶语从汉藏语中划出去，提出汉藏语系由藏－克伦语族和汉语族构成，传统的藏缅语只是藏－克伦语族的一支，其基本谱系树可简化为：

---

① 所谓独立于语言系统的划分框架，是指被指称对象的实体性先于语言而存在，这样在各种语言中就有可比较性。比如"眼睛"先于语言文化而存在，"思想"后于语言文化而存在。

$$\text{汉藏语系}\begin{cases}\text{藏—克伦语族}\begin{cases}\text{藏缅语支}\\\text{克伦语支}\end{cases}\\\text{汉语族}\end{cases}$$

本尼迪克特学派的观点在印欧语历史比较领域产生较大的影响。但是该理论在解释汉藏语系语言的谱系关系时遇到了很大的困难。本尼迪克特所说的核心词也有可能被借用。最基本的数词通常被算作核心词,但云南的佤语不仅有一套固有的数词,还有一套从傣语借来的数词。云南的白语连最核心的词也大量从汉语借入,如"心、胆、肝、脑、额、手、脚、骨、背"等。这些借词和汉语仍有语音对应规律,比如汉语读[k]声的,借入白语中也读[k]。根据语音演变的规律性,即使音变在白语或汉语中发生了,仍然会保持语音对应规律。比如早期汉语重唇音[p]或[p^h]声母到了近代在合口三等韵前读[f],这些词在白语中仍读[p]或[p^h],保持了语音对应规律。

这两种汉藏语系分类法,为后来学者们汉藏语系语言的历史比较研究提供了重要的基础和参照。可以说,汉藏语学者们的研究和探索基本上是基于以上两种分类框架展开的。

语言系属划分标准的不同,是形成汉藏语系两种分类框架的主要原因。李方桂汉藏语系分类的标准基本上是单音节和声调。本尼迪克特等人则认为,单音节、声调等结构类型的共同性不能作为确立语言系属关系的根据,只有语音对应关系才是语言系属划分的证据和标准。本尼迪克特汉藏语系划分时的某些具体观点是否正确(如苗瑶语到底是不是汉藏语系语言),还有待深入研究,但其语言系属分类的基本精神无疑是正确的。结构类型的共同性不宜用来确定语言的系属关系。这是因为,不同系属的语言,由于自身独特的发展或与其他语系语言的密切接触,也有可能导致结构类型的改变或趋同。例如海南的回辉话属南岛语系占语支,从越南中部迁至海南岛后的一千年间,回辉话由无声调语言变为有声调语言。如果依据声调标准,就有可能把本来属于南岛语系的回辉话归入汉藏语系。

汉藏语言历史比较和谱系分类研究,也为探索汉藏语系语言的历史演化过程、演变模式,以及其他语系(如"阿尔泰语系")语言的历史比较研究,提供了重要基础和参照[①]。

---

① 参考:(1)江荻,2007,《汉藏语言演化的历史音变模型:历史语言学的理论与方法探索》,北京:社会科学文献出版社;(2)王远新,1995,《突厥历史语言学研究》,北京:中央民族大学出版社。

8.6.2 语音对应和同源关系

通过语音对应确定同源词,进而推断语言亲属关系,是历史比较法的基本操作方法之一。确定亲属语言就是要找出各语言的同源成分。语音对应关系则是确定同源成分的关键。下面是一组语音的对应实例(徐通锵 1991:84):

例词	英语	荷兰语	德语	丹麦语	瑞典语	含义
house	haws	høys	haws	hu:ʔs	hu:s	房屋
mouse	maws	møys	maws	mu:ʔs	mu:s	田鼠
louse	laws	løys	laws	lu:ʔs	lu:s	虱子
out	awt	øys	aws	u:ʔs	u:t	出去
brown	brawn	brøyn	brawn	bru:ʔn	bru:n	棕色

这些词在上面这些语言中的首尾辅音相同(或基本相近),只是中间的元音不同,并且这些不同元音在这些语言间形成了整齐的对应:

英语	荷兰语	德语	丹麦语	瑞典语
aw	øy	aw	u:ʔ	u:

在上述这些语言中,这些词就是有语音对应关系的词。这些语言是在语言分化后在各地区有规律地发展而成的,是由早期同一个语言分化而来的亲属语言。

假如几种语言 L_1、L_2、L_3、L_4 具有同源关系,那么它们必定是由早期某一种语言 *L 分化而来,其关系可图示如下:

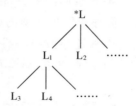

判定 L_1、L_2、L_3、L_4 具有同源关系和证明 *L 的存在是等价的。而要证明 *L 的存在,就需要在 L_1、L_2、L_3、L_4 这几种现存的语言(或语系)中寻找 *L 所保存的特性。寻找 L_1、L_2、L_3、L_4 中所保存的 *L 的特性,可以从语言的形态、语音和词汇这三个次系统入手。

印欧语属于屈折语,词形变化丰富,因而词形变化标准尤其受到印欧语历史比较语言学家的重视。在印欧语言的历史比较中,语音对应和同构是确定语言同源的两个根本标准,现有的其他标准都可以转化成这两个标准中的一个。同构,指语言之间在单位的结构规律、组合规则、词形变化规则等方面具有相似性。语言在语音、词汇、语法等各个层面都可能存在同构现象。需要说明的是,这里"组合规则"不仅仅指单位的线性组合规则,还包括构句过程中"人称和数的一致变化"、动词的"时、态、体"变化规则以及词的构造规则等。琼斯(W. Jones 1786)首次提出印欧诸语言同源时,使用的就是词根和语法相似的标准,即同构标准。拉斯克(Rask 1818)从塞音的语音对应和词形变化的同构来证明拉丁语、古希腊语和冰岛语的同源关系。博普(Bopp 1816)从梵语、希腊语、拉丁语、波斯语、日耳曼语动词结构的同构(变位的相似)来证明古代欧洲语言和梵语是同源的,格里木(Grimm 1819)则通过辅音的语音对应进一步证明了这一结论。随着施莱歇尔(Schleicher 1862)谱系树模式的建立,同构和语音对应便成为西欧历史比较语言学家确定语言同源关系的两个经典标准。

同构标准比较适合处理形态变化丰富的印欧语系语言,而对于缺少形态变化的语言(如汉语),同构标准则很难发挥作用。梅耶(Meillet 1925:68)把形态变化看做确定亲属语言的重要标准,认为远东语言(如越南语和汉语)形态变化少,很难确定它们的亲属关系。可见,同构不是语言同源的必要条件。梅耶(Meillet 1925)认为"我们却不大可能利用这些共同的类型来证明一种'语言的亲属关系',因为类型常常有以不等的程度逐渐趋于完全消失的趋势(p.68)";"我们比较同族语言所注意的并不是形式上的相似,而是对应的规律(p.26)"。马提索夫(Matisoff 1973b)、本尼迪克特(Benedict 1976)认为应该严格区分发生学标准和类型学标准;把侗台语、苗瑶语归入汉藏语系所依赖的主要是声调、单音节、语序等类型学标准;类型学标准不足以证明语言的同源关系。

汉藏语系较为系统的历史比较研究是从 20 世纪 20 年代末开始的。西蒙(Simon 1929)比较了汉语和藏语之间有语音对应的词。从 1930 年到 1942 年,李方桂对中国境内和东南亚近 20 种侗台语言作了详细的田野调查,并对藏语也作了研究。李方桂(Li 1937)提出汉藏语系假说,认为汉藏语系分为藏缅语族、壮侗语族、苗瑶语族和汉语族。李方桂所依据的标准是同构标准,即这些语言单音节和声调上的一致性。张琨(1947)证实了苗瑶语 A、B、C、D 四大调类和汉语平、上、去、入可以对应起来,即声调对应的一致性。如果承认声调一致性是同源的标准,苗瑶语和汉语就应该同源。后来邢公畹(1948,1949)、俞敏(1949)又进一步从语法角度论证汉语和藏语同源。从 20 世纪 50 年代到 70 年代中期,中国学者又增加了"量词、虚词、缺少形态变化、语序"等同构标准(罗常培 1951;罗常培、傅懋勣 1954;马学良、罗季光 1962;邢公畹 1962),进一步断定侗台语、苗瑶语、藏缅语和汉语有同源关系。

随着汉藏语言声调、量词、形态、语序等研究不断深入，人们发现语言接触和语言发展的普遍特征也可能产生深层同构。越来越多材料说明，语言间这些类型特征的相似可以是语言发展的普遍特征或语言接触引起的。本尼迪克特（Benedict 1942）、奥德里古尔（A-G. Haudricourt 1954，1961）、马提索夫（Matisoff 1970，1973a，1973b）等在研究汉藏语言和东南亚语言时都明确提出同构不能作为确定语言同源的标准。我国学者逐渐认识到必须把语音对应标准和同构标准分开，着力研究以对应规律为基础的同源词。同时，比较的范围也开始扩大，一些和汉藏语言相邻但在类型上不相同的语言，如南岛语和南亚语，也纳入了比较的范围。

既然同构不是语言同源的必要条件，语音对应逐渐得到越来越多学者的重视。语音对应指不同语言（或方言）中意义相同或相近的一组语言成分，在语音上的对应关系。比如在一定条件下，拉丁语字母 p 总是对应英语字母 f，而拉丁语字母 c 总是对应英语字母 h，例如：

	脚	鱼	父亲	……
拉丁语	pēs	piscis	pater	……
英语	foot	fish	father	……

	百	头	角	……
拉丁语	centum	caput	cornū	……
英语	hundred	head	horn	……

这种语音对应绝不是偶然现象，必须承认拉丁语和英语有亲属关系。

梵语、古雅典希腊语、拉丁语和古典阿尔明尼亚语在时间和空间上都是相隔较远的语言，但它们之间存在语音对应关系的实例。梅耶曾系统考察了从"一"到"十"的数词在这几个语言中的对应情况，下面是论证数词"二"的语音对应时涉及的一些材料（梅耶 Meillet 1925：4—6）：

	梵语	希腊语	拉丁语	阿尔明尼亚语
二	d(u)vā	dyo	duo	erku
怕		dwi-		erki-（erkiw⊦）
长久		dwārón		erkar

单就数词"二"在几个语言中的对应来看，梵语、希腊语、拉丁语之间的对应是很明显的，阿尔明尼亚语和其他语言的对应则很隐蔽。阿尔明尼亚语的

[erku]和希腊语的[dyo]语音上不相似,但结合"怕""长久"两个词例的语音材料,可以发现阿尔明尼亚语的[erk]和其他语言的原始语形式[*dw]具有对应关系。徐通锵(1991:86)指出:"阿尔明尼亚语和其他印欧语系语言之间外形上的重大差异应该从音理上得到合理的解释,不然,这样的对应也是可疑的。"正是基于同样的考虑,梅耶(Meillet 1925:32—33)详细分析了古印欧语的[*dw]在阿尔明尼亚语中演变为[erk]的具体过程,对阿尔明尼亚语[erk]和其他印欧语的对应形式存在的巨大差异,从音理上进行了有说服力的解释。

两语言之间存在语音对应,是很重要的语言现象。任何语言都会发生演变,而语言的演变又是有规律的。语言的发展在语言系统的各个组成部分之间、在地域分布上并非同步,发展速度往往不平衡。同时,语言符号本身具有音义结合的任意性。由于能指和所指之间无可解释的因果关系,同一语素(特别是形态标记和词根)偶然相似的可能性较低,如果出现了成系统的对应,大概率是同源的。语言演变的规律性、不平衡性以及语言符号的任意性特点,决定了从同一语言分化出来的几种语言之间,在特定语言成分上会产生系统性语音对应。反过来,如果发现两语言之间存在语音对应,那么就可以推断这两种语言具有亲属关系。

18、19世纪的历史比较语言学非常重视语言间的语音对应,把语音对应看做是判定语言同源的一条重要标准,并进而构拟原始印欧语。拉斯克(Rask 1818)通过塞音的语音对应标准和同构标准,证明了拉丁语、古希腊语和冰岛语的同源关系。后来经由博普(Bopp 1816)、格里木(Grimm 1819)的印欧语比较研究,直至施莱歇尔(Schleicher 1862),一大批印欧语比较语言学家依据语音对应规律,判定印欧语言亲属关系,并构拟原始印欧语。

格里木定律是格里木在《德语语法》中提出的有关日耳曼语和其他印欧语之间辅音对应规则及印欧语语音演变规律的一个理论模型。格里木系统总结拉斯克等学者发现的印欧语语音对应规则,通过梵语、希腊语、拉丁语、日耳曼语之间辅音对应规则的描述,阐释和论证印欧语语音演变的规律性。格里木发现,梵语、希腊语、拉丁语、日耳曼语的辅音存在较为整齐的对应关系:

梵语的浊送气塞音"b^h-,d^h-,g^h-",对应希腊语的清送气塞音"p^h-,t^h-,k^h-",对应拉丁语的擦音"f-,f-,h-",对应日耳曼语的浊塞音(英语的"b-,d-,g-");

梵语、希腊语和拉丁语的浊塞音"b-,d-,g-",对应日耳曼语的清塞音(英语的"p-,t-,k-");

梵语、希腊语和拉丁语的清塞音"p-,t-,k-",对应日耳曼语的擦音(如英语的"f-,θ-,h-")。

上述对应关系主要涉及三套辅音:(1)清不送气塞音(记为"T组"),如希腊语、拉丁语、日耳曼语的"p-,t-,k-";(2)浊不送气塞音(记为"M组"),如梵语,希腊语和拉丁语的浊塞音"b-,d-,g-";(3)气音(记为"A组"),包括梵语的浊送气塞音"b^h-,d^h-,g^h-"、希腊语的清送气塞音"p^h-,t^h-,k^h-"、拉丁语的擦音"f-,f-,h-"和日耳曼语的擦音(如英语的"f-,θ-,h-")。

梵语、希腊语、拉丁语、日耳曼语中,这三套辅音的变化形成了一个循环:

原始印欧语		前日耳曼语
T 组	>	A 组
A 组	>	M 组
M 组	>	T 组

"T组""M组""A组"辅音的这种循环关系,如下图所示:

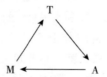

下面梵语、希腊语、拉丁语、日耳曼语之间辅音对应的例子,就是格里木定律的反映①:

编号	辅音变化	梵语	希腊语	拉丁语	英语	汉义
1.	T > A					
	p > f			pēs	foot	脚
				pater	father	父亲
				piscis	fish	鱼
	t > θ			trēs	three	三
				tenuis	thin	薄
	k > h			centum	hundred	百
				caput	head	头
2.	M > T					
	b > p		['kennabi]		hemp	麻

---

① 参见:徐通锵,1991,《历史语言学》,北京:商务印书馆,2008年,第115—116页。

续表

编号	辅音变化	梵语	希腊语	拉丁语	英语	汉义
	d＞t			duo	two	二
				dens	tooth	牙齿
	g＞k			genus	kin	亲属
	A＞M					
	b^h＞b	[ˈbʰaːmi]（我携带）	[ˈpʰeroː]	ferō	bear	携带,忍受
		[bʰraːtaː]	[pʰraːteːr]	frāter	brother	兄弟
3.	d^h＞d	[ˈa-dʰaːt]（他放置了）	[ˈtʰeːsoː]（我将放置）	fēcī（我做了）	do	做
	h＞g	[hãˈsah]			goose	鹅
				hostis	giest（古英语）guest（现代英语）	客人

格里木定律通过梵语和其他印欧语之间辅音对应情况,论证了原始印欧语到原始日耳曼语辅音演变的规律性。但依然有三组"例外"是不符合格里木所描述的辅音对应规律的。后来,罗德纳(Lottner 1862)、格拉斯曼(Grassmann 1863)、维尔纳(Verner 1875)分别对格里木定律的三组例外进行了解释。正是由于对格里木定律三组例外的完美解释,极大鼓舞了当时的新语法学派。该学派提出"语音演变无例外"口号,认为所有的语音演变都是有规律的。

通过语音对应确定语言同源,是以语言符号的任意性原则为前提的。在确定一个词是否是有对应的词时,就必然要追问到对应的概率问题。当两个语言可用来比较的词比较少的时候,区分偶然对应和非偶然对应就成了语源研究中至关重要的问题,这也正是历史比较语言学在理论上没有解决的重要问题。

尤其是在语言分化年代久远的语言之间,由于严格的语音对应规律不容易建立,偶然相似的词有时难免被当作同源词。如果仅仅根据少量声母或韵母的对应就断定同源词,这在语言的历史比较上是不够充分的。这个问题在19世纪的历史比较语言学中也遇到过。格里木定律是围绕三组辅音的对应和变化展开的。罗德纳、格拉斯曼和维尔纳三人对格里木定律三组例外的解释,也是围绕辅音展开的。如果只依靠辅音对应来确定同源关系,就容易把偶然相似当作对应,也容易把不同时间层面的词混在同一个时间层面。比如在傣语和英语中,可以找到这样的材料:

	马	有	手	半	他	热
傣语	ma^4	mi^2	mɯ^2	ma:ŋ^3	man^2	mai^3
英语	horse	have	hand	half	he	hot

傣语的 m-和英语的 h-似乎有对应关系。能否根据这些词就断定英傣之间有同源词,从而断定傣语和英语有同源关系?实际上,根据概率计算能够否定这些词是傣语、英语同源的证据。因此,仅仅靠词形中某个成分对应来确定同源词是不充分的。由于印欧语系语言都有较早的文献材料作参考,并且印欧诸语言之间的同源词比较多,对应规律比较明显,偶然对应的现象并不突出。但在汉藏语系语言的历史比较研究中,偶然对应的问题就比较突出。

  从方法论角度看,根据语音对应来确定语言同源关系,可能会面临两个问题。第一个是语音对应不能抗拒语言接触的影响。越来越多的研究结果表明,不同源语言间的接触也可能造成语言间有规律的语音对应。由于语言接触也会在基本语素中形成语音对应,所以不能仅仅根据基本语素有语音对应就确定语言同源。语音对应标准面临的第二个问题是,语音对应本身的建立是否严格、严密。如果语音对应本身的建立不严格、不严密,语音偶然对应情况势必较多存在,这会在很大程度上影响语源关系的判定。可见,语音对应是语言同源的一个必要条件,但也不是充分条件。

练习题和思考题

一、名词解释:

  1. 语音对应 2. 语法演变 3. 语法化 4. 重新分析
  5. 词汇化 6. 词的本义 7. 词义的引申 8. 词的中心义
  9. 词语的替换 10. 社会方言 11. 地域方言 12. 亲属语言
  13. 谱系树 14. 格里木定律

二、问答题:

  1. 语言演变的原因有哪些?
  2. 举例说明语言演变的特点。
  3. 谈谈你对语言演变规律性的理解。

4. 语法化产生的原因包括哪些？举例说明。
5. 什么是语法化的单向性？
6. 语法化的机制主要包括哪两种类型？
7. 谈谈你对语法化和词汇化关系的理解和认识。
8. 词义引申的途径主要有哪两种？简述二者的区别。
9. "语音对应"与"同构"是否可以作为确定语言同源的标准？

三、操作题：

1. 分析下列材料，归纳至少五条语音对应规则，每一条对应规则请给出其所有的支持实例（实例写明序号和语言即可）。（知识点提示：语音对应）

波利尼西亚语支的一些语言的词汇列表：

序号	词汇	A	B	C	D	E	F
1	one	taha	tasi	tahi	-tahi	taʔi	kahi
2	two	ua	lua	rua	-rua	rua	lua
3	three	tolu	tolu	toru	-toru	toru	kolu
4	four	fā	fā	Φā	-ha	ʔā	hā
5	five	nima	lima	rima	-rima	rima	lima
6	man	taŋata	taŋata	taŋata	taŋata	taŋata	kanaka
7	sea	tahi	tai	tai	tai	tai	kai
8	taboo	tapu	tapu	tapu	tapu	tapu	kapu
9	octopus	feke	feʔe	Φeke	heke	ʔeke	heʔe
10	canoe	vaka	vaʔa	waka	vaka	vaka	waʔa
11	enter	hū	ulu	uru	uru	uru	ulu

对应示例：X 对应 Y（对应词项：1、2、3；对应语言：A、B、C）

2. 下面是 A、B 两种语言的词汇，请分别找出两种语言之间**辅音**、**声调**上的对应规则；并按下列示例，列出每条对应相应支持例证的序号。（注：当两种语言出现音节数量不一致时，加黑的音节为需要做对应的音节）

序号	汉义	A	B	序号	汉义	A	B
1	雨	ha³³	xo³³	19	鼓	ku²¹	ku̠³³
2	火	ɑ⁵⁵ to³³	ɑ⁵⁵ tu⁵⁵	20	痕迹	du³³	tɕʰi³³ **du³³**
3	气	ɕi²¹	se̠³³	21	寅（虎）	lɑ²¹	lo²¹
4	石头	lo³³	lu̠³³	22	卯（兔）	tʰo³³ lo³³	tʰɑ²¹ lo³³
5	草木灰	kʰu̠²¹	kʰu²¹	23	辰（龙）	lu²¹	lu³³
6	身体	gɯ̠⁵⁵	gɯ³³	24	巳（蛇）	ʂa⁵⁵	ʂə³³
7	野鸡	ɑ⁵⁵ **ʂu²¹**	ʂu⁵⁵	25	右（右边）	z̩ɑ³³	z̩o³³
8	蛇	lɑ³³ **ʂa⁵⁵**	ʂə³³	26	今晚	ʔi²¹ mi⁵⁵	i⁵⁵ mi⁵⁵
9	鱼	ʔɑ²¹	ŋo⁵⁵	27	五	ŋɑ²¹	ŋo²¹
10	虫	vi²¹	bə²¹	28	九	ku³³	kɯ³³
11	灯	tɯ³³	tə̠³³	29	黄	ʂa⁵⁵	ʂə³³
12	柴	sɿ³³	ɕɿ³³	30	鸢（花鸢）	mi²¹	**me²¹ tɑ³³**
13	壶	bɛ⁵⁵	be³³	31	满（装满）	vi³³	bi³³
14	箍儿	ma⁵⁵ **ku⁵⁵**	ku³³	32	生疮	du³³	du³³
15	斗	tɯ³³	tə̠³³	33	挑选	ɕi⁵⁵	si³³
16	马鞍	ha³³	mu²¹ **xo⁵⁵**	34	写	va³³	væ²¹
17	犁	sɿ³³ ɣo²¹	ɕi³³ gu²¹	35	给	gu²¹	gə²¹
18	毒	to²¹	tu²¹	36	我	ŋɑ⁵⁵	ŋo³³

对应示例：X 对应 Y（对应词项：1、6、27）

3. 根据给定材料，找出下面几种汉藏语言间的辅音、元音对应规律：

彝语	哈尼语	拉祜语	纳西语	怒语	中文翻译
lo⁵⁵	a³¹ la³¹	la³¹	la³¹	la⁵³	手
vu³³	u⁵⁵	ɣu³³	bu³³	u³³	肠
la⁵⁵	la³¹	—	le³³	la⁵³	裤子
sɿ³³	sɿ³¹	sɿ³¹	sæ³³	sui⁵⁵	血
a³⁴ mo³³	a³¹ ma³¹	a³¹ ne³¹	a³¹ mɔ³³	a³¹ m³¹	母亲
nu³³	nɯ³³	nɔ⁵³	nu³¹	nu⁵³	豆

续表

彝语	哈尼语	拉祜语	纳西语	怒语	中文翻译
mo³¹	mo³¹	mɔ⁵³	mo⁵⁵	mɯ⁵⁵	老
nɯ³³	na³¹	na⁵³	ndy³³	na⁵³	停
sɿ³³	—	sɿ⁵³	sər³³	si⁵³	柴
pʰu³³	pu³³	pʰu⁵³	kɔ⁵⁵pʰu³³	pʰu⁵³	翻

4. 下表是某学者总结出来的汉语普通话和美国英语的两条语音对应规律。根据这组对应,该学者认为汉语和英语是从同一个祖先分化、发展而来的。你认为他的结论是否可靠？可能存在什么问题？你怎么支持/反驳他？（支持/反驳理由各不超过三条）。（知识点提示：语音对应,语言关系）

汉语普通话和美国英语的语音对应实例：

语素	普通话	美国英语
本 book	[pən²¹⁴]	[bʊk]
背 back	[pei⁵¹]	[bæk]
被 by	[pei⁵¹]	[baɪ]
把 bundle	[pa²¹⁴]	[ˈbʌndl]
博 blog	[po³⁵]	[blɒg]
被 be	[pei⁵¹]	[bi]
面包 bread	[pɑu⁵⁵]	[bred]
变 become	[piɛn⁵¹]	[bɪˈkam]
黑 bear	[pʰi²¹⁴]	[beər]
啤 beer	[pʰi³⁵]	[bɪər]
骗 blag	[pʰiɛn⁵¹]	[blæg]
疱 blister	[pʰɑu⁵¹]	[ˈblɪstər]

扩展阅读：

Givon, Talmy. 1971. Historical syntax and synchronic morphology: an archaeologist's field trip. *Linguistic Society*, 7: 394—415.【词汇化理论】

Grassmann, Hermann. 1863. Ueber die aspiraten und ihr gleichzeitiges vorhandensein im an-

und auslaute der wurzeln. Zeitschrift für vergleichende Sprachforschung auf dem Gebiete des Deutschen, *Grie Chischen und Lateinischen*, 12(2): 81—138. English translation: Concerning the aspirates and their simultaneous presence in the initial and final of roots. In Winfred P. Lehmann (ed.), *A Reader in Nineteenth Century Historical Indo-European Linguistics*, 1967, 109—131. Bloomington: Indiana University Press.【解释了格里木定律的第二组"例外"】

Heine, Bernd & Tania Kuteva. 2002. *World Lexicon of Grammaticalization*. Cambridge: Cambridge University Press.【分析世界语言中每个词语词汇化源与流的对应】

Heine, Bernd & Tania Kuteva. 2005. *Language Contact and Grammatical Change*. Cambridge: Cambridge University Press.【研究语言接触而引发的语法化问题】

Hopper, Paul J. & Elizabeth C. Traugott. 2003. *Grammaticalization (second edition)*. Cambridge: Cambridge University Press.【全面论述语法化学说的基本内容和发展概况,补充了近十年来语法化研究情况和趋势,增加了新的语料和新问题的讨论】

Lottner, Carl. 1862. Ausnahmen der ersten lautverschiebung. Zeitschrift für vergleichende Sprachforschung auf dem Gebietedes Deutschen, *Griechischen und Lateinischen*, 11(3): 161—205. English translation: Exceptions to the first sound shift. In Winfred P. Lehmann (ed.), *A Reader in Nineteenth Century Historical Indo-European Linguistics*, 1967, 97—108. Bloomington: Indiana University Press.【解释了格里木定律的第一组"例外"】

Martinet, André. 1952. Function, structure, and sound change. *Word*, 8(1): 1—32. 载 *Readings in Historicla Phonologe*, *Chapters in the Theory of Sound Change*, In Philip Baldi Ronald N. Werth(ed.), 1978.【提出音系整合的概念;音变原因和结构有关】

Schleicher, August. 1862. Introduction to a compendium of the comparative grammar of the Indo-European, Sanskrit, Greek and Latin Languages. In Winfred P. Lehmann (ed.), *A Reader in Nineteenth Century Historical Indo-European Linguistics*, 1967, 87—96. Bloomington: Indiana University Press.【把生物演化观念运用到语言历史比较研究,提出谱系树理论】

Selinker, L. Interlanguage. *International Review of Applied Linguistics*, 1972, 10(3): 209—231.【首次提出和讨论了中介语概念】

Traugott, Elizabeth C. 1995. Subjectification in grammaticalization. In Dieter Stein & Susan Wright (eds.), *Subjectivity and Subjectivisation: Linguistic Perspectives*, 31—54. Cambridge: CUP.【从历时的角度研究主观化与语法化的关系】

Verner, Karl. 1875. Eine ausnahme der ersten lautverschiebung. *Zeitschrift für Vergleichende Sprachforschung auf dem Gebiete der Indogermanischen Sprachen*, 23(2): 97—130. English translation: An exception to the first sound shift. In Winfred P. Lehmann (ed.), *A Reader in Nineteenth Century Historical Indo-European*

Linguistics, 1967, 132—163. Bloomington: Indiana University Press.【解释了格里木定律的第三组"例外"】

Weinreich, Uriel, William Labov, & M. I. Herzog. 1968. Empirical foundations for a theory of language change. In W. P. Lehmann & Y. Malkiel (eds.), *Directions for Historical Linguistics*, 95—188. Austin, Texas: University of Texas Press.【有序异质模型】

布龙菲尔德(Bloomfield),1933,《语言论》,袁家骅、赵世开、甘世福译,北京:商务印书馆,1980年。【第18章讨论了历史比较中的比较法问题】

陈保亚,1996,《论语言接触与语言联盟——汉越(侗台语)语源关系的解释》,北京:语文出版社。【不能仅仅根据基本语素的语音对应确定同源关系;讨论了傣语和汉语接触中产生的汉语民族方言——傣族汉语】

董秀芳,2002,《词汇化:汉语双音词的衍生和发展》,成都:四川民族出版社。【研究汉语史中与双音词的产生与发展密切相关的词汇化问题】

江荻,2007,《汉藏语言演化的历史音变模型:历史语言学的理论与方法探索》,北京:社会科学文献出版社。

王远新,1994,《中国民族语言学论纲》,北京:中央民族大学出版社。【内容包括民族语言学的描写研究范式,民族语言学的跨学科研究,当代民族语言学的反思与前瞻等】

王远新,1995,《突厥历史语言学研究》,北京:中央民族大学出版社。【探讨突厥语族语言的语音、词汇和语法结构系统;概括突厥语族语言分化演变的内部因素、外部条件及其特点】

9 语言接触

9.1 语言接触和社会

语言接触指使用不同语言的言语社团,在直接或间接接触中所产生的语言之间的相互影响、相互渗透,以及由此所造成的语言的演变。洋泾浜语、克里奥尔语等就是由于语言的接触而产生的。

社会接触是语言接触的前提和外部条件。以欧亚大陆语言接触为例,在近代的初期,欧亚大陆受两股力量钳制。北方是横贯欧亚大陆的俄国继续向西伯利亚的扩张,南方则是西欧的海路扩张,如16世纪的葡萄牙、西班牙,17、18世纪的荷兰、法国和英国。西欧人绕过非洲,抵达印度、东南亚和中国。此外,以哥伦布为首的另一批西欧人则向西越过大西洋,发现了美洲大陆。可以说,16—18世纪西欧人的海洋扩张及地理大发现,改变了中世纪世界各地相对隔绝的局面,使得世界各地人们的联系和接触越来越频繁。

语言接触发生的前提条件之一,是聚居同一地区的人群使用两种或两种以上的语言。聚居同一地区的操不同语言的言语社团,通过某种语言互相交流,即产生对话。两个群体之间不进行对话,就不会有真正意义上的语言接触。

语言接触可引起语言结构和语言使用功能的变化[①]。语言结构的变化体现在词汇、语音和语法方面。语言接触首先会在词汇借用方面体现出来。随着接触程度的加深,接触对语言的影响会逐渐涉及语音、语法、音系格局及抽象语法关系。根据语言接触对语言变化的影响,可把语言接触分成浅层接触和深度接触两类。在语言的结构变化方面,浅层接触主要涉及词汇的借用、语音的干扰及少量语法格式的借用或干扰等。例如日语、朝鲜语中存在很多从汉语借入的词汇,但这些词汇的进入并没有从根本上改变日语、朝鲜语的音系,这类接触只

[①] 关于语言接触和语言演变之间关系的研究,可参考:Weinreich (1953),桥本万太郎 (Mantaro J. Hashimoto 1977),Thomason & Kaufman (1988),梁敏 (1989, 1995),戴庆厦 (1992),陈保亚 (1996, 2005a),陈其光 (1996),徐世璇 (1998),王士元 (2000),罗美珍 (2000),余志鸿 (2000),Thomason (2001),袁焱 (2001),Winford (2003a, 2003b, 2007),Hopper & Traugott (2003),Heine & Kuteva (2005),Mufwene (2008),吴福祥 (2007, 2009),杨耐思 (2012) 等。

能算浅层接触。中国境内很多少数民族语言也不同程度借入了汉语词汇,语音、语法也受到汉语的一些干扰。例如中国境内很多少数民族语言没有音位/f/,与汉语发生接触后很多语言都增加了/f/,如藏缅语支的景颇语、哈尼语和阿尔泰语系的维吾尔语都增加了/f/。这些借贷或语音、语法的干扰,没有改变本族语的语言系统,大多也属于浅层接触。深度接触则可能会引起语言音系格局的深刻调整或语言转用等。深度接触既涉及语言结构系统的深刻调整,也会涉及语言使用功能的变化。语言接触中语言使用功能的变化体现在双语现象和语言转用两个方面。

语言接触是造成语言分化的重要条件之一。如果说某种方言的一部分人从原方言区迁徙到新的无人地区,迁徙人群的方言就会在新地区独立地发展变化,形成地域方言。该地域方言和原语言有直接亲属关系。形成方言的这种条件可称为自变条件。如果汉语的一支从原语言点迁徙到有人烟的地方,就可能和当地的语言或汉语方言发生接触和相互影响,形成新的地域方言。该地域方言和原语言点的汉语也有直接亲属关系。形成这种地域方言的条件就是语言(或方言)的接触。

语言接触中,强势语言会向弱势语言输入词汇。除了地名、人名、特殊名物以外,弱势语言向强势语言输入词汇的情况很少。这就是词汇借贷的方向性。在汉语和傣语的接触中,由于汉语是强势语言,容易让人认为更多的是汉语影响傣语,而傣语不会影响汉语。实际上,弱势语言也会对强势语言造成影响。"底层说"试图解释土著语言对上层语言的影响,有一定的解释力,但研究的深度还不够。弱势语言对强势语言的影响是有系统和规则的。这种影响的机制除了特殊词汇借贷,更主要的是母语干扰和语言转用。

汉语南方方言的形成和民族语言的母语干扰、语言转用有相当大的关系。傣语在和汉语接触中,会把傣语的结构成分通过匹配带到傣族汉语中。傣族汉语在和汉语对话中会干扰汉语,这就是傣语对汉语的母语干扰。以平舌和卷舌的对立为例,根据调查,早期德宏汉语是分平舌和卷舌的,傣语不分。傣族汉语也不分平卷舌。汉语在和傣族汉语的对话过程中,开始受到傣族汉语的影响。影响的程度主要和傣语人口和汉语人口比例有关。傣语人口越多,傣族汉语对汉语的影响越大,汉语不分平舌和卷舌的情况也越多。以平舌字"色"和卷舌字"蛇"的声母为例:

汉化程度	汉语		傣族汉语		傣语	代表点
	色	蛇	色	蛇		
汉化程度低	s	s	s	s	不分平卷舌	潞西芒市镇
汉化程度较高	s	ʂ	s	s	不分平卷舌	梁河曼东
汉化程度最高	s	ʂ	s	ʂ	不分平卷舌	梁河曩宋[①]

　　瑞丽、潞西很多地方的汉语一般都不分平卷舌了。在傣族汉语对汉语的干扰过程中,并不是原来分平卷舌的汉族不再分平卷舌了,而是汉族的后代生活在傣族汉语人口多而汉语人口相对较少的语言环境下,失去了平卷舌对立的有效环境,开始不分平卷舌。这种母语干扰过程发生在音系的很多方面,使瑞丽话、潞西话音系带上了新的地域特征,但瑞丽话、潞西话和汉语云南话的音系之间仍然保持了严格的对应规律,所以瑞丽话、潞西话仍然是云南话的地域变体,从某种程度上说就是受傣语干扰的地域方言。

　　语言接触可以分为自然接触和非自然接触。自然接触是指在同一空间不同语言的相互接触。中国少数民族地区普遍分布着汉族。汉语和少数民族语言在相同地区进行的接触属于语言的自然接触。如上文所说的汉语与傣语的接触就是自然接触。自然接触显著的特点是:(1)两个语言群体在同一空间展开接触;(2)第二语言的获得主要通过口语在生活中自然展开,不需要专门训练;(3)口语学习先于文本学习。双语者在有机会接触第二语言的文本以前,已经在口语层面获得了第二语言的基本规则和基本词汇。自然接触中,同一空间口语的自然学习是一个关键,所以自然接触也可以称为口语接触。

　　非自然接触指不是在同一空间展开,而是通过文字传播或文献翻译等展开的语言接触。隋唐时代日语和北方汉语的接触,六朝时日语和南方汉语的接触,都属于非自然接触。在日语和汉语的接触中,文本起了关键作用,日语借用了书写在文本上的汉字。日语和汉语的这种非自然接触也可以称为文本接触。下表是汉语核心字以音读形式在现代日语中作语符的情况:

汉字	日语固有形式	汉字音读	日语中音读汉字活动方式的解释
死	しぬ【死ぬ】	し【死】	独立语符
二	ふたり【二人】两个人	に【二】二,两个	独立语符

---

①　曩宋傣语中的汉语借词分平卷舌。

续表

汉字	日语固有形式	汉字音读	日语中音读汉字活动方式的解释
一	ひとり【一人】一个人	いち【一】一	独立语符
地		ち【地】	独立语符
小	ちいさい【小さい】	しょう【小】小	独立语符[限于指称,如:"大は～を兼ねる"]
肉		にく【肉】	独立语符
善	いい【良】好	ぜん【善】	独立语符[独立性较弱,语义专门化;反义语符"恶"独立性更强]
满	みたす【满たす】	まん【满】	语符

9.2 借贷和母语干扰

9.2.1 借贷

19世纪的历史语言学家仅仅把语言接触过程看做是一种借用,如博厄斯(Boas 1911c)、萨丕尔(Sapir 1921)等都只谈借用问题。后来不少学者开始启用阿斯科里(Ascoli)的"底层说"(1870)来讨论接触中的干扰问题,如梅耶(Meillet 1925:74—85)、布龙菲尔德(Bloomfield 1933)、雅各布逊(Jakobson 1938)、魏茵莱希(Weinreich 1953)、托马森(Thomason & Kaufman 1988,Thomason 2001)。不仅如此,有学者甚至特意强调干扰在语言接触中的重要地位,如托马森(Thomason 2001:129)把干扰分为语言迁移(language transfer)引发的干扰和借贷干扰,并指出二者的区别在于不完善学习(imperfect learning)是否起作用。语言迁移引发的干扰中不完善学习发挥作用,而借贷过程中,不完善学习则不起作用。

语言接触中存在两个重要的过程:母语干扰和借贷。以傣族学汉语为例,傣族学汉语会对汉语结构形成干扰,这是母语干扰。同时傣语又从汉语借用大量的成分,这就是借贷。汉语、傣语接触中的对话状态、中介语、母语干扰及借贷的过程,如下图所示:

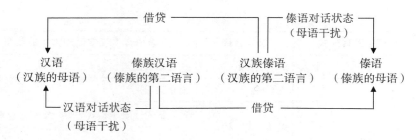

随着傣族汉语和汉族傣语的出现,傣语和汉语开始交流沟通,两种语言的文化词汇、一般词汇,甚至基本词汇开始相互渗透,形态和语法模式也开始相互渗透,这样就出现了借贷。所谓借贷,也叫语言成分的借用,就是母语通过第二语言从目标语引入语言成分,例如傣语通过傣族汉语从汉语中引入语言成分,或者汉语通过汉族傣语从傣语中引入语言成分。

借贷的主要方向是从强势语言到弱势语言。相比较而言,傣族文化是弱势文化,傣语是弱势语言,汉族文化是强势文化,汉语是强势语言。因此汉语和傣语接触中的借贷,主要是汉语词汇被借入到傣语中。请看下表傣语的词例(其中斜体的词都是借自汉语;数字代表声调的调值):

	an^{35}	an^{51}	an^{31}	an^{43}	an^{213}	an^{55}
p		炒	堵	绊	线/*拌*	搬
p^h	穷			*盘*	生产/*袢*	麻味/*攀*
m	有运气	祭/*满*	村寨	*蛮*	玻璃/*慢*	缅族
f	削	麂子/*反*		*烦*	*犯*	*翻*
v	甜		带领		碗/*万*	
t	蜗牛	赊/*胆*	说		但	摘
t^h		指滴	马槽		*炭*	瘫
l	侄、孙	久	秃	*难*	荒废	烂
ts		晒台	讨厌		*蘸*	沾
s	米仁	*铲*		*馋*	*散*	三、*参*
j	离开	坠	霉烂			
k		扁担	茎	硫磺	*干(部)*	工作
x	斧头			懒	*焊/看*	*锈/憨、刊*
ŋ	雄性	工作	柄			
h	勇敢		瘸	阶梯	鹅	
ʔ					数(动词)	感冒/*鞍*

语言接触中,语言借贷的单位不是语素,而是词或词以上的单位。傣语和汉语接触中,借贷都是按词或词以上的单位进行的,多数情况下都是词,例如傣语借用汉语的词汇:急[tɕi³¹]、扎[tsa³¹]、姐[tɕie⁵³]、拖[tʰo⁵⁵]、对[tuai²¹³](介词)、过[ko²¹³](时体助词)等。当含有相同语素的一组词被陆续借用时,就有可能出现所谓的语素的借用。以下是傣语借用汉语的词汇:

汉语	傣语中的汉借词	汉语	傣语中的汉借词
科学	xo⁵⁵so³¹	小学	ɕeu⁵³so³¹
数学	su²¹³so³¹	学习	so³¹ɕi³¹
文学	un³¹so³¹	学院	so³¹ʑeu²¹³
大学	ta³¹so³¹	学生	so³¹sɤn⁵⁵
中学	tsoŋ⁵⁵so³¹	学校	so³¹ɕeu²¹³

这时的"学"在傣语中已经成为组合能力较强的语素,但这只是由于词汇借贷而引起的一个结果,并不等于语素可以作为单位被借用。

借词(loanword)、意译词(paraphrased word)和仿译词(calque),是语言(或方言)接触过程中由于吸收外来成分而产生的常见的词汇类型,但三者之间也存在明显差别。借词,也叫外来词,指语音和意义都借自其他语言(或方言)的词。借词不仅引入了新的外来概念,而且还引入了其他语言(或方言)原词的音义结合关系。引入外来成分的语言(或方言),可称为受借语言(或方言),而输出语言成分的语言(或方言),可称为施借语言(或方言)。从吸收外来成分的方式看,借词的主要类型包括:(1)音译词,如"沙发(英语:sofa)""克隆(英语:clone)"等;(2)音译加意译词,即在吸收外来成分时,再加上表达有关事物所属类别的语素,如"拉力赛(英语:rally)""芭蕾舞(法语:ballet)""沙皇(俄语:tsar)"等;(3)音意兼译词,指借词的语音和意义与施借语言(或方言)原词相近,同时借词的构词成分意义还和原词意义存在直接或间接联系,例如"芒果(英语:mango)""可口可乐(英语:coca cola)""剑桥(英语:Cambridge)"等。意译词指从施借语言(或方言)引入了新的概念,但不引入施借语言(或方言)原词的音义结合关系,而是使用受借语言(或方言)的构词成分和构词规则来构造新词,以表达该新的概念,例如"钢琴(英语:piano)""水泥(英语:cement)"等都是意译词。仿译词,指从施借语言(或方言)中引入新概念时,使用的受借语言(或方言)的构词成分和构词规则分别与施借语言(或方言)的原词有对当关系。例如"足球(英语:football)","足"和 foot 对当,"球"和 ball 对当,并且构词成分之间也是偏正关系。其他如"铁路(英语:railway,法语:chemin de fer)""黑匣子(英语:black box)"等都是仿译词。仿译词可看作是意译词的一种特殊类型。意译词和仿译词,也是在不同语言文化接触碰撞过程中由于吸收外来成分而产生的,所以从宽泛意义上来说,意译词和仿译词都可看作是借词。值得注意的是,意译词和仿译词在吸收外来成分时只引入了外来的新的概念,但构词使用的是受借语言(或方言)的构词成分和构词规则,因此也有人认为,意译词和仿译词都不是借词。

借贷可分为互补借贷和替换借贷。互补借贷就是发生接触的语言间独有的文化词汇的相互补充。不同民族的文化发展水平往往是不一致的,有的民族文化水平高,有的民族文化水平低。语言接触时首先在文化词汇方面开始借贷。政治、经济、科技、哲学、艺术等领域的文化词,都可能发生互补借贷。以下这些词都是傣语从汉语借入的(指德宏傣语):

    政治词汇:革命 kɤ^{31}min^{213},解放 kaːi^{53}faŋ^{213},批评 pʰi^{55}pʰin^{53},开会 xai^{55}xui^{213}……

    经济词汇:经济 tɕin^{55}tɕi^{213},建设 tɕɛn^{213}sɤn^{55},生产 sɤn^{55}saːn^{53},计划 tɕi^{213}xɔ^{213}……

    科技词汇:拖拉机 tʰo^{55}la^{55}tɕi^{55},科学 xo^{55}so^{31},飞机 fɤi^{55}tɕi^{55},工厂 koŋ^{55}saŋ^{53}……

汉语从傣语借入的主要是地名、宗教名、特殊的植物、衣食名称等傣语中特有的词,例如(括号内为傣语音和傣语义):

    地 名:德宏 tə^{31}xoŋ^{31}(tǎu^{31}xoŋ^{53}怒江下游),遮岛 tsə^{55}tau^{53}(tɕe^{55}tǎu^{31}"街的下面",梁河县一镇名),曼东 man^{31}toŋ^{55}(maːn^{31}toŋ^{55}"平地上寨子",梁河县一乡名)

    宗教名称:佛寺 tsuaŋ^{53}(tsɔŋ^{53}),洼 ua^{213}(va^{213},佛教徒斋戒日)

    食 物:撒撇 sa^{31}pʰe^{31}(sa^{31}pʰe^{31},一种凉拌菜),骂桑坡 ma^{213}saŋ^{5}pʰo^{55}(mak^{213}saːŋ^{53}po^{53},一种热带水果)

上面所列汉语中的傣语借词和傣语中的汉语借词,最显著的特点就是互补性:汉语有而傣语没有的词汇,很容易借入傣语,傣语有而汉语没有的词,也很容易借入汉语。可见,互补借贷是双向的,既可以从汉语借到傣语,也可以从傣语借到汉语。互补借贷实际上就是填补两种语言的空白,使生活在同一地区的两个民族的语言相互补充,变得更为相似。

替换借贷指在语言接触环境下,本来一语言 A 中存在对当的词或相应的词,后来被另一语言 B 中的词取代了,语言 A 中原来的词则只保留在书面语或在极其小的范围内使用。例如下面傣语中的汉语借词,进入傣语后替换了傣语原词:

汉语	傣语中的汉语借词	傣语中的原词	
是（系词）	si²¹³	pen⁵⁵	借词限于梁河、曼东、河西
姐	tɕie⁵¹	pi⁵⁵saːu³⁵	
爹	tie⁵⁵	po⁵⁵u³¹	瑞丽多用原词
急忙	tɕi³¹maŋ³¹	kɯŋ⁴³kaːŋ⁴³	
煮	tso⁵³	tom³¹	
再（副词）	tsaːi²¹³	săm⁴³	

互补借贷和替换借贷的区别在于，发生互补借贷的基本是文化词汇，而发生替换借贷的则是一般词汇乃至基本词汇。互补借贷是双向的，即相互补充特有的文化词等，而替换借贷的方向总是由经济文化水平高的语言指向经济文化水平低的语言，即替换借贷的主要方向是：语势较强的语言→语势较弱的语言[①]，例如在德宏傣汉接触中，替换借贷只是汉语指向傣语而不是傣语指向汉语。替换借贷的这种单向性在德宏各傣族地区都能观察到。前面所说借贷的方向是从强势语言到弱势语言，指的主要是替换借贷。

9.2.2 母语干扰

母语干扰是母语通过第二语言向目标语的结构施加影响，其结果往往会造成目标语的简化、趋同性变化。例如，在潞西县城说汉语的傣族人数量很多，当地傣族人经常用傣族汉语和汉族人交流。傣族汉语的特点是平卷舌不分、边音鼻音不分，这使得当地汉语也出现了平卷舌不分、边音鼻音不分的现象。下面是潞西县城纯汉族几个年龄层的边音鼻音、平卷舌的分辨情况：

| 年龄（岁） | 渴：河 | 你：里 | 难：兰 | 怒：路 | 蛇：色 |
	kʰ：x	n：l（齐）	n：l（开）	n：l（合）	ʂ：s
10～20	1	0.17	0.04	0.02	0.00
21～30	1	0.42	0.18	0.13	0.10
31～40	1	0.63	0.33	0.34	0.24
41～50	1	0.87	0.60	0.66	0.49
51～60	1	0.91	0.93	0.91	0.61

---

① 关于"语势"的定义及相关讨论，详见§9.5.3。

[kʰ]和[x]的区分是很清楚的,从儿童到老年都是1。边音[l]和鼻音[n]、平舌[s]和卷舌[ʂ]的区分,老年和中年基本上也是清楚的,但儿童青少年则不太清楚。当地汉语中的这种边鼻音不分、平卷舌不分现象,只是在有傣族的地方才出现。很明显这是受傣语母语干扰的结果。

母语干扰的主要方向:从弱势语言到强势语言。傣语是弱势语言、汉语是强势语言。傣语和汉语接触中,主要是傣语对汉语的母语干扰。例如在潞西芒市镇、梁河曼东、梁河囊宋三个地区,当地汉语(潞西话、梁河话)是区分平卷舌的,即"色≠蛇"。潞西芒市镇、梁河曼东的傣族人所说的汉语中仍然保持平卷舌不分,"色=蛇"。和当地汉语相比,傣族汉语相对简化了,这是由傣语的母语干扰造成的,即傣语平卷舌不分的特点被带入傣族汉语中。

借贷是母语通过第二语言从目标语中引进语言成分,其结果是造成母语音系的繁化。德宏傣族汉语者的傣语因常用汉语借词而出现了繁化,有如下三个层次:

(1) 出现了填补音节空格(slot)的新音节,如"天[tʰɛn⁵⁵]""变[pɛn²¹³]"等;

(2) 出现了填补音类空格的新音类,如[kʰ]、[tsʰ]、[tɕʰ]、[iu]、[ioŋ]等;

(3) 出现了新的区别性特征,如卷舌特征。

持续追踪调查显示,无论接触的深浅,借贷的阶的顺序并不改变。双语者的傣语汉借词语音形式有三个层阶,并一直保持着"新音节>新音类>新特征"这样一种分阶秩序。傣语汉借词语音形式中,总是先出现新的音节,再出现新的音类,最后才出现新的区别特征,而不是相反。例如,在汉语和傣语接触初期,随着汉语借词的进入,傣语音系中出现新的音节,如"犯""难""铲"等,见下表:

	an³⁵	an⁵¹	an³¹	an⁴³	an²¹³	an⁵⁵
p		炒	堵	绊	线/**拌**	搬
pʰ	穷			**盘**	生产/**祥**	麻味/**攀**
m	有运气	祭/**满**	村寨	**蛮**	玻璃/**慢**	缅族
f	削	麂子/**反**		**烦**	**犯**	**翻**
v	甜		带领		碗/**万**	
t	蜗牛	赙/**胆**	说		但	摘
tʰ		指滴	马槽		**炭**	**瘫**

续表

	an³⁵	an⁵¹	an³¹	an⁴³	an²¹³	an⁵⁵
l	侄、孙	久	秃	**难**	荒废	烂
ts		晒台	讨厌		**蘸**	**沾**
s	米仁	**铲**		**馋**	**散**	**三、参**
j	离开	坠	霉烂			
k		扁担	茎	硫磺	**干(部)**	工作
x	斧头			懒	**焊/看**	**锈/憨、刊**
ŋ	雄性	工作	柄			
h	勇敢			癞	阶梯	鹅
ʔ					数（动词）	感冒/**鞍**

随着接触的深入，借词"看"和"刊"从[x]一行分化出来，声母也相应变成[kʰ]，这样傣语音系中出现了新的音位[kʰ]，见下表：

	an³⁵	an⁵¹	an³¹	an⁴³	an²¹³	an⁵⁵
p		炒	堵	绊	线/**拌**	搬
pʰ	穷			**盘**	生产/**袢**	麻味/**攀**
m	有运气	祭/**满**	村寨	**蛮**	玻璃/**慢**	缅族
f	削	麂子/**反**		**烦**	**犯**	**翻**
v	甜		带领		碗/**万**	
t	蜗牛	赊/**胆**	说		但	摘
tʰ		指滴	马槽		**炭**	**瘫**
l	侄、孙	久	秃	**难**	荒废	烂
ts		晒台	讨厌		**蘸**	**沾**
s	米仁	**铲**		**馋**	**散**	**三、参**
j	离开	坠	霉烂			
k		扁担	茎	硫磺	**干(部)**	工作
kʰ					看	刊
x	斧头			懒	**焊**	**锈/憨**
ŋ	雄性	工作	柄			

续表

	an³⁵	an⁵¹	an³¹	an⁴³	an²¹³	an⁵⁵
h	勇敢		瘸	阶梯	鹅	
ʔ				数（动词）	感冒/**鞍**	

随着汉傣接触的进一步发展，出现了新的区别特征——卷舌特征（舌尖后）。这样傣语声母则变成如下矩阵：

发音方法			唇音		舌尖音			舌面音			喉音
			双唇	唇齿	齿间	舌尖前	舌尖中	舌尖后	舌面前	舌面中	舌面后	
塞音	清音	不送气	p				t				k	ʔ
		送气	pʰ				tʰ				kʰ	
塞擦	清音	不送气				ts		tʂ	tɕ			
		送气				tsʰ		tʂʰ	tɕʰ			
鼻音	浊音		m						ȵ		ŋ	
边音	浊音					l						
擦音	清音			f		s		ʂ	ɕ		x	h

"新音节＞新音类＞新特征"这样一种分阶秩序，体现了借贷的有阶性。借贷的有阶性是语言接触有阶性的重要表现。语言接触的度和社会因素（如民族交往和融合程度等）有关，而语言接触的阶则和接触语言的结构有关。

除了有阶性外，语言接触具有有向性。语言接触的有向性和接触语言的语势强弱有关。借贷的主要方向是：强势语言→弱势语言。母语干扰的主要方向是：母语→目标语。

在语言接触中，母语干扰和借贷及所造成的结果存在很大的差别，这也是母语干扰和借贷被看做语言接触两个不同过程的原因之一。

母语干扰和借贷都离不开第二语言。因此双语者在语言接触中具有重要的地位。双语者指语言接触环境中除了母语外，还能说第二语言的人。汉语和傣语接触中存在傣族双语者和汉族双语者。傣族双语者指会说傣语和傣族汉语的傣族人。汉族双语者指会说汉语和汉族傣语的汉族人。他们的对应关系如下：

	母语	第二语言	目标语
傣族双语者	傣语	傣族汉语	汉语
汉族双语者	汉语	汉族傣语	傣语

傣族汉语是傣族说的汉语，汉族傣语是汉族说的傣语。这两种语言变体构成傣语和汉语接触的中介语。汉语和傣语接触中的母语干扰和借贷过程，都需要中介语的参与。中介语是有方向性的：傣语通过傣族汉语干扰汉语，同时通过傣族汉语从汉语中借入语言成分；汉语通过汉族傣语干扰傣语，同时通过汉族傣语从傣语中借入语言成分。

9.3 语言联盟

语言联盟（language union，德语：sprachbund）指处于同一个地域的不同语言，由于相互接触、相互影响，不仅在词汇上有大量的相互借贷，而且在语音、语法系统的结构格局、结构规则等方面也变得十分相似。这种语言间的相似不是因为这些语言来自同一母语，而是因为这些语言彼此接触而产生的语言趋同变化。

语言联盟的产生至少需满足三个必要条件：(1)相互接触的语言处于同一个地理区域内；(2)说这些语言的不同民族彼此间有着长期、深度的接触；(3)不同民族之间是相对平衡的接触。这些不同民族长期共同生活在同一片区域，交错杂居，有着频繁的经济文化往来和彼此通婚关系。各个民族在经济文化发展水平上相对平衡，人口比例悬殊不大，而且各民族都至少有部分人口相对聚居。

典型的例子是巴尔干半岛的语言联盟。巴尔干半岛有保加利亚语、塞尔维亚－克罗地亚语、罗马尼亚语、阿尔巴尼亚语、希腊语等语言。从语源上看，保加利亚语、塞尔维亚－克罗地亚语属于斯拉夫语族，罗马尼亚语属于罗曼语族，阿尔巴尼亚语、希腊语则各自单独构成一个语族。很明显巴尔干半岛诸语言是彼此间亲属关系相对较远的语言。但从语音和语法系统特点看，巴尔干半岛诸语言与自己亲属关系更近的同语族语言的差异明显，它们彼此之间在音系和形态上反倒十分相似。

汉藏语系语言研究基本套用了印欧语言谱系树模式。李方桂学派意识到语音对应规律在这一语言地区的局限，所以广泛使用了声调、单音节性、语序、量词等类型上的相似性来确定亲属关系。但是李方桂学派既要坚持谱系说，又不严格运用语音对应规律，势必在理论和方法上出现断裂。本尼迪克特等人把核心词的语音对应关系作为语言同源的证据和标准。但本尼迪克特学派核心词语音对应只能排除声调、语序、量词、单音节性、虚词等偶然相似,排除类型学上的同构。核心词语音对应并不能在同源词和借词之间划出界限。纵观东亚、东南亚乃至南亚地区,诸多民族是在不断征战、迁移、融合、接触的过程中创造自己的历史和文化的。这些地区的语言错综繁杂,语言的分化、接触交叠发生,和以分化为主要趋势的印欧语言形成鲜明对比。尤其重要的是,这些地区的语言大多缺少形态变化,语言借贷深入到了核心词部分。印欧语言谱系树模式在探究东亚、东南亚及南亚地区语言谱系关系时,失去了它的普适性。

考虑到中国西南地区和印度半岛语言不断分化、不断融合的复杂性,把汉藏语系称为汉藏语言联盟似更妥当。汉藏语言联盟包括汉语、藏缅语、壮侗语、苗瑶语以及被现代语言学家划入孟—高棉语系的若干语言。这些语群不仅仅在分化,也在不断融合。这些语群之间确实存在核心词对应。这些有语音对应的核心词,可称为关系词,即具有共同文化价值的词。目前还没有可靠手段证明这些关系词是同源词还是借词。关系词的多少反映了文化上的疏密关系(不一定是亲属关系)。谱系树模式中,一种语言在演化中不可能改变它的亲属关系。与此不同,在语言联盟中,一种语言可能因为复杂的演化会从一个语言联盟或语系转换到另一个语言联盟。汉藏语言联盟的语言可能因为被其他语言联盟或语系的语言异化而分离出去。从历史资料和最新考古资料看,印度尼西亚语很可能是被南岛语系异化后从壮侗语中分离出去的。汉藏语言联盟的语言也可能是从其他语言联盟或语系中同化过来的。从文献和考古资料看,苗瑶、壮侗诸语言很明显是经过长期接触融合同化到汉藏语言联盟中来的。只有当语言间有大量核心词对应时,即相互之间存在大量关系词,才能说它们之间有联盟关系。关系词数量越多,两种文化的关系越密切。关系词语音形式差异越大,两种文化集团曾有过的亲密关系就越久远。利用关系词,就可以画出语言间的关系树(不是谱系树)。在关系树上越密切的语言,其文化联系也相对越密切。

需要注意的是,通过考察语言结构特点、关系词数量,以及语言集团间的语言文化接触史、文献记载、考古资料等,一些较典型的语言联盟大体上是可以确认和区分出来的,但确定语言联盟,目前还没有一个绝对的客观标准。

9.4 语言转用和方言叠置

9.4.1 语言转用

语言转用通常指生活在同一区域的不同民族,在深度接触和不平衡接触条件下,经济文化程度较低、人口相对较少的民族放弃使用本族语言而转用经济文化程度较高、人口相对较多的民族的语言。语言转用,也有人叫语言替换、语言融合或语言转换。民族语言和汉语的长期接触可产生语言间的相互影响,也可能出现语言转用现象①。例如回族本来有自己的语言,后来随着本族语与汉语接触程度的加深,回族放弃了本族语而转用汉语。语言转用往往需要经历三代、四代人甚至更多代方可完成。以傣汉接触中的语言转用为例,在德宏的某些傣族地区,可观察到很多傣族由双语到单语的过渡现象:

	傣汉混合家庭1	傣汉混合家庭2	双亲傣族家庭
第一代	说汉语,说傣语	说傣语,说汉语	说傣语,说汉语
第二代	说汉语,听傣语	说汉语,说傣语	说汉语,说傣语
第三代	说汉语	说汉语,听傣语	说汉语,听傣语
第四代	说汉语	说汉语	说汉语

能说两种语言时,排列在前面的都是母语。第四代傣族已经完成了语言转用。有些汉化程度较高的地区,不需要经过四代就可以完成语言转用。汉化程度稍低的地区,语言转用会经历四代或四代以上。完成语言转用的傣族,傣族汉语成了他们的母语。这种傣族汉语带有很多傣语特征。德宏州梁河县遮岛镇的后街、谢家坡、拉乡、弄么、桥头等傣族聚居地的傣族,都不同程度地完成了母语向傣族汉语转换的过程。傣族汉语成为这些地方傣族使用的唯一语言。

在傣语和汉语接触中,汉语对话状态越来越普遍,傣语对话状态越来越受限,傣族和汉族之间的交流越来越多的用汉语而不是傣语。这是多元文明对话的必然趋势。由于汉化程度的提高,傣族之间的傣语对话状态开始转变成汉语对话状态,出现对话认同的改变。这种过程发生的一般顺序是:

第一阶段:傣族群体和汉族群体在一起用汉语。傣族和傣族交谈时,为了让在场的汉族也听懂对话,仍然用汉语对话。这是傣族和傣族用汉语对话的最早状态。

第二阶段:由于以上汉语对话状态的泛化,傣族群体在机关单位或一些比较正式的场合,即使没有汉族在场,也用汉语对话。这使傣族的汉语对话的认同心态进一步扩大。

第三阶段:随着经历过上述对话状态的傣族人数不断增加,这些傣族在傣族村寨或傣族群体之间有时候也开始使用汉语对话,出现语言认同转变。儿童在这种汉化程度很高的背景下,汉语水平迅速提高。

---

① 参考:戴庆厦,1992,《汉语与少数民族语言关系概论》,北京:中央民族大学出版社。

第四阶段:家庭语言认同的转变。在家庭内部,傣族父母对汉语水平高傣语水平低的子女也用汉语对话。有时傣族父母之间也用汉语对话。

一个地区的傣族人完成语言转用后,原来傣语中的很多特征也会转移到他们所说的汉语中,所以完成语言转用的傣族人所说的傣族汉语总有一定的傣语色彩。从这种意义上说,语言转用也就是语言融合。语言融合并不是两种语言的混杂。通常的情况是,基本词汇是汉语的,语言结构则因为语言人口差异而有所不同。汉语势力越大,语言转用后的汉语结构就越多,傣语结构就越少;汉语势力越小,语言转用后的汉语结构就越少,傣语结构就越多。

语言转用是语言接触导致语言分化的重要方面。从语源关系上看,完成语言转用的傣族所说的傣族汉语仍然是汉语方言。这是因为:(1)傣族汉语是用来和汉语对话的;(2)绝大部分傣族汉语基本语素和汉语有严格的语音对应关系,构成主体对应语素,并且越是核心的语素比例越高。

傣族汉语和原汉语都有严格的对应。汉语中有些声母相同的汉字,在傣族汉语中声母不同,完成语言转用后声母也不同,例如:

例子	汉语	傣族汉语	完成语言转用的傣族汉语
急	tɕi	tɕi	tɕi
局	tɕy	tsu	tsu

但是傣族汉语里这种不同的读法是有条件的:如果汉语韵母是[iu]、[io]、[iong],傣族汉语的声母就读[ts],其他条件下都读[tɕ]。可见,完成语言转用后的傣族汉语和原汉语有严格的语音对应关系,就像汉语方言之间有严格的语音对应一样。这说明,完成语言转用后的傣族汉语和云南汉语之间是汉语方言关系。

9.4.2 语言转用和方言形成

民族语言的母语干扰和语言转用是导致汉语方言形成的两种基本的方式。民族语言的母语干扰,会使当地汉语方言和民族语言发生趋同变化,从而形成具有某些民族语言特色的地域方言。语言转用则会形成汉语的民族方言。就特定民族地区而言,这两种方式的实现还和该地区操汉语、民族语的人口数量,以及对话状态有关。

汉语方言的形成与汉语和其他语言之间的接触密不可分。汉语方言在形成过程中民族语言的干扰起了很大的作用。这些干扰必然给汉语方言增加很多原始汉语不存在的结构因素。民族语言在和汉语的接触中通过两种方式影响汉语:一是汉语民族方言通过母语干扰有规则有系统地影响汉语,导致方言的形成;二是汉语民族方言通过母语转换变成汉语方言。陈其光(1996)认为,从华夏民族形成来看,古代华夏语言的形成非常可能是语言接触的结果。沈钟伟(2016)认为,汉族统治区域扩大的历史也是汉族语言文化和非汉语言文化接触的历史。汉语在进入非汉民族地区后,就发生和非汉语言的接触。在语言接触过程中,汉语形成了一种新的面貌,成为汉语的地方变体,即汉语方言。另一种情况是非汉民族进入汉语地区,受到强势的汉文化影响,也使用或转用汉语,这也形成汉语方言。这两种情况在历史上都多次发生。南方以第一种情况为主,北方以第二种情况为主。

9.4.3 方言叠置

汉语方言众多。汉语方言之间必然会产生相互接触。方言接触主要是通过双方言方式展开的。方言区存在大量的双方言人口。一般来说,不同方言区的人对话时用普通话,同一方言地区的人对话时用本地方言。普通话不断对本地方言产生影响,结果在方言地区可能会形成了两种不同的语音系统,即文白异读现象,例如:

	街	解	介	蟹	鞋
老四川话	kai^{55}	kai^{51}	kai^{213}	xai^{31}	xai^{31}
受普通话影响后	$tɕiai^{55}$	$tɕiai^{51}$	$tɕiai^{213}$	$ɕiai^{31}$	$ɕiai^{31}$

上述汉字的两个读音中,"老四川话"读音是白读音,受普通话影响后的读音是文读音。汉字是语素-音节文字。与字母文字不同,汉字的符号不直接用于拼读,因而同一汉字可以对应不同的读音。汉字的特点加深了文读和白读的对立。方言叠置指在同一空间一个方言借助汉字的连接,通过对应规律接受另一个方言的影响所形成的音类的叠置,如上面几个例子中韵母[ai]和[iai]的叠置。

方言叠置是上层方言对下层方言产生影响的结果,通常是通过双方言者展开的。在文白异读产生过程中,双方言者起了很大的作用。由于操双方言的人往往集中在方言区中心,所以方言叠置往往首先在受叠置方言的中心地带产生。比如:

汉字	成都话	普通话	上字	下字	声母	韵	开合	等	声调	摄
该	kai^1	kai^1	古	哀	见	咍	开	一	平	蟹
街	kai^1(白读)	$tɕie^1$	古	膎	见	佳	开	二	平	蟹
街	$tɕiai^1$(文读)	$tɕie^1$	古	膎	见	佳	开	二	平	蟹

在成都话中,"街"有文白异读而"该"没有,这与权威方言普通话有关。成

都话[ai]韵母的字,普通话分成两套,一套读[ai],一套读[iɛ]。通过普通话对成都话的叠置,使成都话的[ai]也分化成了两套。叠置通常发生在声母或韵母上,声调受叠置的情况较少。叠置方式以音系结构为条件。本地方言受权威方言叠置而产生的文读形式,通常都要符合地方方言的音系结构规则。文读和白读的共存是方言接触在同一系统中的历时体现。文读形式、白读形式会以社会因素为条件展开竞争。竞争的结果往往是"文胜白败",即文读形式越来越普遍,白读形式则逐渐减少,最后只残存于一些地名或人名姓氏中,甚至完全消失。

双方言者通常是以本地方言为母方言的人。比如在成都,能说地方方言和权威方言的人大都是本地人。双方言者既能说本地方言,又能说权威方言,当然他们的权威方言不一定很地道。这些双方言者的存在沟通了权威方言和地方方言的关系,使方言叠置得以产生。可以说,有双方言的存在必然有文白异读,有文白异读必然有双方言的存在。双方言的存在是产生文白异读的充分必要条件。方言叠置的范围不限于地方方言受权威方言的影响。比如在汉族的移民过程中,一群新来的汉族所操的方言可能和本地汉族的方言不同。新来的汉族和本地汉族要相互交流,就会产生双方言者。不过,是新来的汉族成为双方言者还是本地汉族成为双方言者,往往和人口、文化背景有关。比如在成都附近,有不少村落的汉族人是近代从江西、湖南等地迁入的,由于人口比成都本地人要少,他们往往成为双方言者。

在权威方言影响或移民等情形下,都可能因上层方言对下层方言的影响而出现方言叠置现象。上层方言指施加叠置的方言,下层方言指受叠置而产生文白异读的方言。上层方言和书面语的关系更密切。在叠置过程中,汉字和书面语起了很大的作用,因为叠置是同源语素的叠置,而汉字在确定同源语素时起了关键作用。上层方言和下层方言的概念便于把文读和白读在空间上的两种关系统一起来。文白异读和双方言的关系,可以从以下几个角度观察:

文读	白读
上层方言	下层方言
权威方言	地方方言
书面语	口语

由方言叠置引出的一个重要结论是,现代方言中存在的语音差异不完全是从原始语传承下来的,也有可能是方言接触引起的。成都话[ai]韵母的字因叠置而产生的差异就是由普通话引起的。这种现象在四川很多方言中都存在。如果不考虑方言接触所带来的方言叠置,无条件地使用差异原则,就可能把因

为方言接触形成的语音对立,构拟到原始语中去①。

9.5 通用语和语势

9.5.1 通用语

随着社会的不断分化,一种语言分化为若干语言或方言。文化交流、战争移民等往往会导致不同语言或方言的使用者生活在同一个社会中,这势必会造成不同语言或方言发生不同程度的接触。生活在同一社会、说不同语言或方言的人们,为了方便相互间的交流,就需要一个通用语(lingua franca,也叫通语)。

通用语是指处于几种语言或方言之上的、操不同语言或方言的人之间进行交际时所使用的共同交际工具。例如,普通话是不同方言区人们之间交流的共同媒介,也是汉语区和民族语言区人们之间交流的共同交际工具。普通话已成为少数民族地区机关团体、学校、医院等公共场合的工作语言和交际语言。

人们通常把英语看做一种世界性语言。世界性语言、语言国际化等现象本质上都是语言通用性问题。很多学者都提到语言的通用性和政治、军事、经济有关联(布龙菲尔德 Bloomfield 1933;魏茵莱希 Weinreich 1953;托马森和考夫曼 Thomason & Kaufman 1988;Xu & Wei 2001)。克里斯特尔(Crystal 2003:106)认为英语成为世界语言的原因有两个:19 世纪英帝国的殖民运动和 20 世纪美国的崛起,其中前者是政治军事力量,后者是经济力量。在英语发展成为世界性语言的过程中,政治军事力量和经济力量确实起到了很重要的作用。然而,一个语言的通用性及其影响力,起决定性作用的往往是操该语言的族群经济文化发展水平高低,语言使用人口多少和语言本身丰富发展程度等因素。

和语言通用性相关的一个重要概念是语言活力(language vitality)(Bourhis et al. 1981)。菲斯曼(Fishman 1991:87)提出了和语言活力测度相关的八种代际干扰等级(graded intergenerational disruption scale, GIDS)。有不少学者对中国语言活力展开了具体的调查研究(谭克让等 1995;黄行 2000)。为了拯救濒危语言,联合国教科文组织制定了测度语言活力的标准,提出了九

---

① 关于方言叠置、汉语方言及其层次等方面的知识可参考:袁家骅等(1960),王力(1985/2008),林焘(1987),王洪君(1987,1992),徐通锵(1991),张光宇(1993,1996,1999),王福堂(1999),张维佳(2005),丁邦新(2007),麦耘(1998,2009),潘悟云(2000),侯精一(2002),乔全生(2004,2008),邢向东(2002,2006),钱曾怡(2001,2004,2010),曹志耘(2008)等。

个因素(UNESCO 2003):(1)代际语言传承;(2)语言使用者的绝对人数;(3)语言使用者占总人口比例;(4)现存语言使用领域的趋势;(5)对新的语言使用领域和媒体的反应;(6)语言教育材料与读写材料;(7)政府和机构的语言态度和政策;(8)社团成员对自己母语的态度;(9)语言文件的数量和质量。韦伯(Weber 1997)提出了六个测度语言影响力的因素及其最大权重,分别是母语人口、二语人口、语言使用的国家数量和人口、语言使用的主要领域、经济实力、语言的社会文化地位。这些标准或参数对认识语言通用性都有价值。当然,参数的选择涉及很多因素,有的学者归纳出的参数高达几十种(Haarmann 1990;周庆生 2001:607)。

语言的通用性、影响力和语言活力都是语言在交际中的一种表现。强势语言因为其通用性往往被置于一种很高的语言政治地位或语言行政地位,比如官方语言的地位。不过,语言的政治地位或行政地位是借助法律等行政手段而获得的,这是一种非自然传承的力量,可以称为语位。官方语言的语位是最高的。通用语和官方语言都是共同语,但二者存在差别。通用语是因为语势很强或语言活力很高自然形成的共同语,而官方语言是借助法律手段形成的共同语。

9.5.2 世界语

目前世界上有 6000 多种语言。人类语言的差异对人类的互相交往、科学研究等方面均造成了极大阻碍。既然自然语言丰富多彩、差异巨大,那么能否创造一种人工语言,在世界范围内推广普及?一百多年前开始,有些学者在创造人工语言方面进行了积极探索,最有名的是柴门霍夫(Zamenhof)倡导并着手创立的世界语(Esperanto)①。世界语是柴门霍夫于 1887 年在印欧语系基础上创立的一种国际辅助语,旨在消除国际交往的语言障碍。柴门霍夫公布这种语言方案时的笔名为"Doktoro Esperanto(希望者博士)",后来人们称这种语言为 Esperanto。

世界语是一种拼音文字,书写形式采用拉丁字母,共有 28 个字母。每个字母有大写、小写两种形式。世界语字母表如下:

---

① 本小节关于世界语知识的介绍,所参考资料包括:(1)"中华全国世界语协会"网站资料(网址:https://www.chinaesperantoligo.com.cn/priesperanto/,访问时间 2023-3-23);(2)Kalocsay, K. & G. Waringhien. 1985. *Plena Analiza Gramatiko de Esperanto* (*the fifth revised edition*). Universala Esperanto-Asocio. 中译:卡洛查、瓦兰金编著,刘鸿元翻译,《高级世界语分析语法》(Versio 2.10),2022 年;(3)Wennergren, Bertilo. 2016. *Plena Manlibro de Esperanta Gramatiko* (Versio 15.0.1). 中译:温纳格伦编著,刘鸿元翻译,《高级世界语语法手册》(Versio 2.3),2017 年 7 月。

大写	A	B	C	Ĉ	D	E	F	G	Ĝ	H	Ĥ	I	J	Ĵ
小写	a	b	c	ĉ	d	e	f	g	ĝ	h	ĥ	i	j	ĵ
大写	K	L	M	N	O	P	R	S	Ŝ	T	U	Ŭ	V	Z
小写	k	l	m	n	o	p	r	s	ŝ	t	u	ŭ	v	z

其中 a、e、i、o、u 为元音字母,可以单独构成音节,其余 23 个为辅音字母。世界语的每个字母只有一种读音,每个字母的音值始终不变,也没有不发音的字母,语音和书写完全一致。

世界语没有声调。世界语中每个词的重音在倒数第二个音节上,例如 ámi(爱)、amánta(爱着的)、séndi(寄信)、sendíto(使者)、plúmo(羽毛/笔尖)、plumújo(文具盒)(卡洛查、瓦兰金编著,刘鸿元翻译《高级世界语分析语法》,2022:18)。一个单词有几个元音就有几个音节,例如一个音节的词:mi(我)、ne(不)、jam(已经)、pli(更加);两个音节的词:horo(小时)、lando(国家);三个音节的词:dormejo(卧室)、patrino(母亲);四个音节的词:laboristo(工人)、esperanto(世界语)。

世界语中元音相连现象很常见。相连的两个元音都必须念出,如 opinii = opiní-i(认为)、treege = tre-ége(极其)、metroo = metró-o(地铁)、praa = prá-a(原始的)。辅音相连存在于合成词以及一些为数不多的词根中,主要是专有名称中。相连的两个辅音也都必须念出,例如 Finno(芬兰人)、sennoma(无名的)、ellerni(学会)(温纳格伦编著,刘鸿元翻译《高级世界语语法手册》,2017:16—17)。

人们学会了世界语的 28 个字母和拼音规则,就可以读出和写出任何一个单词。

世界语的构词成分包括词根、词缀(包括前缀、后缀)和词尾。《世界语正式基本词根表》(Baza Radikaro Oficiala,BRO)由世界语学院公布[①]。该表所选 2470 个常用词根(词缀),是世界语一般词汇的主干。该表按词根使用频度分为九组:第一组至第八组是常用的和次常用的词根(1717 个),第九组是不太常用的词根(753 个)。世界语的语法是在印欧语言语法基础上提炼出来的,基本语法规则只有 16 条。由于世界语拼读规则及构词、语法规则都相对较简单,人们学习起来相对较容易。初学者只需经过相对较短时间的学习,基本上就可以掌

---

① 关于《世界语正式基本词根表》详细情况,参考"中华全国世界语协会"网站资料,网址:https://www.chinaesperantoligo.com.cn/vortarogramatiko/,访问时间 2023—3—23。

握和使用世界语。

9.5.3 语势

语势指在特定区域共存的几个语言中,一种语言所具有的传承潜力、通用潜力以及对其他语言的相对影响力。在语言接触场合,一个语言语势的大小取决于操该语言的族群经济文化发展水平的高低,语言使用人口的多少,以及语言本身的丰富和发展程度等因素,而与政治地位的高低和军事上的优劣无直接关系。汉语的强势地位由来已久。早在国语、普通话推广以前,汉语就处于强势地位,成为各民族的通用语。例如魏晋南北朝以来,北方少数民族匈奴、羯、鲜卑、氐、羌南迁中原地区,并先后建立了十多个地域性政权,史称"五胡乱华"。但这些北方少数民族经济文化发展水平相对较低,人口较少。这些少数民族所使用的语言,如鲜卑语(北魏)、契丹语(辽)、女真语(金)等,语言本身的丰富和发展程度也相对较低。因此鲜卑语、契丹语、女真语等北方少数民族语言的语势相对较低。汉语则语势相对较高,成为这些民族之间的通用语。同样,在中国元代、清代建立的初期,汉族地区经济文化水平相对较高,蒙古族、满族经济发展水平相对较低,因此汉语语势相对较高,蒙古语、满语语势相对较低。

在云南德宏地区生活着汉族、傣族、德昂族等民族。调查发现,该地区这三个民族在文化强弱和掌握语言方面存在差异,如下表所示:

民族	文化强弱情况	掌握语言情况
汉族	强势文化	汉语
傣族	次强势文化	汉语、傣语
德昂族	弱势文化	汉语、傣语、德昂语

在德宏地区,汉族文化是强势文化,傣族文化次之,德昂族文化是弱势文化。相应地,在德宏地区,汉语的语势最强,傣语次之,德昂语语势最小。从各民族掌握语言来看,汉族只说汉语,傣族人会说汉语和傣语,德昂族人则会说汉语、傣语和德昂语。这说明,操语势较弱的语言的人,往往会学习和掌握语势较强的语言,例如傣族人会学习汉语,德昂族人会学习傣语和汉语。

一种语言语势的大小与操该语言的人口数量有一定关系,但母语者数量不是制约语言势力大小的决定性因素。一个明显的例子是"洋泾浜英语"。在过去与外国人通商的港口,汉语母语者数量多于外国商人(操英语),但在当时社会条件下,英语的语势明显高于汉语,否则也不会出现洋泾浜英语。当然,通商口岸两种语言使用人口数量的显著差异,也会在一定程度上影响语言势力的大小,从而在特定社会条件下形成了"洋泾浜英语"这一语言接触的特殊形式。

1949年以后，普通话成为官方语言。普通话语势高，语位也高。随着普通话在汉语方言区、民族语地区的普及和推广，普通话强大的语势对汉语方言、民族语言的影响也越来越明显。在不少汉语方言区，越来越多的年轻人成为"无方言族"，普通话成为他们经常熟练使用的主体语言，即基语（matrix language）（当然更多是带有一定地方方言色彩的普通话）。方言词汇衰减较快，老年人还使用较多的方言词，年轻人使用方言词数量则大大减少。方言音系和语法逐渐呈现趋同于普通话的趋势。随着社会的发展以及普通话在方言区的进一步普及推广，汉语方言被普通话同化的现象将会越来越严重。这样，几代人之后，大量的方言词如果没有被记录下来，将消失得无影无踪。为推广和规范使用国家通用语言文字，科学保护各民族语言文字，中国政府于2015年开始启动"中国语言资源保护工程"，用现代信息技术采录汉语方言、民族语言和语言文化数据，经过转写、标记等加工程序，形成文本文件、音频文件及视频文件入库保存，并以数据库等形式向学界、社会提供服务。

强大的语势常常可以压倒语位而获得传承的优势。语势和语位的关系不总是完全对应的。在中国，汉语即使不被置于官方语言地位，仍然具有强大的语势。满语和汉语的接触是一个典型例子。从顺治、康熙以后，朝廷逐渐开始使用满汉双语。汉语人口多，词汇丰富，汉语语势很强大，能够完成满语无法完成的很多功能。几百年满汉接触的结果是，汉语逐渐取代了满语。满汉接触的例子体现了语言接触中语势的重要性，说明语言传承的根本力量是语势而不是语位。

汉语强大的语势甚至能够在人口不占优势情况下保持传承优势。比如在马来西亚，华人人口不占优势，属于少数民族。汉语词汇丰富，在文化底蕴上有优势。马来语在母语人口上有优势，后来又被列为官方语言。在这种背景下，马来语和汉语形成了一种独特的接触模式，可称为等势接触模式①，即接触的双方由于都有各自优势背景，语势基本相当。等势接触的结果是双方都有大量双语者，华人有很多会说马来语，马来人也有很多会说汉语。基本词汇的传播是双向的，语言结构的干扰也是双向的。马来西亚的现代马来语和汉语中都有大量借用对方基本词汇的情况，其中有不少词汇母语者已经感觉不到是借词。这种双向借用显示早期华人和马来人也有大量双语者，语言的语势相当。

如果一种语言语位高，又具有很强的语势，那么这种语言的语势会得到大

---

① 陈保亚，2012，《马来西亚多语现象：一种独特的接触类型》，《当代评论》第2期，61—69页，马来西亚林连玉基金会。

幅度提高。汉语和英语就是典型的情况。汉语历史上曾经具有很高的政治经济地位,语位很高,加上语势本身很强,所以汉语的语势不断得到强化。

语势大致可以根据语言人口数量和词汇量加以量化①。人口方面可做语言人口调查统计,词汇量方面也可做词汇统计。词汇量指一个语言古今历史积淀形成的词汇,包括借词。《汉语大词典》就是汉语词汇的汇集,约 37 万词条。《傣语词典》(德宏)收 2.8 万多词条(孟尊贤 2007)。德宏傣语的词条还可以增加,但不会增加很多,这显示汉语具有更为丰富的词汇。词汇越丰富,词根、文本通常也越丰富,语言积淀也越深厚。当然,语势的量化还需要做很多工作,比如汉语在诗歌、经络学说、中草药方面词汇很丰富,英语在科技方面词汇很丰富,如何考虑这些差异的权重,是难点问题。

语势和语言活力有很大关系,但并不完全相同。语言活力是语势在语言接触中的具体体现。语势可用以度量语言的传承势力,语言活力可用以度量语言的使用功能。根据联合国的一项测度方案,汉语的综合活力为 307,维吾尔语的综合活力为 203,藏语的综合活力为 174,蒙古语的综合活力为 172,傣语综合活力为 90(黄行 2000:19)。通常情况下,语势越强,语言活力就越高,因此语言活力是语势的重要参数。但语言活力高,语势不一定强。比如英语在香港、澳门等地活力很高,但这些地方语势强的是粤语。

语势的内容可进一步扩展为语言人口和语言积淀两个部分。语言人口既包括母语人口,也包括第二语言人口。很多学者已经注意到语言人口的重要性(Appel & Muysken 1987;Hoffmann 1991;Holmes 2001;Coulmas 2005)。语言积淀包括词汇量和文本。语言积淀是科技人文知识的反映和重要量化标准。科技人文知识积淀越深厚,语言的词汇量和文本也越丰富,语言积淀也越深厚。在人口数量既定的前提下,语言积淀越深厚,语势也越强。希夫曼(Schiffman 1996:30)提到的影响语言政策的语域(language register)、语库(language repertoire,也译为语言知识库)和语言文化,邹嘉彦、游汝杰(2001)提到的语言背后的文化、文字,联合国教科文组织(UNESCO 2003)提到的跟濒危语言有关的语言文件数量和质量,都是语言积淀的重要内容。这些内容最终都会通过语言词汇和语言文本体现出来。

---

① 关于语势量化问题的讨论,可参考:(1)陈保亚,2012,《马来西亚多语现象:一种独特的接触类型》,《当代评论》第 2 期,61—69 页,马来西亚林连玉基金会。(2)陈保亚,2013,《语势、家庭学习模式与语言传承——从语言自然接触说起》,《北京大学学报》(哲学社会科学版)第 3 期,78—88 页。

9.6 混合语

洋泾浜语(pidgin,也译为皮钦语)和克里奥尔语(Creole)是在特定社会条件下形成的特殊的语言接触形式。洋泾浜语是17世纪以后在殖民地半殖民地的通商口岸常见的一种语言现象。洋泾浜语是当地人和外来殖民者在打交道过程中彼此在语言上妥协而产生的、能使双方勉强沟通的临时交际工具。洋泾浜语的语音经过当地语言音系的大幅改造;词汇量非常小,其中绝大多数来自外语,极少数来自当地词汇;语法规则带有当地语言的语法痕迹,且语法规则大大减少。洋泾浜语只在当地人与外来殖民者打交道的场合使用,不作为母语传递给下一代。一旦社会环境改变,洋泾浜语就会自动消失。克里奥尔语是由洋泾浜语演变而来的。在非洲、美洲某些地区,殖民统治者种植园里的劳工来自不同部落或族群,他们之间彼此是不能通话的。因此洋泾浜化的殖民者语言成了当地唯一共同的交际工具。后来随着来自不同部落或族群人们之间相互通婚,这种洋泾浜化的语言就作为母语传递给下一代。洋泾浜语就发展成为了克里奥尔语。和作为临时性交际工具的洋泾浜语不同,克里奥尔语不仅能在一个社会的全体成员的口头中扎下根,还能不断扩大词汇、严密语法,迅速丰富发展起来,最后也可能会变得和其他语言同样完备。

克里奥尔语在某种意义上可以看做是一种混合语(mixed language)。混合语是在特定社会条件下,因为两种或多种语言相互接触、相互影响,使得接触语言的结构成分相互混合而形成的一种语言混合体。混合语不是不同语言的特征、单位及结构的简单混合。

在中国境内被认为是混合语的语言有倒话、五屯话和唐汪话。根据意西微萨·阿错(2004)的研究,倒话在四川省甘孜藏族自治州雅江县河口镇一带使用。倒话深受当地藏语方言影响。倒话的基本词汇及音系来自汉语,句法表达方式则来自藏语。五屯话在青海黄南藏族自治州同仁县隆务镇一带使用。五屯话研究比较重要的成果包括陈乃雄(1982,1988,1989),芈一之、席元麟(1985),詹胡宁等(Janhunen et al. 2008),桑德曼(Sandman 2012)等。五屯话同时受到藏语和蒙古语族的保安语的影响。五屯话的语法、语音结构和藏语更相似,也是宾动语序,有格标记。五屯话的基本语素多数是汉语的,主要也是和汉语的基本语素对应,并且基本语素核心程度越高,对应语素的比例也越高。五屯话和汉语曾经可以直接对话,二者结构类型基本相似,也都是有声调语言。然而由于受到无声调的藏语和保安语的影响,五屯话变成了无声调语言。目前在五屯话中保留的汉语词尽管还占大多数,但靠声调辨义的只有少数几组词。从发生学角度看,也可以把五屯话看成在孤岛条件下汉语受藏语强烈干扰而形成的藏式转型汉语方言。

唐汪话在甘肃临夏回族自治州东乡族自治县的唐汪镇使用。几百年来,唐汪话和东乡语共存。很多学者对唐汪话进行了研究,如陈元龙(1985,2017)、徐丹(2011,2014,2017)、贝罗贝(Peyraube 2015)、罗瑞(Redouane Djamouri 2015)等。唐汪话的基本词汇和普通词汇是汉语的,句法受东乡语的影响。唐汪话的语序以宾动为主,述宾语序仍然存在,格标记系统属于"主格/宾格"类型。

混合语是语言之间深度接触后形成的语言。由于判定混合语的标准至今没有给出,关于混合语的定义、系属等,学界尚存在一定的争论。但这些争论对语言深度接触机制的研究,不会造成很大的影响。

9.7 语言接触有阶性和语源关系的判定

9.7.1 语言接触的有阶性

所谓有阶,指语言成分排成的相对固定的顺序,并且这种顺序是不可逆的。雅各布逊(Jakobson 1968:47—51)发现,儿童母语习得中习得元音的顺序是:a>i>u,即在通常情况下,儿童最先习得的是低元音 a,然后才习得低元音和高元音的对立 a-i 和 a-u,并且这种习得顺序是不可逆的[①]。也就是说,在儿童母语习得中,元音 a、i、u 的习得是有阶的。

语言接触本质上也是有阶的。有阶性是语言接触的一个重要特点。语言接触的有阶性指语言接触中语言系统之间的相互影响按由浅到深、由简单到复杂的不可逆顺序进行。有阶性在借贷方面体现得尤其明显。早在 19 世纪,不少学者提出和讨论了"借贷等级(hierarchy of borrowability)"(Whitney 1881;Haugen 1950;Muysken 1981)。在语言接触中,开放类的实词项目(content item)(如名词和形容词)最容易被借用,而封闭类的语法功能项目(function item)(如介词、连词等)最不容易被借用。下面是穆耶夫斯基(Muysken 1981)提出的借贷等级(Winford 2003a:51):

[①] 雅各布逊(Jakobson 1968)把低元音 a 称为宽元音(wide vowel),把高元音 i、u 称为窄元音(narrow vowel);a-i 和 a-u 是宽元音和窄元音的对立。参见:Jakobson, Roman. 1968. *Child Language, Aphasia, and Phonological Universals*. The Hague:Mouton, 47—51.

nouns > adjectives > verdbs > prepositions > co-ordinating conjunctions > quantifiers > determiners > free pronouns > clitic pronouns > subordinating > conjunctions

不仅词汇可以借贷，语音、语法结构同样也可以借用。陈保亚(1996：133—137)基于德宏地区不同村寨傣汉语言接触情况的田野调查，讨论了傣汉接触中借贷与音系繁化的关系，认为通过借贷，傣语的繁化呈现出三个层次；每一个繁化层都和傣汉语者汉化程度有关；三个繁化层的次序不能颠倒，即语音的借贷是有阶的；形成语音借贷的阶的原因是傣语音系的聚合关系。

语言接触的有阶性体现在母语干扰的各个阶段，很多学者对此进行了深入讨论(Weinreich 1953；Thomason & Kaufman 1988；Winford 2003a，2003b，2007)。陈保亚(1996)提出接触语言间可相互干扰，可统称为母语干扰；母语干扰包括匹配、回归和并合三个阶段。德宏汉语和傣语的接触材料显示出语言接触中的回归和并合的"有阶性"。语言有阶接触不是社会因素造成的，而是由三种结构因素决定的：(1)不同类型的回归声母在傣汉语矩阵中造成的协合度的差异；(2)不同类型的声母并合给汉语声母矩阵的协合度造成的差异；(3)回归声母在汉语中的组合指数的差异[①]。汉语和维吾尔语的接触材料的调查也进一步证实，接触的阶客观存在于维吾尔语和汉语接触过程中的匹配、回归、并合各个阶段，并体现在维汉声母、韵母、声调接触的各个层面[②]。

要注意区分语言接触的阶和度。语言接触的阶受语言结构因素的制约，语言接触的度则受特定社会条件或因素的制约。语言接触的阶和接触度也存在内在关联。一般来说，语言接触中最容易受影响的是词汇，语音成分次之，语法系统则相对较稳定。只有语言接触程度相对较深时，才可能会影响语法项目。托马森(Thomason 2001)重视语言接触和社会因素的关系，认为语言成分的借用和语言接触程度有关，即在浅层的语言接触中，较多出现的是文化词、一般词汇的借用，而在深层语言接触中，语法项目、常用的基本词等也可以借用。

就词汇系统而言，语言接触中词的借贷也是有阶的。一般来说，文化词汇比基本词汇更容易借贷。轻微程度语言接触情形下所发生的词汇借贷，往往是一些文化词。而基本词汇则相对较稳定，不容易发生借贷。甚至有些比较常用的基本词只有语言接触程度相对较深时，才有可能被借用。斯瓦迪士(Swadesh

---

[①] 陈保亚，1996，《论语言接触与语言联盟——汉越(侗台语)语源关系的解释》，北京：语文出版社，第62页。

[②] 参见：杜兆金(2012,2013)、杜兆金、陈保亚(2012,2017a,2017b)。

1952,1954,1955)先后提出了人类最常用的200核心词和100核心词,认为这是人类语言普遍存在的词,并通过这些核心词在亲属语言中的分布数量来确定语言分化的年代。并非每一种语言都能分出这200核心词或100核心词,不过斯瓦迪士的这些核心词中95％以上是人类语言所共有的。斯瓦迪士的200核心词和100核心词有一定的田野调查和实证经验的支持。

斯瓦迪士的语言接触观念是有界的,即在借用和不借用之间能够划出绝对的界限。但越来越多的田野调查显示,100词也是可以借用的。尽管100词也可以借用,但比起200词的借用率要小得多。由此出发,可以把斯瓦迪士的100词称为第100词集。然后从200词中减去和第100词相同的93词,还剩107词,从这107词中去掉 at(和 in 语义有重复)、other(不便比较)、some(不便比较)、when(和 what 部分语义重复)、wipe(和 rub 语义交叉)、with(和 and 语义交叉)、ye(和单数 you 有重复)等词,得到第200词集(陈保亚1996附录)。第100词集和第200词集,可分别称为高阶核心词、低阶核心词[①]。尽管高阶核心词不是绝对稳定的,但从概率统计上说要比低阶核心词更稳定。

语言有阶接触的过程和机制,以及制约语言有阶接触过程的因素,一直是语言接触领域学者们关注的核心问题之一,代表性的研究有雅各布逊(Jakobson 1938)、魏茵莱希(Weinreich 1953)、托马森和考夫曼(Thomason & Kaufman 1988)、托马森(Thomason 2001)、陈保亚(1996)、温福德(Winford 2003a,2003b,2007)、汪锋(2012)、沈钟伟(2007,2016)等。其中,雅各布逊、魏茵莱希倾向于用语言结构因素来解释语言有阶接触,托马森则倾向于用社会因素来解释有阶接触,陈保亚(1996:152—153)基于德宏地区汉傣语言接触的研究,认为"无界有阶性"是语言接触的根本属性。所谓"无界",是指语言接触可以深入到语言系统的各个层面,这个度是由社会因素决定的,具体地说是由接触时间、接触的方向、双语人口等因素决定的,但是度的演进是有阶的。语言接触的阶是由结构因素决定的。因此,语言接触的无界有阶性是由结构因素和社会因素共同决定的。

事实上,正是由于语言接触的无界有阶性,使得不同源语言间的接触也可能造成语言之间有规律的语音对应。语言接触的无界有阶性是使用语音对应标准确定语源关系所面临的最大问题。任何有关语源关系判定标准的讨论和探索,都无法绕开语言接触的无界有阶性。

9.7.2 语源关系的判定

在过去一百年来汉藏语系语言研究中,学者们提出了多种关于汉藏语系谱

[①] 高阶核心词、低阶核心词,也可分别称作一阶核心词、二阶核心词。

系结构的方案。在这些方案中一个重要的分歧就是侗台语的系属问题。李方桂(Li 1937)把侗—台语族看成是和汉语族、苗—瑶语族、藏—缅语族并列的一个语族,即"汉藏语系四族说"。本尼迪克特(Benedict 1942,1972,1976,1991)则认为侗台语、苗瑶语和汉语没有发生学关系。围绕汉藏语言历史比较和谱系结构问题,国内外学者又进行了很多探索[①]。这些工作大部分以语音对应为标准来确定同源关系。

语音对应是语言同源的一个必要条件,但不是充分条件。根据语音对应来确定同源关系会面临两个问题:(1)如何排除语音对应中的偶然对应?(2)如何确定有语音对应的关系词是同源词还是借词?排除偶然对应,可以通过使语音对应程序严格化和运用语音对应的概率算法(参见陈保亚 1996)。而对第二个问题,陈保亚(1996)提出语言接触是"无界有阶"的,并在此基础上提出了核心词有阶分析法来判定语源关系[②]。

在傣语和汉语西南官话的接触中,尽管核心词也可以相互借用,但越是核心的词借用越少。相反,傣语各方言之间越是核心的词集中,同源词比例越多。这说明关系词的分布在语言分化和语言接触中并不相同。在语言接触中,高阶核心词的关系词比例小于低阶核心词的关系词比例,在语言分化中情况正好相反。语言接触的有阶性与语言分化的有阶性成反向关系,为区分语言的接触关系和同源关系提供了条件。比较侗台语内部语言的关系词分布,会发现高阶核心词的关系词比例大于低阶核心词的关系词比例。高阶核心词中壮侗诸语言关系词的比例,低阶核心词中壮侗诸语言关系词的比例,见下页表格[③]。

而考察汉语和侗台语的古代关系词的分布,会发现高阶核心词的关系词比例远远小于低阶核心词的关系词。汉语和侗台语高阶核心词、低阶核心词中关系词的分布比例,见下页表格。

每一种侗台语言和汉语的关系词都是高阶核心词比例小于低阶核心词比例,这和侗台语群内部诸语言两阶关系词的分布完全相反,而和傣汉语言接触中借词在两阶核心词中的分布一致。这么多语言的关系词呈现出上升分布,应

---

① 可参考:张琨(1969,1971),Matisoff(1976),孙宏开(1982,1985,1992),王辅世(1986),邢公畹(1989,1993,1995),陈其光(1990,2001),包拟古(Nicholas C. Bodman 1995),Gong(1980,1995),游汝杰(1982),宋金兰(1994),吴安其(2002),孙宏开等(2007)等。

② 关于有阶分析和语源关系的讨论,还可参考:陈保亚(1993b,1996,1997b,1997c,2000),孟和达来、黄行(1997),陈保亚、何方(2002),Wang(2006),Chen & Wang(2009),咸蔓雪(2011),汪锋(2012),Chen(2013),刘文(2015),Chen & Yu(2019)等。

③ 这些侗台语包括:武鸣、龙州、布衣、西傣、德泰、侗语、仫佬、水、毛南、通什、保定。每种语言取开头一个字代表,下同。

高阶核心词中壮侗诸语言关系词的比例

	龙	布	西	德	侗	仫	水	毛	通	保
武	0.86	0.90	0.78	0.76	0.61	0.56	0.57	0.56	0.49	0.46
龙		0.78	0.80	0.72	0.54	0.52	0.50	0.46	0.48	0.46
布			0.72	0.72	0.56	0.52	0.56	0.54	0.52	0.50
西				0.88	0.52	0.51	0.53	0.48	0.48	0.49
德					0.48	0.48	0.50	0.47	0.51	0.48
侗						0.74	0.80	0.79	0.40	0.39
仫							0.76	0.73	0.38	0.37
水								0.79	0.37	0.38
毛									0.37	0.38
通										0.90

低阶核心词中壮侗诸语言关系词的比例

	龙	布	西	德	侗	仫	水	毛	通	保
武	0.69	0.81	0.53	0.54	0.46	0.48	0.54	0.55	0.27	0.32
龙		0.61	0.55	0.58	0.38	0.40	0.41	0.41	0.25	0.24
布			0.53	0.51	0.46	0.47	0.52	0.52	0.25	0.27
西				0.71	0.36	0.34	0.44	0.37	0.26	0.29
德					0.34	0.33	0.40	0.37	0.31	0.30
侗						0.56	0.59	0.57	0.18	0.21
仫							0.50	0.59	0.18	0.18
水								0.62	0.21	0.24
毛									0.19	0.22
通										0.90

汉语和侗台语高阶核心词和低阶核心词中关系词的分布比例

		武	龙	布	西	德	侗	仫	水	毛
高阶核心词	汉	0.13	0.13	0.05	0.04	0.07	0.11	0.10	0.06	0.07
低阶核心词	汉	0.22	0.19	0.18	0.15	0.15	0.15	0.22	0.16	0.16

当承认汉语和侗台语这批早期关系词还不能证明汉语和侗台语同源。

关系词在高阶核心词和低阶核心词中的这种分布差异,可以用下图直观地显示出来:

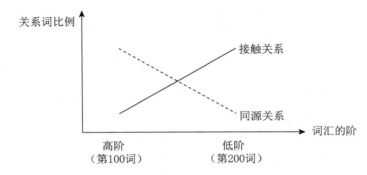

关系词数量的多少可以不一样,从高阶核心词到低阶核心词阶曲线的升降,能够区别出其是接触关系或同源关系,如下所示:

	接触关系	同源关系
关系词数量多	上升显著	下降(少数平直)
关系词数量少	上升(少数平直)	下降显著

广泛分布于中国西南地区的少数民族语言,深受西南官话的影响,都不同程度地在核心词中产生了汉语西南官话借词。这些核心词中的借词都是高阶核心词的借词比例小于低阶核心词的借词比例。我们调查的大量侗台语、苗瑶语、藏缅语中西南官话的借词,都没有例外。其他更多的侗语、水语、仫佬语、壮语、瑶语、畲语里的汉语借词的例子,可参见曾晓渝(2010)。

通过比较现代侗台语的个别语言和古汉语来确定汉台早期关系词,有一定的好处,即材料的可观察事实比较明确。我们根据关联对应给出了上古汉语和原始台语核心一致对应规则表,共得到 55 个属于早期对应核心词,其中上古汉语和原始台语高阶关系词有 25 个,上古汉语和原始台语低阶关系词是 30 个。李方桂(Li 1976)列出了汉语和台语的关系词 100 多个,倾向于把它们作为汉台同源词。仔细分析会发现,这些关系词属于 200 核心词的有 28 个,其中高阶核心词有 10 个,低阶核心词有 18 个,即高阶核心词少于低阶核心词,阶曲线是上升的。这些关系词的分布方式和语言接触分布方式是一致的。

汉语和台语关系词这种分布的形成,有两种可能。一种可能是,汉台关系词都是接触的结果。另一种可能是,这里的关系词内部还有不同的层次,只是目前还没有足够的办法区分出最早时间层次。如果将来能有办法进一步区分出最早时间层次,需要重新用有阶分析来确定汉台语源关系。换句话说,侗台语和汉语关系词的分布,一种可能是语言接触的结果,即侗台语和汉语不是同源关系,而是接触关系。另一种可能是,侗台语和汉语也有可能是同源关系,这就需要找到更早时间的词的有阶分布。在这两种情况确定下来之前,很难说已经找到侗台语和汉语的同源关系的证据。但无论将来确定为哪一种情况,由于现在的关系词分布是"高阶核心词比例小于低阶核心词比例",都说明汉台之间有过很深的接触。由于汉台之间存在大量有严格语音对应的古代关系词,可以考虑用"语言联盟"解释这种密切接触关系(参见陈保亚 1993b,1995,1996)。

孟和达来、黄行(1997)研究了蒙古语族语言之间、突厥语族语言之间以及蒙古语族和突厥语族之间核心关系词的有阶分布,发现了突厥语族语言中两个重要现象:(1)当两个语言的核心关系词很多时,两阶关系词的差别从概率统计上看不显著,高阶核心词平均比低阶核心词高 7.61;(2)当两个语言的核心关系词较少时,两阶关系词的差别从概率统计上看也不显著。阿尔泰语系的人口超过一亿,是世界上一个比较重要的语言集团,从方法上解释这两个现象是很有必要的。上述两个现象我们在汉语中也注意到了,汉语北方方言各次方言之间分化年代不长,就出现了第一种情况(陈保亚 1996:192-198)。

以上是同源关系的情况。接触的情况与此正好相反,阶分布不太显著甚至平直的情况,一般是在关系词很少的情况下出现的。尤其是当借词还没有深入到核心词时或刚刚深入核心词时,本身就是一种平直或接近平直的分布。汉语西南官话借词在西双版纳傣语、临沧傣语中都显示出这种情况。

在关系词较少或较多时呈现出的这两种情况表明关系词的阶分布差异和核心关系词的数量有一定联系。前文中把这种联系概括成一种阶曲线的函数关系表。根据核心关系词的数量和阶分布显著程度的函数关系,当关系词数量很多时,接触关系的阶曲线显著上升,同源关系的阶曲线一般是下降的,少数平直。"显著上升"和"下降(少数平直)"是对立的,差别很明显,因此在关系词数量较多的情况下容易区分接触关系和同源关系。当关系词数量较少时,接触的阶曲线呈上升趋势,少数平直,同源的阶曲线呈显著下降趋势。"上升(少数平直)"和"显著下降"两种曲线也是对立的,因此在关系词数量较少的情况下也容易区分接触关系和同源关系。可以说,如果考虑关系词数量和有阶分布的函数关系,关系词的有阶分布对于判定同源关系和接触关系是比较精确的。尽管在两阶核心关系词很多或很少的情况下出现不显著或平直分布的现象,根据上述两种分布对立的存在,仍然可以确定语言之间是同源关系还是接触关系。

正是关系词的数量和有阶分布的这种函数关系的存在,尽管突厥语诸语言间的关系词分布是下降的但不显著,甚至有两例平直的现象(孟和达来、黄行 1997),我们仍然可以断定突厥语内部诸语言之间有同源关系。

核心关系词较多的同源语言或方言之间,之所以会出现核心词分布下降但不显著的现象,是因为这些语言或方言之间既有分化又有接触。因为分化不明显,接触往往是依照对应接触展开的。所谓对应接触是指通过语音对应规则传递借词。分化程度低的方言和亲属语言间通常是以这种方式传递借词的。比如北京话和西南官话在声调上总保持着这样一种对应:

	北京	成都	词例	北京读音	成都读音
阴平	55	44	摊	$t^h an^{55}$	$t^h an^{44}$
阳平	35	31	谈	$t^h an^{35}$	$t^h an^{31}$
上声	214	53	毯	$t^h an^{214}$	$t^h an^{53}$
去声	51	213	探	$t^h an^{51}$	$t^h an^{214}$

这时借词的传递依据的是对应原则,而不是相似原则。西南官话的"傣[tai^{53}]"这个词的声调和北京话的去声相似,但它借入北京话时不读去声,而读上声,这个过程必须符合历史音韵的对应原则。这就使本来的同源词和借词难以根据语音对应区分开,而接触时更多的借词是在低阶核心词上发生,所以出现了平直的现象。当同源语言或方言分化比较大时,尽管有接触,这些因接触而产生的晚期借词在传递过程中依据的是相似原则,和早期同源词的对应关系通常有较大的区别,容易区别开,所以早期同源词的阶分布都比较显著。

汉语和越南语的关系语素的有阶分析结果显示,越南语核心词集中出现了 43 个汉越语关系词,其中高阶核心词有 15 个汉越语关系词,低阶核心词有 28 个汉越语关系词。汉越语关系词的例子,如以下两表所示(引自咸蔓雪 2016:337—338):

高阶核心词中汉越语关系词举例[①]

英语	越南语	越南语词义	对应汉字	关系词层次
big	to^1	大	粗	中古前期层次
come	lai^6	来	来	上古层次

---

① 根据咸蔓雪(2016:29,310—315),关系词层次指该词(语素)从汉语借入到越南语的大致时间,不同时期的汉越语言接触就形成了不同的历史层次。作者原著中,"1"代表上古层次,"2"代表中古前期层次,"3"代表中古后期层次。

续表

英语	越南语	越南语词义	对应汉字	关系词层次
dry	rao^5	干燥	燥	上古层次
fly	bay^1	飞	飞	上古层次

低阶阶核心词中汉越语关系词举例

英语	越南语	越南语词义	对应汉字	关系词层次
and	va^2	和	和	中古前期层次
because	vi^2	因为,为了	为	中古后期层次
blow	t^{h}ôi^3	吹	吹	上古层次
child	tre^3	儿童	稚	中古前期层次
count	đêm^5	数(动)	点	中古前期层次
dull	ngu^1	愚蠢	愚	中古后期层次

这一结果表明,汉语和越南语之间不是同源关系,而是一种深刻的接触关系。

核心词有阶分析和核心词阶曲线,是语源关系判定的一个充分条件,能在很大程度上解决同构标准和语音对应标准所面临的问题。不过也应看到,核心词阶曲线分析法对关系词的对应规则和数量有一定要求。如果对应规则和关系词数量的条件得不到满足,核心词中有语音对应的关系词数量太少,就显示不出语音对应的分布趋势。另外,核心词有阶分析在确定核心词表时也存在一些争议。

近年来,随着很多学者对汉语、藏缅语、苗瑶语、南岛语和壮侗语之间语源关系研究的不断深入(参见陈保亚 1993b,1997b,1997c,2000;陈保亚、何方 2002;汪锋 2012;刘文 2015),一些语言之间的同源关系已逐渐明确。然而,目前还没有充分证据显示汉藏语系和澳泰语系(Austro-Tai)具有同源关系。基于当前研究成果,汉藏语系和澳泰语系的谱系图可如下所示(Chen & Yu 2019:191)[①]:

[①] 图中虚线表示语言之间的同源关系还没有被确认;实线则表示我们认同语言之间具有同源关系。虚线或实线的长度,和语言演变的时间深度或语言分化的时间长短无关。

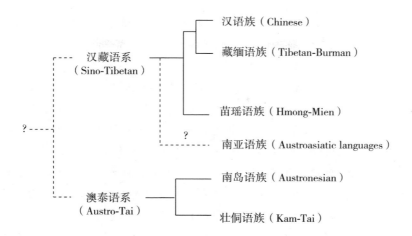

练习题和思考题

一、名词解释：

1. 语言接触　2. 借贷　3. 互补借贷　4. 替换借贷　5. 母语干扰
6. 语言联盟　7. 语言转用　8. 方言叠置　9. 通用语　10. 语势
11. 洋泾浜语　12. 混合语　13. 有阶接触

二、问答题：

1. 什么叫自然接触，什么叫非自然接触？举例说明。

2. 语言联盟的产生，需要至少满足哪些必要条件？

3. 简述语言转用的一般过程。

4. "语言接触是导致汉语分化、汉语方言形成的重要条件。"结合语言接触的实例，谈谈你对这句话的理解。

5. 语言接触的无界有阶性，在语源关系判定中的价值和地位是怎样的？结合语音对应标准，谈谈你的认识和理解。

三、操作题：

研究语言接触，常常会发现这样一些现象：

【材料1】某同学来自云南，属于西南官话区，虽然在北京已经生活了八年，但是仍然不能很准确地发出普通话的撮口呼。该同学的母方言中没有撮口呼，所有撮口呼的字都读为齐齿呼，例如局[tɕiu³¹]，菊[tɕi³¹]，余[i³¹]等。学完语言学概论课之后，他学会了如何发撮口呼，然后信心满满地向一位北京同学炫耀,说"语言学研究果真管用"[y²¹⁴ yan³⁵ ɕye³⁵ yan³⁵ tɕiu⁵⁵……],把"言"和"研"都读成了撮口呼。北京同学纠正他,说他"过度类推",他说:"这是语流音变的影响。"

【材料2】著名语言学家王士元先生在十四五岁时去了美国,在美国生活了四五十年,英语说得特别好,甚至有美国人认为王老师的英语说得比母语者还标准。但奇怪的是,王老师来北大讲学的时候用的是汉语,他说的汉语也特别标准,好像没有听出"美国味",但是常常会夹杂一些英语的词汇和表达,这些词汇和表达往往是比较专业的术语,还没有一个比较通行的汉语翻译。此外,一位从美国来中国留学的同学讲的汉语就有很浓的"美国味",例如"德江"被她读成[dɤ⁵⁵ tɕiɑŋ⁵¹]。

【材料3】最近几年,东北话成为大家争相模仿的对象。一方面是大量使用东北话的词汇:整(干,做),咋地(怎么),磨叽(絮叨),二椅子(不男不女)等;另一方面是一些语音特点:儿化(赶趟儿,啥前儿,整的啥玩应儿);吞音(不道干哈);还有一些表达风格:夸张(和我老公天天干仗)等。

【材料4】有人说,所有的方言都是在别的言语社团的人说某种语言过程中形成的。例如,西南地区的少数民族说汉语说得不标准,久而久之,就形成了一种特殊的汉语方言。又如,印度人说英语说得不标准,所以形成了印度英语。

【材料1】描述的是语言接触当中的哪种现象?【材料2】说明了这种现象的什么属性?你怎么看待【材料3】的现象?【材料4】的观点有没有道理?(知识点提示:语言接触)

扩展阅读:

Chen, Baoya & Dejiang Yu. 2019. On the genetic relationship of Sino-Tibetan languages and Austro-Tai languages: Based on rank analysis of clusters of cultural words and core words. *Journal of Chinese Linguistics Monograph*, Series 29: 145—223.【在有阶分析基础上讨论了汉藏语的基本谱系结构,尤其是汉藏语和侗台语的关系问题;认为目前还没有充分证据显示汉藏语和侗台语有同源关系】

Kalocsay, K. & G. Waringhien. 1985. *Plena Analiza Gramatiko de Esperanto* (*the fifth revised edition*). Universala Esperanto-Asocio. 中译:卡洛查、瓦兰金编著,刘鸿元翻译,《高级世界语分析语法》(Versio 2.10),2022年。

Thomason, Sarah G. 2001. *Language Contact*. Edinburgh: Edinburgh University Press

Ltd.【语言接触的定义、语码转换、语码交替等；重视语言接触和社会的关系】

Wennergren, Bertilo. 2016. *Plena Manlibro de Esperanta Gramatiko (Versio 15.0.1)*. 中译：温纳格伦编著，刘鸿元翻译，《高级世界语语法手册》(Versio 2.3)，2017年7月。

Weinreich, Uriel. 1953. *Language in Contact: Findings and Problems*. The Hague: Monton. (Reprented in 1968).【比较系统地讨论语言接触问题】

Winford, Donald. 2003a. *An Introduction to Contact Linguistics*. Oxford: Blackwell Publishing Ltd.【讨论接触语言学的形成与发展、学科性质及其主要研究内容，如语言保持、词汇借贷、结构扩散、代码转换、双语混合语、语言迁移等】

Winford, Donald. 2003b. Contact-induced changes: Classification and processes. *Diachronica*, 22(2): 373—427.【讨论接触引发的语言演变的机制、过程及类型】

Winford, Donald. 2007. Some issues in the study of language contact. *Journal of Language Contact*, Thema 1: 22—40.【讨论语言接触研究中一些重要概念的界定和分类，结合语言结构和接触主体心理过程讨论语言接触的机制和过程】

陈保亚, 1993, 《羌夏—澳越语言文化联盟论》, 《云南民族学院学报》第3期, 75—80页。【关系词的有阶分析法；羌夏—澳越语言联盟】

陈保亚, 1996, 《论语言接触与语言联盟——汉越（侗台语）语源关系的解释》, 北京：语文出版社。【论述语言接触的两个过程：母语干扰和借贷；提出关系词"阶曲线"模型；语言接触是无界有阶的；提出并讨论了核心关系词的有阶分析法来判定语源关系】

陈保亚, 1997, 《汉台关系词的相对有阶分析》, 《民族语文》第2期, 43—53页。【通过相对有阶分析讨论汉语和侗台语语源关系】

陈保亚, 1997, 《侗台语和南亚语的语源关系——兼说古代越、濮的族源关系》, 《云南民族大学学报》（哲学社会科学版）第1期, 40—44页。【讨论侗台语和南亚语的语源关系】

陈保亚, 2005, 《语言接触导致汉语方言分化的两种模式》, 《北京大学学报》（哲学社会科学版）第2期, 43—50页。【讨论语言接触导致的汉语方言产生的两种模式】

陈保亚、何方, 2002, 《核心词原则和澳越语的谱系树分类》, 《南民族大学学报》（哲学社会科学版）第1期, 98—101页。【南岛语和壮侗语的亲缘关系】

戴庆厦, 1992, 《汉语与少数民族语言关系概论》, 北京：中央民族大学出版社。【讨论汉语对少数民族语言的影响，少数民族转用汉语，少数民族语言对汉语的影响等问题】

林焘, 1987, 《北京官话溯源》, 《中国语文》第3期, 161—169页。【讨论方言的叠置】

刘文, 2015, 《瑶语方言历史比较研究》, 北京大学硕士学位论文。【对汉语和苗瑶语关系词进行历史比较和有阶分析，研究结果支持汉语和苗瑶语同源】

汪锋, 2012, 《语言接触与语言比较：以白语为例》, 北京：商务印书馆。【汉语和白语之间进行历史比较，认为汉语、白语是同源的】

王洪君, 1987, 《山西闻喜方言的白读层与宋西北方音》, 《中国语文》第1期, 24—33页。【文白异读】

王洪君,1992,《文白异读和叠置式音变》,《语言学论丛》第 17 辑,122—154 页,北京:商务印书馆。【讨论文白异读现象】

王士元,2000,《语言的探索——王士元语言学论文选译》,石锋等译,北京:北京语言文化大学出版社。【群体与群体之间语言学上和生物学上的相互影响】

徐通锵,1991,《历史语言学》,北京:商务印书馆,2008 年。【历史比较语言学基本知识;谱系树理论;较全面讨论文白异读】

10 语言学和其他学科的关系

10.1 语言学和计算机科学

21世纪是计算机的世纪。如果人们要跟计算机进行自由交流,那么就会期望计算机能像人一样说话和听话。这就是目前计算机科学较为前沿的两个领域:语音合成(speech synthesis)和语音识别(speech recognition)。这两个领域的发展,都有赖于语言学和计算机科学的紧密结合。

10.1.1 语言学和图灵测试

从第一台计算机诞生开始,计算机科学就与语言学有了不解之缘。1950年,图灵(Turing)在《思维》(*Mind*)发表论文《计算机和智能》,提出了"机器思维"这一概念,并提出了检验机器是否具有思想的办法,即图灵测试(Turing Test)。在图灵测试中,被测的对象是一个人和一台计算机,测试者是人。测试时,测试者和被测对象是隔离的。测试者通过一些特定设备(如键盘打字)向测试对象提问。在经过一段问话后,测试者根据测试对象回答情况判断哪一个是人,哪一个是计算机。如果判断正确,那么计算机就没有通过图灵测试。如果判断错误,那么计算机就通过图灵测试,说明计算机具有跟人同样的智能。

图灵测试避开了"什么叫思维(或智能)"的抽象概念论争,以行为主义方式来做客观判断,即如果计算机行为表现与人一样,那就跟人一样具有智能。图灵测试选择的行为是对话行为,即把语言能力看做是智能的最重要标准。如果计算机能跟人自由对话,那就跟人一样能自由思维。

表面上看,计算机通过程序调用大量数据就可以回答问题,比如1997年著名的机器人"深蓝(Deep Blue)"战胜国际象棋大师卡斯帕罗夫(Kasparov)。但国际象棋是一个封闭的系统,而人类语言是一个开放系统。如果机器人只能靠调取固有数据,而自己不能提取其中的各种规则,那么计算机系统就难以跨越智能的鸿沟。

下面是MSN机器人回答问题的实录:

问:你会算术么?

答:怎么这么问？（哼），小瞧我！不信就来考考看～～～～
问:2+2？
答:4
问:2+2？
答:4

机器人会这样机械地回答问题。但当一个小孩遇到连续问同样的问题时，他很可能会回答"你刚问过了"。也就是说，人类的对话不只是问答之间是相关的，整个连续对话都是相关的，人类能够根据对话的整体内容来做出反应。

10.1.2 计算机和自然语言理解

如果计算机能听懂人类语言，那么人们就可以指挥计算机替人干很多事情了，就可以把人类从很多繁重或繁琐的劳动中解放出来。乔姆斯基于1956年发表《语言描写的三个模型》，从语言学角度和数学形式的角度对有限状态模型、短语结构模型和转换模型进行了理论分析，建立了形式语言理论。人们很快就发现，这种形式语言理论可以用来描述计算机的程序语言。形式语言理论成为现代计算机科学的重要基石。

乔姆斯基的形式语言体系分为四类①:(1)无约束文法，也叫0型文法，其描述能力相当于图灵机，可使用任何的语法描述形式；(2)上下文有关文法，也叫1型文法，其描述能力相当于线性有限自动机(linear bounded automation，即LBA)，形式化表达式为:$xSy \rightarrow xAy$，也就是说，只有在上下文"x_y"的环境中S才能推导出A；(3)上下文无关文法，也叫2型文法，是大多数程序语言的理论基础，其描述能力相当于下推自动机(push down automaton，即PDA)，形式化表达式为:$S \rightarrow A$，也就是说，S可以无条件地推导出A，和上下文无关；(4)正则文法，也叫3型文法，等价于正则表达式，在计算机中一般是用来定义检索模式或者程序设计语言中的词法结构，其描述能力相当于有穷自动机(deterministic finite automata，即DFA)，形式化表达式为:$S \rightarrow Aa$，其中最后一个a是非终结符号。

在乔姆斯基之前，人们就开始运用形式语法思想来探索机器理解自然语言的可能性。人们最初用马尔科夫过程(Markov process)来理解和合成自然语言。马尔科夫过程是一种典型的随机过程，其原始模型是马尔科夫链(Markov 1907)。马尔科夫过程的基本思想是:一个事件在已知的目前(现在)状态下，它

---

① 参考:Chomsky, Noam. 1963. Formal properties of grammars. In R. Luce，R. Bush & E. Galanter (eds.), *Handbook of Mathematical Psychology*, 323—418. New York: John Wiley.

未来的演变(将来)不依赖于它以往的演变(过去)。一只青蛙在池塘荷叶间的跳跃过程,是马尔科夫链的典型实例。青蛙没有记忆,依据瞬间的念头跳跃。青蛙从一片荷叶跳到另一片荷叶与它以往走过的路程无关,可描写为:

$$x0—x1—x2—x3—\cdots\cdots$$

马尔科夫过程是信息论的重要理论基础之一。自然语言中有些句子可以用马尔科夫过程来处理,例如"他去北京"中,"他"和"去"相连,有动作和行为的关系,"去"和"北京"相连,有动作和目标的关系。但自然语言的组合过程比马尔科夫过程要复杂。很多句子中相邻单位并不发生直接联系,例如"他很胖","他"和"很"相邻,但它们并不直接联系。词在组成句子时不是按照相邻原则组合的,而是按照层次组合。"他很胖"应分析成"他/很胖",而不能分析成"﹡他很/胖"。

在计算机理解自然语言的过程中,要求计算机能够识别组词成句的层次。当一个句子有两个不同的层次时,就会出现歧义,比如:

三个英语班的/学生　　　三个/英语班的学生

计算机理解自然语言时,就需要通过层次分析把这些歧义分化和识别出来。

美国结构语言学家已经提出了一套发现句子层次的程序。这是语法分析的一个重要进展,也是自然语言理解的重要理论基础。自然语言的层次本质上是词语组合的顺序问题。这和数学运算顺序是相当的。以"3+2×5"为例,"先乘除后加减"的运算顺序,实际上是规定了数学语言的层次。如果要先"加"再"乘",就需要用括号,即(3+2)×5。由于数学语言是人工语言,数学符号的运算顺序或组合层次是有标记的。"先乘除后加减"是隐性标记,括号则是显性标记。由于自然语言中词的组合层次缺乏标记,因此在计算机中,自然语言词语组合层次的切分比数学公式的层次切分要困难得多。

依靠层次分析还不能解释自然语言全部句子的生成机制。自然语言的语法规则比现有的任何人工语言都要复杂。在数学公式和自然语言句子中,按照层次切分出来的片段都是符合规则的或有意义的片段,例如"3+2"是符合数学规则的,"英语班的学生"符合语法规则,也是有意义的片段。但自然语言中有些句子不完全是按照层次组合的。比如"将他的军",无论是"将他的"还是"他的军",都是没有意义的片段,即这个句子的第一个层次无法切分出来。

20世纪50年代,乔姆斯基在层次的基础上提出了转换规则,主张用层次和转换两种手段来说明自然语言的语法规则。乔姆斯基还把层次和转换形式化了,这就是著名的转换生成语法。转换生成语法理论是计算机编译原理的重要理论基础,也是自然语言理解的一个重要进展。转换生成语法理论促使机器语言更接近自然语言的形式,导致高级编程语言的出现。

转换生成语法对自然语言的语法规则进行了形式化的描写,但在自然语言理解的过程中,光有语法分析是不够的。自然语言理解所面临的另一难题是怎样解决语义问题。即使句子只有一种层次,也可能是有歧义的。比较下面句子:

> 来的是小孩
> 看望的是小孩
> 给的是小孩

这些句子都只有一种层次。第一句没有歧义。第二句是有歧义的,"小孩"可以是动作的发出者(施事),也可以是动作的接受者(受事)。第三句也是有歧义的,可以是下面三种情况之一:

> (1) 小孩给张三一个东西
> (2) 张三给小孩一个东西
> (3) 张三给李四一个小孩

要区别这些歧义,计算机还需要从语义上掌握动词的性质。特斯尼耶尔(Tesnière 1959)和菲尔墨(Fillmore 1968)研究了动词和名词的语义结构关系,认为任何一个动词在进入句子时都需要和特定数量的名词搭配,才能表达完整的信息。比如"来、去、跑"这类动词需要动作的发出者;"看望、访问、拜访"一类动词不仅需要动作的发出者,而且需要动作的接受者;"给、借、送"一类动词不仅需要动作的发出者和接受者,还需要动作的经历者(与事)。如果动词要求的特定数量的名词在句子中没有全部出现,句子就会产生歧义。"给"要求和三个名词搭配,但"给的是小孩"中只出现了一个名词,因此可能造成三种不同的理解。

通过动词和名词之间语义结构关系的分析可以看出,要让计算机能够理解自然语言,仅仅靠语法分析是不够的。动词、名词、形容词等词类概念和主语、谓语、宾语等句法成分概念是自然语言理解的必要条件,但不是充分条件。要让计算机能够理解自然语言,还得充分描写动词的语义结构关系。近几十年来,国内外很多自然语言信息处理机构把很多精力放在动词和名词语义关系的描写上,并建立了很多反映这种语义关系的数据库。计算机通过查阅语义关系数据库来确定一个动词应该和几个名词搭配,以便消除歧义。

计算机在处理自然语言时,还会碰到外部语义问题。比如在语义结构数据库中,语言学家可以注明"吃"的宾语必须是一个"可食的"东西。这样计算机就可以判定下面的句子中,左边的句子是可以接受的,右边的是不可接受的:

> 老王吃西瓜　　　　　＊老王吃火

老王吃肉	*老王吃石头
老王吃饭	*老王吃铁

可是在特殊情况下,比如老王正在演杂技,也可以说"老王吃火"。怎样让计算机区分这些情况,是一个相当复杂的问题。因为这种区分已经不完全是语言学的内部语义问题,而涉及事情发生的特殊背景,即外部语义问题。

再看下面一组例子:

在火车上写字	把字写在火车上	写字的在火车上
在黑板上写字	把字写在黑板上	*写字的在黑板上
在火车上写书	*把书写在火车上	写书的在火车上

人们根据大脑中储存的经验知识,能很快地判断出"*写字的在黑板上"和"*把书写在火车上"这两个句子通常是不能说的。对于计算机来说,要想做出同样的判断,也需要在数据库中储存人类的知识背景。这就给自然语言理解带来了相当高的难度,因为人类的知识背景是一个相当复杂的系统。目前语言学家和计算机专家对知识背景的描写才刚刚开始。

自然语言理解还会面临元语言问题。要完成自然语言理解工作,必须要有一套语法语义规则和一个庞大的词库。词库中既有被解释被描写的词(对象语言),也有用来解释和描写的词(元语言)。比如:

对象语言	**元语言因子1**	**元语言因子2**	……	**元语言因子n**
人	动物	会语言	……	……
树	非动物	生物	……	……
狗	动物	不会语言	……	……

在这里,"人"在元语言中被定义为"动物、会语言"的对象。从理论上说,可以给每个对象语言中的词下一个完美的元语言定义。一个词不过是一束元语言因子的集合。但这里的实质是,计算机只不过是在对象语言和元语言之间建立了一种对应关系。"动物、会语言"这些元语言因子本身,计算机是不能理解的。如果再以其他元语言来定义"动物、会语言",最终会陷入循环论证。词典中词的定义也常出现直接或间接的循环论证。比如《现代汉语词典》的例子:"高:从下向上距离大""上:位置在高处的"[①]。当解释对象语言中的"高"时,元语言中用到了"上"的概念,但在解释对象语言中的"上"时,元语言中又用到了

[①] 两例释义见中国社会科学院语言研究所词典编辑室编,2016,《现代汉语词典》(第7版),北京:商务印书馆,第430页、第1143页。

"高"的概念。词典中词义的这种循环论证,对人们的日常学习和生活没有产生影响,因为人们不是根据词典而是依赖经验来理解"高、上"的意义。但当机器检索词库寻找词义时,可能就会碰到循环解释的问题。

10.1.3 语音合成和语音识别

让计算机说话就是让机器根据发音原理来发出人类的语音,关键是制造电子语音合成器。语音合成是利用电子计算机和一些专门装置模拟人的声音来制造语音的技术。1939年,贝尔实验室的达德利(Dudley)制造出了第一个电子语音合成器(名叫 Voder)。不同的语音具有不同的共振峰模式。共振峰是最基本的语音要素,但如果应用到机器上,需要设置几十个参数,控制起来比较复杂。Voder 就是利用共振峰原理制作出来的合成器。通过程序员的操作,Voder 能开口说话[1]。

在语音合成中,最主要的是完成从文本到语音的转化,也就是常说的 TTS (Text-to-Speech)。人们一般在自己的头脑思考要说什么,然后通过语音表达出来,目前电脑还不能达到自我编码的能力。因此,可行的步骤是先完成对文本的解读,并转化为语音。在这个过程中,数学的方法和模型很重要。不同的模型和方法处理都带来语音合成的进步。但制约语音合成的关键因素还是语言学处理的水平。一般来说,TTS 系统包括三个部分:(1)语言学处理;(2)韵律处理;(3)声学处理。在语言学处理部分,如果不能很好解决文本应该如何切分、以怎样的方式理解等,在基本的输入上都会存在问题。韵律处理部分则涉及语音学对韵律单位的恰当把握,以及韵律单位的组配规则。当前,尽管基于韵律规则的语音合成还有待时日,但已有的基于韵律标注数据库的神经网络模型可以很好地生成韵律自然的句子[2]。声学处理部分就是根据前面两部分提出的基础,将文本转化为语音。

与语音合成相对的是语音识别。语音合成是让计算机像人一样说话,语音识别则是让计算机像人一样听辨语音。这两个方面是从语言的负载形式——语音来观察计算机与自然语言的关系。

如果计算机能像人一样听辨,那么声控技术就可以得到飞速发展,比如,电

---

[1] 参考:Dudley, H., R. R. Riesz, & S. A. Watkins. 1939. A synthetic speaker. *Journal of the Franklin Institute*, Vol. 227(6): 739—764.

[2] 参考:Zou, Y., S. Liu, X. Yin, H. Lin, C. Wang, H. Zhang, & Z. Ma. 2021. Fine-grained prosody modeling in neural speech synthesis using ToBI representation. *Proc. Interspeech*, 2021: 3146—3150.

话的语音拨号和语音操作,汽车等交通工具的声控驾驶等。但是,要想让计算机像人一样听辨,就得知道人在听话的时候依靠的是什么。比如,人在很吵闹的餐厅里还可以谈话,而这种有噪音背景的情况对计算机识别来说就太难了。人类在这方面显然有惊人的区别能力。但这些能力的物理表现是什么,目前的研究仍然需要深入。计算机处理给语言学提出了新的问题和新的角度。语言学的发展可以促进计算机更好地处理人类语言。

10.2 语言学和生物遗传学

人们很早就观察到,孩子学习语言的能力是惊人的。如果一个孩子生长在说英语的环境里,那么他(她)很快就能熟练掌握英语,而如果一个孩子生长在说汉语的环境里,他(她)也能毫不费力地学会流利的汉语。因此,许多人认为孩子的这种语言能力是天生的,一定是大脑中某个器官在负责语言功能。这种器官是人类独有的,其他动物没有。目前还没有看到哪种动物能学会人类语言。很多语言学家试图教与人类基因最为接近的猩猩学习语言,但几十年来都没有成功的案例。

以乔姆斯基为代表的生成语法学派假设人类有一个语言习得装置(language acquistion device)。只要有一些言语的激活,这个装置就会启动,从而保证了生活在特定语言环境的孩子能顺利习得该语言。语言习得装置是什么样子,是装在大脑的某个具体位置吗?是一个相互关联的神经网络吗?这个装置的基本信息在人类基因中早就写好了吗?近几十年来,语言遗传学研究在揭示人类语言能力的形成和发展方面不断开拓新的领域和视角。1953年遗传物质 DNA 的结构得以确定[①],自此各种"疾病基因""行为基因"等陆续被发现。人们逐渐意识到,生物的很多行为表现和机制都是由基因决定的,后天环境起的是激发作用。不少学者开始思索是否存在"语言基因"?

寻找语言基因是一个漫长的旅程,其中有一个重要的里程碑,就是科学家们对 KE 家族语言障碍问题的研究。赫斯特等(Hurst et al. 1990)报告了一个 KE 家族的语言障碍,这个家族三代人中都有人在语言方面有问题。比如,不能控制嘴唇和舌头的动作,造成发音不清;阅读有困难,难以顺畅地理解句子和段落的意思;在写作时,不仅拼写出现问题,语法上也出现很多错误,性、数、时态

---

① 参考:Watson, J. D. & F. H. C. Crick. 1953. Molecular structure of nucleic acids: A structure for deoxyribose nucleic acid (DNA). *Nature*, 171: 737—738.

等方面都不能准确的表达。第三代的24个家族成员中,有10个成员出现语言障碍问题。

KE家族的语言障碍问题显然跟遗传密切相关。基因学家们通过各种努力来定位这个可能的"语言基因"。牛津大学遗传学家莫纳科(Monaco)和他的研究小组研究了一个患有遗传病家族(KE家族)中的三代人的语言基因(Fisher et al. 1998)。他们在对"KE家族"成员的大脑图像进行研究后发现,患有言语障碍遗传病的家族成员,大脑中控制口舌活动的基础神经中枢出现了异常。这使学者们坚信,这些家族成员之所以会出现言语障碍,是因为他们身体中的某个基因出现了问题。他们把这个基因称为"语法基因"或"KE基因"(参见Fisher et al. 1998;郭智颖、张积家 2009;李芝 2010)。

莫纳科研究团队(Fisher et al. 1998;Lai et al. 2001)在寻找"KE基因"过程中逐步把范围缩小到7号染色体区域,又通过对比"KE家族"以外的其他类似患者的基因,终于发现一个被称为"Foxp2"的基因在这些言语障碍患者身上同时遭到了破坏。"Foxp2"基因是目前发现的第一个与语言有关的基因。

科学家们在此基础上对语言基因"Foxp2"展开深入研究,发现人类语言能力的最初获得很大程度上源于"Foxp2"基因的变异。科波利斯(Corballis 2007)提出人类"二段进化"的观点,认为第一阶段(约二三百万年前)是人类CMAH基因的丢失[①],其结果是使人类祖先摆脱了束缚大脑发展的限制,脑量迅速增加,而第二个阶段起主要作用的是"Foxp2"基因。"Foxp2"基因一方面使人类脑量剧增,另一方面提高了人类祖先对发声器官进行控制的能力。这些都与人类祖先最初获得语言能力直接相关[②]。沃特金斯等(Watkins et al. 2002)也证明语言能力的获得源于"Foxp2"基因变异。另外,他们还在16号和19号染色体上发现了影响语言能力的基因突变[③]。

后来,赫斯特研究团队又找了一个类似KE家族先天性语言障碍的男孩CS,他跟KE家族没有任何血缘关系。塞西莉亚·赖等(Lai et al. 2001)经过基因对比发现,在这两个案例中Foxp2基因有共同的突变,而这个突变就是造成语言障碍的元凶。一般来说,每个基因都有两个拷贝。这个突变造成Foxp2一个拷贝功能的丧失,破坏了大脑的正常发育,运动技能和肌肉协调功能就很

---

① CMAH基因,英文全名为:cytidine monophosphate-N-acetylneuraminic acid hydroxylase(胞苷单磷酸N—乙酰神经氨酸羟化酶)。

② Corballis, M. C. 2007. How language evolved. *Acta Psychologica Sinica*, 39 (3): 415—430.

③ Watkins K. E., N. F. Dronkers, & Faraneh Vargha-Khadem. 2002. Behavioural analysis of an inherited speech and language disorder: comparison with acquired aphasia. *Brain*, 125: 452—464.

不完善,从而导致了上述 KE 家族的语言紊乱。

一旦人们定位到了"语言基因",这方面的研究就更加集中。研究发现,人类 Foxp2 基因关键的片段上共有 715 个分子,而老鼠只有 3 个分子,黑猩猩只有 2 个分子。如果把人类的"语言基因"植入老鼠身上,会有什么反应呢?老鼠会突然说话吗?恩纳德等(Enard et al. 2009)发现,植入人类 Foxp2 的小白鼠和普通白鼠一样能发出超声波叫声来引起它们妈妈的注意,但它们的叫声在音高上比试验前低;在行为方面,这些实验小白鼠变得不愿意去周边环境进行探索;在大脑结构方面则发生了神奇的变化。在和人类语言功能区相当的大脑区域内,实验小白鼠长出了比其他普通白鼠结构更为复杂的神经细胞,如文后彩色插图图 4 的右图所示——相比正常的左图,右图轴突明显变得更长、更粗(图片引自 Enard et al. 2009:966)[①]。

另一个重要的发现是,德国马普研究所的克劳斯等(Krause et al. 2007)从西班牙北部的一个洞穴发现了尼安德特人(Neandertals)的骨头,并从中成功提取了 DNA。他们原本期望其中的 Foxp2 更像黑猩猩,但结果显示,现代人 Foxp2 的突变在尼安德特人的 DNA 里已经存在了。如果认为这一突变是人类张口说话的根本原因,那么可以断定尼安德特人也会说话吗?目前做出肯定或者否定的回答都为时尚早,需要进一步思考和解决的问题包括:(1)尼安德特人身上的 Foxp2 是否直接遗传自更早期的尼安德特人,还是有其他来源(比如说,可能是现代人与之交配的结果)?(2)Foxp2 发生突变是否就能直接产生语言,还是该突变只是为语言的产生提供了条件?

到目前为止,越来越多的人承认语言与基因之间关系紧密。二者之间的关联也越来越清晰地呈现在人们面前。但是,如果将"语言"看做一种复杂的沟通系统,那么单一的某个基因能决定整个语言系统的发生就难以令人相信了。或许,基因与语言的发展是一个相互促进的复杂适应过程。

10.3 语言学与认知神经科学

在人类漫长演化过程中,语言与大脑存在共生共长关系。人类大脑和动物大脑存在很大区别。下图是同样身体条件下会语言的人和动物的大脑脑量差异(引自王士元 2011:63):

[①] 彩色插图见第 414 页图 4。

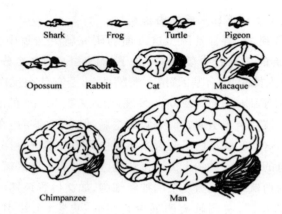

上图显示,大脑的大小与动物进化顺序紧密相关:进化等级越高,大脑脑量越大。鲨鱼(Shark)的脑量是其中最小的。人类的近亲黑猩猩(Chimpanzee)大脑比重与人类最接近,但也只达到 400 克,只有人类的三分之一。还有一个重要的区别是,黑猩猩刚出生时的大脑容量就达到了成年时的百分之九十,而小孩出生时脑容量只有大约 400 克,到 2 岁左右就迅速增长到 1000 克以上。这似乎说明,黑猩猩的大脑功能或许在一出生时就基本设定了,而人类的大脑设定则给习得社会文化,包括人类语言,留下了广阔空间。

在人类进化过程中,人类脑量在不断增大。古人类的脑量是可以根据化石直接或者间接测量的。如果颅骨保存完整,直接用细小的填充物填满颅腔,即可得到脑容量。根据化石证据,可以大致刻画出人类进化中大脑脑量逐渐增大的过程,如下图(引自 Falk 1991:411):

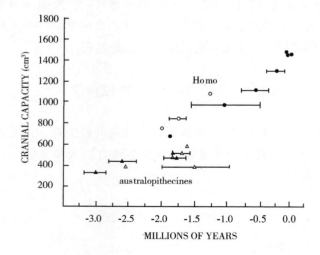

上图显示,距今约 300 万年前的南方古猿(Australopithecines)脑量为 400 毫升左右;距今约 200 万年前的能人(Homo habilis)脑量为 750 毫升左右。直立人(Homo erectus)阶段是人类脑量快速增长的时期。距今约 170 万年前的早期直立人平均脑量约为 900 毫升,而距今约 50 万年前的晚期直立人平均脑量为 1100~1200 毫升。智人(Homo sapiens)阶段,人类脑量继续增大。距今约 40~30 万年前的早期智人平均脑量为 1200 毫升。距今约 30~3 万年前的欧洲尼安德特人脑量已经达到 1500 毫升,而现代人的平均脑量是 1400 毫升。也就是说,尼安德特人已经具备了现代人的大脑水平,为语言产生准备了基本的条件。

除了脑容量,人类大脑内部的结构变化也是衡量大脑发展的一个重要方面。随着人类进化,大脑沟回数量在增加,沟的深度也在增大,这就使得在同样脑量情况下,大脑皮质总面积在增加。大脑皮质上有丰富而复杂的神经元。大脑皮质是人脑演化史上最后出现的部分,而且构造最为精细复杂。然而,在考察人类大脑内部结构变化方面,目前还很难获取考古证据。

从个体发育来讲,小孩的大脑脑量增长很快。下图是大脑脑量随年龄增长的曲线,其中带圆点的是男性脑量增加曲线,带三角形点的是女性脑量增加曲线(引自 Dekaban & Sadowsky 1978:350):

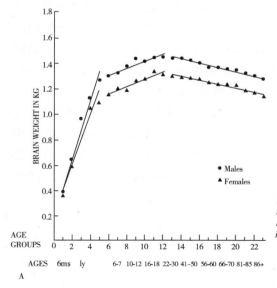

Fig2. Regression lines of (A) brain weights (in kilograms), (B) body weights (in kilograms), and (C) body heights (in meters) in 2,603 males and 1,848 females from birth to 86+years (23 age groups).

(A) For brain weight, the equation for age groups 1 to 5 (between birth 3 years) in males is: Brain weight = 0.204 + 0.225 age group; in females it is: Brain weight = 0.228 + 0.193 age group. The equation for age groups 6 to 12 (4 to 21 years) in males is: Brain weight = 1.156 + 0.026 age group, and in females: Brain weight = 0.999 + 0.03 age group. The equation for age groups 13 to 23 (22 to 86 + years) in males is: Brain weight = 1.655 – 0.016 age group; in females it is: Brain weight = 1.517–0.015 age group.

从上图可以看出,小孩在 1 到 3 岁期间大脑脑量增长的速度很快。1 岁小孩大脑脑量已经是出生时的两倍了,而到 3 岁多时,已经是出生时的四倍了。4

到 18 岁期间,人类大脑脑量增长放慢,但继续保持增长,并达到大脑脑量的峰值,之后就开始缓慢下降。有实验证明,儿童在胎儿期已经开始受到周围语言环境的影响。德国维尔茨堡大学威尔姆克(Wermke)研究团队对 60 名健康新生婴儿开展的研究表明,宝宝们在妈妈肚子里就开始学习语言了,并且揭示新生婴儿的啼哭声存在明显差异。这些差异是基于母语的:法语婴儿的啼哭声呈升调,跟法语基本一致,德语婴儿的啼哭声呈降调,跟德语基本一致(Mampe et al. 2009)。

儿童语言能力发展与大脑发展密切相关。语言能力发展的一个重要转折点是 1 岁。一般来说,12 个月左右的儿童能开始说出有意义的词语了。对幼儿手势语的研究也发现,1 岁是一个重要转折点。尽管幼儿在 3 个月的时候已经具备用手指指物表意的能力,但直到 1 岁左右时,他们才明确发展出"以手指物"的"语言"。到 2 岁时,幼儿的语言能力已经进入"单词句"阶段。这个时候他们已经能掌握 300 到 400 个单词。到 3 岁时,儿童已经能掌握 1000 个左右的单词,能理解另外 1000—2000 个左右的词,语法结构也基本跟成人一样。4 岁时,儿童的语言已经很稳定了,跟周围环境的语言基本没有什么差别。

语言的这一发展轨迹与人大脑发展轨迹密切相关。现代脑科学研究发现,大脑不同区域的皮层在发育上是不同步的。索厄尔等(Sowell et al. 1999)研究发现,感知觉皮层区(sensory and perceptual cortical region)等初级皮层发育最早,而背侧顶叶皮层区(dorsal parietal cortical region)等整合各初级功能的高级联络皮层则发育最晚。与语言能力紧密相关的区域的皮层也处于后发展阶段。大脑皮层厚度在不同区域上也有不同变化轨迹。对于 5—11 岁儿童而言,大脑右侧额叶区(right frontal region)和双侧顶枕区(bilateral parieto-occipital region)的皮层厚度随年龄增长而变薄,但大脑左半球的一些语言功能区,如左下额叶区(left inferior frontal region)(即布洛卡区)和韦尔尼克区右边的双侧后周肌区(bilateral posterior perisylvian region),皮层厚度却随着年龄的增长而变厚(Sowell et al. 2004:8227—8228)。人脑左半球语言功能区皮层厚度的变化与人的认知能力的变化密切相关。大脑皮层厚度变化是如何与语言、认知功能相连的?这是当前科学研究的一个前沿课题。

考察婴儿大脑发育与语言习得过程,是观察人类语言与大脑关系的一个很好的窗口。婴儿大脑自胚胎阶段就已经开始发育,主要表现在脑量不断增加。婴儿出生后大脑还会继续发育,大脑神经元网络会逐渐完善和丰富。婴儿大脑发育过程如下图(Johnson & Haan 2015:48):

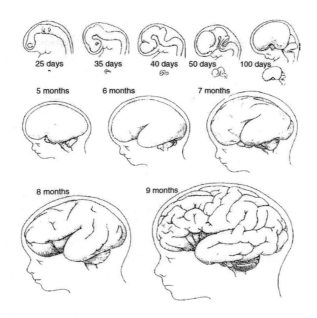

幼儿大脑的发育为习得母语准备了条件和基础。有学者研究发现,出生才几个月的婴儿,就能分辨出所听到的音是母语的还是非母语的。库尔(Kuhl 2004)选定两批7—11个月的婴儿作为被试,一批是母语为英语的婴儿,另一批是母语为西班牙语的婴儿。库尔采用事件相关电位(ERP)技术,测量和记录了这两批婴儿对母语中对立辅音和非母语的对立辅音的感知辨识情况。实验结果表明,7个月大的婴儿能够区分非母语的对立辅音,到11个月大时区分非母语对立辅音能力减弱;所有婴儿在11个月时区分母语对立辅音的能力都明显增强。

不仅如此,库尔还系统研究了幼儿在1个月到12个月这段时间,发音能力和语音辨别能力的变化情况,见下页图(引自 Kuhl 2004:832)。

从语音听辨能力发展来看,1—5个月的婴儿能够区分所有语言中对立的音位;6个月时能够感知和听辨出特定语言中的元音;7个月时,能听出单词中的典型的重音模式;9个月时可以听辨出特定语言的复合元音;11个月时,区分非母语的对立辅音能力开始减弱,而区分母语中对立辅音的能力开始增强。从语音发音来看,1—3个月的婴儿发出的是非语音性质的声音,3个月以后婴儿能发出类似元音的声音,10个月的婴儿开始能发出特定语言的语音,12月的婴儿开始发出第一个单词。

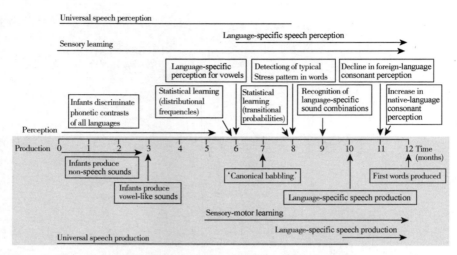

Figure 1 The universal language timeline of speech-perce and speech-production development. This figure shows the changes that occur in speech perception and production in typically developing human infants during their first year of life.

雷纳伯格（Lenneberg 1967）发现，儿童从出生到 2 岁期间大脑发展非常迅速，脑量从 300 克增加到 1100 克左右，基本达到标准脑量（normal brain weight）。2 岁到 10 岁是儿童语言习得关键期，如下图所示（引自 Lenneberg 1967：69）：

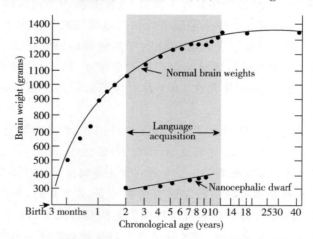

人类靠遗传而来的语言能力，在人类大脑组织系统中是否有所显现？人类大脑是否为语言的产生和演化提供了某些特殊的物质器官？19 世纪以来，来自医学、生物学、脑科学、遗传学等领域的研究，为人类窥知语言与大脑的关系、演化过程，进而探索大脑的奥秘及语言的本质，提供了有力的证据。

19 世纪 60 年代，法国医生布洛卡（Broca）解剖了一个名叫 Leborgne 的患者的大脑。Leborgne 生前患有 20 年左右的失语症和偏瘫。他用手比划半天后只能说一个"Tan"字。当人们问他叫什么名字时,他只会说"tan,tan,tan"。但 Leborgne 的理解和精神正常。他可以数数或唱歌,阅读能力也不受影响,只是难以进行正常的语言表达。布洛卡解剖 Leborgne 大脑后发现,Leborgne 左脑有一个很大的肿瘤。后来布洛卡又发现了八个左半脑受伤的病人,他们也都有与 Leborgne 类似的失语现象。在此基础上,布洛卡(Broca 1861)认为语言的机制在左脑。当然,语言并未占用全部的左脑。布洛卡发现 Leborgne 的左脑只在西尔维亚裂沟的上方(左大脑前方第一、二个脑回)的地方有病变。该区域后来被称为布洛卡区(Broca's area)。布洛卡区病变引起的失语症患者,说话时很慢、很费劲、不合语法。1865 年,布洛卡发表论文 *Sur le Siège de la Faculté du Langage Articulé*,认为大脑是语言的生成和指挥器官,大脑皮层的不同部位有不同的分工。该文的发表意义重大,成为大脑科学发展史上的一个里程碑。

后来,韦尔尼克(Wernicke)发现有些失语症患者与布洛卡失语症患者症状很不一样,他们语言非常流利,但不合语法,说话没有意义,而且会造出很多新的语言形式,即非词。所谓非词,指尽管符合母语的造词规则,但该形式没有意义,不是该语言中的词,如英语 brilliger、assiswab,汉语"铁天""跑月"等。尤为重要的是,韦尔尼克的这些失语症患者在理解上存在严重障碍。韦尔尼克通过解剖这些患者的大脑发现,他们的左脑脑回后部,即西尔维亚周围区的后方区域,发生了病变或损伤。韦尔尼克(Wernicke 1876)推测这一区域与理解语言有关,是语言感受中枢。该区域后来被学者称为韦尔尼克区(Wernicke's area)。

大脑中的布洛卡区和韦尔尼克区与人类的语言密切相关,共同组成了语言中枢的主要部分,这种研究结果已得到越来越多学者的验证和肯定。近几十年来,不少学者的研究还表明,布洛卡区和韦尔尼克区在处理语言中的动词和名词方面存在差别。陈诗雅和贝茨(Sylvia Chen & Bates 1998)基于汉语材料,通过考察 10 名布洛卡失语症患者和 10 名韦尔尼克失语症患者发现,布洛卡失语症患者处理动词及动词性词组(如"唱、睡觉、烫头发"等)困难大一些,而韦尔尼克失语症患者处理名词及名词性词组(如"花、香烟、羽毛球"等)相对较困难。

布洛卡区和韦尔尼克区是如何联系起来的?20 世纪中叶,哈佛大学神经学家葛奇温(Geschwind)解剖了 100 个大脑,揭示了人类大脑左右大脑的分工:左大脑掌管语言、音乐,右大脑掌管动作平衡等,并认为布洛卡区和韦尔尼克区之间是通过大量的弓状神经纤维束(arcuate fasciculus)连接起来的,如下图所示(Geschwind 1979:180—199):

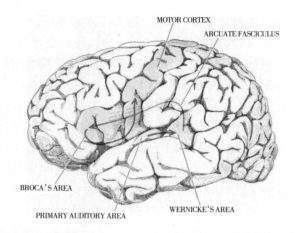

现代科技的发展(如脑电技术)为人们研究语言与大脑的关系提供了便利条件。卡塔尼等(Catani et al. 2005：11)利用现代技术在普通人大脑里发现区域和区域之间是通过纤维神经束联系起来的,并通过图像直观显现出来,如下图所示：

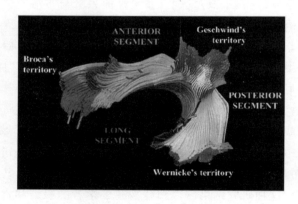

既然语言与大脑的关系如此密切,那么,如何通过研究大脑来研究语言？或者反过来,如何通过研究语言来研究人类的大脑？这是学者们在一直考虑和积极探索的重大问题。越来越多的学者开始注意并转向探究人类大脑,借此窥知语言本质及其演化问题(可参考 Wang 1982,1991)。

不同语言、文化造成了人们对真实世界的不同感知。而这些不同感知也必然会在人们使用语言时的大脑状态中体现出来。萧慧婷等(Siok et al. 2004)研究发现,使用拼音文字的人的大脑和使用汉字的人的大脑存在差别。读汉字时,人的左脑额中回(middle frontal gyrus)部位对汉字非常重要。不仅如此,说同一语言不同方言的人,大脑的感知也是不一样的。彭刚等(Peng et al. 2010)研究了说香港话的人和说普通话的人在辨读汉字与非汉字时的差别。测试中

使用的汉字与非汉字,见下表(引自 Peng et al. 2010:421):

	Group A		Group B	
	character	non-character	character	non-character
1	舌	舌	人	人
2	牙	牙	井	开
3	心	心	水	水
4	米	米	石	石
5	冬	冬	尺	尺
6	屯	屯	月	月
7	民	民	田	田
8	式	式	豆	豆
9	史	史	女	女
10	西	西	子	子

说香港话的人和说普通话的人在辨读字与非字过程中,脑电波是不同的,如下图所示(引自 Peng et al. 2010:423;PTH 代表普通话,HKC 代表香港话):

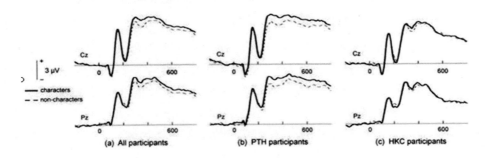

尽管香港话和普通话都属于汉语,但二者仍然存在一定的差别,并且它们所处的社会文化条件存在很大的差异。这说明,不同的语言(方言)影响大脑的发展,进而也影响大脑对世界的不同认知。

语言能力离不开人的大脑。研究和观测人在说话时大脑的运作过程,是观察语言运作机制和语言能力的重要窗口。曾志朗(J. L. Tzeng)和王士元(S-Y. Wang)在 American Scientist 发表论文 The First Two R's(1983),研究人脑对书面文字的处理问题。近几十年,随着新仪器的发明和各学科的发展,大脑血流图、脑电波图、电脑断层扫描、核磁共振等被用来研究语言能力与大脑的关系。语言运作机制和语言能力关系的研究,有助于揭示人类语言的本质和语言能力遗传性的奥秘。

10.4 语言学和人类的起源

10.4.1 人类起源的非洲假说

非洲假说是近年较为引人关注的人类起源假说。该假说认为,人类首先起源于非洲,然后走出非洲,扩散到欧洲、亚洲、大洋洲、美洲等。

达尔文(Darwin)在《物种起源》(1859)中推测语言谱系与人类遗传谱系间有关联[①]:

> 如果我们拥有一张人类谱系图,人类种群之间的亲缘关系将会是对世界上现存的各种语言最好的分类,而且,如果所有湮灭的语言、所有处于中间阶段并正在缓慢变化的方言都包括在内的话,这样的排列将是唯一可能的一种。

显然,达尔文认为有什么样的人群谱系树图,就有什么样的语言谱系树图。

达尔文在《人类的由来》(1871)里提出人类远古祖先可能生活在非洲,但同时也承认不宜在这个题目上作过多的臆测[②]:

> 有可能的是,在非洲从前还存在过几种和今天的大猩猩与黑猩猩有着近密而早就灭绝了的类人猿;而这两种猩猩现在既然是人的最为近密的亲族,则比起别的大洲来,非洲似乎更有可能性是我们早期祖先的原居地……然而自中新世这样一个荒远的时代以来,我们的地球已经经历过许多次地质上的巨大变迁,而最大规模的生物迁徙运动也已进行过不知若干次,出生地究竟在哪儿,是难于判定的。

非洲假说是根据古人类学、考古学和遗传学的某些发现提出的一种假说。提出非洲假说的学者们也认为,这一假说有很多方面还有待更多的事实去证实。目前非洲假说面临的主要问题,就是人类语言起源问题。而追问语言的起源,就应分清人类走出非洲的两个不同时间:第一次走出非洲和第二次走出非洲。

第一次走出非洲

人类在以现代人形态出现在地球上以前,先后经历了南方古猿、能人、直立

---

① 参考:达尔文(Darwin)著,1859,《物种起源》,周建人、叶笃庄、方宗熙译,叶笃庄修订,北京:商务印书馆,1997年,第484页。

② 参考:达尔文著,1871,《人类的由来》,潘光旦、胡寿文译,北京:商务印书馆,1983年,第242页。

人、早期智人(Archaic Homo sapiens)、晚期智人(Modern Homo sapiens)五个重要的阶段。这五种形态在非洲、欧洲、亚洲、大洋洲、美洲的分布不一样,见下表[①]:

	南猿	能人	直立人	早期智人	晚期智人
脑量 cm³	500 左右	500—800	800—1200	1100—1600	1600 左右
距今时间(万年)	600—140	240—180	180—20	20—5	5—
非洲分布	+	+	+	+	+
欧洲分布			吉尔吉亚	尼安德特人	克罗马农人
亚洲分布			北京人	大荔人	山顶洞人
大洋洲分布				(+)	+
美洲分布					+

在非洲,五个形态都存在,而欧洲、亚洲缺少南猿、能人两种形态,大洋洲、美洲缺少南猿、能人、直立人、早期智人四种形态。中国陕西蓝田人、云南元谋人、北京周口店的北京人等都属于直立人,陕西大荔人、广东马坝人都属于早期智人,广西柳江人、内蒙古河套人等都属于晚期智人。面对这种地理分布上的差异,比较合理的解释是,非洲是人类的起源地,南猿、能人先后出现在非洲,然后在直立人阶段走出非洲,向欧洲、亚洲扩散,最后晚期智人向大洋洲、美洲扩散。

过去也有人认为,亚洲、欧洲的直立人是在本地独立形成的。但是这种假说包含了这样一个推论:欧洲、亚洲的直立人是在没有经过南猿、能人这两个进化阶段的情况下,直接从更古老的猿(Hominoids)跳跃过几百万年的进化历程,突然进入到直立人的阶段。这种可能性太小了。这就好比说一个只会爬行的婴儿第二天突然变成了成年人。如果假设直立人首先产生于非洲,就能对古人类化石时间地域分布表进行较合理的解释。

支持非洲假说的另一个有力的材料是,前两个阶段的南猿和能人不仅首先出现在非洲,而且不是孤例。截至1993年,非洲已经发现了很多南猿分布点和能人分布点,而欧洲、亚洲一处都没有。非洲南猿和能人分布时间和地

[①] 该表中"+"代表有分布,"(+)"表示尚不确定。参考:陈保亚,2005b,《论非洲假说的两个时间层次和语源关系》,《云南民族大学学报》第 3 期,142—147 页。

点,见下表①:

地点	地区	距今年代(百万年)	
Lukeino	肯尼亚	6.0—5.5	南猿
Lothagam Hill	肯尼亚	5.5—5.0	南猿
Chemeron	肯尼亚	5.0—4.0	南猿
Kanapoi	肯尼亚	4.5—4.0	南猿
Tabauin	肯尼亚	4.15	南猿
Middle Awash Valley	埃塞俄比亚	4.0	南猿
Laetoli	坦桑尼亚	3.8—3.6	南猿
Hadar	埃塞俄比亚	3.3—2.7	南猿
East Lake Turkana	肯尼亚	3.3—1.4	南猿
Omo River Basin	埃塞俄比亚	3.3—1.3	南猿
Makapansgat	南非	3.0—2.6	南猿
Sterkfontein	南非	2.5	南猿
West Lake Turkana	肯尼亚	2.5	南猿
Olduvai Gorge	坦桑尼亚	1.9—1.1	南猿
Swartkrans	南非	1.7—1.1	南猿
Peninj	坦桑尼亚	1.4	南猿
Taung	南非	?	南猿
Kromdraai	南非	?	南猿
Chemeron	肯尼亚	2.4	能人
Olduvai Gorge	坦桑尼亚	2—1.7	能人
Olduvai Gorge	坦桑尼亚	1.8	能人
East Lake Turkana	肯尼亚	1.8	能人

非洲的"南猿-能人-直立人"进化链在时间上能够完整连接起来。直立人首先在非洲产生,然后一部分走出非洲,到达欧洲、亚洲。因此直立人走出非洲应该是一个比较合理的解释。从直立人分布地点和时间图,大体上也能勾画

---

① 参考:陈保亚,2005b,《论非洲假说的两个时间层次和语源关系》,《云南民族大学学报》第3期,142—147页。

出直立人移动的路线和时间：

非洲 ─────→ 欧洲 ─────────→ 亚洲
　　　　　(大约距今90万年前)　(大约距今70万年前)

　　直立人在走出非洲的时候，是否已经掌握了语言？要回答这个问题，就需要考察人会语言的必要条件：语言能力。语言能力包括两个最根本方面：一是句子生成能力，即通过有限的单位和规则生成无限句子的能力；二是符号编码能力，即通过形式和意义的任意性原则为各种观念编码形成符号或词的能力。

　　先考察生成能力。美国科学家用手势语（sign language）训练黑猩猩和大猩猩，发现黑猩猩和大猩猩都具备简单的语言能力，能学会很简单的单词和语法，并生成简单的句子。尽管美国科学家的语言训练方法无法运用到直立人身上，不过可以假定句子生成能力和脑量基本存在相关关系，这样就可以从脑量上作一个类比。先来比较能人、直立人和现代大猩猩、黑猩猩以及现代人类的平均脑量（引自 Strickberger 2000：500）：

	平均脑量（cm³）	距今（百万年）
智人（Homo sapiens）	1350	0.4—现代
晚期直立人（Late Home erectus）	980	0.5—0.3
早期直立人（Early Home erectus）	804	1.8—1.6
能人（Homo habilis）	579	2.4—1.6
黑猩猩（Chimpanzee）	505	现代
大猩猩（Gorilla）	395	现代

　　通过平均脑量的比较可以看出，直立人的脑量比黑猩猩、大猩猩要大很多，可能具备了一定的语言能力。但直立人的脑量比起现代人又要少很多。直立人的语言能力应该在现代人和大猩猩、黑猩猩之间，可能处在语言能力形成早期阶段。但也不能过高估计直立人的语言能力，因为训练黑猩猩、大猩猩学语言是学习既定的语言符号系统。目前还看不出黑猩猩、大猩猩有任何形成语言符号系统的痕迹。

　　讨论非洲假说需要分清两个概念：会语言的人和不会语言的人。会语言的人可称为语言人。这里的语言人指进化过程中形成了语言符号系统的人。一群形成语言符号系统的人分化以后，他们的语言是同源的。黑猩猩、大猩猩都不算语言人。判定古人是否是语言人的主要标准，是看古人是否有反映符号系统编码能力的雕刻、抽象图案、装饰、原始宗教仪式等符号活动，这是一个从考古遗址中可能观察到的事实。根据这个标准，直立人也不是语言人，因为反映这种能力的象征性雕刻、抽象图案、装饰、原始宗教仪式等符号活动只是在晚期智人的阶段才出现的，直立人阶段并没有发现这些符号活动。

综上所述，直立人可能具备初步的语言能力，但直立人走出非洲不代表语言人走出非洲，只代表非语言人走出非洲。现在还不能拿直立人走出非洲的结论，就断定人类语言都起源于非洲。

第二次走出非洲

要确定现代语言人的起源，另一个有效的办法是从现代人的遗传基因中寻找证据。自20世纪50年代开始，遗传学家开始了这方面工作。卡瓦利-斯福扎（Cavalli-Sforza et al. 1988）根据遗传距离（genetic distance）画出了现代人的谱系树，现代人最早的一次分化把非洲人和非洲以外其他地区的人分成了两支。美国卡恩等（Cann et al. 1987）对现代人女性的线粒体DNA进行分析研究，发现非洲黑人线粒体DNA变异最大，并推断人类最早大约在29万年前起源于非洲，其中的一支最早大约在14万年前走出非洲，并完全取代了原先各地的古人类。下表是部分地区现代人女性的线粒体DNA的相关数据（引自Cann et al. 1987：32）：

	非洲人 (African)	亚洲人 (Asian)	澳大利亚人 (Australian)	高加索人 (Caucasian)	新几内亚人 (NewGuinean)
非洲人	**0.47**				
亚洲人	0.45	**0.35**			
澳大利亚人	0.40	0.31	**0.25**		
高加索人	0.40	0.31	0.27	**0.23**	
新几内亚人	0.42	0.34	0.29	0.29	**0.25**

在这个表中，对角线上的数据（即加粗数据）是同一个人群内部每两个人的线粒体DNA变异的平均值。这个方法的基本思想是，变异平均值越大，越可能是出现最早的群体。可以看出，非洲群体的内部变异平均值是0.47，亚洲群体的内部变异平均值是0.35，其他三个群体的变异平均值更低，非洲最有可能是人类起源的地方。对角线下面的数据是不同人群线粒体DNA变异的平均值，非洲和亚洲之间变异平均值最大（为0.45），而高加索和澳大利亚之间则是最小的（为0.27）。很容易看出，非洲群体内部的变异平均值（0.47）甚至大于非洲群体和其他洲群体的平均值，这也支持非洲多变异说。

卡恩等(Cann et al. 1987)的遗传学方法的基本思想可以用更简单的方式说明。在人类第一次离开非洲时,非洲的人类已经经过 n 代,以后无论在哪一个时间段,走出非洲支系的遗传变异平均值如果是 m 代的遗传变异平均值,留在非洲本土的支系就是 n+m 代的遗传变异平均值。因此,走出非洲支系的遗传变异平均值总是小于留居非洲支系的遗传变异平均值。卡恩等(Cann et al. 1987)根据遗传变异平均值的大小得出了人类走出非洲的假说,并推算出了人类走出非洲的大致年代。

卡恩等(Cann et al. 1987)的非洲假说引起了一些考古学家和古人类学家的反对。然而,支持非洲假说的遗传研究材料在不断增加。储嘉佑等(Chu et al. 1998)从遗传学的微卫星座位(microsatellite loci)入手,研究结果支持这一结论,也认为中国人起源于非洲。宿兵等(Su et al. 1999,2000)通过研究现代东亚人群男性 Y 染色体(Y-Chromosome)发现,目前的基因证据不支持亚洲人有独立起源的说法;大约 6 万年前,起源于非洲的现代人到达东南亚;东亚南方地区男性 Y 染色体变异程度比北方大,所以非洲人首先到达东南亚大陆,进而扩展到东亚,并取代了东亚的古人。阿特金森(Atkinson 2011)为非洲假说提供了语言学证据。该文根据分布在全球各地的 504 个语言样本,分析它们的音位系统的复杂性,发现一系列的奠基者效应导致了语言音位系统的多样性降低。也就是,按照走出非洲的路线假说,沿途分布的语言在音位多样性上表现出与基因多样性类似的连续降低。

根据遗传学家的研究材料,大体上可以总结出这样一种人类迁移路线:

非洲 ⟶ 东南亚、亚洲南部 ⟶ 亚洲北部
(大约距今13万年)　(大约距今6万年)　(大约距今4万年)

人类"第二次走出非洲"的时间比直立人走出非洲的时间要晚得多。遗传学家近年来所说的"非洲假说""走出非洲",指的是人类"第二次走出非洲"。

在遗传学家提出非洲假说以前,考古学家、古人类学家关于亚洲的人类的起源有两种观点。第一种观点认为,亚洲人是从其他地方迁移过来,替代了本地直立人或早期智人,可称为替代说。另一种观点认为,亚洲人是从早期直立人分别经过早期智人、晚期智人进化来的,可称为进化说。就亚洲考古材料看,这两种解释似乎都有道理。遗传学家提出的非洲假说,支持了替代说。

10.4.2　语言的多起源说和单起源说

"第二次走出非洲"的理论也会遇到很多问题,首先是语言起源问题。距今 13 万年左右的非洲智人是语言人吗?现在还没有足够的证据证明距今 13 万年

前后的非洲人已经出现具有任意性原则的符号编码能力。因为还没有证据显示这段时间出现雕刻、抽象图案、装饰、原始宗教仪式等符号活动的证据。在没有证据的条件下,先承认他们走出非洲的时候是非语言人。也就是说,即使承认第二次走出非洲,并不等于人类语言的原始语都可以追溯到非洲。

如果非洲早期智人离开非洲时还不是语言人,那么他们的语言就只能是在迁移途中形成的。根据前面提到的遗传学家的资料,非洲早期智人到达亚洲的时间是距今6到4万年左右,这时已经进入晚期智人阶段。根据已经掌握的考古材料,图画、雕刻、装饰、象征等符号活动大约是距今7万年左右出现的。南非的布隆波斯洞穴发现了距今7万7千年以上的刻有图案的赭石。伊拉克的Shanidar洞穴中发现了反映大约6万年前仪式活动的痕迹。这些都是符号象征活动。因此,根据第二次走出非洲的时间和到达亚洲的时间,大致可以有一个推断:当非洲早期智人在13万年前走出非洲时,并没有掌握语言。在几万年的漫长移动过程中,逐渐产生了语言。6到4万年前到达亚洲时,他们已经发展成为会说话的晚期智人,而当地古人还未进入晚期智人阶段,不会语言,最终被非洲来的晚期智人彻底替代。中国大陆上的直立人后裔陕西大荔人、山西许家窑人、山西丁村人、广东马坝人、湖北长阳人等中国早期智人,都被非洲来的晚期智人替代。考古学家在中国大陆上找到的晚期智人广西柳江人、内蒙古河套人,则是非洲晚期智人迁移和扩散的结果。

早期智人在迁移途中形成语言的机制还很不清楚。如果是第二次走出非洲的智人再分化前就开始形成了语言,并一直保持着语言的连贯性,从东南亚到亚洲大陆南部、再到亚洲大陆北部,那么除了非洲,世界其他地区语言都应该是同源的。这是语言单起源说,也叫语言起源一元说。但是语言学家至今还没有找到证据。如果第二次走出非洲的早期智人在途中再次分化,不同的支系到达世界各地以后再形成语言,那么语言的起源就是多元的。这是语言多起源说,也叫语言起源多元说。语言多起源说得到越来越多证据的支持。例如亚洲的主要语言可以概括成汉藏语、澳台语、南亚语、阿尔泰语等几个大的语系。越来越多的证据表明,这些语系语言的共同点是语言接触的结果。

总之,非洲假说可分成两种情况:第一次走出非洲和第二次走出非洲。第一次走出非洲是直立人走出非洲,是非语言人走出非洲。从考古和语言符号系统形成过程看,这一种假说应该是成立的。非语言人走出非洲这一结论本身就能解释为什么非洲人单性别遗传变异平均值大,但不能推出人类语言都起源于非洲。第二次走出非洲是早期智人走出非洲。走出非洲的早期智人取代了亚洲的早期智人。这一假说是否成立,有待群体遗传学、考古学、古人类学、语言学的深入研究。非洲人单性别遗传变异平均值大，这一观察数据本身不能区分第一次走出非洲和第二次走出非洲两种情况。即使第二次走出非洲的假说成立，也不能必然推出人类语言都同源，更不能必然推出亚洲的语言都同源。人类语言的起源存在一元说和多元说两种可能。

很早以前，人们就发现世界上的语言虽然在各方面都呈现出非常不同的面貌，但是用做称呼爸爸和妈妈的词语听起来很相似，例如"妈妈"：mammy/mother(英语)；maman(法语)；māma(普通话)；mātā(印地语)；mama(斯瓦希里语)；eomma(韩语)，"爸爸"：papa/father(英语)；papa(法语)；bàba(普通话)；abba(阿拉姆语)；appa(韩语)。默多克(Murdock 1957)调查统计了人类语言中1072个关于父母亲的称谓语(母亲称谓531个，父亲称谓541个)，发现用鼻音(m、n或ŋ)作为音节首音来称呼母亲的比率达到55％，而用于父亲的比率则只有15％。也正是这样的分布情况，给很多人造成一个强烈的印象："m-"形式跟母亲相连，而"p-""b-""t-"等形式跟父亲相连。有人开始更进一步推测：这个世界上的所有语言或许一开始只有一个，所以称呼母亲的形式都是一样的，而称呼父亲的形式一致性差一些，这或许是因为母系社会在前的原因。彻底打破这一迷思的是雅各布逊(Jakobson)的文章 Why 'mama' and 'papa'? (1962)。雅各布逊(Jakobson)令人信服地证明，目前看到的这些在父母亲称谓上的相似性是语言习得机制的自然结果，并不能说明这些语言有历史亲缘关系。

关于人类语言的起源，就现有材料和证据看，语言多起源说的可能性更大一些。但也有不少人支持单起源说，认为存在一个单一的原始人类语言[①]，当前世界上所有语言都是从这个共同的原始语发展变化而来，也有人称之为原始人类语(Proto-Human language)或原始智人语(Proto-Sapiens)。从目前学界呈现的证据看，人类的单一起源并不意味着语言的单一起源。人类走出非洲的时候是否掌握语言也还是一个问号，具体在哪一个时间哪一个地区产生出了语言就是一个更大的问号了。相信通过学界的通力合作，会在不远的将来对这两个根本性的问题做出满意的回答。

扩展阅读：

Atkinson, Quentin D. 2011. Phonemic diversity supports a serial founder effect model of language expansion from Africa. *Science*, 332, Issue 6027：346－349.【提供语言学证

---

① Trombetti(1905)提出，所有语言都来自一个单一的原始人类语言。

据支持非洲假说】

Broca, Paul. 1861. Nouvelle observation d'aphémie produite par une lésion de la moitié postérieure des deuxième et troisième circonvolution frontales gauches. *Bulletin de la Société Anatomique*, 36: 398-407.【失语症患者左脑西尔维亚裂沟的上方地方有病变；语言的机制在左脑】

Broca, Paul. 1865. Sur le siège de la faculté du langage articulé. *Bulletins de la Société d'Anthropologie de Paris*, 6(1): 377-393.【大脑的左右半球具有不同的功能分工】

Cann, Rebecca, L., Mark Stoneking, & Allan C. Wilson. 1987. Mitochondrial DNA and human evolution. *Nature*, 325: 31-36.【使用遗传学方法对 mtDNA 进行分析；人类起源于非洲】

Catani, Marco, Derek K. Jones, & Dominic H. Ffytche. 2005. Perisylvian language networks of the human brain. *Annals of Neurology*, 57: 8-16.【用现代脑电技术研究布洛卡区和韦尔尼克区】

Cavalli-Sforza, L. L., A. Piazza, P. Menozzi, & J. Mountain. 1988. Reconstruction of human evolution: Bringing together genetic, archaeological, and linguistic data. *Proceedings of the National Academy of Sciences*, 85(16): 6002-6006.【根据遗传距离画出了现代人谱系分化树】

Chen, Sylvia & Elizabeth Bates. 1998. The dissociation between nouns & verbs in Broca's and Wernicke's aphasia: Findings from Chinese. *Aphasiology*, 12: 5-36.【布洛卡失语症患者、韦尔尼克失语症患者在处理汉语的动词性、名词性词组时存在不同困难】

Chomsky, Noam. 1956. Three models for the description of language. IRE Translations on *Information Theory*, 2(3): 113-124.【形式文法】

Chu, J. Y., W. Huang, S. Q. Kuang et al. 1998. Genetic relationship of populations in China. *Proceedings of the National Academy of Sciences of the United States of America*, 95(20): 11763-11768.【从遗传学的微卫星座位入手，研究结果支持中国人起源于非洲的观点】

Dekaban, A. S. & D. Sadowsky. 1978. Changes in brain weights during span of human life: Relation of brain weights to body heights and body weights. *Annals of Neurology*, 4(4): 345-356.【给出大脑脑量增长与年龄增长之间关系曲线】

Eccles, John C. 1973. *The Understanding of the Brain*. New York: McGraw-Hill Book Company.【人类与动物大脑量存在区别；生物的进化等级越高，大脑脑量越重】

Enard, Wolfgang, Sabine Gehre, et al. 2009. A humanized version of FOXP2 affects cortico-basal ganglia circuits in mice. *Cell*, 137(5): 961-971.【人类"语言基因"Foxp2 植入小白鼠后，小白鼠在和人类语言功能区相当的大脑区域长出了复杂的神经细胞】

Falk, Dean. 1991. 3.5 Million years of hominid brain evolution. *Seminars in Neuroscience*, 3(5): 409-416.【讨论人类大脑的演化；人类大脑脑量脑在人类进化过程中逐渐增大】

Fisher, S. E., F. Vargha-khadem, K. E. Watjins, A. P. Monaco, et al. 1998. Localization of a gene implicated in a severe speech and language disorder. *Nature Genetics*, 18: 168-170.【把 KE 家族基因突变定位在 7 号染色体长臂(7q31)区域,并把该突变基因称为 SPCH1(即 Foxp2)】

Geschwind, Norman. 1979. Specializations of the human brain. *Scientific American*, 241 (3), 180-199.【讨论了人类大脑左右大脑的分工;布洛卡区和韦尔尼克区之间通过大量的弓状神经纤维束连接起来】

Hurst, J. A., M. Baraitser, E. Auger, F. Graham, & S. Norell. 1990. An extended family with a dominantly inherited speech disorder. *Developmental Medicine & Child Neurology*, 32 (4): 352-355.【讨论语言基因问题,报告了一个 KE 家族的语言障碍】

Jakobson, Roman. 1962. Why 'mama' and 'papa'? In Roman Jakobson (ed.), *Selected Writings*, Vol. I: *Phonological Studies*, 538-545. The Hague: Mouton.【父亲母亲称谓的相似性是语言习得机制的自然结果】

Johnson, Mark H. & Michelle de Haan. 2015. *Developmental Cognitive Neuroscience (fourth edition)*. New York: John Wiley & Sons, Ltd. Blackwell Publishers Ltd (1e, 1997); Blackwell Publishing Ltd (2e, 2005); John Wiley & Sons, Ltd, (3e, 2011).【人类大脑、神经网络发展与人类认知的发展】

Krause, J, C. Lalueza-Fox, L. Orlando, et al. 2007. The derived FOXP2 variant of modern humans was shared with Neandertals. *Current Biology*, 17(21):1908-1912.【现代人 Foxp2 突变在尼安德特人 DNA 里已经存在】

Kuhl, Patricia K. 2004. Early language acquisition: cracking the speech code. *Nature Reviews Neuroscience*, 5 (11): 831-843.【分析儿童对母语的对立辅音和非母语的对立辅音的感知辨识情况;研究幼儿在 1 个月到 12 个月这段时间发音能力和语音辨别能力的变化】

Lai, Cecilia S. L., S. E. Fisher, J. A. Hurst, F. Vargha-Khadem, & A. P. Monaco. 2001. A forkhead-domain gene is mutated in a severe speech and language disorder. *Nature*, 413: 519-523.【KE 家族成员与非 KE 家族的先天性语言障碍者,在 SPCH1(即 Foxp2)基因上有共同突变】

Lenneberg, Eric. 1967. *Biological Foundations of Language*. New York: John Wiley & Sons.【儿童从出生到 2 岁脑量增加了约 3 倍;2 岁到 10 岁是儿童学习语言的关键期】

Mampe, Birgit, Angela D. Friederici, Anne Christophe, & Kathleen Wermke. 2009. Newborns' cry melody is shaped by their native language. *Current Biology*, 19(23): 1994-1997.【新生婴儿啼哭声存在明显差异;这些啼哭声差异是基于母语的】

Murdock, G. P. 1957. World ethnographic sample. *American Anthropological Linguistics*, 59: 664-687.【统计人类语言 1072 个关于父母亲的称谓语】

Peng, Gang, James W. Minett, & William S-Y. Wang. 2010. Cultural background influences the liminal perception of Chinese characters: An ERP study. *Journal of Neurolinguistics*, 23（4）: 416－426.【说香港话的人和说普通话的人在辨读字与非字过程中脑电波是不同的】

Siok, Wai Ting, Charles A. Perfetti, Zhen Jin, & Li Hai Tan. 2004. Biological abnormality of impaired reading is constrained by culture. *Nature*, 431: 71－76.【使用拼音文字的人和使用汉字的人，大脑存在差别】

Strickberger, Monroe W. 2000. *Evolution（third edition）*. Sudbury, Mass.: Jones and Bartlett Publishers.【把能人、直立人和现代大猩猩、黑猩猩以及现代人类的平均脑量进行了对比】

Su, Bing, Junhua Xiao, Peter Underhill, Ranjan Deka, Weiling Zhang, et al. 1999. Y－Chromosome evidence for a northward migration of modern humans into Eastern Asia during the last Ice Age. *The American Journal of Human Genetics*, 65（6）: 1718－1724.【通过研究现代东亚人群男性 Y 染色体发现，目前基因证据并不支持亚洲黄种人有独立起源的说法；大约 6 万年前，起源于非洲的现代人到达东南亚；非洲人首先到达东南亚，进而扩展到东亚，并取代了东亚古人】

Su, Bing, Chunjie Xiao, Ranjan Deka, et al. 2000. Y-Chromosome haplotypes reveal prehistorical migrations to the Himalayas. *Human Genetics*, 107: 582－590.【从男性 Y 染色体入手研究东亚地区族群的起源发展；分析了东亚、东南亚和南亚的 31 个汉藏语土著种群的遗传结构，认为汉藏人群之间具有很强的遗传亲和性；距今约 1 万年前生活在黄河流域中上游地区的古人类，是现代汉藏人群的的祖先】

Trombetti, Alfredo. 1905. *L'unità D'origine del Linguaggio*. Bologna: Luigi Beltrami.【最早提出推广共同原始语的观念】

Tzeng, Ovid J. L. & Wang William S-Y. 1983. The first two R's. *American Scientist*, 71: 238－243.【研究人脑对书面文字的处理问题】

Wang, William S-Y. ed. 1991. *The Emergence of Language: Development and Evolution*. San Francisco: W. H. Freeman & Company. 中译: 王士元编，林幼菁译，《语言涌现: 发展与演化》，语言暨语言学专刊 D－1，台北:"中研院"语言学研究所，2008 年。【讨论语言、大脑与演化的关系】

Wernicke, C. 1876. Das urwindungssystem des menschlichen gehirns. *Archiv Für Psychiatrie und Nervenkrankheiten*, 6(1): 298－326.【报道了与 Broca 失语症患者相反的新的失语症类型】

陈保亚，2005，《论非洲假说的两个时间层次和语源关系》，《云南民族大学学报》第 3 期，142－147 页。【把非洲假说分成第一次走出非洲和第二次走出非洲两种情况】

王士元，2011，《语言、演化与大脑》，北京: 商务印书馆。【演化语言学研究；从宏观的角度探讨了语言、演化、大脑之间的紧密关系】

11 附录

11.1 人名译名对照

人名对照表仅供检索参考文献中的西文文献或有中文翻译的文献。为便于检索参考文献,译名对照分为中文排序和西文排序两种。除非是普遍公认的译名,本书提到的外国人名尽量用原文或英文,以避免译名分歧带来的检索错误,有分歧的译名在人名对照中尽量都给出。

11.1.1 人名译名对照(西文排序)

西文名	中文名
Appel,René	阿佩尔
Ascoli,Graziadio Isaia	阿斯科里
Atkinson,Quentin D.	阿特金森
Augustinus,Aurelius	奥古斯丁
Austin,J.	奥斯汀
Bao,Zhiming	包智明
Baraitser,E.	巴拉特
Bates,Elizabeth	贝茨
Baxter,William H.	白一平
Beach,D. M.	比奇
Benedict,P. K.	本尼迪克特/白保罗
Bengtson,John	本特森
Bever,T. G.	贝弗尔
Bloomfield,Leonard	布龙菲尔德
Boas,Franz	博厄斯/博爱士/鲍阿斯
Bodman,Nicholas C.	包拟古
Bopp,Franz	博普
Bouquet,S.	布凯

Bourhis, Richard Y.   布理斯
Bradshaw, John   布拉德肖
Broca, Paul   布洛卡
Cann, Remecca   卡恩
Carnap, Rudolf   卡尔纳普
Catani, M.   卡塔尼
Cavalli-Sforza   卡瓦利-斯福扎
Chao, Yuen Ren   赵元任
Chen, Baoya   陈保亚
Chen, Matthew Y.   陈渊泉
Chen, Sylvia   陈诗雅
Chomsky, Noam   乔姆斯基
Chong, Siew Ling   钟晓玲
Chrysikou, E. G.   克里斯托
Chu, J. Y.   储嘉佑
Clements, George N.   克莱门茨
Comrie, Bernard   科姆里
Cooper, Lynn   库珀
Corballis, Michael C.   科波利斯
Coulmas, Florian   库尔马斯
Courtenay, Baudouin De   库尔德内
Crick, F. H. C.   克里克
Croft, William   克罗夫特
Crystal, David   克里斯特尔
Daneš, Frantisek   丹尼斯
Darwin, Charles Robert   达尔文
Dekaban, A. S.   德卡班
Denes, Peter B.   邓斯
Djamouri, Redouane   罗瑞
Donatus, Aelius   多纳图斯
Duanmu, San   端木三
Dudley, H.   达德利
Eccles, John C.   埃克尔斯
Ellis, Rod   埃利斯
Enard, Wolfgang   恩纳德
Engler, R.   恩格勒

Evans, Vyvyan	埃文斯
Falk, Dean	福尔克
Fant, Gunnar M.	方特
Fillmore, Charles J.	菲尔墨
Fisher, S. E.	费舍尔
Fishman, Joshua A.	菲斯曼
Fitch, W. T.	费奇
Fodor, Jerry A.	福多
Fouts, Roger	福茨
Frawlay, William	费劳莱
Fry, D. B.	弗赖伊
Gallese, Vittorio	加莱塞
Gardner, Beatrice T. & R. Allen Gardner	加德纳夫妇
Geschwind, Norman	葛奇温
Giles, Howard	翟理斯
Gillieron, J.	席叶龙
Givon, Talmy	吉翁
Godel, Robert	哥德尔
Goldberg, Adele E.	戈德堡
Goldsmith, John A.	格德斯密斯
Gong, Hwang-Cherng	龚煌城
Graham, S.	格雷厄姆
Grassmann, Hermann	格拉斯曼
Green, Melanie	格林
Green, Steven	格伦
Greenberg, Joseph H.	格林伯格
Greenfield, P. M.	格林菲尔德
Grice, H. P.	格赖斯
Grimm, Jacob	格里木
Grootaers, Willem A.	贺登崧
Gruber, Jefferey	格鲁伯
Haarmann, Harald	哈尔门
Halle, Morris	哈勒
Halliday, M. A. K.	韩礼德
Harman, Gilbert	哈蒙/哈曼
Harris, Zellig S.	哈里斯/海里斯

Hashimoto, Mantaro J.	桥本万太郎
Haudricourt, AndréGeorges	奥德里古尔
Haugen, Einar	豪根
Hayes, Keith J. & Cathy Hayes	海斯夫妇
Heidegger, Martin	海德格尔
Heine, Bernd	海涅
Herder, J.	赫尔德
Herzog, M. I.	赫尔佐格
Hjlmslev, Louis	叶尔姆斯列夫
Hockett, Charles F.	霍凯特/霍盖特
Hoffmann, Charlotte	霍夫曼
Holden, Constance	霍尔登
Hölldobler, Bert	荷尔多布勒
Holmes, Janet	霍姆斯
Hopper, Paul J.	霍珀
Hurst, J. A.	赫斯特
Iacoboni, Marco	亚科博尼
Inhelder, Barbel	英海尔德
Jackendoff, Ray S.	杰肯道夫
Jakobson, Roman	雅各布逊/雅格布逊
Janhunen, Juha	詹胡宁
Jesperson, Otto	叶斯伯森/叶斯泊森/杰斯帕森
Johnson, Jacqueline S.	杰奎琳·约翰逊
Johnson, Keith	凯斯·约翰逊
Johnson, Mark H.	马克·约翰逊
Jones, Daniel	丹尼尔·琼斯
Jones, William	威廉·琼斯
Kalocsay, K.	卡洛查
Karlgren, Bernhard	高本汉
Kasparov	卡斯帕罗夫
Katz, Jerrold J.	凯茨
Kaufman, Terrence	考夫曼
Kellogg, W. N. & L. A. Kellogg	克洛格夫妇
Knight, Alec	奈特
Kong, Jiangping	孔江平
Krause, J.	克劳斯

Krosevsky	克鲁舍夫斯基
Kuhl, Patricia K.	库尔
Kuteva, Tania	库特夫
Labov, William	拉波夫
Ladefoged, Peter	赖福吉/拉德福奇德
Lai, Cecilia S. L.	塞西莉亚·赖
Lakoff, George	莱考夫/雷科夫/拉科夫
Langacker, Ronald W.	兰盖克
LaPolla, Randy J.	罗仁地
Leech, Geoffrey	利奇
Lehmann, Winfred P.	雷曼/莱曼
Leibniz, G. W.	莱布尼茨
Lenneberg, Eric	雷纳伯格/勒纳伯格
Lewin, R.	勒文/列文
Li, Fang-Kuei	李方桂
Liberman, Alvin M.	利伯曼
Linden, E.	林登
Locke, John	洛克
Lottner, Carl	罗德纳
MacNeilage, Peter	麦克尼尔
Maddieson, Ian	麦迪森
Malkiel, Y.	马尔基尔
Mampe, Birgit	比伊特
Markov, A. A.	马尔科夫
Martinet, André	马尔丁内/马尔丁纳/马丁纳
Mathesius, Vilem	马泰修斯/马提修斯
Matisoff, James Alan	马提索夫
Maxwell, James Clerk	麦克斯韦
McGurk, H.	麦格克
Meillet, Antoine	梅耶/梅耶儿
Mills, Stephen Tukel	米尔斯
Minett, James W.	米内特
Monaco, A. P.	莫纳科
Montague, Richard	蒙太古
Morris, C. W.	莫里斯
Moskowitz, Breyne A.	莫斯科维茨

Murdock, G. P.	默多克
Muysken, Pieter	穆耶夫斯基
Newport, Ellisa L.	纽波特
Norell, S.	诺雷尔
Norman, Jerry	罗杰瑞
Ogden, C. K.	奥格登
Palmer, L. R.	帕默尔
Panini	巴尼尼
Passy, Paul	帕西
Patterson, F.	帕特森
Penfield, Wilder	彭菲尔德
Peng, Gang	彭刚
Pennisi, Elizabeth	彭尼西
Petitto, L. A.	佩蒂托
Peyraube, Alain	贝罗贝
Piaget, Jean	皮亚杰
Pike, Kenneth L.	派克
Pinker, Steven	平克
Pinson, Elliot N.	平森
Premack, A. J. & D. Premack	皮里麦克夫妇
Priscian	普利西安
Putnam, Hilary	普特南
Ramscar, M.	拉姆斯卡
Rask, Rasmus	拉斯克
Richards, I. A.	理查兹
Roberts, Lamar	罗伯茨
Robins, R. H.	罗宾斯
Rosenthal, Doreen	罗森塔尔
Ross, John Robert	罗斯
Ruhlen, Merritt	鲁伦
Sanders, R. J.	桑德斯
Sandman, Erika	桑德曼
Sapir, Edward	萨丕尔
Saussure, Ferdinand de	索绪尔
Savage-Rumbaugh, E. S.	萨维奇-伦堡
Schiffman, Harold	希夫曼

Schleicher, August	施莱歇尔
Schmidt, J.	施密特
Schuchardt, Hugo	舒哈特
Searle, J. R.	塞尔
Selinker, larry	塞林克
Selkirk, E.	希尔克
Shen, Zhongwei	沈钟伟
Shepard, Roger	谢泼德
Sherba, Lev Vladimirovich	谢尔巴
Simon, Walter	西蒙
Siok, Wai Ting	萧慧婷
Sowell, Elizabeth R.	索厄尔
Sperber, Dan	斯波伯
Stetson, R. H.	斯泰森
Stevens, S. S.	史蒂文斯
Stoneking, Mark	斯托金
Strickberger, Monroe W.	斯特里克伯格
Studdert-Kennedy, Michael	斯图德特-肯尼迪
Su, Bing	宿兵
Surls, James	瑟尔斯
Swadesh, Morris	斯瓦迪士
Sweet, Henry	斯维特
Tao, Hongyin	陶红印
Tarski, Alfred	塔尔斯基
Taylor, John R.	泰勒
Terrace, H. S.	特勒斯
Tesnière, L.	特斯尼耶尔/特斯尼埃
Thomason, Sarah G.	托马森
Thompson, Sandra A.	汤姆森
Thompson-Schill, S. L.	汤姆森-希尔
Thrax, Dionysius	特拉克斯
Tomasello, Michael	托马塞洛
Trask, R. L.	特拉斯克
Traugott, Elizabeth C.	特劳戈特
Trier, Jost	特里尔
Trombetti, Alfredo	特龙贝蒂

Trubetzkoy, N. S.	特鲁别茨科依
Tzeng, Ovid J. L.	曾志朗
Varro, M. T.	瓦罗
Vendryes, Joseph	房德里耶斯
Verner, Karl	维尔纳
Von Frisch, Karl	弗里希
Von Humboldt, Wilhelm	洪堡特
Von Schlegel, Friedrich	施莱格尔
Wang, Feng	汪锋
Wang, William S-Y.	王士元
Waringhien, G.	瓦兰金
Watkins, K. E.	沃特金斯
Watson, J. D.	沃森
Weber, George	韦伯
Weinreich, Uriel	魏茵莱希
Wells, R. S.	威尔斯
Wenker, G.	温克
Wennergren, Bertilo	温纳格伦
Wermke, Kathleen	威尔姆克
Wernicke, C.	韦尔尼克
Whitney, W. D.	惠特尼
Whorf, Benjamin Lee	沃尔夫
Wilson, Allan Charles	阿兰·查尔斯·威尔逊
Wilson, Deirdre	迪尔德丽·威尔逊
Wilson, Edward O.	爱德华·威尔逊
Winford, Donald	温福德
Wittgenstein, Ludwig	维特根斯坦
Wright, M. S.	赖特
Xu, Daming	徐大明
Xu, Dan	徐丹
Yip, Moira	伊普
Zadeh, Lotfi Aliasker	扎德
Zamenhof, L. L.	柴门霍夫

11.1.2 人名译名对照(中文排序)

中文名	西文名
阿兰·查尔斯·威尔逊	Wilson, Allan Charles
阿佩尔	Appel, René
阿斯科里	Ascoli, Graziadio Isaia
阿特金森	Atkinson, Quentin D.
埃克尔斯	Eccles, John C.
埃利斯	Ellis, Rod
埃文斯	Evans, Vyvyan
爱德华·威尔逊	Wilson, Edward O.
奥德里古尔	Haudricourt, AndréGeorges
奥格登	Ogden, C. K.
奥古斯丁	Augustinus, Aurelius
奥斯汀	Austin, J.
巴拉特	Baraitser, E.
巴尼尼	Panini
白一平	Baxter, William H.
包拟古	Bodman, Nicholas C.
包智明	Bao, Zhiming
贝茨	Bates, Elizabeth
贝弗尔	Bever, T. G.
贝罗贝	Peyraube, Alain
本尼迪克特/白保罗	Benedict, P. K.
本特森	Bengtson, John
比奇	Beach, D. M.
博厄斯/博爱士/鲍阿斯	Boas, Franz
博普	Bopp, Franz
布凯	Bouquet, S.
布拉德肖	Bradshaw, John
布理斯	Bourhis, Richard Y.
布龙菲尔德	Bloomfield, Leonard
布洛卡	Broca, Paul
曾志朗	Tzeng, Ovid J. L.
柴门霍夫	Zamenhof, L. L.

陈保亚	Chen，Baoya
陈诗雅	Chen，Sylvia
陈渊泉	Chen，Matthew Y.
储嘉佑	Chu，J. Y.
达德利	Dudley，H.
达尔文	Darwin，Charles Robert
丹尼尔·琼斯	Jones，Daniel
丹尼斯	Daneš，Frantisek
德卡班	Dekaban，A. S.
邓斯	Denes，Peter B.
迪尔德丽·威尔逊	Wilson，Deirdre
翟理斯	Giles，Howard
端木三	Duanmu，San
多纳图斯	Donatus，Aelius
恩格勒	Engler，R.
恩纳德	Enard，Wolfgang
方特	Fant，Gunnar M.
房德里耶斯	Vendryes，Joseph
菲尔墨	Fillmore，Charles J.
菲斯曼	Fishman，Joshua A.
费劳莱	Frawlay，William
费奇	Fitch，W. T.
费舍尔	Fisher，S. E.
弗赖伊	Fry，D. B.
弗里希	Von Frisch，Karl
福茨	Fouts，Roger
福尔克	Falk，Dean
福多	Fodor，Jerry A.
高本汉	Karlgren，Bernhard
戈德堡	Goldberg，Adele E.
哥德尔	Godel，Robert
格德斯密斯	Goldsmith，John A.
格拉斯曼	Grassmann，Hermann
格赖斯	Grice，H. P.
格雷厄姆	Graham，S.
格里木	Grimm，Jacob

格林	Green, Melanie
格林伯格	Greenberg, Joseph H.
格林菲尔德	Greenfield, P. M.
格鲁伯	Gruber, Jefferey
格伦	Green, Steven
葛奇温	Geschwind, Norman
龚煌城	Gong, Hwang-Cherng
哈尔门	Haarmann, Harald
哈勒	Halle, Morris
哈里斯/海里斯	Harris, Zellig S.
哈蒙（曼）	Harman, Gilbert
海德格尔	Heidegger, Martin
海涅	Heine, Bernd
海斯夫妇	Hayes, Keith J. & Cathy Hayes
韩礼德	Halliday, M. A. K.
豪根	Haugen, Einar
荷尔多布勒	Hölldobler, Bert
贺登崧	Grootaers, Willem A.
赫尔德	Herder, J.
赫尔佐格	Herzog, M. I.
赫斯特	Hurst, J. A.
洪堡特	Von Humboldt, Wilhelm
惠特尼	Whitney, W. D.
霍尔登	Holden, Constance
霍夫曼	Hoffmann, Charlotte
霍凯特/霍盖特	Hockett, Charles F.
霍姆斯	Holmes, Janet
霍珀	Hopper, Paul J.
吉翁	Givon, Talmy
加德纳夫妇	Gardner, Beatrice T. & R. Allen Gardner
加莱塞	Gallese, Vittorio
杰肯道夫	Jackendoff, Ray S.
杰奎琳·约翰逊	Johnson, Jacqueline S.
卡恩	Cann, Remecca
卡尔纳普	Carnap, Rudolf
卡洛查	Kalocsay, K.

卡斯帕罗夫	Kasparov
卡塔尼	Catani，M.
卡瓦利-斯福扎	Cavalli-Sforza
凯茨	Katz，Jerrold J.
凯斯·约翰逊	Johnson，Keith
考夫曼	Kaufman，Terrence
科波利斯	Corballis，Michael C.
科姆里	Comrie，Bernard
克莱门茨	Clements，George N.
克劳斯	Krause，J.
克里克	Crick，F. H. C.
克里斯特尔	Crystal，David
克里斯托	Chrysikou，E. G.
克鲁舍夫斯基	Krosevsky
克罗夫特	Croft，William
克洛格夫妇	Kellogg，W. N. & L. A. Kellogg
孔江平	Kong，Jiangping
库尔	Kuhl，Patricia K.
库尔德内	Courtenay，Baudouin De
库尔马斯	Coulmas，Florian
库珀	Cooper，Lynn
库特夫	Kuteva，Tania
拉波夫	Labov，William
拉姆斯卡	Ramscar，M.
拉斯克	Rask，Rasmus
莱布尼茨	Leibniz，G. W.
莱考夫/雷科夫/拉科夫	Lakoff，George
赖福吉/拉德福奇德	Ladefoged，Peter
赖特	Wright，M. S.
兰盖克	Langacker，Ronald W.
勒文/列文	Lewin，R.
雷曼/莱曼	Lehmann，Winfred P.
雷纳伯格/勒纳伯格	Lenneberg，Eric
李方桂	Li，Fang-Kuei
理查兹	Richards，I. A.
利伯曼	Liberman，Alvin M.

利奇	Leech, Geoffrey
林登	Linden, E.
鲁伦	Ruhlen, Merritt
罗宾斯	Robins, R. H.
罗伯茨	Roberts, Lamar
罗德纳	Lottner, Carl
罗杰瑞	Norman, Jerry
罗仁地	LaPolla, Randy J.
罗瑞	Djamouri, Redouane
罗森塔尔	Rosenthal, Doreen
罗斯	Ross, John Robert
洛克	Locke, John
马尔丁内/马尔丁纳/马丁纳	Martinet, André
马尔基尔	Malkiel, Y.
马尔科夫	Markov, A. A.
马克·约翰逊	Johnson, Mark H.
马泰修斯/马提修斯	Mathesius, Vilem
马提索夫	Matisoff, James Alan
麦迪森	Maddieson, Ian
麦格克	McGurk, H.
麦克尼尔	MacNeilage, Peter
麦克斯韦	Maxwell, James Clerk
麦普	Mampe, Birgit
梅耶/梅耶儿	Meillet, Antoine
蒙太古	Montague, Richard
米尔斯	Mills, Stephen Tukel
米内特	Minett, James W.
莫里斯	Morris, C. W.
莫纳科	Monaco, A. P.
莫斯科维茨	Moskowitz, Breyne A.
默多克	Murdock, G. P.
穆耶夫斯基	Muysken, Pieter
奈特	Knight, Alec
纽波特	Newport, Ellisa L.
诺雷尔	Norell, S.
帕默尔	Palmer, L. R.

帕特森	Patterson, F.
帕西	Passy, Paul
派克	Pike, Kenneth L.
佩蒂托	Petitto, L. A.
彭菲尔德	Penfield, Wilder
彭刚	Peng, Gang
彭尼西	Pennisi, Elizabeth
皮里麦克夫妇	Premack, A. J. & D. Premack
皮亚杰	Piaget, Jean
平克	Pinker, Steven
平森	Pinson, Elliot N.
普利西安	Priscian
普特南	Putnam, Hilary
乔姆斯基	Chomsky, Noam
桥本万太郎	Hashimoto, Mantaro J.
萨丕尔	Sapir, Edward
萨维奇-伦堡	Savage-Rumbaugh, E. S.
塞尔	Searle, J. R.
塞林克	Selinker, larry
塞西莉亚·赖	Lai, Cecilia S. L.
桑德曼	Sandman, Erika
桑德斯	Sanders, R. J.
瑟尔斯	Surls, James
沈钟伟	Shen, Zhongwei
施莱格尔	Von Schlegel, Friedrich
施莱歇尔	Schleicher, August
施密特	Schmidt, J.
史蒂文斯	Stevens, S. S.
舒哈特	Schuchardt, Hugo
斯波伯	Sperber, Dan
斯泰森	Stetson, R. H.
斯特里克伯格	Strickberger, Monroe W.
斯图德特-肯尼迪	Studdert-Kennedy, Michael
斯托金	Stoneking, Mark
斯瓦迪士	Swadesh, Morris
斯维特	Sweet, Henry

宿兵	Su, Bing
索厄尔	Sowell, Elizabeth R.
索绪尔	Saussure, Ferdinand de
塔尔斯基	Tarski, Alfred
泰勒	Taylor, John R.
汤姆森	Thompson, Sandra A.
汤姆森-希尔	Thompson-Schill, S. L.
陶红印	Tao, Hongyin
特拉克斯	Thrax, Dionysius
特拉斯克	Trask, R. L.
特劳戈特	Traugott, Elizabeth C.
特勒斯	Terrace, H. S.
特里尔	Trier, Jost
特龙贝蒂	Trombetti, Alfredo
特鲁别茨科依	Trubetzkoy, N. S.
特斯尼耶尔/特斯尼埃	Tesnière, L.
托马塞洛	Tomasello, Michael
托马森	Thomason, Sarah G.
瓦兰金	Waringhien, G.
瓦罗	Varro, M. T.
汪锋	Wang, Feng
王士元	Wang, William S-Y.
威尔姆克	Wermke, Kathleen
威尔斯	Wells, R. S.
威廉·琼斯	Jones, William
韦伯	Weber, George
韦尔尼克	Wernicke, C.
维尔纳	Verner, Karl
维特根斯坦	Wittgenstein, Ludwig
魏茵莱希	Weinreich, Uriel
温福德	Winford, Donald
温克	Wenker, G.
温纳格伦	Wennergren, Bertilo
沃尔夫	Whorf, Benjamin Lee
沃森	Watson, J. D.
沃特金斯	Watkins, K. E.

西蒙	Simon, Walter
希尔克	Selkirk, E.
希夫曼	Schiffman, Harold
席叶龙	Gillieron, J.
萧慧婷	Siok, Wai Ting
谢尔巴	Sherba, Lev Vladimirovich
谢泼德	Shepard, Roger
徐大明	Xu, Daming
徐丹	Xu, Dan
雅各布逊/雅格布逊	Jakobson, Roman
亚科博尼	Iacoboni, Marco
叶尔姆斯列夫	Hjlmslev, Louis
叶斯伯森/叶斯泊森/杰斯帕森	Jesperson, Otto
伊普	Yip, Moira
英海尔德	Inhelder, Barbel
扎德	Zadeh, Lotfi Aliasker
詹胡宁	Janhunen, Juha
赵元任	Chao, Yuen Ren
钟晓玲	Chong, Siew Ling

11.2 主要概念译名对照

下面是符号与术语的音序排列。简称符号列出了完整术语。同一个术语有时有不同的含义，或者不同的学者有不同的翻译，为便于检索，也都一并列出供参考。有英文对应的术语都列出英文对应。这部分术语给出了简要的说明，不便简要说明的可查阅主要章节索引。

11.2.1 主要概念译名对照(西文排序)

西文	中文
absolute universal	绝对共性
abstractness	抽象性
abstractness of word meaning	词义的抽象性
accent	重音

accusative case	宾格/受格
acoustic feature	声学特征
acoustic wave	声波
Acoustic Phonetics	声学语音学
actant	行动元
active articulator	主动发音器官
affricate	塞擦音
agentive	施事格
agglutinating language	黏着语
allomoph	语素变体
allophone	音位变体
alphabetic writing/script	拼音文字
alternative borrowing	替换借贷
alveolar	齿龈
American descriptive school	美国描写语言学派
amplitude	振幅
analogy	类推
analytic language	分析型语言
Animism	万物有灵论
apical	舌尖音
apical alveolar	舌尖—齿龈
apical dental	舌尖—齿
apical post-alveolar	舌尖—龈后
apical vowel	舌尖元音
approach	成阻
approximant	通音/近音
approximation	回归
arbitrariness	任意性
Archaic Homo sapiens	早期智人
arcuate fasciculus	弓状神经纤维束
argument	论元
argument relation	论元关系
argument role	论元角色
argument structure	论元结构
articulation	发音动作
Articulatory Phonetics	发音语音学

articulatory target region	发音目的区
Artificial Intelligence	人工智能
artificial palate	假腭
arytenoid	杓状软骨
aspect category	体范畴
aspirated sound	送气音
assimilation	同化
Auditory Phonetics	听觉语音学
Australopithecines	南方古猿
Austroasiatic languages	南亚语
Austronesian	南岛语
Austro-Tai	澳泰语系
Autosegmental Phonology	自主音段音系学
back of tongue	舌面后
Bark	巴尔克
basic vowel	基本元音
bidirectional paradigm	双向聚合
bilabial	双唇
bilateral parieto-occipital region	双侧顶枕区
bilateral posterior perisylvian region	双侧后周肌区
bilingual	双语
binomial contrast	双项对比
binomial parallel complete contrast	双项平行周遍对比
substantive	体词
borrowing	借贷
borrowing scale	借贷的阶
bound morpheme	黏着语素
brain weight	脑量
breathy voice	气嗓音
broad category	宽式范畴
broad transcription	宽式标音
Broca's area	布洛卡区
Byblos alphabet	比布鲁斯字母
calque	仿译词
cardinal vowel	定位元音
case category	格范畴

Case Grammar	格语法
categorical perception	范畴感知
categorization	范畴化
central meaning	中心义
central word analysis	中心词分析法
chroneme	时位
circonstant	状态元
Classical Theory	古典理论
clause	小句
clicks	卡嗒音
click noises	卡嗒语
cline of category	范畴斜坡
closed syllable	闭音节
closure	持阻
coda	音节尾
cognate	同源词
cognate languages	亲属语言
cognative relation	同源关系
Cognitive Grammar	认知语法
Cognitive Linguistics	认知语言学
colloquial and literary readings	文白异读
comment	述题
common language	通用语/通语
complementary borrowing	互补借贷
complementary distribution	互补分布
complete correspondence	完全对应
complex wave	复合波
compound	复合词
compound consonant	复辅音
compound vowel	复元音
Computational Linguistics	计算语言学
concrete meaning	具体意义
condensation wave	密波
conditioned variant	条件变体
conditioned variant of morpheme	语素的条件变体
configuration	构型

consonantal writing/consonantal script	辅音文字
construction grammar	构式语法
content item	实词项目
content word	实词
continuous perception	连续感知
contour	调型
Contractual Theory	约定论
contrast	对比
Contrastive Analysis (CA)	对比分析
contrastive distribution	对比分布
contrastive relation/relation of opposition	对立关系
Conversation Implicature Theory	会话含义理论
Cooperative Principle	合作原则
Copenhagen School	哥本哈根学派
coronal	舌冠音
correspondence of speech	语音对应
corresponding case	对应实例
corresponding criteria	对应标准
corresponding rule	对应规则
creaky voice	紧喉嗓音/嘎裂声
Creole	克里奥尔语/混合语
cricothyroid muscle	环甲肌
critical period of language acquisition	语言习得关键期
cultural accumulation contained in language	语言积淀
Cultural Relativism	文化相对论
dative case	与格/与事
deep contact	深度接触
deep phonology	深层音系
deep structure	深层结构
deletion	脱落
dental and alveolar	齿和齿龈
derivational morpheme	派生语素
derivative	派生词
deterministic finite automata (DFA)	有穷自动机
devoiced vowel	清化元音
Diachronic Linguistics	历时语言学

difference principle	差异原则
direct extension	直接引申
directionality	有向性
discontinuous immediate constituent	不连续直接成分
discovery procedure	发现程序
discrete unit	离散单位
discreteness	离散性
displacement	易境性
dissimilation	异化
distinct root method	异根法
distinctive feature	区别特征
distinctive word	区别词
distribution	分布
distribution analysis	分布分析
dorsal	舌体音
dorsal parietal cortical region	背侧顶叶皮层区
dorsal vowel	舌面元音
duality of patterning	两层性
duration	音长
electroglottography (EGG) equipment	喉头仪
electromyography (EMG) equipment	肌电仪
emergence	浮现
encoding	编码
endangered language	濒危语言
endocentric construction	向心结构
epiglottal	会厌
Eskimo	爱斯基摩语
Esperanto	世界语
ethnic dialect	民族方言
etymological relation	语源关系
evolution of language	语言演化
evolution of the word	词汇演变
evolutionary continuity	演化连续性
Evolutionary Linguistics	演化语言学
exception	例外
exocentric construction	离心结构

expansion	扩展
expansion method	扩展法
Experimental Linguistics	实验语言学
Experimental Phonetics	实验语音学
extended meaning	引申义
extension of word meaning	词义引申
Extented Standard Theory	扩充的标准理论
external element	外部要素
extraction of morpheme	语素的提取
factitive	使成格
family relationship	亲属关系
family tree	谱系树
Feature Geometry	特征几何理论
feedback link	反馈环节
Female Script	女书
feminine	阴性
first language	第一语言
fixed accent	固定重音
fixed bound morpheme	定位黏着语素
flap	闪音
floating tone	浮游调
focus	焦点
fold of dialect	方言叠置
foot	音步
formal grammar	形式语法
formal marker	形式标记
formant	共振峰
formative morpheme	构词语素
morphology formation	构形法
function word	虚词
founctional category of language unit	语类
free form	自由形式
free morpheme	自由语素
free symbol	自由语符
free variant	自由变体
free variant of morpheme	语素的自由变体

fricative	擦音
front of tongue	舌面前
function item	语法功能项目
fundamental frequency	基频
fusional language	屈折语
fuzziness of word meaning	词义的模糊性
fuzzy domain	模糊域
fuzzy sets	模糊集
gender category	性范畴
genealogical structure	谱系结构
genealogical tree	谱系树
generative capacity	生成能力
Generative Phonology	生成音系学
Generative Transformational Grammar	转换生成语法
genetic distance	遗传距离
genitive case	领属格
gestural feature	姿态特征
gesture language	体态语
glottal	喉
Governing and Binding Theory	管辖—约束理论
graded intergenerational disruption scale	代际干扰等级
grammatical analogy	语法类推
grammatical analysis	语法分析
grammatical category	语法范畴
grammatical relation	语法关系
grammatical form	语法形式
grammatical meaning	语法意义
grammatical means	语法手段
grammatical structure	语法结构
grammatical structure relation	语法结构关系
grammatical unit	语法单位
grammaticalization	语法化/虚化
Grimm's Law	格里木定律
heavy labial	重唇音
hierarchical analysis	层次分析
hierarchy of borrowability	借贷等级

hierarchy	层次
Hieroglyphics	圣书文字
high-ranking kernel words	高阶核心词/一阶核心词
Historical Comparative Linguistics	历史比较语言学
Historical Linguistics	历史语言学
Hmong-Mien	苗瑶语
Homo erectus	直立人
Homo habilis	能人
Homo sapiens	智人
Homo sapiens sapiens	晚期智人
homologous criteria	同源标准
homonym correspondence	同音词对应
hypernym	上位词
hyponym	下位词
identity contrast	同一性对比
Imitation Theory	临摹理论
immediate constituent	直接成分
Immediate Constituent Analysis	直接成分分析
imperfect learning	不完善学习
imperfective aspect	未完成体
implicational universal	蕴涵共性
incorporating language	编插语
indirect extension	间接引申
infix	中缀
inflectional morpheme	屈折语素
infrasonic wave	次声波
insertion	增音
instrumental case	工具格
Instrumental Phonetics	仪器语音学
integration	协合
integration degree	协合度
intensity	音强
interdental	齿间
interlanguage	中介语
intermediate category	中间范畴
internal element	内部要素

internal flexion	内部屈折
International Phonetic Alphabet (IPA)	国际音标
Inuit	因纽特语
irregular combination	不规则组合
irregular morpheme group	不规则语素组
isolating language	孤立语
isostructuralism	同构标准
Kam-Tai	壮侗语
Khoisan	科伊桑语系
kymograph	浪纹计
labial	唇音
labiodental	唇齿
laminal	舌叶音
laminal dental	舌叶－齿
laminal post-alveolar	舌叶－龈后
laminal alveolar	舌叶－齿龈
Language Acquisition Device	语言习得装置
language branch	语支
language change	语言演变
language competence	语言能力
language contact	语言接触
language contact patterns of equal force	等势接触模式
language differentiation	语言分化
language family	语系
language gene	语言基因
language human being	语言人
language performance	语言运用
language power	语势
language register	语域
language repertoire	语库/语言知识库
language rule	语言规则
language shift	语言转用
language status	语位
language substitution	语言替换
language symbol	语言符号
language system	语言系统

language transfer	语言迁移
language union	语言联盟
language universal	语言共性
language variant	语言变体
language variation	语言变异
language vitality	语言活力
laryngeal	喉音
laryngeal muscle	喉内肌
lateral	边音
law of phonetic evolution	语音演变的规律
lax vowel	松元音
leading sound	领音
left inferior frontal region	左下额叶区
length	音长
level	层次
level of distinguishing meaning	区别意义层
level of expressing meaning	表达意义层
Lexical Diffusion Theory	词汇扩散理论
Lexical Phonology	词汇音系学
lexicalization	词汇化
light labial	轻唇音
linear bounded automation (LBA)	线性有限自动机
linearity	线条性
lingua franca	通用语/通语
Linguistic Determinism	语言决定论
linguistic intuition	语言直觉
Linguistic Morphology	语言形态学
Linguistic Relativism	语言相对论
Linguistic Relativism/Linguistic Relativity	语言相对论/语言相对性
Linguistic Typology	语言类型学
linguo-labial	舌面前—唇
loanword	借词
locative case	处所格
long vowel	长元音
lower lip	下唇
low-ranking kernel words	低阶核心词/二阶核心词

major category	主要范畴
manual system	手势动作系统
marked	有标记
Markov chain	马尔科夫链
Markov process	马尔科夫过程
masculine	阳性
matching	匹配
matrix language	基语/主体语言
McGurk effect	麦格克效应
meaning in dictionary	词典义
meaning-phonetic writing	意音文字
Mels	美值
melody	韵律
merger	合流
meta language	元语言
metafunction	纯理功能
metaphor	隐喻
metonymy	转喻
metre	节律
Metrical Phonology	节律音系学
middle frontal gyrus	额中回
minimal pair	最小对立体
Minimalist Program	最简方案
minimum identity contrast	最小同一性对比
minor category	次要范畴
mirror neuron system	镜像神经元
mixed language	混合语
modal voice	正常嗓音
monomial contrast	单项对比
monomial parallel complete contrast	单项平行周遍对比
mora	莫拉/摩拉
morph	语子
morpheme	语素
morpheme group	语素组
morpheme merge	语素融合
morpheme merging	语素归并

morpheme-syllable writing	语素－音节文字
morphological change	词形变化
morphological change	形态变化
morphological marker	形态标记
morphological morpheme	变词语素
morphological structure	形态结构
Morphological Typology	形态类型学
morphological index	形态指数
Morphology	形态/形态学
morphophoneme	语素音位
mother tongue	母语
mother tongue interference	母语干扰
motivation	理据性
motor area	运动区域
motor cortex	运动皮层
motor nerves	运动神经
moving articulator	活动器官
multilinear	多线性
Multi-origin Theory	多起源说
Muscle Tension Theory	肌肉紧张理论
narrow category	严式范畴
narrow transcription	严式标音
narrow vowel	窄元音
nasal	鼻音
nasalized vowel	鼻化元音
native language	母语
natural attribute	自然属性
natural foot	自然音步
natural language understanding/processing	自然语言理解/自然语言处理
Naturalism	本性论/自然论
nature of distinguishing meaning	别义性
nature of expressing meaning	表义性
Neandertals	尼安德特人
Neogrammarian	新语法学派
Neurolinguistics	神经语言学
noise pattern	乱纹

nominative	主格
non-categorical perception	非范畴感知
non-free symbol	不自由语符
Non-linear Phonology	非线性音系学
non-qualitative phoneme	非音质音位
non-self-source writing/script	他源文字
normal brain weight	标准脑量
normal foot	标准音步
Nuclear Stress Rule	核心重音规则
nucleus	音核
number category	数范畴
object	宾语/客体格
object language	对象语言
occasional corresponding	偶然对应
official language	官方语言
on the scene	在场
one-word stage	单词句阶段
Onomatopoeia Theory	拟声说
onomatopoeia word	拟声词
onset	音节首音
open syllable	开音节
Optimality Theory	优选论
ordered	有序的
Orderly Heterogeneous Theory	有序异质理论
organization of utterance	话语组构
original meaning	本义
Out of Africa Hypothesis	非洲假说
palatal	硬腭
palatalization	腭化
paradigmatic relation	聚合关系
paradigmatic rule	聚合规则
parallel complete contrast	平行周遍对比
parallelism principle	平行性原则
parameter	参数
paraphrased word	意译词
passive articulator	被动发音器官

patientive	受事格
pattern of derivation	推导式
Perceptual Phonetics	感知语音学
perfective aspect	完成体
person category	人称范畴
pharyngeal	咽
philology	语文学
Phonation Phonetics	发声语音学
phonation type	发声类型
phone	音素/音子
phoneme	音位
phonemic transcription	音位标音
phonemic writing/phonemic script	音位文字
phonetic correspondence law	语音对应规律
phonetic feature	语音特征
phonetic transcription	音素标音
picture of the universe	世界图式/世界图景
pidgin	洋泾浜语/皮钦语/洋泾浜
pitch	音高
place of articulation	发音部位
plosive	爆破音
polysynthetic language	多式综合语
post-alveolar	龈后
powerful language	强势语言
pragmatic environment	语用环境
pragmatic inference	语用推理
pragmatic meaning	语用意义
Pragmatics	语用学
Prague school	布拉格学派
predicate	谓词
prefix	前缀
presupposition	预设
primary auditory area	主要听觉区
primary stress	主重音
primitive language	原始语
Principle and Parameter Theory	原则和参数理论

principle of arbitrariness	任意性原则
principle of binomial contrast	双项对比原则
principle of complementarity	互补原则
principle of limitation	有限原则
principle of opposition	对立原则
principle of optimality	最优原则
principle of phonetic similarity	语音相似原则
progressive aspect	进行体
progressive assimilation	顺同化
property of generation	生成性
property of rank	有阶性
proto-human language	原始人类语
proto-sapiens	原始智人语
psychological construct	心理结构体
Pulsatility Theory	搏动理论
pure wave	纯音波
Push Down Automaton (PDA)	下推自动机
qualitative phoneme	音质音位
radical	舌根音
rank analysis	有阶分析
rank analysis of kernel words	核心词有阶分析
rank curve	阶曲线
rarefaction wave	疏波
realistic contact	自然接触
reanalysis	重新分析
reconstruct/reconstruction	构拟/重构
recursiveness	递归性
reduction	弱化
reduction and generation ability	还原生成能力
reference	所指
referent	指称对象
Referential Theory of Meaning	指称论
regional dialect	地域方言
regressive assimilation	逆同化
regular combination	规则组合
regular morpheme group	规则语素组

regularity of phonetic evolution	语音演变的规律性
related languages	亲属语言
relative	关系词
release	除阻
residual method	剩余法
residual morpheme	剩余语素
retroflex	翘舌或卷舌
Revised Extented Standard Theory	修正的扩充的标准理论
rheme	述题
rhyme	韵
rhyme diagram	韵图
rhythm	节奏
right frontal region	右侧额叶区
root	词根
root of tongue	舌根
rounded vowel	圆唇元音
rounded sound	团音
sandhi	语流音变
Sapir-Whorf Hypothesis	萨丕尔-沃尔夫假说
second language	第二语言
secondary stress	次级重音
segment	音段
segmental phoneme	音段音位
segmental sequence	音段序列
selectional rule	选择性规则
self-source writing/script	自源文字
semanteme	义素
semantics	语义学
semantic analysis	语义分析
semantic case	语义格
semantic category	语义范畴
semantic component	语义成分
semantic feature	语义特征
semantic field	语义场
semantic orientation	语义指向
semantic structure	语义结构

semantic structure relation	语义结构关系
semantic system	语义系统
Semantic Triangle	语义三角形
sememe	义位
sememe variant	义位变体
sensorimotor stage	感知运动阶段
sensory and perceptual cortical region	感觉知觉皮层区
sensory nerves	知觉神经
separable word	离合词
Sonority Sequencing Principle	响度顺序原则
sesquisyllable	一个半音节
shallow level of contact	浅层接触
shared intentionality	共享意图
sharp sound	尖音
short vowel	短元音
sign language	手势语
signifier	能指
simple aspect	一般体
Single Origin Theory	单起源说
single-morpheme word	单纯词
Sino-Tibetan	汉藏语系
Sino-Tibetan language union	汉藏语言联盟
slot	空格
social dialect	社会方言
Sociolinguistics	社会语言学
sonority	响度
sonority peak	响度峰
sonority scale	响度阶
Sonority Theory	响度理论
sound image	音响形象
sound spectrograph/sonagraph	语图仪
sound wave	声波
Speak Alone Theory	单说论
spectrogram	声谱图
spectrograph	声谱仪
speech chain	言语链

speech perception	语音感知
speech recognition	语音识别
speech synthesis	语音合成
spike	冲直条
spoken language	口语
Standard Average European	标准欧洲语
Standard Theory	标准理论
state adjective	状态形容词
state of interdialogue	对话状态
stem	词干
Stimulus-response Theory	刺激－反应论
stop	塞音
stroneme	重位
structuralism	结构主义
Structuralist Linguistics	结构主义语言学
sub-apical	舌尖后音
sub-apical palatal	舌尖后－硬腭
subcategorization	次范畴化
subcategory	次范畴
subfamily	语族
subject	主语
subjectification	主观化
substitution	替换
substitution of the same function	同功能替换
substrate	底层
Substrate Theory	底层说
suffix	后缀
superfoot	超音步
suprasegment	超音段
suprasegmental phoneme	超音段音位
surface structure	表层结构
syllabic writing/syllabic script	音节文字
syllabic structure	音节结构
syllable	音节
symbol	语符
symbolic coding ability	符号编码能力

symbolic thinking	象征性思维/符号思维
symbolic system	符号系统
symbolism	象征说
Synchronic Linguistics	共时语言学
syntactic structure	句法结构
syntactic tree diagram	句法树形图
syntagmatic hierarchy	组合的层次性
syntagmatic index	组合指数
syntagmatic recursiveness	组合的递归性
syntagmatic relation	组合关系
syntagmatic rule	组合规则
synthesis index	综合指数
synthetic language	综合型语言
System-functional Linguistics	系统功能语言学
target language	目标语
tendentious universal	倾向共性
tense category	时范畴
tense vowel	紧元音
tetrachoric table	四分表格
thematic relation	题元关系
thematic role/theta-role/θ-role	题元角色
thematic structure/theta-structure	题元结构
Thematic Theory	题元理论
theme	主题
theme chain	主题链
theta-criterion/θ-criterion	题元准则
thinking ability	思维能力
thinking in language	语言思维
thinking model	思维模式
thinking of prior-language	前语言思维
thinking of superlanguage	超语言思维
Three Level Theory	三个平面理论
threshold of hearing	听阈
threshold of pain	痛阈
thyroid cartilage	甲状软骨
Tibetan-Burman	藏缅语

tone bearing unit	声调承载单位
tone quality	音质
toneme	调位
tongue blade	舌叶
tongue tip	舌尖
tongue underblade	下舌叶
topic	主题/话题
trace	语迹
transformation	转换/变换
transformation analysis	变换分析
transformation rule	转换规则
transition	过渡音
trill	颤音
tuning fork	音叉
Turing test	图灵测试
two-word stage	双词句阶段
typological parameter	类型参项
ultrasonic wave	超声波
unaspirated sound	不送气音
unfixed bound morpheme	不定位黏着语素
unidirectional attribute of grammaticalization	语法化的单向性
unidirectional paradigm	单向聚合
Universal Gramma (UG)	普遍语法
unmarked	无标记
unnatural foot	非自然音步
unrealistic contact	非自然接触
unrounded vowel	不圆唇元音
uvular	小舌
valence	价
valence theory	配价语法
velar	软腭
verbes avalents	零价动词
verbes bivalents	二价动词
verbes monovalents	一价动词
verbes trivalents	三价动词
vocal folds	声带

vocal muscle	声带肌
vocal organ	发音器官
vocal tract	声道
voice category	态范畴
voiced bar	浊横杠
vowel plexus	元音丛
Vowel Theory	元音说
vowel tongue map	元音舌位图
wave pattern mete	浪纹计
Wave Theory	波浪说
weak language	弱势语言
Wernicke's area	韦尔尼克区
wide vowel	宽元音
word formation	构词法
wortfeld(德语)	词汇场
written language	书面语
zero	零形式
zero category	零范畴

11.2.2 主要概念译名对照(中文排序)

中文	西文
爱斯基摩语	Eskimo
澳泰语系	Austro-Tai
巴尔克	Bark
爆破音	plosive
背侧顶叶皮层区	dorsal parietal cortical region
被动发音器官	passive articulator
本性论	Naturalism
本义	original meaning
鼻化元音	nasalized vowel
鼻音	nasal
比布鲁斯字母	Byblos alphabet
闭音节	closed syllable
边音	lateral

编插语	incorporating language
变换	transformation
编码	encoding
变词语素	morphological morpheme
变换分析	transform analysis
杓状软骨	arytenoid
标准理论	Standard Theory
标准脑量	normal brain weight
标准欧洲语	Standard Average European
标准音步	normal foot
表层结构	surface structure
表达意义层	level of expressing meaning
表义性	nature of expressing meaning
别义性	nature of distinguishing meaning
宾格	accusative case
宾语	object
濒危语言	endangered language
波浪说	Wave Theory
搏动理论	Pulsatility Theory
不定位黏着语素	unfixed bound morpheme
不规则组合	irregular combination
不规则语素组	irregular morpheme group
不连续直接成分	discontinuous immediate constituent
不送气音	unaspirated sound
不完善学习	imperfect learning
不圆唇元音	unrounded vowel
不自由语符	non-free symbol
布拉格学派	Prague school
布洛卡区	Broca's area
擦音	fricative
参数	parameter
藏缅语	Tibetan-Burman
层次	hierarchy/level
层次分析	hierarchical analysis
差异原则	difference principle
颤音	trill

超声波	ultrasonic wave
超音步	superfoot
超音段	suprasegment
超音段音位	suprasegmental phoneme
超语言思维	thinking of superlanguage
成阻	approach
持阻	closure/hold
齿和齿龈	dental and alveolar
齿间	interdental
齿龈	alveolar
重构	reconstruct/reconstruction
重新分析	reanalysis
冲直条	spike
抽象性	abstractness
除阻	release
处所格	locative case
纯理功能	metafunction
纯音波	pure wave
唇齿	labiodental
唇音	labial
词典义	meaning in dictionary
词干	stem
词根	root
词汇场	Wortfeld(德语)
词汇化	lexicalization
词汇扩散理论	Lexical Diffusion Theory
词汇演变	evolution of the word
词汇音系学	Lexical Phonology
词形变化	morphological change
词义的抽象性	abstractness of word meaning
词义的模糊性	fuzziness of word meaning
词义引申	extension of word meaning
次范畴	subcategory
次范畴化	subcategorization
次级重音	secondary stress
次声波	infrasonic wave

次要范畴	minor category
刺激—反应论	Stimulus-response Theory
代际干扰等级	graded intergenerational disruption scale
单词句阶段	one-word stage
单纯词	single-morpheme word
单起源说	Single Origin Theory
单说论	Speak Alone Theory
单向聚合	unidirectional paradigm
单项对比	monomial contrast
单项平行周遍对比	monomial parallel complete contrast
地域方言	regional dialect
等势接触模式	language contact patterns of equal force
低阶核心词	low-ranking kernel words
底层	substrate
底层说	Substrate Theory
递归性	recursiveness
第一语言	first language
调位	toneme
调型	contour
定位黏着语素	fixed bound morpheme
定位元音	cardinal vowel
短元音	short vowel
对比	contrast
对比分布	contrastive distribution
对比分析	Contrastive Analysis (CA)
对话状态	state of interdialogue
对立关系	contrastive relation/relation of opposition
对立原则	principle of opposition
对象语言	object language
对应标准	corresponding criteria
对应规则	corresponding rule
对应实例	corresponding case
多起源说	Multi-origin theory
多式综合语	polysynthetic language
多线性	multilinear
额中回	middle frontal gyrus

腭化	palatalization
二价动词	verbes bivalents
二阶核心词	low-ranking kernel words
发声类型	phonation type
发声语音学	Phonation Phonetics
发现程序	discovery procedure
发音部位	place of articulation
发音动作	articulation
发音目的区	articulatory target region
发音器官	vocal organ
发音语音学	Articulatory Phonetics
反馈环节	feedback link
范畴感知	categorical perception
范畴化	categorization
范畴斜坡	cline of category
方言叠置	fold of dialect
仿译词	calque
非范畴感知	non-categorical perception
非线性音系学	Non-linear phonology
非音质音位	non-qualitative phoneme
非洲假说	Out of Africa Hypothesis
非自然接触	unrealistic contact
非自然音步	unnatural foot
分布	distribution
分布分析	distribution analysis
分析型语言	analytic language
浮现	emergence
浮游调	floating tone
符号编码能力	symbolic coding ability
符号思维	symbolic thinking
符号系统	symbolic system
辅音文字	consonantal writing/script
复辅音	compound consonant
复合波	complex wave
复合词	compound
复元音	compound vowel

嘎裂声	creaky voice
感觉知觉皮层区	sensory and perceptual cortical region
感知语音学	Perceptual Phonetics
感知运动阶段	sensorimotor stage
高阶核心词	high-ranking kernel words
哥本哈根学派	Copenhagen school
格范畴	case category
格里木定律	Grimm's Law
格语法	Case Grammar
工具格	instrumental case
共时语言学	Synchronic Linguistics
共享意图	shared intentionality
共振峰	formant
弓状神经纤维束	arcuate fasciculus
构词法	word formation
构词语素	formative morpheme
构拟	reconstruct/reconstruction
构式语法	construction grammar
构型	configuration
构形法	morphology formation
孤立语	isolating language
古典理论	Classical Theory
固定重音	fixed accent
关系词	relative
官方语言	official language
管辖－约束理论	Governing and Binding Theory
规则组合	regular combination
规则语素组	regular morpheme group
国际音标	International Phonetic Alphabet (IPA)
过渡音	transition
还原生成能力	reduction and generation ability
汉藏语系	Sino-Tibetan
汉藏语言联盟	Sino-Tibetan language union
合流	merger
合作原则	Cooperative Principle
核心词有阶分析	rank analysis of kernel words

核心重音规则	Nuclear Stress Rule
喉	glottal
喉内肌	laryngeal muscle
喉头仪	electroglottography (EGG) equipment
喉音	laryngeal
后缀	suffix
互补分布	complementary distribution
互补借贷	complementary borrowing
互补原则	principle of complementarity
话题	topic
话语组构	organization of utterance
环甲肌	cricothyroid muscle
回归	approximation
会话含义理论	Conversation Implicature Theory
会厌	epiglottal
混合语	mixed language/creole
活动器官	moving articulator
肌电仪	electromyography (EMG) equipment
肌肉紧张理论	Muscle Tension Theory
基本元音	basic vowel
基频	fundamental frequency
基语	matrix language
计算语言学	Computational Linguistics
甲状软骨	thyroid cartilage
假腭	artificial palate
价	valency
间接引申	indirect extension
尖音	sharp sound
焦点	focus
阶曲线	rank curve
节律	metre
节律音系学	Metrical Phonology
节奏	rhythm
结构主义	Structuralism
结构主义语言学	Structuralist Linguistics
借词	loanword

借贷	borrowing
借贷的阶	borrowing scale
借贷等级	hierarchy of borrowability
紧喉嗓音	creaky voice
进行体	progressive aspect
近音	approximant
紧元音	tense vowel
镜像神经元	mirror neuron system
句法结构	syntactic structure
句法树形图	syntactic tree diagram
具体意义	concrete meaning
聚合关系	paradigmatic relation
聚合规则	paradigmatic rule
绝对共性	absolute universal
卡嗒音	clicks
卡嗒语	click noises
开音节	open syllable
科伊桑语系	Khoisan
克里奥尔语	Creole
客体格	object
空格	slot
口语	spoken language
宽式标音	broad transcription
宽式范畴	broad category
宽元音	wide vowel
扩充的标准理论	Extented Standard Theory
扩展	expansion
扩展法	expansion method
浪纹计	kymograph/wave pattern mete
类推	analogy
类型参项	typological parameter
离合词	separable word
理据性	motivation
离散单位	discrete unit
离散性	discreteness
离心结构	exocentric construction

历时语言学	Diachronic Linguistics
历史比较语言学	Historical Comparative Linguistics
历史语言学	Historical Linguistics
例外	exception
连续感知	continuous perception
两层性	duality of patterning
临摹理论	Imitation Theory
零范畴	zero category
零价动词	verbes avalents
零形式	zero
领属格	genitive case
领音	leading sound
乱纹	noise pattern
论元	argument
论元关系	argument relation
论元角色	argument role
论元结构	argument structure
马尔科夫过程	Markov process
马尔科夫链	Markov chain
麦格克效应	McGurk effect
美国描写语言学派	American descriptive school
美值	Mels
密波	condensation wave
苗瑶语	Hmong-Mien
民族方言	ethnic dialect
模糊集	fuzzy sets
模糊域	fuzzy domain
莫拉/摩拉	mora
母语	native language/mother tongue
母语干扰	mother tongue interference
目标语	target language
南岛语	Austronesian
南方古猿	Australopithecines
南亚语	Austroasiatic languages
脑量	brain weight
内部屈折	internal flexion

内部要素	internal element
内部语势	internal language force
能人	Homo habilis
能指	signifier
尼安德特人	Neandertals
拟声词	onomatopoeia word
拟声说	Onomatopoeia Theory
逆同化	regressive assimilation
黏着语	agglutinating language
黏着语素	bound morpheme
女书	Female Script
偶然对应	occasional corresponding
派生词	derivative
派生语素	derivational morpheme
配价语法	valence theory
匹配	matching
皮钦语	pidgin
拼音文字	alphabetic writing/script
平行性原则	Parallelism Principle
平行周遍对比	parallel complete contrast
普遍语法	Universal Grammar (UG)
谱系结构	genealogical structure
谱系树	genealogical tree/family tree
气嗓音	breathy voice
前语言思维	thinking of prior-language
前缀	prefix
浅层接触	shallow level of contact
强势语言	powerful language
翘舌或卷舌	retroflex
亲属关系	homologous/family relationship
亲属语言	cognate/related languages
轻唇音	light labial
倾向共性	tendentious universal
清化元音	devoiced vowel
区别词	distinctive word
区别特征	distinctive feature

区别意义层	level of distinguishing meaning
屈折语	fusional language/inflectional language
屈折语素	inflectional morpheme
人称范畴	person category
人工智能	Artificial Intelligence
认知语法	cognitive grammar
认知语言学	Cognitive Linguistics
任意性	arbitrariness
任意性原则	principle of arbitrariness
软腭	velar
弱化	reduction
弱势语言	weak language
萨丕尔-沃尔夫假说	Sapir-Whorf Hypothesis
塞擦音	affricate
塞音	stop
三个平面理论	Three Level Theory
三价动词	verbes trivalents
闪音	flap
上位词	hypernym
舌根	root of tongue
舌根音	radical
舌冠音	coronal
舌尖	tongue tip
舌尖－齿	apical dental
舌尖－齿龈	apical alveolar
舌尖后音	sub-apical
舌尖后－硬腭	sub-apical palatal
舌尖音	apical
舌尖－龈后	apical post-alveolar
舌尖元音	apical vowel
舌面后	back of tongue
舌面前	front of tongue
舌面前－唇	linguo-labial
舌面元音	dorsal vowel
舌体音	dorsal
舌叶	tongue blade

舌叶—齿	laminal dental
舌叶—齿龈	laminal alveolar
舌叶音	laminal
舌叶—龈后	laminal post-alveolar
社会方言	social dialect
社会语言学	Sociolinguistics
深层结构	deep structure
深层音系	deep phonology
深度接触	deep contact
神经语言学	Neurolinguistics
生成能力	generative capacity
生成性	property of generation
生成音系学	Generative Phonology
声波	sound wave/acoustic wave
声带	vocal folds
声带肌	vocal muscle
声道	vocal tract
声调承载单位	tone bearing unit
声谱图	spectrogram
声谱仪	spectrograph
声学特征	acoustic feature
声学语音学	Acoustic Phonetics
圣书文字	Hieroglyphics
剩余法	residual method
剩余语素	residual morpheme
施事格	agentive
时范畴	tense category
时位	chroneme
实词	content word
实词项目	content item
实验语言学	Experimental Linguistics
实验语音学	Experimental Phonetics
使成格	factitive
世界图式/世界图景	picture of the universe
世界语	Esperanto
手势动作系统	manual system

手势语	sign language
受格	accusative case
受事格	patientive
疏波	rarefaction wave
书面语	written language
述题	rheme/comment
数范畴	number category
双侧顶枕区	bilateral parieto-occipital region
双侧后周肌区	bilateral posterior perisylvian region
双唇	bilabial
双词句阶段	two-word stage
双向聚合	bidirectional paradigm
双项对比	binomial contrast
双项对比原则	principle of binomial contrast
双项平行周遍对比	binomial parallel complete contrast
双语	bilingual
顺同化	progressive assimilation
思维模式	thinking model
思维能力	thinking ability
四分表格	tetrachoric table
松元音	lax vowel
送气音	aspirated sound
所指	reference
他源文字	non-self-source writing/script
态范畴	voice category
特征几何理论	feature geometry
题元关系	thematic relation
题元角色	thematic role/theta-role/θ-role
题元结构	thematic structure/theta-structure
题元理论	Thematic Theory
题元准则	theta-criterion/θ-criterion
体词	substantive
体范畴	aspect category
体态语	gesture language
替换	substitution
替换借贷	alternative borrowing

条件变体	conditioned variant
听觉语音学	Auditory Phonetics
听阈	threshold of hearing
通音	approximant
通用语/通语	lingua franca/common language
同功能替换	substitution of the same function
同构	isostructuralism
同化	assimilation
同一性对比	identity contrast
同音词对应	homonym correspondence
同源标准	homology/homologous criteria
同源词	cognate
同源关系	cognative relation
痛阈	threshold of pain
图灵测试	Turing test
团音	rounded sound
推导式	pattern of derivation
脱落	deletion
外部要素	external element
完成体	perfective aspect
完全对应	complete correspondence
晚期智人	Homo sapiens sapiens
万物有灵论	Animism
韦尔尼克区	Wernicke's area
谓词	predicate
未完成体	imperfective aspect
文白异读	colloquial and literary readings
文化相对论	Cultural Relativism
无标记	unmarked
系统功能语言学	System-functional Linguistics
下唇	lower lip
下舌叶	tongue underblade
下推自动机	Push Down Automaton (PDA)
下位词	hyponym
线条性	linearality
线性有限自动机	Linear Bounded Automation (LBA)

响度	sonority
响度峰	sonority peak
响度阶	sonority scale
响度理论	sonority theory
响度顺序原则	Sonority Sequencing Principle
向心结构	endocentric construction
象征说	Symbolism
象征性思维	symbolic thinking
小句	clause
小舌	uvular
协合	integration
协合度	integration degree
心理结构体	psychological construct
新语法学派	Neogrammarian
行动元	actant
形式标记	formal marker
形式语法	formal grammar
形态/形态学	Morphology
形态变化	morphological change
形态标记	morphological marker
形态结构	morphological structure
形态类型学	Morphological Typology
形态指数	morphological/typological index
性范畴	gender category
修正的扩充的标准理论	Revised Extented Standard Theory
虚词	function word
选择性规则	selectional rule
严式标音	narrow transcription
严式范畴	narrow category
言语链	speech chain
演化连续性	evolutionary continuity
演化语言学	Evolutionary Linguistics
咽	pharyngeal
阳性	masculine
洋泾浜语/洋泾浜	pidgin
一般体	simple aspect

一个半音节	sesquisyllable
一价动词	verbes monovalents
一阶核心词	high-ranking kernel words
仪器语音学	Instrumental Phonetics
遗传距离	genetic distance
义素	semanteme
义位	sememe
义位变体	sememe variant
异根法	distinct root method
异化	dissimilation
易境性	displacement
意译词	paraphrased word
意音文字	meaning-phonetic writing
阴性	feminine
音步	foot
音叉	tuning fork
音长	duration/length
音段	segment
音段序列	segmental sequence
音段音位	segmental phoneme
音高	pitch
音核	nucleus
音节	syllable
音节结构	syllabic structure
音节首音	onset
音节尾	coda
音节文字	syllabic writing/syllabic script
因纽特语	Inuit
音强	intensity
音素/音子	phone
音素标音	phonetic transcription
音位	phoneme
音位变体	allophone
音位标音	phonemic transcription
音位文字	phonemic writing/phonemic script
音响形象	sound image

音质	tone quality
音质音位	qualitative phoneme
龈后	post-alveolar
引申义	extended meaning
隐喻	metaphor
硬腭	palatal
优选论	optimality theory
有标记	marked
有阶分析	rank analysis
有阶性	property of rank
有穷自动机	Deterministic Finite Automata (DFA)
有限原则	principle of limitation
有向性	directionality
有序的	ordered
有序异质理论	Orderly Heterogeneous Theory
右侧额叶区	right frontal region
与格/与事	dative case
语法单位	grammatical unit
语法范畴	grammatical category
语法分析	grammatical analysis
语法功能项目	function item
语法关系	grammatical relation
语法化/虚化	grammaticalization
语法化的单向性	unidirectional attribute of grammaticalization
语法结构	grammatical structure
语法结构关系	grammatical structure relation
语法类推	grammatical analogy
语法手段	grammatical means
语法形式	grammatical form
语法意义	grammatical meaning
语符	symbol
语迹	trace
语库/语言知识库	language repertoire
语类	founctional category of language
语流音变	sandhi

语势	language power
语素	morpheme
语素变体	allomoph
语素的提取	extraction of morpheme
语素的条件变体	conditioned variant of morpheme
语素的自由变体	free variant of morpheme
语素归并	morpheme merging
语素融合	morpheme merge
语素－音节文字	morpheme-syllable writing/script
语素音位	morphophoneme
语素组	morpheme group
语图仪	sound spectrograph/sonagraph
语位	language status
语文学	Philology
语系	language family
语言变体	language variant
语言变异	language variation
语言分化	language differentiation
语言符号	language symbol
语言共性	language universal
语言规则	language rule
语言活力	language vitality
语言积淀	cultural accumulation contained in language
语言基因	language gene
语言接触	language contact
语言决定论	Linguistic Determinism
语言类型学	Linguistic Typology
语言联盟	language union
语言能力	language competence
语言迁移	language transfer
语言人	language human being
语言思维	thinking in language
语言替换	language substitution
语言习得关键期	critical period of language acquisition
语言习得装置	Language Acquisition Device

语言系统	language system
语言相对论/语言相对性	Linguistic Relativism/Linguistic Relativity
语言形态学	Linguistic Morphology
语言演变	language change
语言演化	evolution of language
语言运用	language performance
语言直觉	linguistic intuition
语言转用	language shift
语义场	semantic field
语义成分	semantic component
语义范畴	semantic category
语义分析	semantic analysis
语义格	semantic case
语义结构	semantic structure
语义结构关系	semantic structure relation
语义三角形	Semantic Triangle
语义特征	semantic feature
语义系统	semantic system
语义学	semantics
语义指向	semantic orientation
语音对应	correspondence of speech
语音对应规律	phonetic correspondence law
语音感知	speech perception
语音合成	speech synthesis
语音识别	speech recognition
语音特征	phonetic feature
语音相似原则	principle of phonetic similarity
语音演变的规律	law of phonetic evolution
语音演变的规律性	regularity of phonetic evolution
语用环境	pragmatic environment
语用推理	pragmatic inference
语用学	Pragmatics
语用意义	pragmatic meaning
语域	language register
语源关系	etymological relation

语支	language branch
语子	morph
语族	subfamily
预设	presupposition
圆唇元音	rounded vowel
元音丛	vowel plexus
元音舌位图	vowel tongue map
元音说	Vowel Theory
元语言	meta language
原始人类语	Proto-Human language
原始语	primitive language
原始智人语	Proto-Sapiens
原则和参数理论	Principle and Parameter Theory
约定论	Contractual Theory
运动皮层	motor cortex
运动区域	motor area
运动神经	motor nerves
韵	rhyme
韵律	melody
韵图	rhyme diagram
蕴涵共性	implicational universal
在场	on the scene
早期智人	Archaic Homo sapiens
增音	insertion
窄元音	narrow vowel
长元音	long vowel
振幅	amplitude
正常嗓音	modal voice
知觉神经	sensory nerves
直接成分	immediate constituent
直接成分分析	immediate constituent analysis
直接引申	direct extension
直立人	Homo erectus
指称对象	referent
指称论	Referential Theory of Meaning

智人	Homo sapiens
中间范畴	intermediate category
中介语	interlanguage
中心词分析法	central word analysis
中心义	central meaning
中缀	infix
重唇音	heavy labial
重音	accent
重位	stroneme
主动发音器官	active articulator
主格	nominative
主观化	subjectification
主题	topic/theme
主题链	theme chain
主体语言	matrix language
主要范畴	major category
主要听觉区	primary auditory area
主语	subject
主重音	primary stress
转换	transformation
转换规则	transformational rule
转换生成语法	Generative Transformational Grammar
转喻	metonymy
壮侗语	Kam-Tai
状态形容词	state adjective
状态元	circonstant
浊横杠	voiced bar
姿态特征	gestural feature
自然接触	realistic contact
自然论	Naturalism
自然属性	natural attribute
自然音步	natural foot
自然语言理解/自然语言处理	natural language understanding/processing
自由变体	free variant
自由形式	free form

自由语符	free symbol
自由语素	free morpheme
自源文字	self-source writing/script
自主音段音系学	Autosegmental Phonology
综合型语言	synthetic language
综合指数	synthesis index
组合的层次性	syntagmatic hierarchy
组合的递归性	syntagmatic recursiveness
组合关系	syntagmatic relation
组合规则	syntagmatic rule
组合指数	syntagmatic index
最简方案	Minimalist Program
最小对立体	minimal pair
最小同一性对比	minimum identity contrast
最优原则	principle of optimality
左下额叶区	left inferior frontal region

11.3　主要概念页码索引

本索引只标注和主要概念密切相关的页码。

ChatGPT 3
澳泰语系 304
巴尔克 77
半元音 67
爆破音 68
被动发音器官 61, 62
本性论 4, 42
本义 195, 246, 247, 248
鼻化元音 64, 66
鼻音 62, 67, 69, 70, 71, 80, 279, 280, 282, 333
比布鲁斯字母 216
闭音节 89, 96

边近音 69
边音 67, 69, 70, 279, 280
边音流音 69
编插语 156, 157, 160
编码 8, 25, 26, 39, 42, 44, 45, 52, 53, 314, 329, 332
变词语素 127, 146, 147
变调构词 146
变换 46, 141, 142, 143
变换分析 46, 141, 142, 183, 190, 192
杓状软骨 59, 61
标记性 131
标准理论 8, 182

标准脑量 322
标准欧洲语 15
标准音步 102
表层结构 8，137，138，139
表达意义层 47
表达意义单位 47，48
表义性 80，81
表音文字 210，214，222，223
别义性 80，81
宾格 150，151，242，243，296
宾语 150，152，157，162，181，186，187，188，192，312
濒危语言 3，289，294
波浪说 6
搏动理论 91，92，96
不定位黏着语素 127
不规则语素组 120，121
不规则组合 115，116，117，118，119，121，125，147
不连续直接成分 138，139
不送气音 69，70
不完善学习 275
不圆唇元音 65，97
不自由语符 121，122，123，125
布拉格学派 7，56，199
布洛卡区 37，320，323
擦音 67，68，70，80，96，98，230，263，264
参数 8，290，314
层次 46，47，89，102，126，129，131，132，134，135，136，137，138
层次分析 131，134，135，136，137，138，139，140，142，183，185，311
差异原则 232，233，288
颤音 67，70
超声波 77

超音步 102
超音段 57，81，86
超音段音位 85
超语言思维 18
成阻 68
持阻 68
齿 56，62
齿和齿龈 63
齿间 63，282
齿龈 62，67
重叠法 146
重构 5，256
重新分析 238，241，242，245，246
冲直条 80
抽象性 175，176，177
除阻 68
处所格 150，182
纯理功能 9
纯音波 79
唇 56，62，63，65
唇齿 63，67
唇齿音 67，226
唇音 62，63
词 122，135，153
词典义 170，171，175，178，195，196
词干 127
词根 45，97，107，126，127，144，145，146，147，157，261，263，291，294
词汇化 243，244，245，246
词汇演变 246，248，249
词汇音系学 58
词汇语义特征/词的语义特征 171，178，189，192
词句 157
词形变化 107，127，146，147，148，149，

150，154，156，163，221，236，256，
260，261
词义 170
词尾 127，243，291
词义的抽象性 175，176，177
词义的模糊性 176，177，178
词义引申 245，247，248，249
词语的替换 249
次范畴化 182
次级重音 58
次声波 77
次要范畴 239，240，243，244
从格 151
撮四呼 56
代际干扰等级 289
单词句阶段 29
单起源说 331，332，333
单说论 122，124，125
单向聚合 87，88
单项对比 112
单项平行周遍对比 117，118
地域方言 249，250，251，252，273，274，
286
等势接触模式 293
低阶核心词 298，299，301，302，303
底层 58
底层说 273，275
递归性 126，132，133
第二语言 252，253，274，276，279，280，
282，294
调类 73，85，261
调位 57，85，86，104
调型 100
调值 56，82，85，98，99，276
定位黏着语素 127

定位元音 65
短语结构规则 130，131，137，140
短元音 86
对比 7，82，83，110，111，112，113
对比分布 82
对比原则 82
对话状态 252，253，285，286
对立关系 7，56，81
对立特征 86
对立原则 82，83，87
对象语言 313
对应规则 234，236，263，267，301，303，
304
对应实例 234，235，236，238，260，269
多起源说 331，332，333
多式综合语 156
多线性 58
额中回 324
腭化 229，230
二价动词 181，182，184，185
二阶核心词 298
发声类型 54，57，60
发声语音学 54
发现程序 7，140
发音部位 53，56，61，63，64，67，68，71，
72，74，79，87
发音动作 68，83
发音方法 68
发音目的区 63
发音器官 13，24，36，52，53，59，61，62，
64，70，79，83，90，92
发音语音学 53，54
反馈环节 53
反义词 173，175
范畴感知 55，56

范畴化 13，182
范畴斜坡 240，244
方向格 151
方言地理学 6
方言叠置 287，288，289
仿译词 277，278
非边音流音 69
非范畴感知 55，56
非线性音系学 58
非音质音位 57，85
非洲假说 326，327，329，331，332
非自然接触 274
非自然音步 91，102
分布 7，143，144
分布标准 109，144
分析型语言 156，160
浮现 239
浮游调 100
符号编码能力 25，329，332
符号思维 18
符号系统 6，12，20，25，31，34，35，38，
　　39，40，42，43，44，45，48，131，210，
　　219，221，329，332
辅音文字 222
附加法 145
附加构词法 145，147
附加构形法 146
复辅音 90，91，227，251
复合波 79
复合词 144，145
复合构词法/复合法 145
复元音 90
嘎裂声 54
感知语音学 53
感知运动阶段 18

高阶核心词 298，299，300，301，302，303
哥本哈根学派 7
格标记 151，295，296
格范畴 150，151
格里木定律 263，264，265
格语法 151，183，
工具格 150，182，183
弓状神经纤维束 323
功能标准 109
功能属性 53，80，81
共时语言学 7
共同格 151
共同语义特征 171，172，173，180
共享意图 31
共振峰 79，80，314
构词法 144，145，147
构词语素 127，144，145
构拟 5，6，232，238，256，263，289
构式语法 9
构型 159
构形法 146，147，154
构形语素 127
孤立语 156，162
古典理论 8
关系词 284，299，300，301，302，303，304
官方语言 290，293
管辖－约束理论 8
规则派 4
规则语素组 120，121
规则组合 115，117，118，119，120，121，
　　122，125，126，131，144，145，147
国际音标 34，71，72，73，83
国际音标表 71，72
过渡音 236
还原生成能力 25，26，27，28

汉藏语系 90，91，97，150，151，158，256，257，258，259，261，266，283，284，298，299，304
汉藏语言联盟 284
合并 88，140，229
合口呼 40，56，69，84，226，231，232
合流 228，230，231，255
合作原则 201，202，203
核心词有阶分析 299，304
核心重音规则 58
赫兹 76，77，78
喉 56，62，64，68
喉壁音 68
喉内肌 60，61
喉头仪 55
喉音 62，64，68
后缀 126，150，153，291
互补分布 82，84，113，178，179
互补借贷 278，279
互补原则 82，83，113，114
话题 197
话题链 199
话语组构 200
环甲肌 60，61
换喻 247
会厌 60，62，64
混合语 295，296
活动器官 63，64
霍比语 15
肌电仪 55
肌肉紧张理论 92，96
基本元音 65
基频 79，80
基语 253，293
计算语言学 3，8，19

甲状软骨 59，60，61
假腭 54，55
价 181，182，184，185
尖音 230
间接引申 246，247
尖团合流 230
焦点 200，201
阶曲线 301，302，304
节律 100，101，102，154
节律音系学 58
节奏 86，100，101，102
结构语言学 2，83，110，114，311
结构主义 140，141，
结构主义语言学 6，7，82
介音 89，236
借词 228，229，230，232，259，274，277，278，279，280，281，284，293，294，299，301，302，303
借贷 273，275，276，277，278，279，280，282，283，297
借贷的阶 280，297
借贷等级 296
紧喉嗓音 54，60
进行体 152，155
紧元音 64，66，97
近音 34，69
镜像神经元 36，37
句法单位 125
句法结构 128，131，135，136，186
句法树形图 130
句法语义特征 189，190，191，192
具体意义 170，174，175，193，196
聚合关系 7，48，49，112，180，297
聚合规则 27，49，143
卷舌音 67

绝对反义词 175
绝对共性 160，161
卡嗒音 36
卡嗒语 35，36，38
开口呼 56，84，231，233
开音节 89
科伊桑语系 59
克里奥尔语 272，295
客体格 150，182
空格 182，280
口语 5，25，40，44，131，209，274，288
宽式标音 72，73
宽式范畴 149
宽元音 296
扩充的标准理论 8
扩展 135，136
扩展法 122，125，136
浪纹计 54，55
类推 6，7，241，242，243
类型参项 160，161，163
类型概括 162，163
离合词 138
理据性 45
离散单位 26，48
离散性 109，177
离心结构 128
理解性规则 120，121，126，144
历时语言学 7
历史比较语言学 2，3，5，6，256，260，261，263，265
历史语言学 5，233
例外 231，232，237，238，241，265
连续感知 55
两层性 47，48，49
临摹理论 43

零价动词 181
零形式 147，148
领格 148
领属格 150，151
领音 236
流音 69，91
乱纹 80
论元 180，181，183
论元关系 141，142，182，184
论元角色 181，182，183，184，185，186，198，199
论元结构 180，181，182，183，184，185，186，189，190
论元结构歧义 183，184，185
论元唯一性原则 183
马尔科夫过程 310，311
马尔科夫链 310，311
麦格克效应 37
美值 77，78
美国描写语言学派 7
密波 75
民族方言 249，252，253，286
模仿区域 35
模糊集 176
模糊域 178
莫拉/摩拉 58，100，101，102
母语 253，276，282，283，285，290，295，296
母语干扰 253，273，274，275，279，280，282，283，286，297
目标语 239，252，276，279，280，282，283
南方古猿 319，326
脑量 316，317，318，319，320，322，327，329
内部屈折 145，156

内部屈折构词法 145，147
内部屈折构形法 146
内部要素 7
能人 319，326，327，328
能指 25，34，38，39，41，45，46，47，48
拟声词 43，44，45
拟声说 42，43，44
逆同化 96，97
黏着语 156，157，162
黏着语素 127
女书 219
偶然对应 235，236，265，266，299
派生词 45，123，144，145
派生语素 122，126，127，145，147
配价语法 181
皮钦语 295
匹配 236，237，252，273，297
拼音文字 215，216，217，220，222，223，290，324
平行性原则 129
平行周遍对比 114，115，117，118，119，120，121，147
普遍语法 8
谱系结构 299
谱系树 6，254，255，261，284，330
谱系树理论 6，255，256
齐齿呼 56，84，230，231
气嗓音 54，60
前语言思维 18
前缀 126，291
浅层接触 272，273
强势语言 253，273，276，279，280，282
翘舌音 67
亲属关系 6，256，257，258，260，261，262，263，273，283，284

亲属语言 156，249，253，254，256，260，261，298，303
轻唇音 226
轻声 73，74，98，99，100，101，155
轻音节 98
倾向共性 160，161
清化元音 64，66，67
清音 67，69，70，71，81
区别词 115，122，144
区别特征 56，57，59，69，86，87，88，159，280，282
区别意义层 47
区别意义单位 47，48
区别语义特征 171，172，178
屈折语 156，157，162，260
屈折语素 126，127
人称范畴 153，154
人工智能 3，19
认知语法 9
认知语境 194
认知语言学 3，8，9
任意性 25，26，28，31，41，42，43，45，169，213，238，263
任意性原则 8，25，44，45，265，329，332
入声 85，227，229，232
软腭 62，63，66，68，69
弱化 98，99
弱势语言 273，276，279，280，282
萨丕尔沃尔夫假说 14，15，16，17
塞擦音 67，68，69，70，82，90，230，231
塞音 67，68，69，70，71，80，86，90，91，98
三个平面理论 199，200
三价动词 181，182，184，185
闪音 70

上位词 172
舌根 61，62，64，68
舌根音 62，64，68
舌冠 63
舌冠音 62，63
舌尖 61，62，63，69
舌尖—齿 63
舌尖—齿龈 63
舌尖后音 63，67
舌尖后—硬腭 63
舌尖前音 67
舌尖音 63，230，250
舌尖—龈后 63
舌尖元音 64，65
舌尖中音 37，67
舌面后 63，68，87
舌面后音 68
舌面前 63，282
舌面前—唇 63
舌面前音 67
舌面元音 64，65，72，74
舌体 61，62
舌体音 62，63
舌叶 61，62，63
舌叶—齿 63
舌叶—齿龈 63
舌叶音 63
舌叶—龈后 63
社会方言 249，250，251，252
社会属性 53，56，59
社会语言学 8
深层结构 8，137，138，139
深度接触 272，273，284，296
神经语言学 3，8
生成能力 25，27，29，119，131，329

生成性 27，48，49，177
生成性规则 120，121，126，144
生成音系学 57，58
声波 53，54，55，74，75，76，77，79
声带 59，60，61，64，66，69，73，75，76，79，80，81
声带肌 53，60，61
声道 61，62，64，67，68
声调 5，55，56，58，73，79，81，82，84，85，86，89，98，99，100，101，114，145，231，232，234，235，236，257，258，259，261，287，291，297，303
声谱图 79
声谱仪 55
声学特征 54，55，79
声学语音学 53，54，55，79
圣书文字 216
剩余法 111，112
剩余语素 111，112，113
施事 132，141，152，153，158，181，182，183，184，185，186，187，188，189，190，198
施事格 182，183
时范畴 151
时位 57，85，86
实词 29，123，141，144，190，238，240，244，245
实词项目 296
实验语言学 3，8
实验语音学 54
使成格 182
世界图景 16
世界图式 16
世界语 290，291，292
手势动作系统 35

手势语 20, 24, 25, 29, 320, 329
受格 150
受事 132, 141, 152, 158, 181, 182, 183, 184, 185, 186, 187, 188, 189, 190, 198, 312
受事格 182
疏波 75
书面语 40, 131, 252, 288
述题 197, 198, 199, 200
数范畴 149, 150
双唇 61, 63, 65, 67
双唇音 67
双词句阶段 29
双向聚合 87
双项对比 112, 113, 115
双项对比原则 112
双项平行周遍对比 117, 118
双语 274, 280, 282, 285, 298
双语现象 273
顺同化 96, 97
思维方式 16
思维模式 12, 13, 16, 158, 221
思维能力 18
四等 56
四分表格 161, 163
四呼 56
松元音 66, 97
送气音 69
所有格 151
所指 25, 34, 35, 38, 39, 41, 47, 81, 169, 247, 249
他源文字 210
态范畴 152
特征几何理论 58
题元关系 182

题元结构 182
题元准则 181
体词 144
体范畴 152
体态语 20
替换 7, 46, 49, 84, 85, 111, 118, 132, 134, 140, 141, 180, 249
替换借贷 278, 279
条件变体 83, 84, 113, 114, 179
条件式音变 230, 231
听觉语音学 53, 54, 55, 56
听阈 78
通音 69
通用语 289, 290, 292
通语 289
同构 260, 261, 262
同构标准 261, 262, 263, 304
同化 96, 97, 98
同一性对比 110, 111, 112
同义词 173, 175
同音词 173, 174, 175, 223
同源词 260, 265, 266, 284, 299, 301, 303
同源关系 6, 238, 253, 254, 260, 261, 262, 263, 266, 299, 301, 302, 303, 304
痛阈 78
图灵测试 309
团音 230
推导式 128, 129
脱落 99, 240, 245
外部形态法 147
外部要素 7
完成体 152, 155, 239
完全对应 235, 236
晚期智人 220, 327, 330, 331, 332
万物有灵论 15

韦尔尼克区 37，320，323
位格 151
谓词 144，180
未完成体 152
文白异读 231，287，288
文化相对论 15
无标记 153
无界有阶性 298
五度标调法 100
系统功能语言学 8，9
下唇 63，67
下舌叶 63
下位词 172
线条性 45，46，48
相对反义词 175
响度 92，93，94，95
响度峰 93，94，95
响度阶 94
响度理论 93，94，96
响度顺序原则 94
向心结构 128
象征说 42，43
象征性思维 18
小句 160，161，163，181
小舌 62，63，68，70
小舌音 68
协合 88
协合度 88，297
心理结构体 194
新语法学派 6，238，265
行动元 181
形式标记 123，128，149，159，198
形式语法 310
形态 154，157，160，162，163
形态变化 107，109，123，126，128，132，144，152，156，162，261，284
形态标记 14，128，183，263
形态标准 109，144
形态结构 162，163
形态类型学 9
形态学 162，163，164
形态指数 159
性范畴 150
修正的扩充的标准理论 8
虚词 44，108，122，123，144，151，154，155，156，186，240，245，257，258，261，284
虚化 238，241，242，244
延展原则 94，95，96
严式标音 72，73
严式范畴 149
言语链 52，53
演化连续性 37
演化语言学 8
咽 61，62，64
阳声韵 227
阳性 132，150
洋泾浜 272，292，295
洋泾浜语 272，295
一般体 152
一个半音节 99
一价动词 181，184
一阶核心词 298
仪器语音学 53，54
遗传距离 330
义素 171
义位 178，179，180
义位变体 179
义项 125，170，171，173，178，179，193，195，196，240，247，248

异根法 146
异化 98,284
易境性 23
意译词 277,278
意音文字 210,215,216,222,223
阴声韵 229
阴性 132,150
音步 58,91,100,101,102
音段 58,83,94,95,100,109
音段序列 92,93,94,96,100
音段音位 85
音高 54,55,57,60,73,77,78,81,85,100,101
音核 92,94,95,96,236
音节 47,48,58,81,88,89,90,91,92,93,94,95,96,97,99
音节结构 89,99
音节结构类型 89
音节首音 236
音节尾 236
音节文字 214,222
音强 57,73,76,78,79,85,93,99
音强音节观念 96
音素 53,58,59,64,72,73,81,83,84,86,88,89,90,93,94
音素标音 72
音位 5,13,48,55,56,57,58,59,69,73,80,81,82,83,84,85,86,87,88
音位变体 82,83,84,96
音位标音 73
音位文字 222
音系学 56,57,59
音响形象 38,39,169
音长 57,73,74,85,96
音长音节观念 96

音质 55,57,59,73,74,79,86
音质音位 57,85,86
音子 83,84,95,110,113
龈后 63
引申义 196,246,247
隐喻 245,246,247,248
硬腭 62,63,67
优选论 58
有标记 131,134,311
有阶分析 299,302,303,304
有阶接触 297,298
有阶性 282,296,297,298,299
有限原则 114,125
有向性 282
有序的 18,232
有序异质理论 226
右文说 42,43
与格 150,151,182
与事 141,181,184
语法单位 108,109,114,115,119,123,125,126
语法范畴 45,148,149,150,152,154
语法分析 125,312
语法功能项目 296
语法关系 156,272
语法化 238,239,240,241,242,243,244,245,246
语法化的单向性 239,240,241,244
语法结构 102,108,128,131,132,148,180,183,185,186,188,200,238,297,320
语法结构关系 45,108,132,180,185,186,188
语法结构歧义 183,185
语法类推 242

语法手段 148,154,155,156
语法形式 8,107,119,147,148,154
语法意义 107,108,144,146,147,148,
　152,154,155,156,157
语符 108,109,114,121,122,123,125,
　126
语迹 139
语库 294
语类 7,115,116,117,137
语流音变 96,97
语势 279,282,289,290,292,293,294
语素 39,47,108,109,110,111,112,
　113,114,115,125,126,127,139
语素变体 114
语素的提取 110,111
语素的条件变体 113
语素的自由变体 113
语素归并 113,114
语素融合 139
语素－音节文字 222
语素音位 113
语素组 115,118,119,120,121
语图仪 55,79
语位 290,293,294
语文学 2,4,5
语系 256,257,258,259,260,261,263,
　266,273,283,284
语言变体 249,250
语言变异 226,250
语言的形态类型分类 156,164
语言的形态学分类 163
语言分化 249,253,254,299
语言符号 33,35,38,39,41,42,43,44,
　45,46
语言共性 160,161,162,163

语言规则 1,2,40,45,91
语言活力 289,290,294
语言积淀 294
语言基因 315,316,317
语言接触 272,273,274,275,277,278,
　282
语言接触的有阶性 296
语言决定论 16
语言类型学 8,9
语言类型学分类 164
语言联盟 283,284,302
语言能力 7,8,23,24,25,26,28,29
语言迁移 275
语言人 329,330,332
语言融合 285,286
语言思维 18,19,209
语言替换 285
语言习得关键期 28,322
语言习得装置 315
语言系统 34,37,39,43,45,49
语言相对论 15,16,17
语言相对性 12,13,14
语言形态学 156,164
语言演变 40,226,227,231,241,242,
　249,253,263
语言演化 35
语言运用 7,40,168,193,195,201,203
语言知识库 294
语言直觉 2
语言转换 253
语言转用 253,273,284,285,286
语义场 171,172,173,178,180
语义成分 171,180,188,189
语义范畴 45
语义格 151,181,182,183

语义角色 182
语义结构 180，182，188，200，312
语义结构关系 45，132，142，180，182，186，188，312
语义三角形 168，169
语义特征 171，172，173，178，180，189，190，191，192
语义特征分析 189，190，192
语义系统 179，180
语义学 168，178，196，197
语义指向 45，186，187，188，189
语义指向分析 187，190
语音对应 5，6，231，233，234，235，236，237，238，254，256，257，258，259，260，261，262，263，265，266
语音对应标准 6，262，263，266，298，304
语音对应规律 6，234，259，263，265，269，283
语音感知 13
语音合成 55，56，309，314
语音交替 145
语音识别 55，309，314
语音四要素 73
语音特征 57，72，73，86
语音特征群 62
语音相似原则 82，83
语音学 52，53，54，58，59
语音演变 228
语音演变的规律 230
语音演变的规律性 230，231，232，255，259，263
语用环境 193，195，196，241
语用推理 239
语用学 196，197，199，201
语用意义 194，195，196，197

语域 294
语源关系 238，286，296，298，299，302，304
语支 257，259，273
语子 113，114
语族 256，257，258，261，299
预设 200，201
元音说 91，92，96
元语言 313
原始人类语 333
原始语 232，238，253，254，256，263，288，289，332，333
原始智人语 333
原型 248
原则和参数理论 8
原子主义 6
圆唇元音 65，97
约定论 4，42
运动区域 36
运动神经 53
韵 88
韵腹 89，236
韵化辅音 92
韵律 56，86，100，102，154，155，314
韵母 48，56，81，83，86，89，99，102，228，229，230，231，235，236
韵头 89
韵图 56
韵尾 85，86，89，96，97，227，229，236
蕴涵共性 9，160，161，162，163
蕴涵倾向性 163
在场 23，24
早期智人 220，319，327，331，332
造格 151
增音 99

窄元音 296
长元音 86
振幅 54，73，75，76，93
正常嗓音 54，60
知觉神经 53
直接成分 46，115，119，126，128，129，130，131，136，137，138，139
直接成分分析 134，140
直接引申 247
直立人 319，327，328，329，330，331，332
指称对象 169
智人 220，319，327，329，330，331，332
中间范畴 240
中介语 252
中心词分析法 136，137
中心义 246，247
中级 126，145
重唇音 226，259
重位 57，85
重音 57，58，86，91，98，102，123，146，155，200，291
重音模式 321
重音移动法 146
主动发音器官 61，62，70
主格 150，151，242，243，296
主观化 239
主题 197，198，199，200
主题链 199
主要范畴 239，240，243，244
主语 150，152，157，159，162，181，182，183，186，188，198，199
主重音 57，58
转换 137，138，139，140，141
转换规则 8，57，137，138，140，311

转换生成语法 7，8，10，83，140，311，312
转喻 247，248
状态形容词 144
状态元 181
浊横杠 80
浊音 67，69
姿态特征 37
自然接触 274，294
自然论 4
自然属性 53，59，80，81
自然音步 91，102
自然语言理解 310，311，312，313
自由变体 84，85，110，113，179
自由形式 124
自由语符 121，122，123，125，126
自由语素 127，144
自由运用 108，121，122，123，124，125，126，170
自源文字 210，212，213，214
自主音段音系学 58
字符 221，222
字元 221
综合型语言 156，160
综合指数 159，160
组合关系 41，48，49，115，116，119，120，123，131，135，180，183，188
组合规则 1，27，48，49，56，121，125，126，128，140，261
组合指数 119，297
最简方案 8
最小对立体 81，83，84
最小同一性对比 110，111
最优原则 114

11.4 国际音标表[①]

国际音标

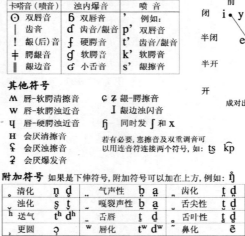

[①] 本书国际音标表是在"国际音标中文版©2007中国语言学会语音学分会"基础上，根据 The International Phonetic Alphabet（revised to 2015）（©IPA）升级而成。The International Phonetic Alphabet（revised to 2015）（©IPA）还没有收录舌面央低元音[A]和舌尖元音[ɿ]、[ʅ]、[ʮ]、[ʯ]，应该加以补充。本书国际音标表在"元音"图中增加了舌面央低元音[A]。除了舌面元音，元音还应该包括舌尖元音，即舌尖前展唇元音[ɿ]、舌尖后展唇元音[ʅ]、舌尖前圆唇元音[ʮ]、舌尖后圆唇元音[ʯ]。

11.5 本书及参考文献中其他常见符号说明①

符号	含义或说明
'	自然重音
(+)	表示尚不确定
(NP$_{1i}$)	圆括号表示移位的成分，下标符号"i／j／k"表示"语迹 t"与移位成分的所指关系
*	表示在日常交际中一般不能使用的短语或句子
*	历史比较语言学中，表示构拟的原始语形式
??	表示短语或句子是否可说尚不完全确定
[±A]	"＋"代表具有语义特征 A； "－"代表不具有语义特征 A
＋	代表有分布
≠	不等于
∩	并且
□	声母矩阵中，从人的生理上可以出现的声母
○	声母矩阵中，从人的生理上不可能出现的声母
→	变为
·（音标上方的点，如 ṅ）	表示腭化；国际音标表（2005 年修订版）用^{j}表示腭化
A/adj	形容词
A	不及物性质动词，即形容词
A	施事格（agentive）
abstr. n.	抽象名词
ant.	反义词
AP	形容词短语
B	巴尔克值（Bark）
C	尾音／韵尾（coda）

---

① 国际音标表中已有的符号及附加符号不再列出。

续表

符号	含义或说明
C	语音研究中表示辅音
COG	谱重心
CP	标句词短语(complementizer phrase)
D	区别词
D	与格（dative）
dB	分贝(decibel)
Dem	指示代词
Det	指示词语
DIS	离散度
Dp	定义项
DS	深层结构(deep structure)
Ds	被定义项
F	方位词
F	频率(frequency)
F	使成格（factitive）
F_1	第一共振峰
F_2	第二共振峰
F_3	第三共振峰
F_4	第四共振峰
F_5	第五共振峰
GAP	塞音闭塞段
H	副词
Hz	赫兹(Hertz)
h(音标右上方,如 p^h)	表示送气;国际音标表(2005年修订版)用'表示腭化
I	叹词
I	工具格（instrumental）
IP	屈折短语（inflectional phrase）
J	连词

续表

符号	含义或说明
K	介词
L	处所格(locative)
M	美值(Mels)
N	音核/韵腹(nucleus)
N	名词
NP	名词短语
O	首音/声母(onset)
O	语法研究中表示宾语
O	客体格(objective)
P	逻辑变项的谓项
P	助词
pl	复数
p⊃q	p 蕴涵 q(⊃表示蕴涵关系；p, q 为语言项目)
PP	介词短语
PRO	隐含空语类
PSR	语类规则
R	韵(rhyme)
Rel	关系小句
S	语法研究中表示主语
S	逻辑变项的主项
sg.	单数
SS	表层结构(surface structure)
T	辅音过渡音征
t_j	语迹
TR	转换规则
V	语音研究中表示元音
V	动词
V	语法研究中表示谓语

续表

符号	含义或说明
V_A	及物性质动词
V_C	分类动词
V_i	不及物动作动词
VOT	嗓音起止时间
VP	动词短语
V_{st}	不及物状态动词
V_t	及物动作动词
V_x	助动词
σ	音节（syllable）
动^0	零价动词
动^1	一价动词
动^2	二价动词
动^3	三价动词
形^1	一价形容词
形^2	二价形容词

11.6 彩色插图

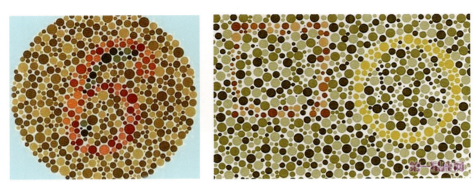

图 1-1　　　　　　　　　　　　图 1-2

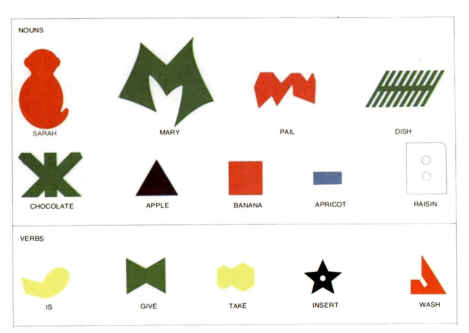

图 2

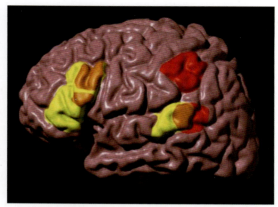

Wired for imitation? Classic language areas—Broca's and Wernicke's (yellow)—overlap (orange) with areas critical for imitation (red).

图 3

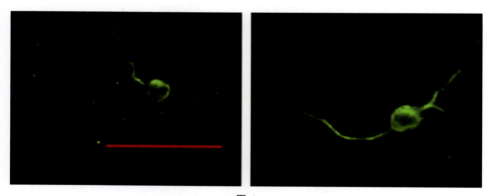

图 4

12　参考文献

本书在讨论一些关键性理论问题时，为了不引起理解上的争议，尽量使用原文。一般情况下直接使用译文。凡是外文书目，一些比较关键的论著，译本和原文都列出，读者可根据人名译名对照表查阅。本书译文主要根据已有译本，若和译本有出入，都是根据原文的意思更改的，并加以说明。外文文献没有译本的，一般情况下直接给出译文。请读者能尽量阅读原文。

作者后面的第一个年代是作者最早发表论著的年代。出版社后面的年代是本书引用的版本年代。两者相同时后一个年代省略。方括号中的内容是该文献和本书内容有联系的主要观点和主题，涉及范围较多的不再注明，请读者从本书相关论述中查找。

Appel, René & Pieter Muysken. 1987. *Language Contact and Bilingualism*. London：Edward Arnold. ［讨论语言接触和双语现象］

Ascoli, Graziadio Isaia. 1870. *Corsi di Glottologia：Lezioni di Fonologia Comparata*. Turin and Florence：Ermanno Loescher. ［提出底层说，用"底层理论"解释语言演变］

Atkinson, Quentin D. 2011. Phonemic diversity supports a serial founder effect model of language expansion from Africa. *Science*, 332, issue 6027：346—349. ［提供语言学证据支持非洲假说］

Austin, J. L. 1962. *How to Do Things with Words*. Cambridge：Harvard University Press. ［提出言语行为理论］

Balter, Michael. 2004. Search for the Indo-Europeans. *Science*, 303：1323—1326. ［提供了较详细的印欧语谱系树图］

Bao, Zhiming. 1990. *On the Nature of Tone*. Cambridge, Massachusetts：Massachusetts Institute of Technology PhD dissertation. ［提出调域分清浊、声调分高低］

Bao, Zhiming. 1999. *The Structure of Tone*. Oxford：Oxford University Press. ［提出了以自主音段理论为基础的声调结构模型］

Beach, D. M. 1923. *Phonetics of Pekingese*. London：University of London ［最早提出调位概念］

Beach, D. M. 1938. *The Phonetics of the Hottentot Language*. Cambridge：W. Heffer & Sons Ltd. ［讨论调位和声调学］

Benedict, Paul K. 1942. Thai, Kadai, and Indonesian: A new alignment in Southeastern Asia. *American Anthropologist*, 44(4): 576—601. 中译:本尼迪克特著,罗美珍译,《台语、加岱语和印度尼西亚语——东南亚的一个新的联盟》,载中国社会科学院民族研究所语言研究室编《汉藏语系语言学论文选译》,45—70 页,北京:中国社会科学院民族研究所语言研究室,1980 年。[根据同源词把侗台语划入南岛语]

Benedict, Paul K. 1972. *Sino-Tibetan: A Conspectus*. Cambridge: Cambridge University Press. [给出很多汉藏关系词,根据对应认为汉语和侗台语不同源]

Benedict, Paul K. 1976. Sino-Tibetan: Another look. *Journal of the American Oriental Society*, 96(2): 167—197. [找出了一批汉藏关系词,认为汉语和藏缅语同源,汉台不同源]

Benedict, Paul K. 1991. Austric: An 'extinct' proto-language. In J. H. C. S. Davidson (ed.), *Austroasiatic Languages, Essays in Honour of H. L. Shorto*, 7—12. School of Oriental and African Studies, University of London. [认为侗台语、苗瑶语和汉语没有发生学关系]

Bloomfield, Leonard. 1926. A set of postulates for the science of language. *Language*, 2: 153—164. [给出描写语言学的基本原则]

Bloomfield, Leonard. 1933. *Language*. New York: Henry Holt. 中译:布龙菲尔德著,袁家骅、赵世开、甘世福译,《语言论》,北京:商务印书馆,1980 年。[结构主义语言学的经典著作之一;提出了"单说论"和直接成分分析理论;提出行为主义语义观]

Boas, Franz. 1911a. *Handbook of American Indian Languages*. Washington, D. C.: Government Printing Office. [美国人类学家从事语言调查和研究的理论总结;认为未开发地区的人民有自己的语言、知识和文化]

Boas, Franz. 1911b[1938]. *The Mind of Primitive Man*. New York: The MacMillan Company. 中译:博厄斯著,项龙、王星译,《原始人的心智》,北京:国际文化出版公司,1989 年。[提出文化相对论]

Boas, Franz. 1911c. Introduction to the handbook of American Indian language. Genter for Applied Linguistics. In Franz Boas (ed.), *Handbook of American Indian Languages*, 1, 1—83. Washington, D. C.: Smithsonian Institution. [提出对比的方法,通过句子的对比提取单位;讨论词语的借用问题]

Bopp, Franz. 1816. Über das conjugationssystem der Sanskritsprache in vergleichung mit jenem der Griechischen, Lateinischen, Persischen und Germanischen sprache. Frankfurtam-Main: In der Andreäischen Buchhandlung. English translation: On the conjugational system of the Sanskrit language in comparison with that of Greek, Latin, Persian and the Germanic languages. In Winfred P. Lehmann (ed.), *A Reader in Nineteenth Century Historical Indo-European Linguistics*, 1967, 38—45. Bloomington: Indiana University Press. [根据同构标准确定同源语言]

Bourhis, Richard Y., Howard Giles, & Doreen Rosenthal. 1981. Notes on the construction of a subjective vitality questionnaire for ethnolinguistic groups. *Journal of Multilingual and Multicultural Development*, 2(2): 145-155. [讨论语言活力]

Broca, Paul. 1861. Nouvelle observation d'aphémie produite par une lésion de la moitié postérieure des deuxième et troisième circonvolution frontales gauches. *Bulletin de la Société Anatomique*, 36: 398-407. [观察和报道了失语症患者左脑西尔维亚裂沟的上方地方有病变；认为语言的机制在左脑]

Broca, Paul. 1865. Sur le siège de la faculté du langage articulé. *Bulletins de la Société d'Anthropologie de Paris*, 6(1): 377-393. [大脑是语言的生成和指挥器官，大脑的左右半球具有不同的功能分工]

Cann, Rebecca, L., Mark Stoneking, & Allan Charles Wilson. 1987. Mitochondrial DNA and human evolution. *Nature*, 325: 31-36. [使用遗传学方法对现代人女性的mtDNA进行分析，提出人类起源于非洲的假说]

Carnap, Rudolf. 1933. *Logical Syntax of Language*. London: Routlage & Kegan Paul. [较早提出和讨论论元概念]

Catani, Marco, Derek K. Jones, & Dominic H. Ffytche. 2005. Perisylvian language networks of the human brain. *Annals of Neurology*, 57: 8-16. [用现代脑电技术研究人类大脑的布洛卡区和韦尔尼克区]

Cavalli-Sforza, L. L., A. Piazza, P. Menozzi, & J. Mountain. 1988. Reconstruction of human evolution: Bringing together genetic, archaeological, and linguistic data. *Proceedings of the National Academy of Sciences*, 85(16): 6002-6006. [根据遗传距离画出了现代人谱系分化树]

Chao, Yuen Ren (赵元任). 1930/1980. A System of Tone-Letters. *La Maitre Phonetique*, 45: 24-27. Reprinted in Fangyan, 1980(2): 81-83. [创制了一套五度制的声调符号，为记录和描写各种声调提供了实用简便的方法]

Chao, Yuen Ren (赵元任). 1934. On the non-uniqueness of phonemic solution of phonetic system. *Bulletin of the Institute of History and Philology Academia Sinica*, 4(4): 363-398. 中译:《音位标音法的多能性》，见叶蜚声译、伍铁平校《赵元任语言学论文选》，第1-48页，北京：中国社会科学出版社，1985。[从汉语方言和古音中的一些现象阐释音位的应用和理论；系统说明了音位系统的相对性，肯定严式记音的重要性]

Chao, Yuen Ren (赵元任). 1948. *Mandarin Primer*. Cambridge, Massachusetts: Harvard University Press. [率先把美国结构主义语言学的理论方法运用于汉语语法研究]

Chao, Yuen Ren (赵元任). 1968. *A Grammar of Spoken Chinese*. London: University of California Press. [着重研究中国话的词法和句法]（英文影印版见商务印书馆2011年《中国话的文法》；中译本见赵元任著、吕叔湘译《汉语口语语法》(1968/1979)）

Chen, Baoya & Dejiang Yu. 2019. On the genetic relationship of Sino-Tibetan languages and

Austro-Tai languages: Based on rank analysis of clusters of cultural words and core words. *Journal of Chinese Linguistics Monograph*, Series 29: 145－223. [通过有阶分析讨论汉藏语的基本谱系结构;没有充分证据显示汉藏语和侗台语有同源关系]

Chen, Baoya & Feng Wang. 2009. More evidence for the genetic relationship between Austronesian and Kam-Tai. *Journal of Chinese Linguistics*, 37(1): 28－76. [南岛语和侗台语关系词的有阶分析]

Chen, Baoya. 2013. More evidence for the genetic relationship between Sinitic and Tibeto-Burman: Correlated correspondence and rank distribution. *Workshop on Sino－Tibetan Languages of Sichuan*, Paris. [汉语和藏缅语关系词的有阶分析]

Chen, Matthew Y. 1979. Metrical structure: Evidence from Chinese poetry. *Linguistic Inquiry*, 10 (3): 371－420. [汉语一般是双音节一音步,三音节为超音步]

Chen, Matthew Y. 2000. *Tone Sandhi: Patterns across Chinese Dialects*. Cambridge: Cambridge University Press. [研究汉语方言连读变调模式]

Chen, Sylvia & Elizabeth Bates. 1998. The dissociation between nouns & verbs in Broca's and Wernicke's aphasia: Findings from Chinese. *Aphasiology*, 12: 5－36. [基于汉语材料,发现布洛卡失语症患者、韦尔尼克失语症患者在处理动词性、名词性词组方面存在不同困难]

Chiang, Thomas. 1979. Some interferences of English intonations with Mandarin tones. *IRAL: International Review of Applied Linguistics*, 17: 245－250. [讨论英语语调对汉语声调学习的干扰]

Chomsky, Noam. 1955. *The Logical Structure of Linguistic Theory*. Ms., Harvard University and MIT. Excerpt from a 1956 revision published New York: Plenum (1975), reprinted Chicago: University of Chicago Press (1985). [形式语法,详细讨论转换规则代数和转换规则语法]

Chomsky, Noam. 1956. Three models for the description of language. *IRE Translations on Information Theory*, 2 (3): 113－124. [形式文法]

Chomsky, Noam. 1957. *Syntactic Structures*. The Hague: Mouton. [提出短语结构语法,并在一定程度上引入了转换规则]

Chomsky, Noam. 1963. Formal properties of grammars. In R. Luce, R. Bush & E. Galanter (eds.), *Handbook of Mathematical Psychology*, 323－418, New York: John Wiley. [讨论无约束文法、上下文有关文法、上下文无关文法、正则文法]

Chomsky, Noam. 1965. *Aspects of the Theory of Syntax*. Cambridge: Cambridge University Press. [转换生成语法标准理论]

Chomsky, Noam. 1972. Deep structure, surface structure and semantic interpretation. In N. Chomsky (ed.), *Studies on Semantics in Generative Grammar*. The Hague: Mouton. [生成语法扩展标准理论]

Chomsky, Noam. 1981. *Lectures on Government and Binding*. Dordrecht: Foris Publications. [讨论管辖－约束理论]

Chomsky, Noam. 1995. *The Minimalist Program*. Cambridge, MA: The MIT Press. [提出了转换生成语法的最简方案]

Chomsky, Noam & Morris Halle. 1968. *The Sound Pattern of English*. New York: Harper & Row, Publishers. [生成音系学]

Chu, J. Y., W. Huang, S. Q. Kuang et al. 1998. Genetic relationship of populations in China. *Proceedings of the National Academy of Sciences of the United States of America*, 95 (20): 11763－11768. [从遗传学的微卫星座位入手,研究结果支持中国人起源于非洲的观点]

Cleveland, Jayne & Charles T. Snowdon. 1982. The complex vocal repertoire of the adult cotton-top tamarin (Saguinus oedipus oedipus). *Zeitschrift Für Tierpsychologie*, 58 (3): 231－270. [研究绢毛猴的叫声及其沟通系统的特点]

Clements, George N. 1990. The role of the sonority cycle in core syllabification. In J. Kingston & M. Beckman (eds.), *Papers in Laboratory Phonology 1: Between the Grammar and Physics of Speech*. Cambridge: Cambridge University Press. [音节响度理论]

Comrie, Bernard. 1989. *Language Universals and Linguistic Typology (second edition)*. Chicago: The University of Chicago Press. 中译:科姆里著,沈家煊等译,《语言共性和语言类型》(第二版),北京:北京大学出版社,2010年。[把语言共性细分为四类]

Corballis, Michael C. 2007. How language evolved. *Acta Psychologica Sinica*, 39 (3): 415－430. [提出人类"二段进化"的观点]

Coulmas, Florian. 2005. *Sociolinguistics: The Study of Speakers' Choice*. Cambridge: Cambridge University Press. [重视语言人口在语势中的重要性]

Croft, William. 2001. *Radical Construction Grammar: Syntactic Theory in Typological*. New York: Oxford University Press Inc. [激进构式语法]

Croft, William. 2003. *Typology and Universals (second edition)*. Cambridge: Cambridge University Press. 中译:克罗夫特著,龚群虎译,《语言类型学与语言共性》(第二版),上海:复旦大学出版社,2009年。[提出确认词序基本类型的四个标准;通过四分表格展示两种逻辑上独立的参项间依存关系]

Croft, William & D. Alan Cruse. 2004. *Cognitive Linguistics*. Cambridge: CUP. [认知语法、构式语法]

Crystal, David. 1994/2003. *The Cambridge Encyclopedia of the English Language*. Cambridge: Cambridge University Press. [认为19世纪英帝国的殖民运动和20世纪美国的崛起是英语成为世界语言的两个原因]

Curtiss, Susan. 1977. *Genie: Psycholinguistic Study of a Modern-day "Wild Child"*. New

York: Academic Press. [结合珍妮被囚禁案例,讨论语言习得关键期]

Daneš, Frantisek. 1964. A three-level approach to syntax. *Travaux Linguistiques de Prague*, 1: 225-240. [论述句子的语法结构、语义结构和话语组构三个平面]

Darwin, Charles Robert. 1859. *On the Origin of Species by means of Natural Selection, or the Preservation of Favoured Races in the Struggle for Life*. London, UK, 547: John Murray Publishers. [提出生物进化论;推测语言谱系与人类遗传谱系间有关联](中译本见"达尔文 1859")

Davidson, Donald. 1967. Truth and meaning. *Synthese*, 17: 304-323. [真值条件语义学]

Davidson, Donald. 1984. *Inquiries into Truth and Interpretation*. Oxford: Oxford University Press. [真值条件语义学]

Dekaban, A. S. & D. Sadowsky. 1978. Changes in brain weights during span of human life: Relation of brain weights to body heights and body weights. *Annals of Neurology*, 4(4): 345-356. [给出大脑脑量增长与年龄增长之间关系曲线]

Denes, Peter B. & Elliot N. Pinson. 1973. *The Speech Chain: The Physics and Biology of Spoken Language*. New York: Anchor Press. 中译:邓斯、平森著,1983,《言语链——说和听的科学》,曹剑芬、任宏谟译,北京:中国社会科学出版社.[提出语言交际过程中的言语链(speech chain)]

Djamouri, Redouane. 2015. Object positioning in Tangwang. In Cao Guangshun, Redouane Djamouri & Alain Peyraube (eds.), *Language in Contact in North China-Historical and Synchronic Studies*. Paris: Ecole des Hautes études en Sciences Sociales. [讨论唐汪话的宾语配置问题]

Duanmu, San(端木三). 1990. *A Formal Study of Syllable, Tone, Stress and Domain in Chinese Language*. Cambridge, Massachusetts: Massachusetts Institute of Technology PhD dissertation. [汉语每个音节有三个时间格,声母、韵腹、韵尾各占一个时间格;莫拉是声调承载单位或载调单位;提出辅重理论]

Duanmu, San(端木三). 1994. Against contour tone units. *Linguistic Inquiry*, 25(4): 555-608. [论证汉语的载调单位是莫拉音段]

Duanmu, San(端木三). 1995. Metrical and phonology of compounds in two Chinese dialects. *Language*, 71(2): 225-259. [提出声调—重音原则]

Dudley, H., R. R. Riesz, & S. A. Watkins. 1939. A synthetic speaker. *Journal of the Franklin Institute*, 227(6): 739-764. [介绍了第一个电子语音合成器 Voder 及其工作原理]

Eccles, John C. 1973. *The Understanding of the Brain*. New York: McGraw-Hill Book Company. [人类与动物大脑脑量存在区别;生物的进化等级越高,大脑脑量越重]

Enard, Wolfgang, Sabine Gehre, et al. 2009. A humanized version of FOXP2 affects cortico-basal ganglia circuits in mice. *Cell*, 137(5): 961-971. [人类"语言基因"Foxp2 植入小

白鼠后,小白鼠在和人类语言功能区相当的大脑区域长出了复杂的神经细胞〕

Evans,Vyvyan & Melanie Green. 2006. *Cognitive Linguistics：An Introduction*. Edinburgh：Edinburgh University Press Ltd.〔全面论述和描绘当今认知语言学各领域,包括认知语义学、认知语法等〕

Falk,Dean. 1991. 3.5 Million years of hominid brain evolution. *Seminars in Neuroscience*, 3(5)：409－416.〔讨论人类大脑的演化;人类大脑脑量在人类进化过程中逐渐增大〕

Ferlus,Michel. 1990. *Remarques sur le Consonantisme de Proto Thai-yay（Révision du Proto-tai de Li Fangkuei）*. Paper circulated at the 23rd International Conference on Sino-Tibetan Languages and Linguistics,University of Texas at Arlington.〔把"一个半音节(sesquisyllable)"称为双音节(disyllables)〕

Fillmore,Charles J. 1968. The case for case. In E. Bach & E. Harms(eds.), *Universals in Linguistic Theory*,1－90. New York：Holt,Rinehart & Winston.〔提出格语法理论〕

Fillmore,Charles J. 1982. Frames semantics. In The Linguistic Society of Korea(ed.), *Linguistics in the Morning Calm*,111－137. Seoul：Hanshin Publishing Company.〔提出了框架语义学〕

Fisher,S. E., F. Vargha-khadem, K. E. Watjins, A. P. Monaco, et al. 1998. Localization of a gene implicated in a severe speech and language disorder. *Nature Genetics*,18：168－170.〔把KE家族基因突变的研究范围缩小并定位在约有70个基因的7号染色体长臂(7q31)区域,并把这个突变基因称为SPCH1(即Foxp2)〕

Fishman,Joshua A. 1991. *Reversing Language Shift：Theory and Practice of Assistance to Threatened Languages*. Clevedon,England：Multilingual Matters Ltd.〔提出了和语言活力测度相关的八种代际干扰等级〕

Fitch,W. T. 1994. *Vocal Tract Length Perception and the Evolution of Language*. Providence：Brown University PhD dissertation.〔讨论听觉感知、声道长度和语言演化之间关系〕

Fodor,Jerry A. & Jerrold J. Katz.(eds.)1964. *The Structure of Language：Readings in the Philosophy of Language*. Englewood Cliffs,N. J.：Prentice-Hall.〔语法学中应包括语义部分〕

Fouts,Roger S. 1972. Use of guidance in teaching sign language to a chimpanzee. *Journal of Comparative & Physiological Psychology*,80(3)：515－522.〔根据黑猩猩学习手势语情况,探讨猩猩的语言能力〕

Fouts,Roger & Stephen Tukel Mills. 1997. *Next of Kin：What Chimpanzees Taught Me about Who We Are*. New York：William Morrow.〔考察黑猩猩学习人类语言符号,探讨猩猩的语言能力〕

Frawlay,William. 1992. *Linguistics Semantics*. Hillsdale,NJ：Lawrence Erlbaum.〔批评概念语义学把语义结构等同概念结构的做法,认为语义结构离不开词语,会比概念结构

多了很大限制]

Fry, D. B., A. S. Abramson, P. D. Eimas, & A. M. Liberman. 1962. The identification and discrimination of synthetic vowels. *Language and Speech*, 5: 179—189. [讨论语音的范畴感知问题；元音音位之间没有截然的感知分界，属于非范畴感知（连续感知）]

Gallese, Vittorio, Luciano Fadiga, Leonardo Fogassi, & Giacomo Rizzolatti. 1996. Action recognition in the premotor cortex. *Brain: A Journal of Neurology*, 119 (2): 593—609. [在猴子大脑中发现镜像神经元系统]

Gardner, Beatrice T. & R. Allen Gardner. 1989. Prelinguistic development of children and chimpanzees. *Human Evolution*, 4(6): 433—460. [教黑猩猩学习手势语]

Geschwind, Norman. 1979. Specializations of the human brain. *Scientific American*, 241 (3), 180—199. [讨论了人类大脑左右大脑的分工；布洛卡区和韦尔尼克区之间通过大量的弓状神经纤维束连接起来]

Givon, Talmy. 1971. Historical syntax and synchronic morphology: an archaeologist's field trip. *Linguistic Society*, 7: 394—415. [词汇化理论]

Godel, Robert. 1957. *Les Sources Manuscrites du Cours de Linguistique Générale de F. de Saussure*. Genève: Librairie Droz. [收录20世纪50年代发现的索绪尔手稿]

Goldberg, Adele E. 1995. *Construction: A Construction Grammar Approach to Argument Structure*. Chicago: University Chicago Press. [构式语法]

Goldberg, Adele E. 2006. *Construction at Work: The Nature of Generalization in Language*. Oxford: Oxford University Press. [构式语法]

Goldsmith, John A. 1976. *Autosegmental Phonology*. Cambridge, MA: The MIT Press. Reproduced by Bloomington: Indiana University Press. [自主音段音系学]

Gong, Huangcheng. 1980. *A Comparative Study of the Chinese, Tibetan, and Burmese Vowel Systems*. 《史语所集刊》第五十一本第三分, 455—490页. [在上古汉语、藏文、缅文之间找出了一批同源词]

Gong, Hwang-Cherng. 1995. The system of finals in Proto-Sino-Tibetan. *Journal of Chinese Linguistics*, *Monograph Series Number*, 8. [在上古汉语、藏文、缅文之间找出了一批同源词]

Grassmann, Hermann. 1863. Ueber die aspiraten und ihr gleichzeitiges vorhandensein im an- und auslaute der wurzeln. Zeitschrift für vergleichende Sprachforschung auf dem Gebiete des Deutschen. Grie chischen und Lateinischen, 12(2): 81—138. English translation: Concerning the aspirates and their simultaneous presence in the initial and final of roots. In Winfred P. Lehmann (ed.), *A Reader in Nineteenth Century Historical Indo-European Linguistics*, 1967, 109—131. Bloomington: Indiana University Press. [对格里木定律第二组例外提出合理解释]

Green, Steven & Peter Marler. 1979. The analysis of animal communication. In Peter

Marler & J. G. Vandenbergh (eds.), *Handbook of Behavioral Neurobiology*, *Vol*. 3: *Social Behavior and Communication*, 73—158. New York and London: Plenum Press. [较全面讨论和分析了动物沟通符号系统的构成特点]

Greenberg, Joseph H. 1963. Some universals of grammar with particular reference to the order of meaningful elements. In Joseph H. Greenberg (ed.), *Universals of Language* (*second edition*), 1966, 73—113. Cambridge, Massachusetts: The MIT Press. [语言类型学的经典文献；通过多语言比较概括许多形态和词序方面的蕴涵共性]

Greenfield, P. M. & E. S. Savage-Rumbaugh. 1990. Grammatical combination in Pan paniscus: Processes of learning and invention in the evolution and development of language. In S. T. Parker & K. R. Gibson (eds.), '*Language*' *and Intelligence in Monkeys and Apes*: *Comparative Developmental Perspectives*, 540—578. Cambridge: Cambridge University Press. [观察到黑猩猩 Kanzi 能创造一些英语中没有的表达模式]

Grice, H. P. 1975. Logic and conversation. In P. Cole & J. L. Morgan (eds.), *Syntax and Semantics* 3: *Speech Acts*, 41—58. New York: Academic Press. [提出会话含义理论、合作原则]

Grimm, Jacob. 1819. Germanic grammar. In Winfred P. Lehmann (ed.), *A Reader in Nineteenth Century Historical Indo-European Linguistics*, 1967, 46—60. Bloomington: Indiana University Press. [从辅音的语音对应证明古代欧洲语言和梵语同出一源]

Gruber, Jefferey. 1965. *Studies in Lexical Relations*. Cambridge, Massachusetts: Massachusetts Institute of Technology PhD dissertation. [最早提出了"题元角色"概念，并对其进行详细描写]

Haarmann, Harald. 1990. Language planning in the light of a general theory of language: A methodological framework. *International Journal of Sociology of Language*, 86: 103—126. [讨论和归纳用以测度语言影响力、语言通用程度的诸多因素]

Halle, Morris. 1959. *The Sound Pattern of Russian*. Mouton: The Hague. [讨论俄语的语音系统格局]

Halliday, M. A. K. 1985. *An Introduction to Functional Grammar*. London: Edward Arnold. 2nd edn. By M. A. K. Halliday. London, Melbourne & Auckland: Edward Arnold, 1994.《功能语法导论》, M. A. K. Halliday 著、胡壮麟导读, 北京: 外语教学与研究出版社, 2000 年. [介绍功能语法理论的经典著作]

Harman, Gilbert. 1987. (Nonsolipsistic) Conceptual role semantics. In Ernest LePore (ed.), *New Directions in Semantics*, 55—81. London: Academic Press. [概念作用语义学]

Harris, Zellig S. 1944. Simultaneous components in phonology. *Language*, 20 (4): 181—205. [非连续直接成分]

Harris, Zellig S. 1946. From morpheme to utterance. *Language*, 22 (3): 161—183. [通过

语素分布描写句法]

Harris, Zellig S. 1952. Discourse analysis. *Language*, 28: 1—30. [首次提出了转换(变换)的分析方法]

Harris, Zellig S. 1957. Co-occurrence and transformation in linguistic structure. *Language*, 33: 283—340. [可观察结构的转换(变换)分析]

Haudricourt, AndréGeorges. 1954. De l'origine des tons en Vietnamien. *Journal of Asiatique*, 242: 69—82. [分析了越南语声调的产生过程,首次解释了声调发生的机制;提出同构不能作为确定同源关系的标准]

Haudricourt, AndréGeorges. 1961. *Bipartition et Tripartition des Syetèmes de Tons Dans Quelques Langues d'Extrême-Orient*. Bulletin de la Société de Linguistique de Paris, 56: 163—180. [认为同构不能作为确定同源关系的标准]

Haugen, Einar. 1950. The analysis of linguistic borrowing. *Language*, 26: 210—231. [讨论"借贷等级"]

Hayes, Keith J. & Cathy Hayes. 1951. The intellectual development of a home—raised chimpanzee. *Proceedings of the American Philosophical Society*, 95: 105—109. [训练黑猩猩维琪(Vicki)学习人类语言]

Heine, Bernd & Tania Kuteva. 2002. *World Lexicon of Grammaticalization*. Cambridge: Cambridge University Press. [分析世界语言中每个词语词汇化源与流的对应]

Heine, Bernd & Tania Kuteva. 2005. *Language Contact and Grammatical Change*. Cambridge: Cambridge University Press. [讨论接触引发的语法化演变问题]

Hockett, Charles F. 1958. *A Course in Modern Linguistics*. New York: The Macmillan Company. [结构语言学集大成著作](中译本见"霍凯特 1958")

Hoffmann, Charlotte. 1991. *An Introduction to Bilingualism: Principles and Processes*. London and New York: Long-man. [重视语言人口在双语现象、语言的语势中的重要性]

Holden, Constance. 2004. The origin of speech. *Science*, 303: 1316—1319. [讨论语言的产生、分化等问题]

Hölldobler, Bert & Edward O. Wilson. 1994. *Journey to the Ants: A Story of Scientific Exploration*. Cambridge, Massachusetts: Harvard University Press. [探讨蚂蚁之间的沟通和交流方式]

Holmes, Janet. 2001. *An Introduction to Sociolinguistics* (second edition). Harlow: Pearson Education. [重视语言人口在语势中的重要性]

Hopper, Paul. 1987. Emergent grammar. In J. Aske, N. Beery, L. Michaelis & H. Filip (eds.), *Papers of the Thirteenth Annual Meeting of the Berkeley Linguistics Society*, 139—157. University of California, Berkeley: Berkeley Linguistic Society.

Hopper, Paul J. & Elizabeth C. Traugott. 2003. *Grammaticalization* (second edition).

Cambridge: Cambridge University Press. [保持 1993 版框架,全面论述语法化学说的基本内容和发展概况,补充了近 10 年来语法化研究情况和趋势,增加了新的语料和新问题的讨论]

Hurst, J. A., M. Baraitser, E. Auger, F. Graham, & S. Norell. 1990. An extended family with a dominantly inherited speech disorder. *Developmental Medicine & Child Neurology*, 32 (4): 352-355. [讨论语言基因问题,报告了一个 KE 家族的语言障碍]

Jackendoff, Ray S. 1972. *Semantic Interpretation in Generative Grammar*. Cambridge, Massachusetts: The MIT Press. [讨论题元问题]

Jakobson, Roman, Gunnar Fant, & Morris Halle. 1952. *Preliminaries to Speech Analysis: The Distinctive Features and Their Correlates*. Cambridge, Mass.: The MIT Press. [提出区别特征概念;从语音的声学特性出发,归纳出 12 对区别特征]

Jakobson, Roman. 1938. Sur la théorie des affinités phonologiques entre des language. In Roman Jakobson (ed.), *Selected Writings*, 1962, Vol. I: Phonological Studies: 234-246. The Hague: Mouton. [讨论语言接触中的相似问题]

Jakobson, Roman. 1962. Why 'mama' and 'papa'? In Roman Jakobson (ed.), *Selected Writings*, Vol. I: Phonological Studies, 538-545. The Hague: Mouton. [认为父亲母亲称谓上的相似性是语言习得机制的自然结果]

Jakobson, Roman. 1968. *Child Language, Aphasia, and Phonological Universals*. The Hague: Mouton. [用普遍性理论来解释儿童母语音位习得的顺序]

Jakobson, Roman. 1969. Saussure's unpublished reflections on phonemes. *Cahiers Ferdinand De Saussure*, 26: 5-14. [介绍和引述 1968 年哈佛霍顿专藏室收藏的索绪尔手稿]

Janhunen, Juha, Marja Peltomaa, Erika Sandman, & Xiawu Dongzhou. 2008. *Wutun* (*Languages of the World/Materials*, 466). Muenchen: Lincom Europa. [五屯话研究]

Jesperson, Otto. 1913. *Lehrbuch der Phonetic*. Leipzig: B. G. Teubner. [早期的音节响度理论]

Jesperson, Otto. 1924. *The Understanding of the Brain*. London: Allen & Unwin. 中译: 叶斯伯森著,何勇译,《语法哲学》,北京:商务印书馆,2009 年。[批评了提取词的意义标准和语音标准,提出了提取词的一个形式标准,即看一个言语片段是否能从中间隔开]

Johnson, Jacqueline S. & Ellisa L. Newport. 1989. Critical period effects in second language learning: The influence of maturational state on the acquisition of English as a second language. *Cognitive Psychology*, 21: 60-99. [儿童和成人二语习得的对比研究,支持了语言习得关键期假说]

Johnson, Mark H. & Michelle de Haan. 2015. *Developmental Cognitive Neuroscience* (*fourth edition*). New York: John Wiley & Sons, Ltd. Blackwell Publishers Ltd (1e,

1997);Blackwell Publishing Ltd (2e,2005);John Wiley & Sons,Ltd,(3e,2011).
［人类大脑、神经网络发展与人类认知的发展］

Jones,Daniel. 1917. *English Pronouncing Dictionary*. Cambridge:Cambridge University Press. The eleventh edition,1956. New York:E. P. Duttton & Co. Inc. ［提出定位元音概念,制定了定位元音系统］

Jones,William. 1786. The third anniversary discourse,on the Hindus. (Delivered 2 February,1786. Works I,19—34) In Winfred P. Lehmann(ed.),*A Reader in Nineteenth Century Historical Indo-European Linguistics*,1967,7—20. Bloomington,IN.:Indiana University Press. ［首次提出印欧诸语言同源,起用词根和语法相似的标准］

Kalocsay,K. & G. Waringhien. 1985. *Plena Analiza Gramatiko de Esperanto* (*the fifth revised edition*),Universala Esperanto-Asocio. 中译:卡洛查、瓦兰金编著,刘鸿元翻译,《高级世界语分析语法》(Versio 2.10),2022年5月. ［给世界语使用者提供了对于世界语传统用法和经典用法的实用指导］

Katz,Jerrold J. & Jerry A. Fodor. 1963. The structure of a semantic theory. *Language*,39(2):170—210. Reprinted in Jerry A. Fodor & Jerrold J. Katz (eds.),*The Structure of Language: Readings in the Philosophy of Language*,1964. Englewood Cliffs,N. J.:Prentice-Hall. ［提出:语言描写—语法学＝语义学］

Kellogg,Winthrop N. & Luella A. Kellogg. 1931. *The Ape and the Child: A Study of Environmental Influence upon Early Behavior*. New York:Hafner publishing Co. ［教猩猩固娃(Gua)理解人类语言符号］

Kong,Jiangping(孔江平). 2001. *Study on Dynamic Glottis: Though High-speed Digital Imaging*. Hong Kong,China:City University of Hong Kong PhD dissertation. ［利用高速数字成像技术和语音信号处理技术研究动态声门及嗓音发声类型等］

Krause,J,C. Lalueza-Fox,L. Orlando,et al. 2007. The derived FOXP2 variant of modern humans was shared with Neandertals. *Current Biology*,17(21):1908—1912. ［从尼安德特人骨头中提取了DNA,研究表明现代人Foxp2的突变在尼安德特人DNA里已经存在］

Kuhl,Patricia K. 2004. Early language acquisition:cracking the speech code. *Nature Reviews Neuroscience*,5(11):831—843. ［分析儿童对母语中的对立辅音和非母语的对立辅音的感知辨识情况；系统研究幼儿在1个月到12个月这段时间语音发音和语音辨别能力的变化］

Ladefoged,Peter & Ian Maddieson. 1996. *The Sound of the World's Languages*. Oxford:Blackwell. 中译:《世界语音》,赖福吉、麦迪森著,张维佳、田飞洋译,北京:商务印书馆,2015年. ［系统讨论世界语言的语音；总结出主动发音器官和被动发音器官的17种配合关系］

Ladefoged,Peter & Keith Johnson. 2015. *A Course in Phonetics* (*seventh edition*).

Stamford：Cengage. 中译：《语音学教程》，彼得·赖福吉、凯斯·约翰逊著，张维佳、田飞洋译，朱晓农、衣莉审校,北京：北京大学出版社，2018年。[重点介绍了发音语音学，同时也引入声学语音学和感知语音学方面的考察]

Ladefoged，Peter. 1962. *Elements of Acoustic Phonetics*. Chicago：University of Chicago Press. [讨论声学语音学的一些基本概念，如声波、频率、振幅、声学元音图等]

Ladefoged，Peter. 1975. *A Course in Phonetics*. New York：Harcourt Brace Jovanovich.

Lai，Cecilia S. L.，S. E. Fisher，J. A. Hurst，F. Vargha-Khadem，& A. P. Monaco. 2001. A forkhead-domain gene is mutated in a severe speech and language disorder. *Nature*，413：519—523. [KE家族成员与非KE家族的先天性语言障碍者，在SPCH1（即Foxp2）基因上有共同突变]

Lakoff，George. 1970. Global rules. *Language*，46（3）：627—639. [生成语义学；派生的普遍性问题]

Lakoff，George. 1971. On generative semantics. In D. D. Steinberg & L. A. Jakabovits (eds.)，*Semantics*，232—296. Cambridge：Cambridge University Press. [生成语义学]

Lakoff，George & John Robert Ross. 1967. Is deep structure necessary? In J. D. McCawley (ed.)，*Syntax & Semantics*，Vol. 7：Notes from the Linguistic Underground，1977，159—164. New York：Academic Press. [取消深层结构；抛弃句法中心论，用谓词演算描写语义关系]

Lakoff，George & Mark Johnson. 2003. *Metaphors We Live by*. London：The university of Chicago press. [隐喻和认知的关系]

Langacker，Ronald W. 1977. Syntactic reanalysis. In C. N. Li (ed.)，*Mechanisms of Syntactic Change*. Austin：University of Texas Press. [定义和讨论了重新分析]

Langacker，Ronald W. 1987. *Foundations of Cognitive Grammar (Volume I)：Theoretical Prerequisites*. Stanford：Stanford University Press. [认知语法、构式语法]

LaPolla，Randy J. & Huang Chenglong. 2003. *A Grammar of Qiang：With Annotated Texts and Glossary*. Germany：Mouton de Gruyter Press. [羌语语法研究]

LaPolla，Randy J. 2003. Why languages differ：Variation in the conventionalisation of constraints on inference. In David Bradley，Randy J. LaPolla，& Boyd Michailovsky (eds.)，*Language Variation：Papers on Variation and Change in the Sinosphere and in the Indosphere in Honor of James A. Matisoff*，113—144. Canberra：Pacific Linguistics. [语言差异与推理制约常规化的变异有关]

Langacker，Ronald W. 1991. *Foundations of Cognitive Grammar (Volume II)：Descriptive Application*. Stanford：Stanford University Press. [认知语法、构式语法]

Leech，Geoffrey. 1974/1981. *Semantics (second edition)*. Harmondsworth：Penguin Books. [区分语义学的意义和语用意义]

Lenneberg，Eric. 1967. *Biological Foundations of Language*. New York：John Wiley &

Sons.［儿童从出生到 2 岁脑量增加了约 3 倍；2 岁到 10 岁是儿童学习语言的关键期］

Leung, Kam-Ching. 1978. The Cantonese students in the Mandarin class: Some special problem. *Journal of Chinese Language Teachers Association*, 13: 51－55.［从语音、句法和词汇三个层面考察粤语对普通话的干扰］

Lewin, R. 1991. Look who's talking now. *New Scientist*, 130: 49－52.［观察到黑猩猩 Kanzi 能通过自己的观察学习到语言符号］

Li, Fang-Kuei. 1937. Languages and dialects of China. *Journal of Chinese Linguistics*, 1973, 1 (1): 1－13.［对汉藏诸语言的系属关系展开系统论述，把汉藏语系分成汉语、藏缅语、苗瑶语和壮侗语四大语族］

Li, Fang-Kuei. 1976. Sino-Tai. *Papers for the 1st Japan-US Joined Seminar on East and Southest Asian Linguistics*, Tokyo. 中译：李方桂著，王均译，《汉语和台语》，载中国社会科学院民族研究所语言室编《民族语文研究情报资料集》第 4 集，1－9 页，北京：中国社会科学院民族研究所语言室，1984 年。［列出汉语和泰语 100 多个关系词，倾向于把它们作为汉台同源词］

Li, Fang-kuei. 1977. *A Handbook of Comparative Tai*（《台语比较手册》）. Honolulu: The University Press of Hawaii.［把台语族的语言重新划分为三个语支：西南语支、中部语支和北部语支］

Liberman, Alvin M. 1957. Some results of research on speech perception. *Journal of the Acoustical Society of America*, 29: 117－123.［浊塞音 b、d、g 之间存在明确的感知边界，是范畴感知］

Liberman, Alvin M., K. S. Harris, H. S. Hoffman, & B. C. Griffith. 1957. The discrimination of speech sounds within and across phoneme boundaries. *Journal of Experimental Psychology*, 54: 358－368.［语音声学结构或音位特征是区分音素的决定要素］

Locke, John. 1690. *An Essay Concerning Human Understanding*. 中译：洛克著，关文运译，《人类理解论》，北京：商务印书馆，1959 年。［提出意念论，又叫概念论］

Lottner, Carl. 1862. Ausnahmen der ersten lautverschiebung. *Zeitschrift für vergleichende Sprachforschung auf dem Gebietedes Deutschen, Griechischen und Lateinischen*, 11 (3): 161－205. English translation: Exceptions to the first sound shift. In Winfred P. Lehmann (ed.), *A Reader in Nineteenth Century Historical Indo-European Linguistics*, 1967, 97－108. Bloomington: Indiana University Press.［对格里木定律第一组例外提出合理的解释］

Mampe, Birgit, Angela D. Friederici, Anne Christophe, & Kathleen Wermke. 2009. Newborns' cry melody is shaped by their native language. *Current Biology*, 19(23): 1994－1997.［揭示新生婴儿的啼哭声存在明显差异，这些差异是基于母语的：法语婴儿的哭声呈升调，跟法语基本一致，德语婴儿的哭声呈降调，跟德语基本一致］

Markov, A. A. 1907. Investigations of an important case of dependent trials. *Izvestia Acad.*, *Nauk VI*, *Series I*, *vol.* 61 (in Russian).［提出马尔科夫链模型］

Martinet, André. 1952. Function, structure, and sound change. *Word*, 8 (1): 1—32. 载 *Readings in Historicla Phonologe*, *Chapters in the Theory of Sound Change*, edited by Philip Baldi Ronald N. Werth, 1978.［提出音系整合的概念；音变原因和结构有关］

Mathesius, Vilem. 1911. On the potentiality of the phenomea of language. Translated from Czech by J. Vachek and reprinted in J. Vachek (ed.), *A Prague School Reader in Linguistics*, 1964, 1—32. Bloomingtin: Indiana University Press.［从交际和信息角度最早提出了"主题"和"述题"(Theme and rheme)］

Matisoff, James Alan. 1970. Glottal dissimilation and the lahu high-rising tone: A tonogenetic case-study. *Journal of the American Oriental society*, 90 (1): 13—44.［声调的产生和发生学无关，首次提出"声调发生"概念］

Matisoff, James Aan. 1973a. Tonogenesis in Southeast Asia. In L. M. Hyman (ed.), *Consonant Types & Tones*, 71—95. Los Angeles: The Linguistic Program, University of Southern California.［讨论声调演化机制；讨论"sesquisyllable(一个半音节)"术语及相关问题］

Matisoff, James Alan. 1973b. Notes on Fang-kuei Li's 'Languages and Dialects of China'. *Journal of Chinese Linguistics*, 1 (3): 471—474.［肯定了本尼迪克特(P. K. Benedict)汉台不同源的观点，批评了李方桂的观点］

Matisoff, James Alan. 1976. Austro-Thai and Sino-Tibetan: An examination of body-part contact relationships. In Mantaro J. Hashimoto (ed.), *Genetic Relationship*, *Diffusion, and Typological Similaritics of East and Southeast Acian language*, 256—289. Japan Society for the Promotion of Science, Tokyo. 中译：马提索夫著，王德温译，《澳泰语系和汉藏语系有关身体部分词接触关系的检验》，载中国社会科学院民族研究所语言室编《民族语文研究情报资料集》第6集，1—20页，北京：中国社会科学院民族研究所语言室，1985年。［提出"可比较对词"概念，主张汉台是接触关系］

McGurk, H. & J. MacDonald. 1976. Hearing lips and seeing voices. *Nature*, Vol 264 (5588): 746—748.["麦格克效应"心理学实验］

Meillet, Antoine. 1912. L'evolution des formes grammaiticales. *Scientia* (Rivista di Scienza), 12, No. 26, 6. Reprinted in Antoine Meillet (ed.), *Linguistique Historique et linguistique Générale*, 1921, 130—148. Paris: Librairie Ancienne Honoré Champion. 中译：梅耶著，岑麒祥译，《历史语言学中的比较方法》，北京：世界图书出版公司，2008年。［论证"词语＞附着语素＞词缀＞不能再分析的语素"历时发展过程］

Meillet, Antoine. 1925. *La Méthode Comparative en Linguistique Historique*. Paris: Champion.［对同构标准提出异议，认为比较同族语言所注意的并不是形式的相似，而是对应规律］中译：梅耶著，岑麒祥译《历史语言学中的比较方法》，世界图书出版公司，

2008 年。

Montague, Richard. 1970. *English as a Formal Language*. Linguaggi Nella Società E Nella Tecnica Edizioni Di Comunita. [蒙太古语法,讨论涉及真值条件语义学]

Montague, Richard. 1974. The proper treatment of quantification in ordinary English. *Approaches to Natural Language*. [蒙太古语法,讨论涉及真值条件语义学]

Morris, C. W. 1925. *Symbolism and Reality*: *A Study in the Nature of Mind*. Chicago: University of Chicago PhD dissertation. University of Chicago. Reprinted, Amsterdam: John Benjamins, 1993. [最早从理论上区分语义、语法、语用三个平面]

Morris, C. W. 1937. *Logical Positivism*, *Pragmatism and Scientific Empiricism*. Paris: Hermann et Cie. Reprinted, New York: AMS Press, 1979. [讨论语法研究的三个平面理论]

Morris, C. W. 1938. *Foundations of the Theory of Signs*. Chicago: University of Chicago Press. [最先提出语用学术语;认为符号学包括语义学、句法学、语用学三部分]

Morris, C. W. 1964. *Signification and Significance*: *A Study of the Relations of Signs and Values*. Cambridge, Massachusetts: The MIT Press. [讨论语义、语法、语用三个平面理论]

Moskowitz, Breyne Arlene. 1978. The acquisition of language. *Scientific American*, 239: 92—108. 中译:《语言的习得》,载王士元编、林幼菁译《语言涌现:发展与演化》,195—226 页,《语言暨语言学》专刊 D—1,台北:"中研院"语言学研究所,2008 年。[较详细讨论语言习得的过程及相关问题]

Morton, Eugene S. 1982. Grading, discreteness, redundancy, and motivation-structural rules. In D. E. Kroodsma & E. H. Miller (eds.), *Acoustic Communication in Birds*, vol. 1: 183—212. New York: Academic Press. [讨论动物的沟通系统;动物语言的长序列中可能没有"标点符号",并且长序列中的叫声类型的改变可能反映出动物内部状态的渐进的、规则的变化]

Mufwene, Salikoko S. 2008. *Language Evolution*: *Contact*, *Competition and Change*. London: Continuum International Publishing Group. [借鉴生物进化论的思想,以"竞争""选择"的视角研究语言接触中语言的演化、克里奥尔语的产生、语言全球化及语言消失等现象]

Murdock, G. P. 1957. World ethnographic sample. *American Anthropological Linguistics*, 59: 664—687. [统计人类语言 1072 个关于父母亲的称谓语]

Muysken, Pieter. 1981. Creole tense/mood/aspect systems: The unmarked case? In Pieter Muysken (ed.), *Generative Studies on Creole Languages*, 181—199. Dordrecht: Foris. [内容涉及"借贷等级"的讨论]

Norman, Jerry. 1988. *Chinese*. Cambridge: Cambridge University Press. 中译:《汉语概说》,罗杰瑞(Jerry Norman)著,张惠英译,北京:语文出版社,1995 年。[内容包括历史

音韵学、汉字、古代书面语、白话作品的兴起和发展、现代普通话等]

Ogden, C. K. & I. A. Richards. 1923. *The Meaning of Meaning*. New York：Harcourt, Brace & World, Inc. [提出"语义三角形"理论]

Palmer, L. R. 1936. *An Introduction to Modern Linguistics*. London：Macmillan and Co., Limited. 中译：帕默尔著，李荣等译，吕叔湘校，《语言学概论》，北京：商务印书馆，1983年。[体现语言学是经验的、实证的科学；传统语文学和现代语言学相结合，行文深入浅出]

Patterson, F. & E. Linden. 1981. *The Education of Koko*. New York：Holt, Rinehart & Winston. [大猩猩Koko不仅能学会手语符号和英语口语词，还能自创好几个新符号]

Penfield, Wilder & Lamar Roberts. 1959. *Speech and Brain Mechanisms*. Princeton：Princeton University press. [最早提出语言习得关键期假说]

Peng, Gang, James W. Minett, & William S-Y. Wang. 2010. Cultural background influences the liminal perception of Chinese characters：An ERP study. *Journal of Neurolinguistics*, 23（4）：416－426. [说香港话的人和说普通话的人在辨读字与非字过程中脑电波是不同的，揭示不同的语言(方言)会影响大脑的发展，进而会影响大脑对世界的不同认知]

Pennisi, Elizabeth. 2004a. The first language. *Science*, 303：1319－1320. [讨论语言产生、发展等问题]

Pennisi, Elizabeth. 2004b. Speaking in tongues. *Science*, 303：1321－1323. [讨论语言分化、分类等问题]

Peyraube, Alain. 2015. A comparative analysis of the case system in some Northwestern Sinitic languages. In Cao Guangshun, Redouane Djamouri & Alain Peyraube（eds.）, *Language in Contact in North China-Historical and Synchronic Studies*. Paris：Ecole des hautes études en sciences sociales. [涉及唐汪话的格标记系统研究]

Piaget, Jean & Barbel Inhelder. 1969. *The Psychology of the Child*. New York：Basic Books. Originally published in French as *La Psychologie de l'enfant* by Presses Universitaires de France, 1966. 中译：皮亚杰、英海尔德著，吴福元译，《儿童心理学》，北京：商务印书馆，1980年。[观察儿童思维发展过程及特点]

Pike, Kenneth L. 1943. Taxemes and immediate constituents. *Language*, 19（2）：65－82. [组合方式和直接成分理论]

Pinker, Steven. 1994. *The Language Instinct*. New York, NY：Harper Perennial Modern Classics. 中译：史蒂芬·平克著，洪兰译，《语言本能——探索人类语言进化的奥秘》，汕头：汕头大学出版社，2004年。[从语言学、心理学角度，并结合生物学的专业知识，讨论复杂的语言现象]

Pittayaporn, Pittayawat. 2009. *Phonology of Proto-Tai*. New York：Cornell University PhD dissertation. [讨论了"sesquisyllable(一个半音节)"术语及相关问题]

Premack, A. J. & D. Premack. 1972. Teachinglanguage to an ape. *Scientific American*, 227(4): 92-99. [教黑猩猩莎拉(Sarah)学习塑料片语言]

Putnam, Hilary. 1975. *Mind, Language and Reality: Philosophical Papers, Volume 2.* Cambridge: Cambridge University Press. [批评概念语义学把语义结构和概念结构等同]

Rask, Rasmus. 1818. An investigation concerning the source of the Old Northern or Icelandic language. In Winfred P. Lehmann (ed.), *A Reader in Nineteenth Century Historical Indo-European Linguistics*, 1967, 29-37. Bloomington: Indiana University Press. [根据形态和语音对音确定同源]

Robinson, John G. 1979. Vocal regulation of use of space by groups of titi monkeys Callicebus moloch. *Behavioral Ecology & Sociobiology*, 5(1): 1-15. [研究 titi monkeys 的交流系统；讨论了 titi monkeys 叫声的单位切分问题]

Robins, R. H. 1967/1997. *A Short History of Linguistics (fourth edition)*. London, New York: Longman. 中译：罗宾斯著，许德宝、胡明亮、冯建明译，1997，《简明语言学史》，北京：中国社会科学出版社。

Robins, R. H., 1973,《语言分类史(上)》，林书武译，《国外语言学》1983 年第 1 期, 26-36 页。

Robins, R. H., 1973,《语言分类史(下)》，周绍珩译，《国外语言学》1983 年第 2 期, 11-23+54 页。

Sandman, Erika. 2012. Bonan grammatical features in Wutun Mandarin. In Lotta Jalara et al. (eds.), *Per Urales ad Orientem. Iter polyphonicum multilingue.* Helsinki: Suomalais-Ugrilainen Seura. [认为五屯话具有保安语的一些语法特征]

Sapir, Edward. 1921. *Language: An Introduction to the Study of Speech.* New York: Harcourt, Brace and company. 中译：萨丕尔著，陆卓元译，《语言论——言语研究导论》，北京：商务印书馆，1985 年重排第 2 版。[结构主义语言学的经典著作之一，对美国描写语言学具有广泛的影响]

Sapir, Edward. 1931. Conceptual categories in primitive languages. *Science*, 74: 578. Reprinted in Dell Hymes (ed), *Language in Culture and Society: A Reader in Linguistics and Anthropology*, 128, 1964. New York: Harper & Row. [阐述语言相对论观点；强调语言对个人经验具有决定作用]

Saussure, F. D., S. Bouquet, R. Engler, et al. 2002. *Écrits de Linguistique Générale.* Paris: Gallimard. [收录 1996 年新发现的索绪尔手稿]

Schiffman, Harold. 1996. *Linguistic Culture and Language Policy.* London and New York: Routledge. [提出语域、语库和语言文化会影响语言政策]

Schleicher, August. 1862. Introduction to a compendium of the comparative grammar of the Indo-European, Sanskrit, Greek and Latin Languages. In Winfred P. Lehmann (ed.),

A Reader in Nineteenth Century Historical Indo-European Linguistics,1967,87—96. Bloomington:Indiana University Press.[把生物演化观念运用到语言历史比较研究,提出了谱系树理论]

Searle,J. R. 1969. *Speech Acts*. Cambridge:Cambridge University Press.[对言语行为理论进行了补充和完善]

Searle,J. R. 1975. Indirect speech acts. In P. Cole & J. Morgan (eds),*Syntax and Semantics*,Vol. 3:Speech Acts,59—82. New York:Academic Press.[提出间接言语行为理论]

Selinker,L. 1972. Interlanguage. *International Review of Applied Linguistics*,10(3):209—231.[首次提出和讨论了中介语概念]

Selkirk,E. 1984. *Phonology and Syntax*. Cambridge,Massachusetts:The MIT Press.[最早论述了响度顺序原则]

Shih,Chi-lin. 1986. *The Prosodic Domain of Tone Sandhi in Chinese*. Cambridge,San Diego:University of California PhD dissertation.[提出音步生成规则]

Shih,Chi-lin. 1991. Pitch variation across word boundary. Paper presented at the *Third North American Conference on Chinese Linguistics*,Cornell.[汉语的载调单位是莫拉音段,一个音节连接两个音高特征,汉语声调的最小单位可以是音高特征]

Simon,Walter. 1929. Tibetisch-chinesische Wortgleichungen,ein Versuch. *Mitteilungen des Seminars für Orientalische Sprachen an der Friedrich-Wilhelms-Universität zu Berlin*,32(1):157—228.[比较了藏语和汉语之间有语音对应的词]

Siok,Wai Ting,Charles A. Perfetti,Zhen Jin,& Li Hai Tan. 2004. Biological abnormality of impaired reading is constrained by culture. *Nature*,431:71—76.[使用拼音文字的人和使用汉字的人,大脑存在差别;人的左脑 Middle frontal gyrus 部位对汉字非常重要]

Sowell,Elizabeth R.,Paul M. Thompson,Christiana M Leonard et al. 2004. Longitudinal mapping of cortical thickness and brain growth in normal children. *Journal of Neuroscience*,24(38):8223—8231.[大脑皮层厚度在不同区域上也有不同变化轨迹;一些语言功能区的皮层厚度随着年龄增加而变厚]

Sowell,Elizabeth R.,Paul M. Thompson,Colin J. Holmes et al. 1999. Localizing age-related changes in brain structure between childhood and adolescence using statistical parametric mapping. *NeuroImage*,9:587—597.[大脑不同区域的皮层在发育上是不同步的]

Sperber,Dan. & Deirdre Wilson. 1986. *Relevance:Communication and Cognition*. Oxford:Basil Blackwell Ltd.[提出关联理论]

Stetson,R. H. 1924. *Motor Phonetics:A Study of Speech Movements in Action*. Amsterdam:North-Holland Publishing Co. 1951.[提出音节搏动理论]

Stevens, S. S., J. Volkmann, & E. B. Newman. 1937. A scale for the measurement of the psychological magnitude pitch. *The Journal of the Acoustical Society of America*, 8(3): 185－190. [听觉范畴的音高与物理范畴的频率呈现非线性的正相关]

Strickberger, Monroe W. 2000. *Evolution (third edition)*. Sudbury, Mass.: Jones and Bartlett Publishers. [把能人、直立人和现代大猩猩、黑猩猩以及现代人类的平均脑量进行了对比]

Studdert-Kennedy, Michael & Louis Goldstein. 2003. Launching language: the gestural origin of discrete infinity. In M. Christiansen and S. Kirby (eds.), *Language Evolution*, 235－254. Oxford: Oxford University Press.

Su, Bing, Junhua Xiao, Peter Underhill, Ranjan Deka, Weiling Zhang, et al. 1999. Y-Chromosome evidence for a northward migration of modern humans into Eastern Asia during the last Ice Age. *The American Journal of Human Genetics*, 65(6): 1718－1724. [通过研究现代东亚人群男性 Y 染色体发现,目前基因证据并不支持亚洲黄种人有独立起源的说法;大约 6 万年前,起源于非洲的现代人到达东南亚;非洲人首先到达东南亚,进而扩展到东亚,并取代了东亚古人]

Su, Bing, Chunjie Xiao, Ranjan Deka, et al. 2000. Y-Chromosome haplotypes reveal prehistorical migrations to the Himalayas. *Human Genetics*, 107: 582－590. [从男性 Y 染色体入手研究东亚地区族群的起源发展;分析了东亚、东南亚和南亚的 31 个汉藏语土著种群的遗传结构,认为汉藏人群之间具有很强的遗传亲和性;距今约 1 万年前生活在黄河流域中上游地区的古人类,是现代汉藏人群的祖先]

Swadesh, Morris. 1934. The phonemic principle. *Language*, 10(2): 117－129. [提出声调音位,正式把调位作为三种基本音位的一种]

Swadesh, Morris. 1952. Lexico-statistic dating of prehistoric ethnic contacts. *Proceedings of the American Philosophical Society*, 96(4): 452－463. [提出词汇年代学方法,确定 200 核心词]

Swadesh, Morris. 1954. Time depths of American linguistic groupings. *American Anthropologist*, 56(3): 361－377. [进一步讨论语言年代学方法,确定 100 核心词]

Swadesh, Morris. 1955. Towards greater accuracy in lexicostatistic dating. *International Journal of American Linguistics*, 21(2): 121－137. [根据核心词,深入讨论语言词汇年代学]

Sweet, Henry. 1876. Word, logic and grammar. *Transactions of the Philological Society*, 16(1): 470－503. [词能构成独立的句子]

Tao, Hongyin. 1996. *Units in Mandarin Conversation: Prosody, Discourse, and Grammar*. Amsterdam and Philadelphia: John Benjamins. [从功能语法角度,较全面讨论汉语会话的单位:韵律、语篇和语法]

Tarski, Alfred. 1933. The concept of truth in formalized languages. Originally published in

Polish in Prace Towarzystwa Naukowego Warszawskiego, Wydzial III, 34：vii＋116；translated in Alfred Tarski（ed.）, *Logic, Semantics, Metamathematics*, 1956, 152－278. Oxford：The Clarendon Press.［真值条件语义学］

Taylor, John R. 2002. *Cognitive Grammar*. Oxford：Oxford University Press.［深入讨论认知语法］

Terrace, H. S., L. A. Petitto, R. J. Sanders, & T. G. Bever. 1979. Can an ape create a sentence? *Science*, 206：891－902.［对猩猩的某些行为是否都能体现猩猩的语言能力表示怀疑］

Tesnière, L. 1934. Comment construire une syntaxe. *Bulletin de la Facultè des Lettres de Strasbourg*, 12：219－229.［首次阐述了从属关系语法的基本论点］

Tesnière, L. 1959. *Èlèments de Syntaxe Structurale*. Paris：Klincksieck. 部分内容中译：《结构句法基础》（节选），胡明扬、方德义选评，载胡明扬（主编）《西方语言学名著选读》（第二版），211－234 页，北京：中国人民大学出版社，1999 年.［提出从属语法和"价"的概念］

Thomason, Sarah G. & Terrence Kaufman. 1988. *Language Contact, Creolization, and Genetic Linguistcs*. Berkeley：University of California Press.［重视语言接触和社会因素的关系］

Thomason, Sarah G. 2001. *Language Contact*. Edinburgh：Edinburgh University Press Ltd.［重视语言接触和社会的关系］

Thompson-Schill, S. L., M. Ramscar, & E. G. Chrysikou. 2009. Cognition without control：when a little Frontal Lobe goes a long way. *Current Directions in Psychological Science*, 18（5）：259－263.［认为人类大脑前额叶皮质延后发展与相应的认知控制延后相关］

Tomasello, Michael. 2008. *Origins of Human Communication*. Cambridge, Massachusetts：The MIT Press.［研究人类沟通系统与其他动物的联系与区别；人类沟通系统来自最初期共享意图］

Trask, Robert Lawrence. 1996. *A Dictionary of Phonetics and Phonology*. London and New York：Routledge.［介绍语言学和音系学的一些重要概念］（中译本见"特拉斯克 1996"）

Trask, Robert Lawrence. 2005. *Key Concepts in Language and Linguistics*. New York：Routledge, 1999. Published in the Taylor & Francis e-Library.［对语言学领域很多重要概念进行了梳理和界定］

Traugott, Elizabeth C. 1995. Subjectification in grammaticalization. In Dieter Stein & Susan Wright（eds.）, *Subjectivity and Subjectivisation：Linguistic Perspectives*, 31－54. Cambridge：CUP.［从历时的角度研究主观化与语法化的关系］

Trier, Jost. 1931. Der deutsche wortschatz im sinnbezirk des verstandes. *Die Geschichte* eines Sprachlichen Feldes, Band 1: Von den Anfängen bis zum Beginn des 13. Jahrhunderts. Heidelberg: Winter. [提出词汇场概念]

Trombetti, Alfredo. 1905. L'unità D'origine del Linguaggio. Bologna: Luigi Beltrami. [最早提出推广共同原始语的观念]

Trubetzkoy, N. S. 1929. Zur allgemeinen Theorie der phonologischen Vokalsysteme. Travaux du Cercle Linguistique de Prague, I: 39—67. [首先提出了语素音位术语]

Trubetzkoy, N. S. 1939. Principles of Phonology. Berkeley and Los Angeles: Unversity of California Press, 1969. [全面讨论音位理论]

Tzeng, Ovid J. L. & Wang William S-Y. 1983. The first two R's. American Scientist, 71: 238—243. [研究人脑对书面文字的处理问题]

UNESCO Ad Hoc Expert Group on Endangered Languages. 2003. Language Vitality and Endangerment. Document submitted to the International Expert Meeting on UNESCO Programme Safeguarding of Endangered Languages, Paris. [制定了测度语言活力的标准,提出9个制约语言活力的因素]

Vendryes, Joseph. 1921. Le Langage: Introduction Linguistique à l'Histoire. Paris. 中译:房德里耶斯著,岑麒祥、叶蜚声译,《语言》,北京:商务印书馆,2012年。[结构主义语言学的经典著作之一]

Verner, Karl. 1875. Eine ausnahme der ersten lautverschiebung. Zeitschrift für vergleichende Sprachforschung auf dem Gebiete der Indogermanischen Sprachen, 23(2): 97—130. English translation: An exception to the first sound shift. In Winfred P. Lehmann (ed.), A Reader in Nineteenth Century Historical Indo-European Linguistics, 1967, 132—163. Bloomington: Indiana University Press. [解释了格里木定律的第三组"例外"]

Von Frisch, Karl. 1962. Dialects in the language of the bees. Scientific American, 207(2): 78—89. [讨论蜜蜂的沟通方式和蜜蜂交流中的"方言"现象]

Von Humboldt, Wilhelm. 1836. Linguistic varibility and intellectual development. (G. C. Buck & F. A. Raven, Trans.) Miami Linguistics Series 9. Coral Gables: Miami University Press, 1971. 中译:洪堡特著,姚小平译,《论人类语言结构的差异及其对人类精神发展的影响》,北京:商务印书馆,1999年。[初步论述语言相对论;从多种语言的共性中发现语言是一种创造能力,即"有限规则的无限运用";从多种语言的结构差异中发现语言对人类精神发展有深刻的影响]

Von Schlegel, Friedrich. 1818. Observations sur la Langue et la Littérature Provencales. Paris: Libraire Grecque-Latine-Allemande. [提出了语言形态类型三分法,根据语言形态特点的不同,把人类语言分为的三种类型:孤立语、黏着语和屈折语]

Wang, Feng. 2006. Comparison of languages in contact: The distillation method and the case of Bai. Language and Linguistics Monograph Series B: Frontiers in Linguistics III.

Taipei：Institute of Linguistics，Academia Sinica.［内容涉及语言有阶接触的过程、机制及制约因素的讨论］

Wang，S. Y. & G. Peng. 2007. *Language，Phonetics，and Speech Technology*. Hong Kong，China：City University of Hong Kong Press.［讨论语音的范畴感知问题，认为不同语言的音系不同，范畴的界限也不相同］

Wang，William S-Y. 1967. Phonological features of tone. *International Journal of American Linguistics*，33（2）：93－105.［讨论了调位的独立性］

Wang，William S-Y. 1969. Competing changes as a cause of residue. *Language*，45：9－25.［提出了词汇扩散理论］

Wang，William S-Y. ed. 1982. *Human Communication：Language and its Psychobiological Bases*. San Francisco：W. H. Freeman & Company. 中译：王士元主编，游汝杰、潘悟云等译，《语言与人类交际》，南宁：广西教育出版社，1987年。［讨论了人类交际的语言学和生物心理学基础］

Wang，William S-Y. ed. 1991. *The Emergence of Language：Development and Evolution*. San Francisco：W. H. Freeman & Company. 中译：王士元编，林幼菁译，《语言涌现：发展与演化》，语言暨语言学专刊D－1，台北："中研院"语言学研究所，2008年。［演化语言学研究，讨论语言、大脑与演化的关系］

Watkins，K. E.，N. F. Dronkers，& Faraneh Vargha-Khadem. 2002. Behavioural analysis of an inherited speech and language disorder：comparison with acquired aphasia. *Brain*，125：452－464.［证明了语言能力的获得源于"Foxp2"基因变异；在16号和19号染色体上发现了影响语言能力的基因突变］

Watson，J. D. & F. H. C. Crick. 1953. Molecular structure of nucleic acids：A structure for deoxyribose nucleic acid（DNA）. *Nature*，171：737－738.［提出的DNA双螺旋结构模型］

Weber，George. 1997. Top Languages：The world's 10 most influential languages. *Language Monthly*，3：12－18.［提到6个测度语言影响力的因素及其最大权重］

Weinreich，Uriel. 1953. *Language in Contact：Findings and Problems*. The Hague：Monton.（Reprented in 1968）［比较系统地讨论语言接触问题］

Weinreich，Uriel，William Labov，& M. I. Herzog. 1968. Empirical foundations for a theory of language change. In W. P. Lehmann & Y. Malkiel（eds.），*Directions for Historical Linguistics*，95－188. Austin，Texas：University of Texas Press.［提出有序异质模型］

Wells，R. S. 1947. Immediate constituents. *Language*，23（2）：81－117.［讨论不连续直接成分］

Wennergren，Bertilo. 2016. *Plena Manlibro de Esperanta Gramatiko*（Versio 15.0.1）. 中译：温纳格伦编著，刘鸿元翻译，《高级世界语语法手册》（Versio 2.3），2017年7月。［主

要面向普通世界语者,便于世界语者学习这门语言的语法、构词、拼写和发音]

Wernicke, C. 1876. Das urwindungssystem des menschlichen gehirns. *Archiv Für Psychiatrie und Nervenkrankheiten*, 6(1): 298—326. [报道了与 Broca 失语症患者相反的一种新的失语症类型]

Whitney, W. D. 1881. On mixture in language. *Transactions of the American Philosophical Association*, 12: 5—26. [提出和讨论"借贷等级"]

Whorf, Benjamin Lee. 1952. Relation of thought and behavior in language. In *Collected Papers on Metalinguistics*, 27—93, Foreign Service Institute, Washington, Department of State. [讨论语言中思想与行为的关系及相应的语法范畴]

Whorf, Benjamin Lee. 1956. *Language, Thought and Reality: Selected Writings of Benjamin Lee Whorf*, ed. by John B. Carroll. Cambridge, Massachusetts: The MIT Press. [讨论语言和思想、现实之间的关系,阐述语言相对论思想;"萨丕尔-沃尔夫假说"](中译本见"沃尔夫 1956")

Wiley, R. Haven. 1975. Multidimensional variation in an avian display: implications for social communication. *Science*, New Series, vol. 190(4213): 482—483. [研究动物的沟通交流系统;讨论信号单位的组合性问题,即单位是按句法规则组合起来,还是对前代动物的模仿]

Wilson, Edward O. 1972. Animal communication. *Scientific American*, 227(3): 53—60. 中译:《动物的沟通》,载王士元编、林幼菁译《语言涌现:发展与演化》,1—19 页,《语言暨语言学》专刊 D—1,台北:"中研院"语言学研究所,2008 年。[讨论动物的沟通、表达方式]

Winford, Donald. 2003a. *An Introduction to Contact Linguistics*. Oxford: Blackwell Publishing Ltd. [讨论接触语言学的形成与发展、学科性质及其主要研究内容,如语言保持、词汇借贷、结构扩散、代码转换、双语混合语、语言迁移等]

Winford, Donald. 2003b. Contact-induced changes: Classification and processes. *Diachronica*, 22(2): 373—427. [讨论接触引发的语言演变的机制、过程及类型]

Winford, Donald. 2007. Some issues in the study of language contact. *Journal of Language Contact*, Thema 1: 22—40. [讨论语言接触研究中一些重要概念的界定和分类,结合语言结构和接触主体心理过程讨论语言接触的机制和过程]

Wittgenstein, Ludwig. 1921. Logisch-philosophische-Abhandlung (Tractatus Logico-philosophicus). In W. Ostwald (ed), *Annalen der Naturphilosophie*. English edition first published in 1922, London: Kegan Paul, Trench, Trübner & Co., Ltd. 中译:维特根斯坦著,郭英译,《逻辑哲学论》,北京:商务印书馆,1962 年。[包含对实在、思维、语言、知识、科学和数学等问题的清晰明确的逻辑分析]

Wright, M. S. 1983. *A Metrical Approach to Tone Sandhi in Chinese Dialects*. Massachusetts, Amherst: University of Massachusetts Amherst PhD dissertation. [研究汉语方言的变

调现象;认为汉语方言有双音节重音音步和三音节重音音步,每个重音音步都有一个强音节;提出了汉语中的莫拉概念,强音节为两个莫拉〕

Xu, Daming & Wei Li. 2001. Managing multilingualism in Singapore. In Li Wei, Jean-Marc Dewaele, and Alex Housen (eds.), *Opportunities and Challenges of Bilingualism*. Berlin: Mouton de Gruyter. 〔语言的规划可提升语言的通用性〕

Xu, Dan(徐丹). 2017. *The Tangwang Language: An Interdisciplinary Case Study in Northwest China*. Cham: Springer. 〔研究唐汪话〕

Yip, Moira. 1980. *The Tonal Phonology of Chinese*. Massachusetts, Amherst: University of Massachusetts Amherst PhD dissertation. Published in 1990. New York: Garland Publishing. 【提出调域概念;调域不同于音高,区分阴域和阳域〕

Yip, Moira. 1989. Contour tones. *Phonology*, 6(1): 149—174.【和汉语声调相配的是音节而不是莫拉,声调的曲折是在音节内部发生的〕

Yip, Moira. 1995. Tone in East Asian languages. In John A. Goldsmith (ed.), *The Understanding of the Brain*, 476—494. Oxford: Basil Blackwell. 〔讨论东亚语言中的声调、声调特征等问题〕

Yip, Moira. 2002. *Tone*. Cambridge: Cambridge University Press. 〔运用优选论分析具体语言声调,尤其是与声调相关的忠实性制约条件和标记性制约条件;声调的构词、构形和句法功能,以及形态和句法结构对声调的机制;声调的感知和习得〕

Zadeh, Lotfi Aliasker. 1965. Fuzzy sets. *Information and Control*, 8: 338—353. 〔讨论模糊集、模糊逻辑,提出隶属度概念〕

Zou, Y., S. Liu, X. Yin, H. Lin, C. Wang, H. Zhang, & Z. Ma. 2021. Fine-grained prosody modeling in neural speech synthesis using ToBI representation. *Proc. Interspeech*, 3146—3150. 〔基于韵律标注数据库的神经网络模型生成句子〕

包拟古(Nicholas C. Bodman)(美),1995,《原始汉语与汉藏语》,潘悟云、冯蒸译,白一平(William H. Baxter)校,北京:中华书局。〔研究汉语历史语言学的论著〕

鲍怀翘、林茂灿,2014,《实验语音学概要》(增订版),北京:北京大学出版社。〔介绍了语音声学实验分析的基本知识,给出了元音、辅音基本模式图〕

布龙菲尔德,1933,《语言论》,袁家骅、赵世开、甘世福译,北京:商务印书馆,1980年第一版。〔结构主义语言学的经典著作之一;提出了"单说论"和直接成分分析理论;提出行为主义语义观〕

曹志耘(主编),2008,《汉语方言地图集》,北京:商务印书馆。〔在统一的实地调查的基础上编写的、较全面反映20世纪汉语方言基本面貌的原创性语言特征地图集〕

岑麒祥,1988,《语言学史概要》,北京:北京大学出版社。〔讲述一般语言学的发展历史,内容分为古代语言学史、历史比较语言学史和普通语言学史三个部分〕

陈保亚,1990,《语言演变的结构基础》,载严家炎、袁行霈主编《缀玉集》,441—478页,北京:北京大学出版社。〔通过协合度量化分析,研究语言演变与结构协合内在关联;考察了

聚合协和、组合协合及二者关系]

陈保亚,1993a,《语言文化论》,昆明:云南大学出版社。[讨论了语言和思维的关系]

陈保亚,1993b,《羌夏—澳越语言文化联盟论》,《云南民族学院学报》第3期,75—80页。[关系词的有阶分析法;羌夏—澳越语言联盟]

陈保亚,1996,《论语言接触与语言联盟——汉越(侗台语)语源关系的解释》,北京:语文出版社。[追踪分析了语言接触的机制,认为语言接触是无界有阶的,提出并讨论了核心关系词的绝对有阶分析法;语言接触也会在基本语素中形成语音对应,认为不能仅仅根据基本语素的语音对应确定同源关系]

陈保亚,1997a,《对剩余语素提取方法的限制》,《汉语学习》第3期,12—13页。[区分了双向对比和单项对比,并提出了剩余语素提取方法的限制:与剩余语素相结合的另一个成分必须有资格出现在其他可以进行双项对比的言语片段中]

陈保亚,1997b,《汉台关系词的相对有阶分析》,《民族语文》第2期,43—53页。[通过相对有阶分析讨论汉语和侗台语语源关系]

陈保亚,1997c,《侗台语和南亚语的语源关系——兼说古代越、濮的族源关系》,《云南民族大学学报》(哲学社会科学版)第1期,40—44页。[讨论侗台语和南亚语的语源关系]

陈保亚,2000,《汉台内核关系词相对有阶分析》,《中国语文》第4期,338—348+383页。[把关系词限制在一个更小的范围,讨论了100词集(内核词)和35词集中汉台关系词的相对有阶分布,认为现有的汉台内核关系词仍然不是汉台同源的证据]

陈保亚,2002,《意音文字存在的民族语言文化条件》,《思想战线》第1期,110—114页。[意音文字和拼音文字的区别;意音文字存在和发展的民族语言文化条件]

陈保亚,2005a,《语言接触导致汉语方言分化的两种模式》,《北京大学学报》(哲学社会科学版)第2期,43—50页。[讨论语言接触导致的汉语方言产生的两种模式]

陈保亚,2005b,《论非洲假说的两个时间层次和语源关系》,《云南民族大学学报》第3期,142—147页。[把非洲假说分成第一次走出非洲和第二次走出非洲两种情况]

陈保亚,2009,《当代语言学》,北京:高等教育出版社。[第1章讨论双向对比的限制;第3、6章讨论单位和原则、平行周遍的条件;第5章讨论线性分析不充分性和转换必要性]

陈保亚,2015,《20世纪中国语言学方法论研究》,北京:商务印书馆。[对20世界汉语语言学理论的基本问题做了研究]

陈保亚、何方,2002,《核心词原则和澳越语的谱系树分类》,《南民族大学学报》(哲学社会科学版)第1期,98—101页。[南岛语和壮侗语的亲缘关系]

陈保亚、田祥胜,2016,《语言学经典精读》,北京:高等教育出版社。[精选语言学经典模型的代表作,包括历史语言学、结构语言学、后结构主义、转换生成语法等,简要点评和分析每个模型的局限和发展前景,并理出模型之间的主要发展线索]

陈保亚、余德江,2017,《符号的任意性:认知相对性的语言基础》,《贵州民族大学学报》(哲学社会科学版)第4期,83—95页。[能指范畴化的相对性和所指范畴化的相对任意性是语言相对性的基石;任意性原则也是认知相对性的必要基石]

陈承泽,1922,《国文法草创》,北京:商务印书馆,1982。[最早讨论了分布和词类的关系]

陈乃雄,1982,《五屯话初探》,《民族语文》第1期,10—18页。[五屯话是以汉语为基础、长期受藏缅语影响而形成的混合型语言]

陈乃雄,1988,《五屯话音系》,《民族语文》第3期,1—10页。[五屯话语音系统不但蕴藏着语言自身发展变化的信息,同时也存在着不同语言或方言互相影响、融合的信息]

陈乃雄,1989,《五屯话的动词形态》,《民族语文》第6期,26—37页。[归纳和分析五屯话的动词形态,五屯话动词体系里似乎存在由词根语向黏着型方向发展的趋势]

陈平,1987,《释汉语中与名词性成分相关的四组概念》,《中国语文》第2期,81—92页。[讨论了与名词相关的"±有指""±定指""±实指""±通指"四组概念]

陈其光,1990,《苗汉同源字谱》,《中央民族学院学报》增刊。[以语音对应标准确定同源关系]

陈其光,1996,《汉语源流设想》,《民族语文》第5期,28—37页。[古代华夏语言的形成可能是语言接触的结果]

陈其光,2001,《汉语苗语比较研究》,《汉藏语同源词研究》(二),南宁:广西民族出版社,129—643页。[以语音对应标准确定同源关系]

陈松岑,1999,《语言变异研究》,广州:广东教育出版社。[从社会语言学的视角,深入讨论了语言本质、语言变异理论和语言变异研究方法论等]

陈元龙(阿·伊布拉黑麦·陈元龙),1985,《甘肃境内唐汪话记略》,《民族语文》第6期,33—47页。[最早研究唐汪话]

陈元龙(阿·伊布拉黑麦·陈元龙),2017,《关于唐汪话的几个问题》,《西北民族研究》第3期,99—118页。[提出唐汪话是在甘青一带汉语已经受到阿尔泰语系语言影响,语法结构发生较大变化的基础上,受到东乡语底层影响的结果;20世纪七八十年代以来,东乡语对唐汪话的影响越来越小,普通话对唐汪话的影响日益加深]

程工,1999,《语言共性论》,上海:上海外语教育出版社。[结合各个领域的研究成果,并结合汉语实例和材料,阐述语言共性与个性的关系]

崔希亮,2009,《语言学概论》,北京:商务印书馆。

达尔文,1859,《物种起源》,周建人、叶笃庄、方宗熙译,叶笃庄修订,北京:商务印书馆,1997年。[以自然选择为中心,从变异性、遗传性、人工选择、生存竞争和适应等方面论证物种起源和生命自然界的多样性与统一性]

达尔文,1871,《人类的由来》,潘光旦、胡寿文译,北京:商务印书馆,1983年。[提出人类远古祖先可能生活在非洲]

戴庆厦,1992,《汉语与少数民族语言关系概论》,北京:中央民族大学出版社。[汉语对少数民族语言的影响,少数民族转用汉语,少数民族语言对汉语的影响等问题]

戴庆厦,2004,《中国濒危语言个案研究》,北京:民族出版社。[应尽可能多地对现存的濒危语言进行记录和描写;濒危语言的特点及其演变规律不同]

丁邦新主编,2007,《历史层次与方言研究》,上海:上海教育出版社。[收录论文分两部分:第

一部分偏重历史层次的理论问题,作比较一般性的探讨;第二部分偏重个别方言中的历史层次问题,讨论有关层次的种种关系]

丁崇明,2001,《论词语叠连式不礼貌语言》,《语言文字应用》第 3 期,64—69 页。[提出词语叠连式形成不礼貌语言,最为重要的因素是听话者的心理企盼]

丁声树、李荣,1981,《古今字音对照手册》,北京:中华书局。[按普通话音系编的中古音字音索引;共收 6000 多常用字,先按普通话韵母排列,同韵母的字再按声母和声调排列]

丁声树等,1961,《现代汉语语法讲话》,北京:商务印书馆。[用结构主义方法描写汉语;语义结构关系和语法结构关系的对当规律研究划分词类按照词的分布和功能;分析句子时采用层次分析,注重句子的格式和语序]

董秀芳,2002,《词汇化:汉语双音词的衍生和发展》,成都:四川民族出版社。[研究汉语史中与双音词的产生与发展密切相关的词汇化问题]

董秀芳,2003,《音步模式与句法结构的关系》,《语言学论丛》第 27 辑,353—368 页,北京:商务印书馆。[研究音步和句法的关系,把音步模式分两种:右向音步模式和结构音步模式]

董秀芳、张和友,2017,《语言学引论》,北京:北京师范大学出版社。[在语言学基础理论概述之外,增加了中西方语言学经典文献的选读和讲评]

杜兆金,2012,《维汉接触中声母匹配的特征基础》,*Journal of Chinese Linguistics*,40(2):345—361. [维汉声母的匹配与声母特征在语音格局的分布有关]

杜兆金,2013,《维汉接触中的母语干扰机制研究》,北京大学博士学位论文。[研究维汉语言接触中母语干扰的微观过程、制约因素和机制;提出相似度原则和空间距离原则;语言接触中的声调习得的过程及其制约因素]

杜兆金、陈保亚,2012,《元音三维声学空间与维汉韵母匹配》,*Language and Linguistics*,13(5):845—885. [讨论维吾尔族人习得汉语韵母的过程和机制;把维吾尔语、汉语元音构建在一个元音三维声学空间]

杜兆金、陈保亚,2017a,《语音标记性与维汉声调匹配》,*Language and Linguistics*,18(3):383—429. [讨论维吾尔族人习得汉语声调的过程和机制;提出匹配对应概念]

杜兆金、陈保亚,2017b,《母语类型的多维干扰——维吾尔语重音模式匹配汉语声调的机制》,《民族语文》第 5 期,43—60 页。[维吾尔语重音模式对维吾尔族人习得汉语声调的干扰]

端木三,1997,《从汉语的重音谈语言的共性与特征》,《中国语言学论丛》第 1 辑,79—84 页。[讨论汉语的重音及重音的位置问题,分析了重音与变调域、音步、节奏之间的关联]

端木三,1999,《重音理论和汉语的词长选择》,《中国语文》第 4 期,246—254 页。[提出"辅重必双"说]

端木三,2000,《汉语的节奏》,《当代语言学》第 4 期,203—209+278 页。[讨论音节、音步和节奏的关系;进一步讨论"辅重必双"说]

端木三,2009,《对立、特征和发音动作》,《语言学论丛》第 40 辑,120—153 页,北京:商务印书

馆。[介绍以发音动作为基础的特征系统;把对立分为三种情况:本语有对立,他语有对立,无语有对立]

方经民,1998,《汉语语法变换研究》,东京都:日本白帝社。郑州:河南人民出版社,2000年。[讨论变换分析]

冯胜利,1996,《论汉语的"韵律词"》,《中国社会科学》第1期,161—176页。[提出了"汉语韵律词"概念]

冯胜利,1998,《论汉语的"自然音步"》,《中国语文》第1期,40—47页。[提出了自然音步、非自然音步概念及判断自然音步的标准]

冯胜利,2000,《汉语韵律句法学》,上海:上海教育出版社。[以汉语为基础论证了汉语韵律句法学的理论、对象和方法,建立汉语韵律句法学体系]

冯胜利,2009,《汉语的韵律、词法与句法》(修订本),北京:北京大学出版社。[从韵律角度,分析汉语结构、词法和句法的特点]

冯胜利,2013,《汉语韵律句法学》(增订本),北京:商务印书馆。[从北京话语音入手,利用形式句法学理论,在语言和句法相互作用的交界面上,发掘出韵律制约句法的诸多规律,对很多古今汉语的句法现象具有一定解释力]

高本汉,1915—1926,《中国音韵学研究》,北京:商务印书馆,1995年。[构拟中古汉语]

高名凯,1963,《语言论》,北京:科学出版社,初版。1995年,商务印书馆重新出版。

高名凯、石安石,1963,《语言学概论》,北京:中华书局。[基于汉藏语系、阿尔泰语系等语言的语料,讨论语言学基本理论问题]

耿世民,2007,《维吾尔与哈萨克语文学论集》,北京:中央民族大学出版社。[突厥人和回鹘人使用的最古文字是如尼文(Runic Script)]

耿振生,2001,《音韵通讲》,石家庄:河北教育出版社。[既介绍古音和研究古音必备的基础知识,包括研究方法、概念和切韵音系等,又介绍了汉语语音历代变化的史实]

郭锐,2018,《现代汉语词类研究》(修订本),北京:商务印书馆。[对现代汉语词类做了探讨和研究,包括词类的本质和表述功能、划分词类的标准、如何根据词的分布划分词类、现代汉语词类系统等]

郭锡良,2010,《汉字古音手册》(增订重排本),北京:商务印书馆。[根据王力的古音系统和拟音体系编写的汉字古音类辞书]

郭锡良等,1999,《古代汉语》(上、下),北京:商务印书馆。

郭智颖、张积家,2009,《语言相关基因FOXP2的发现及对语言研究的启示》,《韶关学院学报》第1期,121—123页。

贺登崧(Grootaers)著,石汝杰、岩田礼译,2003,《汉语方言地理学》。上海:上海教育出版社。[提出了一套详细的汉语方言调查方法,包括怎样选择发音人,怎样设计调查词表,怎样制作方言同言线地图等]

侯精一,2002,《现代汉语方言概论》,上海:上海教育出版社。[介绍了汉语方言的地理分布、形成和发展;从语音、词汇、语法等角度介绍汉语各方言的特征]

胡明扬,2007,《西方语言学名著选读》(第三版),北京:中国人民大学出版社。
胡裕树,1979,《现代汉语》,上海:上海教育出版社。[讨论了三个平面的问题,并讨论了话题和主语的关系]
胡裕树,1982,《试论汉语句首的名词性成分》,《语言教学与研究》第4期,13—20页。[提出区分主题和主语的三条标准]
胡裕树、范晓,1985,《试论语法研究的三个平面》,《新疆师范大学学报》第2期,7—15页。[对语义、语法、语用三个平面作了充分论述]
黄伯荣、廖序东,2017,《现代汉语(增订六版)》(上、下),北京:高等教育出版社。
黄成龙,2007,《蒲溪羌语研究》,北京:民族出版社。[详细描写和分析了蒲溪羌语的音系、形态和句法系统和特点]
黄行,2000,《中国少数民族语言活力研究》,北京:中央民族大学出版社。[给出了汉语、藏语、蒙古语、傣语等语言具体的综合活力数据]
霍凯特,1954,《语法描写的两种模型》,范继淹译,载范继淹著《范继淹语言学论文集》,309—347页,北京:语文出版社,1986年。[提出了语法描写的IA和IP两种模式]
霍凯特,1958,《现代语言学教程》,索振羽、叶蜚声译,北京:北京大学出版社,2022年。[论述语言的结构和分析语言的原则与方法;论述语言演变的规律和探索语言演变过程的原则与方法]
江荻,2007,《汉藏语言演化的历史音变模型:历史语言学的理论与方法探索》,北京:社会科学文献出版社。[在借鉴历史比较法核心思想的基础上,以汉藏语言为对象,构建汉藏语言演化的历史音变模型]
金鹏,1983,《藏语简志》,北京:民族出版社。[藏语的敬语系统很发达,第二人称和第三人称在"敬称/非敬称"以及"单数/双数/复数"上存在区别]
科姆里,1989,《语言共性和语言类型》(第二版),沈家煊等译,北京:北京大学出版社,2010年。[结合非蕴涵共性和蕴涵共性的区分,把语言共性细分为四类]
孔江平,2007,《动态声门与生理模型》,北京:北京大学出版社。[对语言的常用发声类型和汉语普通话声调的发声类型进行的研究]
孔江平,2015,《实验语音学基础教程》,北京:北京大学出版社。[主要涉及现代语音学的相关领域、实验语音学的基本概念和研究方法]
莱布尼茨(G. W. Leibniz)著,1765,《人类理智新论》(原著名:Nouveaux Essais Sur L'Entendement Humain),陈修斋译,北京:商务印书馆,1982年。[提到一个象征说的典型例子]
李蓝,2009,《西南官话的分区(稿)》,《方言》第1期,72—87页。[讨论西南官话内部的声调类型;并根据西南官话的声调类型把西南官话分成6个片22个小片]
Li, Charles N. & Sandra A. Thompson, 1984,《主语与主题:一种新的语言类型学》,李谷城摘译,《国外语言学》第2期,38—44页。[提出了注重主语和注重主题为基础的语言类型学分析方法]

李荣,1965,《语音演变规律的例外》,《中国语文》第 2 期,116—126 页。[讨论了语音演变规律的例外及其原因]

李小凡,1990,《苏州话的字调转移及其成因》,载严家炎、袁行霈主编《缀玉集》,479—493 页,北京:北京大学出版社。[结构与变异。不同层面的干扰]

李宇明,1995,《儿童语言的发展》,武汉:华中师范大学出版社。[介绍了儿童语言学以及心理语言学的研究及发展]

李兆同、徐思益,1981,《语言学导论》,乌鲁木齐:新疆人民出版社。

李芝,2010,《S. Pinker 的生物语言学思想评析》,《北京林业大学学报》(社会科学版)第 4 期,121—124 页。

梁敏,1989,《壮侗诸语言表示领属关系的方式及其演变过程》,《民族语文》第 3 期,21—31 页。[汉语影响带来的变化]

梁敏,1995,《对语言类型变化的一些看法》,《民族语文》第 6 期,53—57 页。[从汉语和少数民族语言、周边语言的接触事实,详细讨论了语言接触引起的声调、音节、形态范畴等语言类型方面的变化]

林茂灿、颜景助,1980,《北京话轻声的声学性质》,《方言》第 3 期,166—178 页。[北京话轻声的声学性质是音长缩短,音强减弱,音色含混,没有固定的音高]

林焘,1983,《探讨北京话轻音性质的初步实验》,《语言学论丛》第 10 辑,16—37 页,北京:商务印书馆。[轻声声学性质是音长缩短,音强减弱,音色含混,没有固定音高]

林焘,2010,《中国语音学史》,北京:语文出版社。[根据中国语音学的历史发展轨迹为线索,综合各家论述,大致描绘出一千八百年来中国语音学发展的基本面貌]

林焘、王理嘉著,王韫佳、王理嘉增订,2013,《语音学教程》(增订版),北京:北京大学出版社。[介绍语音学基础知识;把传统语音学与现代语音学的知识相融合;修订版补充了语音学的新发展新趋势,增加了实验语音学等内容]

刘丹青,2008,《语法调查研究手册》,上海:上海教育出版社。[为语言的调查描写提供了一个尽量客观、全面和包容性强的语法框架]

刘复,1924,《四声实验录》,上海:群益书社。[区别调类和调值]

刘润清,2013,《西方语言学流派》(修订版),北京:外语教学与研究出版社。[详细介绍了自古希腊时期至今的各种西方语言学理论和流派的发展历史、脉络和现状;修订版在原著基础上增加了西方语言学近年来的新发展、新变化等]

刘文,2015,《瑶语方言历史比较研究》,北京大学博士学位论文。[对汉语和苗瑶语关系词进行历史比较和有阶分析,研究结果支持汉语和苗瑶语同源]

刘月华,1983,《状语的分类和多项状语的顺序》,《语法研究和探索》(一),32—56 页,北京:北京大学出版社。[讨论了状语的语义指向]

陆丙甫,1979,《读〈"的"字结构和判断句〉》,《中国语文》第 4 期,275—278 页。[在汉语研究中首次提出了要区别三个平面;提出组合关系的三个平面]

陆俭明,1980,《汉语口语句法里的易位现象》,《中国语文》第 1 期,28—41 页。[区分了语义

　　　　结构关系和语法结构关系]

陆俭明,1986,《周遍性主语句及其他》,《中国语文》第 3 期,161－167 页。[提出了区分主语和话题的标准]

陆俭明,1990,《变换分析在汉语语法研究中的运用》,《湖北大学学报》第 3 期,64－72 页。[讨论汉语语法研究中的变换分析]

陆俭明,1997,《关于语义指向分析》,《中国语言学论丛》第 1 辑,34－48 页。[总结了语义指向分析]

陆俭明,2005,《现代汉语语法研究教程》(第三版),北京:北京大学出版社。[专章讨论语义指向、语义特征问题;也涉及构式语法的内容]

陆俭明,2016,《从语法构式到修辞构式再到语法构式》,《当代修辞学》第 1 期,1－9 页。[构式语法与修辞研究视角相结合]

陆志韦,1957,《汉语的构词法》,北京:科学出版社。[比较深入全面地讨论了扩展法]

罗常培,1951,《国内少数民族语言系属和文字情况》,《人民日报》1951 年 3 月 31 日第 3 版。[肯定汉藏语系四族说]

罗常培、傅懋勣,1954,《国内少数民族语言文字的概况》,《中国语文》第 3 期,66－67 页。[把藏缅语族分为藏语支、彝语支、景颇语支、缅语支四个语支]

罗常培、王均,2002,《普通语音学纲要》(修订版),北京:商务印书馆。[包括语音和语音学、语音学的功用、语音学的类别、语音的符号等内容]

罗美珍,1988,《对汉语和侗台语声调起源的一种设想》,《中国语文》第 3 期,212－218 页。[声调的产生常常是语音结构简化的补偿,由其他音素的伴随物变成独立的音位]

罗美珍,2000,《论族群互动中的语言接触》,《语言研究》第 3 期,1－20 页。[分析社会条件对语言接触的制约;讨论了不同群体的语言接触导致的三种结果:语言替换、语言融合和语言的质变]

吕叔湘,1942,《中国文法要略》,北京:商务印书馆,1982 年。[首次从造句的角度明确提出了转换(变换)的概念,第一次全面深入地展开语义结构研究]

吕叔湘,1946,《从主语、宾语的分别谈国语句子的分析》,载吕叔湘著《汉语语法论文集》(增订本),445－480 页,北京:商务印书馆,1984 年。[有用施受关系取消主宾关系的倾向]

吕叔湘,1982,《狙公赋芧和语法分析——1982 年语法讨论会上的发言》,《汉语学习》第 4 期,1－3 页。[区分了语法结构关系和语义结构关系]

马庆株,1981,《时量宾语和动词的类》,《中国语文》第 2 期,86－90 页。[把"动词＋了＋时间词＋了"句法格式所表示的语义的不同,归结为动词语义特征的不同]

马庆株,1992,《汉语动词和动词性结构》,北京:北京语言学院出版社。[重视动词的分类和动词性结构的分类,旨在说明聚合类和组合类在形式上的特征及其与意义的关系,提出了自主类和时量类两个重要的分类系统;语义特征分析]

马学良,1981,《语言学概论》,北京:华中工学院出版社。[较多地使用中国少数民族语言材料编写的一部语言学概论教材]

马学良,1991,《汉藏语概论》,北京:北京大学出版社。北京:民族出版社再版,2003年。[对中国境内外40多种属于汉藏语的语言进行细致描述和综合分析;全书包括汉语篇、藏缅语篇、苗瑶语篇和壮侗语篇四个部分]

马学良、罗季光,1962,《我国汉藏语系语言元音的长短》,《中国语文》第5期,193—211页。[一种语言中,以长短为主要区别的元音,除长短性质不同外,其它性质可以相同或相似,也可以因长短的不同而原来相同或相似的性质上产生了差异;提出了汉语元音在历史上也分长短和参证汉藏语系语言构拟古汉语的论点]

麦耘,1998,《汉语音节—音位层次分析——以广州话为例》,《语言研究》第2期,66—77页。[把音位分为"原音位"和"结构音位"两个层次,前者即分析到音素的音位,后者即声母、韵母;韵母内部还分层次]

麦耘,2009,《从粤语的产生和发展看汉语方言形成的模式》,《方言》第3期,219—232页。[粤语的产生和发展显示汉语方言形成的一种模式;多个源语言,而以汉语为主;通语在不同时代对方言施以影响,造成不同的层次;分化与融合互相交错]

梅耶,1925,《历史语言学中的比较方法》,岑麒祥译,北京:世界图书出版公司,2008年。[历史比较法的基本原则]

孟和达来、黄行,1997,《蒙古语族和突厥语族关系词的词阶分布分析》,《民族语文》第1期,45—51页。[阿尔泰语言核心关系词有阶分析]

孟尊贤,2007,《傣汉词典》,昆明:云南民族出版社。[收录德宏傣语词条二万八千多条]

芈一之、席元麟,1985,《同仁四寨子(五屯)土族历史考察》,载中国少数民族社会历史调查资料丛刊青海省编辑组《青海土族社会历史调查》,171—195页,西宁:青海人民出版社。[提供若干五屯话语料的记载;语料显示五屯话基本语素多数是汉语的,语法、语音结构和藏语更相似]

潘悟云,2000,《汉语历史音韵学》,上海:上海教育出版社。[内容涉及《切韵》的性质、中古汉语的三等介音、中古汉语的声母系统、上古汉语的音节类型、谐声原则等]

钱曾怡,2001,《山东方言研究》,济南:齐鲁书社。[论述山东方言的形成、历史地位、特点及分区;从语音、词汇、语法三个方面描写了山东方言的现状;从韵文、韵图等概括探讨清代的语音系统]

钱曾怡,2004,《古知庄章声母在山东方言中的分化及其跟精见组的关系》,《中国语文》第6期,536—544+576页。[详细讨论古知庄章声母在山东方言中的分类条件、内部分歧、读音类型和精见组的关系,并跟《中原音韵》作了比较]

钱曾怡,2010,《汉语官话方言研究》,济南:齐鲁书社。[把官话方言分成8个次方言;在方言分区问题上引入基本词汇比较的内容]

乔全生,2004,《现代晋方言与唐五代西北方言的亲缘关系》,《中国语文》第3期,262—266页。[唐五代汉语西北方音与现代晋方音做比较,认为晋方音与唐五代汉语西北方音之间具有亲缘关系]

乔全生,2008,《晋方言语音史研究》,北京:中华书局。[从晋方言的声母、韵母、声调等方面

探讨其与唐宋西北方音的传承关系,并将晋方言与其他方言音系作横向比较]
桥本万太郎(Mantaro J. Hashimoto)(日本),1977,《语言地理类型学》,余志鸿译,北京:世界图书出版公司,2008。[亚洲大陆诸语言构成了一个连续体;提供了大量资料,细致、全面地探索了词汇、语法、音韵体系的"纵"与"横"两方面的变化]
裘锡圭,1988,《文字学概要》,北京:商务印书馆。[汉字是语素音节文字;认为汉字的历史应该少于六七千年]
瞿霭堂,1981,《藏语的声调及其发展》,《语言研究》第1期,177—194页。[声母对声调发展的影响]
瞿霭堂,1985,《汉藏语言调值研究的价值和方法》,《民族语文》第6期,1—14页。[认为汉藏语言声调的制约因素包括四种:语音制约、语境制约、系统制约和语法制约]
任小波,1983,《研究索绪尔语言学理论的重要资料——介绍〈索绪尔手稿来源〉》,《外语界》第2期,21—23页。[介绍索绪尔手稿资料来源的研究和考察]
邵敬敏,1990,《"比"字句替换规律刍议》,《中国语文》第6期,410—415页。[语义指向分析]
邵敬敏,1992,《关于语法研究中三个平面的理论思考》,《南京大学学报》第4期,65—71页。[三个平面分析和研究]
沈家煊,1994,《"语法化"研究综观》,《外语教学与研究》第4期,17—24+80页。[在梳理前人研究的基础上,对语法化理论进行总结、归纳,包括语法化的定义及语法化的动因和机制等]
沈家煊,2006,《认知与汉语语法研究》,北京:商务印书馆。[从认知角度研究汉语语法]
沈钟伟(Zhongwei Shen),2007,《语言转换和方言底层》,载丁邦新主编《历史层次与方言研究》,106—134页,上海:上海教育出版社。[语言转换是造成汉语方言底层的一个基本原因]
沈钟伟(Zhongwei Shen),2016,《横向传递和方言形成》,*Journal of Chinese Linguistics Monograph Series*,26:21—54。[汉语方言形成是语言横向传递的结果;汉语方言是汉语传入不同地区后,受到当地其他语言或汉语方言影响而发展形成的]
施春宏,2018,《形式和意义互动的句式系统研究——互动构式语法探索》,北京:商务印书馆。[以构式语法为理论基础,以句式的形式构造和语义功能及其互动关系为立足点,描写和解释若干特定句式"形式-意义"匹配过程,以及这些句式所呈现的构式性特征]
施关淦,1981,《"这本书的出版"中"出版"的词性——从"向心结构"理论说起》,《中国语文通讯》第4期,8—12页。[讨论向心结构理论用于诠释汉语句法结构所遇到的困难]
石安石,1988,《模糊语义及其模糊度》,《中国语文》第1期,31—35页。[提出语义模糊度]
石锋,2008,《语音格局——语音学与音系学的交汇点》,北京:商务印书馆。[内容包括:元音格局、声调格局、辅音研究、送气音和送气调、听辨实验与相关分析、语音习得等]
石锋,2009,《实验音系学探索》,北京:北京大学出版社。[采取语音格局的分析思路和方法,利用实验语音学方法对汉语基础语音系统及其变化规律进行量化描述]
石毓智,2006,《语法化的动因与机制》,北京:北京语言大学出版社。[以被动标记"叫""让"

和处置标记"将""把""拿"等为例,讨论语法化的动因、过程和机制]

宋金兰,1994,《汉语和藏缅语住所词的同源关系》,《民族语文》第1期,41—49页。[根据词族分析确定同源词]

宋作艳,2005,《控制"一"变调的相关因素分析》,《汉语学习》第1期,45—50页。[启用生成语法中的"统制"概念,分析了制约"一"变调的因素]

宋作艳,2015,《生成词库理论与汉语事件强迫现象研究》,北京:北京大学出版社。[利用生成词库理论系统研究了汉语中的事件强迫现象]

苏丹洁、陆俭明,2010,《"构式—语块"句法分析法和教学法》,《世界汉语教学》第4期,557—567页。[讨论构式在句法分析和教学中的运用]

孙宏开,1982,《独龙语简志》,北京:民族出版社。[认为独龙语属藏缅语族,与景颇等语言比较接近]

孙宏开,1985,《藏缅语复辅音的结构特点及其演变方式》,《中国语文》第6期,433—441页。[讨论藏缅语复辅音的结构特点及其语音演变方式]

孙宏开,1992,《论藏缅语语法结构类型的历史演变》,《民族语文》第5期,1—9页;《论藏缅语语法结构类型的历史演变(续)》,《民族语文》第6期,54—60+81页。[发现语法结构类型存在着明显差异;语法结构类型差异反映历史演变过程:黏着型→屈折型→分析型]

孙宏开、胡增益、黄行,2007,《中国的语言》,北京:商务印书馆。[收录了我国56个民族使用的129种语言;内容包括:语言分布、使用人口、使用状况、语言系属,语言的语音、语法、词汇特点,语言的方言情况等]

孙玉文,2007,《汉语变调构词研究》,北京:商务印书馆。[包括古代汉语变调构词词表和汉语变调构词的若干理论两章]

索绪尔,1916,《普通语言学教程》,高名凯译,北京:商务印书馆,1980年。[集中体现了索绪尔的语言学思想,是现代语言学的奠基之作;标志着语言研究从历史比较研究到共时结构研究的转向]

索绪尔著、屠友祥译,2011,《新发现索绪尔手稿译文》,《中国政法大学学报》第4期,88—99+159页。[对新发现的索绪尔手稿进行翻译和介绍]

索振羽,1995,《索绪尔的语言符号任意性原则是正确的》,《语言文字应用》第2期,73—76页。[解释了任意性原则的内涵,批评反对语言符号任意性原则的"失误论"和"复归论"]

谭克让、G. D. 麦克康奈尔等,1995,《世界的书面语:使用程度和使用方式概况·中国卷》,Quebec:Laval University(魁北克拉瓦尔大学出版社)。[对中国语言活力展开调查研究]

唐兰,1949,《中国文字学》,上海:上海古籍出版社,2005年。[从理论上探讨、回答了有关文字学的基本问题;提出了"三书说"]

唐作藩,1958,《汉语音韵学常识》,上海:上海教育出版社。[介绍音韵学的一些基本知识,内容包括音韵学的基本概念、古音学、今音学、等韵学和普通话语音系统的来源等]

唐作藩,1987,《音韵学教程》,北京:北京大学出版社。[系统介绍汉语音韵学的一些基本知

识,如汉语音韵结构特点、反切、韵、声纽、韵母、声调等概念]

特拉斯克,1996,《语音学和音系学词典》,《语音学和音系学词典》编译组译,北京:语文出版社,2000年。[收录了语音学和音系学的大部分基本术语,涵盖2000余个词条,按照音序排列,对每一个术语都有详细的解释和举例]

屠友祥,2007,《索绪尔与喀山学派:音位的符号学价值——索绪尔手稿初检》,《外语学刊》第3期,76—101页。[对新发现的索绪尔手稿进行介绍和引述]

屠友祥,2011a,《索绪尔手稿初检》,上海:上海人民出版社。[对索绪尔手稿进行整理、介绍和引述]

屠友祥,2011b,《索绪尔已刊论著与未刊手稿整理状况简目》,《法国研究》第2期,61—66页。[对索绪尔手稿进行整理、介绍和比较研究]

屠友祥,2019,《索绪尔手稿初检》(修订版),上海:上海人民出版社。[对索绪尔手稿进行整理、介绍和引述]

汪锋,2012,《语言接触与语言比较:以白语为例》,北京:商务印书馆。[汉语和白语之间进行历史比较,认为汉语、白语是同源的]

王福堂,1994,《闽北方言弱化声母和"第九调"之我见》,《中国语文》第6期,430—433页。[区分文白对立和古音对立]

王福堂,1999,《汉语方言语音的演变和层次》,北京:语文出版社。2005年修订版。[介绍了汉语方言中由语音演变和外来影响造成的语音变化及其表现形式,并介绍了几个重要的方言现象,如儿化韵、子变韵、连续变调等]

王辅世,1986,《苗瑶语的系属问题初探》,《民族语文》第1期,1—18+79页。[以语音对应为标准来确定同源关系]

王红旗,2008,《语言学概论》(修订版),北京:北京大学出版社。[把语素变体分为语音变体和语义变体两类]

王洪君,1987,《山西闻喜方言的白读层与宋西北方音》,《中国语文》第1期,24—33页。[文白异读]

王洪君,1992,《文白异读和叠置式音变》,《语言学论丛》第17辑,122—154页,北京:商务印书馆。[讨论文白异读现象象和叠置式音变理论]

王洪君,1999,《汉语非线性音系学——汉语的音系格局与单字调》,北京:北京大学出版社。[用非线性音系学理论研究汉语的音系;介绍了国外自主音段说对汉语声调的研究,并研究了汉语声调的相关问题]

王洪君,2001,《普通话中节律边界与节律模式、语法、语用的关联》,2001年10月在IBM公司所做的报告,载《语言学论丛》第26辑,279—300页,北京:商务印书馆,2002年。[把普通话音步构成成分的音节数目限制概括为"二常规、三可容、一四受限":提出了从句法模块来认识节律的思路]

王洪君,2005,《普通话节律与句法语用关联之再探》,《第八届全国人机语音通讯学术会议论文集》。[从句法模块来认识普通话节律]

王洪君,2008,《汉语非线性音系学——汉语的音系格局与单字调》(增订版),北京:北京大学出版社。[分析了汉语单字音与派生音的不同性质,普通话或方言中儿化、连调、轻声等语音构词法的共时和历时表现,现代汉语各级句法韵律单元的特点及其与语法语用层面的关联]

王理嘉,1991,《音系学基础》,北京:语文出版社。[从语音常识入手,讨论音位分析的方法和北京话音位研究中的一些问题]

王力,1980,《汉语史稿》,北京:中华书局,2009年6月重印。[我国研究汉语历史发展的第一本专著,全书分语音部分、语法发展部分、词汇发展部分;讲述了汉语史对象、研究方法和汉语史的分期等]

王力,1985/2008,《汉语语音史》,北京:商务印书馆。[描写汉语语音和对汉语语音发展历史进行研究]

王力,2003,《汉语音韵》,北京:中华书局。[从介绍现代汉语的语音学常识入手,把反切、韵书、字母、等韵、古音等古代音韵学知识,用声母、韵母、声调等现代语言学的理论和术语进行比照和解读]

王士元,1967,《声调的音系特征》,载石锋编著《语音学探微》附录,203—224页,北京:北京大学出版社,1990年。[声调特征独立于音段特征]

王士元,2000,《语言的探索——王士元语言学论文选译》,石锋等译,北京:北京语言文化大学出版社。[注意到群体与群体之间语言学上和生物学上的相互影响]

王士元,2011,《语言、演化与大脑》,北京:商务印书馆。[演化语言学研究;从宏观的角度探讨了语言、演化、大脑之间的紧密关系]

王寅,2007,《认知语言学》,上海:上海外语教育出版社。[讨论了感知体验、范畴化、认知模型、意象图示、隐喻转喻、识解等认知方式;把体验哲学和认知语言学的基本原理扩展应用于翻译理论和实践的研究]

王寅,2011,《构式语法研究》(上下卷),上海:上海外语教育出版社。[对构式语法理论进行述评,并展开深入讨论]

王远新,1995,《突厥历史语言学研究》,北京:中央民族大学出版社。[探讨突厥语族语言的语音、词汇和语法结构系统;概括突厥语族语言分化演变的内部因素、外部条件及其特点]

文炼、胡附,1984,《汉语语序研究中的几个问题》,《中国语文》第3期,161—165页。[讨论汉语研究中的三个平面问题]

吴安其,2002,《汉藏语同源词研究》,北京:中央民族大学出版社。[汉藏语言同源词分析]

吴福祥,2007,《关于语言接触引发的演变》,《民族语文》第2期,3—23页。[基于托马森的研究框架,综述和讨论接触引发的语言演变相关的几个问题]

吴福祥,2009,《语法化的新视野——接触引发的语法化》,《当代语言学》第3期,193—206+285页。[接触引发的语法化是通过复制目标语言中已完成的语法化模式来实现的]

吴宗济、林茂灿,1989,《实验语音学概要》,北京:高等教育出版社。[国内第一本从声学、生理和心理三个方面系统介绍语音学的基本理论和实验方法的著作]

伍铁平,1979,《模糊语言初探》,《外国语》第 4 期,39—44 页。[模糊语义分析]

伍铁平,1980,《模糊语言再探》,《外国语》第 5 期,46—52 页。[模糊语义分析]

沃尔夫,1956,《论语言、思维和现实:沃尔夫文集》,高一虹等译,北京:商务印书馆,2012 年。[讨论语言和思想、现实之间的关系,阐述语言相对论思想;"萨丕尔-沃尔夫假"]

咸蔓雪,2011,《汉越语关系语素层次分析》,北京大学博士学位论文。[对汉语和越南语的关系语素进行有阶分析;越南语的核心词集中有 43 个汉越语关系词]

咸蔓雪,2016,《汉语越南语关系语素历史层次分析》,上海:中西书局。[提出"主要对应";越南语和中古汉语声调的"主要对应"层,是中唐以后汉语、越南语接触以后产生的层次]

项梦冰,1991,《论"这本书的出版"中"出版"的词性——对汉语动词、形容词"名物化"问题的再认识》,《天津师范大学学报》(社会科学版)第 4 期,75—80 页。[讨论名物化、向心结构相关问题]

项梦冰、曹晖,2005,《汉语方言地理学》,北京:中国文史出版社。[介绍和讨论方言地图、语言特征的地理分布类型和同言线理论,并专章介绍了汉语方言的分区地图]

邢福义,1984,《"但"类词和"无论 p,都 q"句式》,《中国语文》第 4 期,第 248 页。[语用学和语义学之间的跨层面语义研究]

邢福义,1987,《现代汉语的"要么 P,要么 Q"句式》,《世界汉语教学》第 2 期,13—18 页。[语用学和语义学之间的跨层面语义研究]

邢公畹,1948,《汉语"子""儿"和台语助词 luk 试释》,《国文月刊》第 68 期,7—13 页。[从语法角度论证汉语和藏语同源]

邢公畹,1949,《汉台语构词法的一个比较研究:大名冠小名》,《国文月刊》第 77 期,5—9 页。[从结构的相似确定同源;从语法角度论证汉语和藏语同源]

邢公畹,1962,《论调类在汉台语比较研究上的重要性》,《中国语文》第 1 期,15—27 页。[从结构的相似确定同源]

邢公畹,1989,《论汉语台语"关系字"的研究》,《民族语文》第 1 期,12—27 页。[提出关系词的术语,根据对应确定同源]

邢公畹,1993,《汉台语比较研究中的深层对应》,《民族语文》第 5 期,4—9+50 页。[提出深层对应方法]

邢公畹,1995,《汉台语舌根音声母字深层对应例证》,《民族语文》第 1 期,5—17 页。[根据深层对应确定同源]

邢向东,2002,《神木方言研究》,北京:中华书局。[把陕北神木方言置于晋语宏观格局中,静态描写、共时比较、历时溯源相结合,较全面考察了神木方言的语音、词汇、语法]

邢向东,2006,《陕北晋语语法比较研究》,北京:商务印书馆。[运用语义功能语法理论,在语法形式的基础上归纳语义语法范畴,描写陕北沿河七县方言语法,讨论代词、体貌范畴、时制范畴、虚拟范畴、复句关系的表达手段、语法成分的语音变异等]

徐丹,2011,《唐汪话的格标记》,《中国语文》第 2 期,145—154+192 页。[唐汪话的宾格标记"哈"和河州(临夏)话有相通之处;"后置词+格标记"的句型是由于语言接触而形成的

混合句法形式]

徐丹,2014,《唐汪话研究》,北京:民族出版社。[系统讨论唐汪话的语音系统、构词法、句法以及语言的接触、混合问题]

徐烈炯,2009,《生成语法理论:标准理论到最简方案》,上海:上海外语教育出版社。[以生成语法历史发展为脉络,介绍生成语法理论]

徐烈炯、刘丹青,1998,《话题的结构与功能》,上海:上海教育出版社。[基于普遍语法和语言类型学的视角研究汉语话题的结构和功能]

徐世荣,1957,《试论北京语音的"声调音位"》,《中国语文》第6期,23—24页。[提出区分北京话的"声调音位"和"音素音位"]

徐世荣,1958,《普通话语音讲话》,北京:文字改革出版社。[明确提出区分北京话的"声调音位"和"音素音位"]

徐世璇,1989,《彝缅语几种语言的声调比较》,《语言研究》第2期,127—136页。[彝缅语几种语言的声调进行比较研究,探寻声调对应关系]

徐世璇,1998,《毕苏语方言的形成和语言的接触影响》,《民族语文》第3期,68—73页。[通过对毕苏语方言差异的具体分析,认为泰/傣语的接触影响是形成毕苏语方言的最根本的原因]

徐世璇,2001,《濒危语言研究》,北京:中央民族大学出版社。[讨论濒危语言问题]

徐通锵,1987,《语言变异的研究和语言研究方法论的转折(上)》,《语言研究》第4期,1—9页。[讨论语言变异和语言结构的关系]

徐通锵,1988,《语言变异的研究和语言研究方法论的转折(下)》,《语言研究》第1期,27—34+49页。[讨论语言变异和和语言结构的关系]

徐通锵,1991,《历史语言学》,北京:商务印书馆,2008年。[总结前人历史语言学研究的成果,接合语言发展的规律,讨论语言历史比较研究的理论、方法和原则]

徐通锵,1997,《有定性范畴和语言的语法研究——语义句法再议》,《语言研究》第1期,1—14页。[语义范畴]

杨耐思,1981,《中原音韵音系》,北京:中国社会科学出版社。[采用新发现的明代讷庵本,参照《古今韵会举要》《蒙古字韵》等资料,构拟《中原音韵》的音韵系统]

杨耐思,2012,《近代汉语音论》,北京:商务印书馆。[对晚唐五代至清末的汉语语音发展问题进行探讨]

杨树达,2006,《中国文字学概要·文字形义学》,上海:上海古籍出版社。[在前人文字研究成果基础上,明确象形与指事的界限,进一步细分汉字结构的类型,揭示汉字发展的一般规律]

姚小平,2018,《西方语言学史——从苏格拉底到乔姆斯基》,北京:外语教学与研究出版社。

叶蜚声、徐通锵,1997,《语言学纲要》,北京:北京大学出版社。[探讨语言的社会功能、符号系统、语音、语法、词义、文字和书面语,以及语言的流变、接触和语言系统的发展]

叶蜚声、徐通锵著,王洪君、李娟修订,2010,《语言学纲要》(修订版),北京:北京大学出版社。

[在语义与语用、语言接触、文字与语言等方面,补充新的内容,对于已有的概念或观点增加例证和解释说明]

叶文曦,2016,《语义学教程》,北京:北京大学出版社。[结合汉语语义分析的实例,讲授语义学基本概念、基本理论和分析方法;简要介绍语义学研究的成果和发展趋势]

意西微萨·阿错,2004,《倒话研究》,北京:民族出版社。[语言的深度接触、混合语研究]

游汝杰,1982,《论台语量词在汉语南方方言中的底层遗存》,《民族语文》第 2 期,33－45＋48 页。[底层关系词分析]

游汝杰,2018,《汉语方言学导论》(修订本),上海:上海教育出版社。[论述了汉语方言学的基本理论问题,包括方言的调查、记录、描写,以及方言地理、历史、变异、接触、比较、文字等]

余志鸿,2000,《语言接触与语言结构的变异》,《民族语文》第 4 期,23－27 页。[语言接触与语言结构变异的研究,必须放在历史环境、社会文化的大背景中考察,并从语言的共性和类型的特征着手作分层研究和对照分析]

俞敏,1949,《汉语的"其"跟藏语的 gji》,《燕京学报》第 37 期,载俞敏著《俞敏语言学论文集》,167－183 页,北京:商务印书馆,1999 年。[从语法角度论证汉语和藏语同源]

袁家骅等,1960,《汉语方言概要》,北京:文字改革出版社,1983 第二版。[讲述了北方方言、吴方言、湘方言、赣方言、客家方言、粤方言、闽南方言、闽北方言的形成,以及各方言语音(描写语音学和历史比较音韵)、词汇和语法的特点]

袁焱,2001,《语言接触与语言演变——阿昌语个案调查研究》,北京:民族出版社。[探讨语言接触与语言演变问题,分析了语言接触中由表层到深层的影响与演变]

袁毓林,1989,《论变换分析方法》,《汉语学习》第 1 期,7－13 页。[讨论汉语研究的变换分析问题]

袁毓林,1995,《词类范畴的家族相似性》,《中国社会科学》第 1 期,154－170 页。[用认知语言学的原则来解决汉语词类的划分问题]

袁毓林,2004,《汉语语法研究的认知视野》,北京:商务印书馆。[收录论文内容主要涉及:语序、照应和称代问题研究,话题结构和述补结构研究,历史语法和方言语法研究等]

曾晓渝,2010,《侗台苗瑶语言的汉借词研究》,北京:商务印书馆。[研究侗语、水语、仫佬语、壮语、瑶语、畲语里的汉语借词]

詹卫东,2000,《面向中文信息处理的现代汉语短语结构规则研究》,北京:清华大学出版社。[内容包括:现代汉语短语的句法语义范畴体系,现代汉语短语结构规则的形式化描述,现代汉语短语结构歧义格式的类型分析及排歧策略]

张伯江,1999,《现代汉语的双及物结构式》,《中国语文》第 3 期,175－184 页。[研究现代汉语特殊构式]

张伯江、方梅,2014,《汉语功能语法研究》,北京:商务印书馆。[运用功能语言学方法研究汉语语法现象]

张光宇,1993,《吴闽方言关系试论》,《中国语文》第 3 期,161－170 页。[讨论南部吴方言和闽

方言的关系]

张光宇,1996,《论闽方言的形成》,《中国语文》第 1 期,16－26 页。[闽方言的形成历经西晋、南朝和唐宋三个阶段;从层次剖析的内容来看,闽方言的形成不早于西晋]

张光宇,1999,《东南方言关系综论》,《方言》第 1 期,33－44 页。[对东南地区方言之间的关系进行研究和讨论]

张琨,1947,《苗瑶语声调问题》,《史语所集刊》第 16 本,93－110 页。[证实了苗瑶语四大调类和汉语平、上、去、入可以对应起来,即声调对应的一致性]

张琨,1969,《汉藏语系的"针"字》,张莲生译,载中国社会科学院民族研究所语言研究室编《汉藏语系语言学论文选译》,71－80 页,北京:中国社会科学院民族研究所语言研究室,1980 年。[根据对应确定同源]

张琨,1971,《汉藏语系的"铁"＊QHLEKS 字》,张莲生译,载中国社会科学院民族研究所语言研究室编《汉藏语系语言学论文选译》,161－174 页,北京:中国社会科学院民族研究所语言研究室,1980 年。[根据对应确定同源]

张敏,1989,《认知语言学与汉语名词短语》,北京:中国社会科学出版社。[介绍认知语言学的理论背景与研究现状,并对汉语具体问题的研究]

张世禄,1984,《中国音韵学史》(上、下),上海:上海书店。[从整个文化发展的角度阐明音韵学发展变化的轮廓;指出中国音韵学的发展曾受到两次外来文化(印度文化、西洋文化)的影响]

张树铮,1998,《关于方言沟通度和方音理解的几个问题》,《中国语文》第 3 期,201－207 页。[不应过于注重语音的物理、生理属性而忽视心理属性;主张通过音位能否准确折合来说明沟通的程度]

张树铮,2005,《清代山东方言语音研究》,济南:山东大学出版社。[较系统研究清代山东方言的声母、韵母、声调、轻声和儿化等]

张维佳,2005,《演化与竞争:关中方言音韵结构的变迁》,西安:陕西人民出版社。[方言音韵结构变迁的基本途径;关中方言音韵结构特征、音韵结构与历史行政地理的叠加等]

赵丽明,1995,《女书与女书文化》,北京:新华出版社。[女书脱胎于汉字,是汉字的变异]

赵彤,2021,《汉语音韵学概论》(第二版),北京:中国人民大学出版社。[较全面地梳理了《广韵》音系到普通话音系的演变规则;区分了规则与例外、文读和白读]

赵元任,1933,《汉语的字调跟语调》,《史语所集刊》,4(3),载《赵元任语言学论文集》,734－749 页,北京:商务印书馆,2002 年。[明确阐释了调位概念]

赵元任,1948,《北京口语语法》,李荣编译,襄阳:开明书店,1952 年。[最早用结构主义理论全面描写汉语;讨论汉语主语和谓语在语义上的复杂关系;提出"游离字"概念]

赵元任,1968,《汉语口语语法》,吕叔湘译,北京:商务印书馆,1979 年。[用结构主义方法全面描写汉语]

赵元任,1968,《中国话的文法(*A Grammar of Spoken Chinese*)》,北京:商务印书馆,2011 年。[用结构主义方法研究中国话的词法和句法]

赵元任,1980,《语言问题》,北京:商务印书馆。[涉及语言中音素和音位的关系]
郑张尚芳,1981,《汉语上古音系表解》,油印稿。[汉语上古音系构拟]
郑张尚芳,2003,《上古音系》,上海:上海教育出版社。[汉语上古音系研究和上古音系构拟]
周庆生(编),2001,《国外语言政策与语言规划进程》,北京:语文出版社。[讨论了用以测度语言影响力、语言通用程度的诸多因素]
周韧,2022,《汉语韵律语法研究的音节一语义视野》,北京:商务印书馆。["音节一语义(语用)"相关联的汉语韵律语法研究]
周有光,2003,《世界文字发展史》,上海:上海教育出版社。[讨论世界文字的起源及发展演变]
朱德熙,1959,《说"差一点"》,《中国语文》第9期,载朱德熙著《朱德熙文集(二)》,55—57页,北京:商务印书馆,1999年。[讨论"差一点"的语用规则]
朱德熙,1961,《说"的"》,《中国语文》第12期,1—15页。[分布分析]
朱德熙,1962,《论句法结构》,《中国语文》第8、9期(合刊),351—360页。[讨论同构和变换,提出了用推导式鉴定结构关系]
朱德熙,1978a,《"的"字结构和判断句(上)》,《中国语文》第1期,23—27页;《"的"字结构和判断句(下)》,《中国语文》第2期,104—109。[提出了根据歧义指数确定"向"的原则]
朱德熙,1978b,《"在黑板上写字"及相关句式》,《语言教学与研究》第3期,4—18页,修订稿在《语法丛稿》。[变换分析]
朱德熙,1979,《与动词"给"相关的句法问题》,《方言》第2期,81—87页。[变换分析,语义特征分析]
朱德熙,1980a,《汉语句法中的歧义现象》,《中国语文》第2期,21—27页。[区分了隐性关系和显性关系]
朱德熙,1980b,《现代汉语语法研究》,北京:商务印书馆。[结合丰富的汉语实例,介绍和分析各种重要的语法分析方法]
朱德熙,1982,《语法讲义》,北京:商务印书馆。[最早提出指称与陈述]
朱德熙,1984,《关于向心结构的定义》,《中国语文》第6期,401—403页。[引入语义组合条件限制向心结构的定义]
朱德熙,1986,《变换分析中的平行性原则》,《中国语文》第2期,81—87页。[变换分析的语义平行问题]
朱德熙、卢甲文、马真,1961,《关于动词形容词名物化的问题》,《北京大学学报》(人文社会科学版)第4期,51—64页。[认为汉语的语言事实不支持名物化的说法]
朱晓农,2005,《上海声调实验录》,上海:上海教育出版社。[研究了上海话单字调和两字调的声学性质;描写了五个单字调的基频、时长和音强的性质]
朱晓农,2010,《语音学》,北京:商务印书馆。[介绍了发音语音学的有关知识,包括声波、发声态、发音部位、气流机制等]
邹嘉彦、游汝杰,2001,《汉语与华人社会》,上海:复旦大学出版社。[重视语言背后的文化、文字]

13　后　记

北京大学中文系有独立的语言专业,也有自己的《语言学概论》教材,很多高校中文系并没有独立的语言专业,但都开设"语言学概论"课。有不少非中文系的学科也把"语言学概论"课列为培养计划。如何协调不同高校"语言学概论"教学,特别是"语言学概论"慕课(MOOC)、国家精品资源共享课等网络课程教学,是我们重点关注的问题。北京大学"语言学概论"教学团队和曲阜师范大学"语言学概论"教学团队近年来展开了这方面探索。本教材是这种探索的结果之一。

对于相同的语言现象,不同的学者往往有不同的解释模型和概念体系,术语差异也比较大,这些不同的范式各有自己的解释力,就像音位归纳有相对性。语言理论往往有相对性,这是语言学和很多学科不同的一个特点。为了让学生有更广泛的知识结构,本书在介绍基本概念和理论的同时,也介绍不同观点、看法及其来龙去脉,因此本书尽可能多地给出了和正文内容相关的参考文献,并给出了文献内容的简单说明,主要是为了让自学者进一步展开阅读和研究。译名对照给出了西文和中文两种排序,方便读者检索主要概念。

丁崇明老师、荣晶老师、汪锋老师、何方老师、周政后老师、秦海燕老师、杜静老师和李子鹤老师先后审读了全部章节,在此特别表示感谢。本书写作过程中,"语言学概论"课程助理提出了很多有价值的建议和意见。初稿完成后,为了方便自学,又多次请课程助理和听课同学提意见。与本课程相关的"理论语言学""当代语言学""语言研究方法论""历史语言学""语言与文化"等课程助理的工作也对书稿有建设意义。在此,我们对大家一并表示感谢。这些同学是汪锋、胡斌、宋作艳、于浩淼、傅林、许帆婷、韦雯潇、张静芬、邵琛欣、覃俊珺、田祥胜、刘文、余德江、鲁方昕、何治春、童梦园、陈晓蓓、张入梦、殷玥、高凯歌、梁家铭、高子淇、范海磊、刘明伟、唐与霜、冯荣荣、张文慧。

我们还要衷心感谢本教材责任编辑宋思佳先生,本教材能顺利出版,离不开他的辛勤劳作。

最后,本书除了得到 2022 年度国家社科基金重大项目(项目批准号:22&ZD218)资金资助外,前期写作和材料收集调查还得到作者所主持的一系列课题的资金资助，特对各资助机构表示感谢。这些课题包括：

2020年度北京市社科基金重大项目(项目批准号：20ZDA20)；

2019年度教育部人文社科重点研究基地重大项目(项目批准号：19JJD740001)；

2014年度国家社科基金重大项目(项目批准号：14ZBD102)；

2013年度国家社科基金重点项目(项目批准号：13AZD051)；

2011年度教育部人文社科重点研究基地重大项目(项目批准号：11JJD740004)；

2011年度韩国POSCO TJ Park Foundation基金项目；

2008年度国家自然科学基金项目(项目批准号：60773159)；

2006年度教育部人文社科重点研究基地重大项目(项目批准号：2006JDXM007)；

2004年度国家社科基金重点项目(项目批准号：04AYY001)。

陈保亚

北京大学中国语言学研究中心／北京大学中文系

杜兆金

曲阜师范大学文学院

2022年11月11日